新世纪
高等学校教材

新闻传播学系列教材

U0646279

新闻评论教程

王兴华　孙劲松　王从波　编著

北京师范大学出版集团
BEIJING NORMAL UNIVERSITY PUBLISHING GROUP
北京师范大学出版社

图书在版编目(CIP)数据

新闻评论教程 / 王兴华,孙劲松,王从波编著. —北京:北京师范大学出版社,2016.9(2023.2 重印)

新世纪高等学校教材. 新闻传播学系列教材

ISBN 978-7-303-19759-0

Ⅰ. ①新… Ⅱ. ①王… ②孙… ③王… Ⅲ. ①评论性新闻—高等学校—教材 Ⅳ. ①G210

中国版本图书馆 CIP 数据核字(2015)第 273367 号

图 书 意 见 反 馈 gaozhifk@bnupg.com 010-58805079
营 销 中 心 电 话 010—58807651
北师大出版社高等教育分社微信公众号 新外大街拾玖号

出版发行:北京师范大学出版社 www.bnupg.com
　　　　　北京市西城区新街口外大街 12-3 号
　　　　　邮政编码:100088
印　　刷:北京虎彩文化传播有限公司
经　　销:全国新华书店
开　　本:730 mm×980 mm　1/16
印　　张:22.75
字　　数:435 千字
版　　次:2016 年 9 月第 1 版
印　　次:2023 年 2 月第 2 次印刷
定　　价:39.80 元

策划编辑:王 强　　　　　责任编辑:王 强 韦 彤
美术编辑:焦 丽　　　　　装帧设计:焦 丽
责任校对:陈 民　　　　　责任印制:马 洁

目　录

第一章　绪　论

第一节　新闻评论发展史略

    人类通过新闻媒体来认识和反映客观世界的形式主要有两种：一是描述，一是评论。描述提供的是事实性的信息，告诉我们这个世界发生了什么事情，事情是什么样的；评论提供的是观点性的信息，告诉我们事情是如何发生的，它背后的原因是什么，它会带给我们什么样的影响，我们应当如何看待这件事。前者是由各种类型的新闻报道来承担的，后者主要由新闻评论来承担。作为人们交流思想认识和进行社会舆论监督的最有效形式的新闻文体，新闻评论的历史可谓源远流长。

一、新闻评论源于欧美

    欧美国家很早就认识到新闻评论的巨大作用。1704 年，英国著名小说家、新闻记者丹尼尔·笛福创办期刊《评论》（Review），刊登各种各样的时评。由于《评论》和笛福文章的影响，笛福被称为英国的"评论之父"，进而西方的报刊至今还用"Review"一词指代评论的栏目。也是在 18 世纪初，英国报纸有了社论制度，以一定的篇幅刊载新闻评论，称之为"Leader"（该词当时被理解成"首席文字"），其中以《泰晤士报》的评论声誉最高。在美国，最早刊载评论篇章的报纸是 1800 年创办的《奥罗拉报》，该报在第二版开辟了专栏，按期发社论。普利策在 1883 年接办《世界报》时，称评论是"报纸的心脏"，非常注重评论的写作。也是在 19 世纪初，美国报纸已出现专门刊登各种评论的言论版。

    现代西方媒体更加重视新闻评论的作用。以美国报纸为例，首先，不论高级报纸还是大众化的报纸，每天都有专门的言论版发表社论和专论；其次，各家都拥有一支庞大的评论队伍，配有专门的撰写社论的主笔和撰写专论的专栏作家。主笔主导一家报纸的言论方向与编辑方针，是新闻政策的执行者。它多由具有较高社会声望的专家名流担任，具有很高的地位和很大的政治影响，与总编一样直接归董事会领导。例如，美国最负盛名的评论家李普曼，对美国外交政策和世界局势的演变发展，常常有独到的见解与主张，在美国被称为"小国务院"。他逝世后，美国为他举行了国丧。再者，评论写作是新闻评奖的重要对象。普利策当年遗嘱中列举的最初四项新闻奖中就有社论写作奖一项，每年都评选当年撰写的最佳社论。

二、我国新闻评论是由政论发展而来的

在我国，新闻评论的崛起与政论密不可分。虽然评论的源头可以追溯到我国古代的言论，但其在现代媒体上重要地位的确立，应当是19世纪六七十年代的事情。1872年《申报》创刊，在发刊词中申明要开辟言论栏目。但当时的影响并不大，而直到后来史量才主政《申报》，开辟了文艺副刊《自由谈》，吸引了众多的学者名流，才引起巨大的社会反响。1874年王韬在香港创办《循环日报》，以刊登政论为主。此后，梁启超、谭嗣同等维新派纷纷办报刊登大量的时评政论，宣传自己的政治主张。

辛亥革命时期，报纸的宣传活动空前活跃。革命者将办报刊、写评论作为最有力的宣传手段。其中同盟会的机关报《民报》及其评论文章影响最大。这一时期涌现出了章太炎、陈天华、朱执信、郑贯公等著名政论家。辛亥革命后，各种报纸开始精心写作社论、短评，社论和短评具有强烈的新闻性和时效性，这也就完成了我国报刊言论从政论向新闻评论的转型。

五四运动时期，以陈独秀、李大钊为首的激进民主主义者，为了宣扬民主和科学的精神，先后创办了《新青年》和《每周评论》，发扬我国报刊政论的传统，运用马克思主义的世界观和方法论写作评论，在我国评论史上留下了许多光辉的篇章，将报刊评论推向一个新的阶段。

与运用评论进行自己的政治宣传不同，20世纪30年代到新中国成立前，中国新闻史上"寿命"最长、影响最大、声誉最高的《大公报》，以独立媒体的姿态，积极主动地对国内外发生的新闻事件进行及时而又深刻的分析评论，既能反映舆情，又能引导舆论，尤其是社评，力求言之有物、见解独特，对时政有所批评，很快名闻国内，《大公报》也一跃成为全国最著名的报纸和舆论界的代表之一。这期间涌现出了张季鸾、王芸生等评论大家，他们为我们留下不少脍炙人口的社论。至此，不论从理念、内容还是形式上，新闻评论发展演进成为具有现代意义的新闻评论。

新中国成立后，新闻评论在党报党刊党台上仍然占有重要地位，并演变成为政治宣传和舆论引导的重要工具。改革开放后特别是互联网兴起后，随着舆论环境的相对宽松和公众公共参与度的提高，新闻评论更成为进行公共表达和舆论监督的最有效手段。传统的三大媒体和网络新媒体纷纷推出评论栏目，新闻评论又迎来了一个新的发展时期。

第二节　新闻评论学的界说

　　作为一种新闻实践活动，新闻评论由来已久，在西方已有 300 余年的历史，在我国已有近 150 年的历史。但对新闻评论的研究应当是进入 20 世纪以后的事情。1903 年出版的、由美国新闻记者休曼撰写的《实用新闻学》一书，是美国最早的新闻学专著。在此书中休曼这样论述报纸社论："报馆之论说、时事之批判的解释也。执笔者任取一重要之新闻，凝思既久，撰而为文；自有其独到之理解，所讨论者横尽过去，竖尽来者，不仅一事之表而已"。1919 年出版的徐宝璜撰写的《新闻学》，是我国第一本新闻理论著作。该书共分为 14 章，内容包括新闻理论、新闻业务和新闻事业的经营管理等新闻学的各个主要领域，其中第 9 章专门论述"新闻纸之社论"（社论是当时新闻评论的主要形式），阐述了新闻评论的写作，认为写作社论应该注意四点：以新闻为材料，有透辟之批评，用简明之文字，抱正大之宗旨。由此看来，在我国新闻学界把新闻评论作为新闻学研究一部分的观念和实践也由来已久。20 世纪三四十年代，张友渔、于右任、郭步陶、程仲文等人发表、出版了大量关于新闻评论的理论文章和著作，其中郭步陶的著作《编辑与评论》对新闻评论的种类及变迁有较为详细的论述，并归纳出评论写作的 6 种方法，具有一定的实用价值。1947 年 9 月，上海力生文化出版公司出版了程仲文著的《新闻评论学》。

　　以上可以看出，早期的新闻学著作和文章已经开始关注新闻评论，从新闻学本体和新闻史的学术角度，认识到新闻评论的理论意义、发展规律与历史渊源。但大多是当时的报人在长期的新闻评论实践中总结的经验，还没有形成系统的理论体系，所以，具有较高学术价值的著作尚未产生。

　　20 世纪 70 年代后期，我国高校新闻专业都开设了新闻评论课程，并将新闻评论作为研究对象，或称为"新闻评论写作"，或称为"新闻评论研究"，多数称为"新闻评论学"。可以说，新闻教育催生新闻研究，大量的新闻学著作开始出现，其中包括新闻评论专著。我国相继有多种新闻评论学的专著或教材问世，如林大椿的《新闻评论学》、中国人民大学的《新闻评论学》、华中理工大学的《新闻评论写作教程》等。较之于以前的关于新闻评论的论述大多是作为新闻教材中的一部分或一个章节，且论述概括简略而言，这一时期的新闻评论教材开始以独立的姿态出现，开始关注和探讨有关新闻评论的一些基本理论问题，并尝试进行学科规范化的努力。

一、新闻评论学及其研究范围

简言之，新闻评论学是新闻学的一个分支，是实用新闻学的一个重要组成部分。它是研究新闻评论现象、新闻评论的运用和写作规律的科学。

新闻评论包括报纸评论、广播评论、电视评论、通讯社评论、网络评论等。新闻评论既是新闻文体，又属于议论文范畴。它是现代各种新闻媒体普遍运用的社论、评论员文章、短评、编者按语、专栏评论、述评等文章的总称。

从内容上看，新闻评论学大体包括四个方面：一是新闻评论的基本原理、基本知识和基本规律，包括新闻评论的概念、新闻评论的特性、新闻评论的价值、新闻评论的运作规律。二是新闻评论的历史衍变，主要包括新闻评论产生和发展的条件、历史演变轨迹、著名评论家及其文章特点、新闻评论呈现出的新特征、新闻评论未来的发展趋势。三是新闻评论工作的基本原则和方法，包括站在公众立场上立论，摒弃党派色彩，公正的理性以及作者以自己认为正确的方向去引导舆论。四是新闻评论写作的基本技巧和方法，包括新闻评论写作的一般规律和不同媒介、不同体裁、不同类型的新闻评论写作的特殊要求。

二、如何学好新闻评论学

学习和研究新闻评论学，要运用科学的世界观和方法论，力求理论和实践相结合，总结和概括新闻评论的基本特征和规律，梳理中国近百年新闻评论发展的脉络和西方源远流长的评论传统及特点，既要回顾历史，又要着眼于当前的实际，以便更好地指导我国的新闻评论实践。随着新闻事业改革的深化和受众心理的变化，新闻评论这一曾备受冷落的体裁再次受到各家媒体的重视，各种观点鲜明、形式新颖的新闻评论大量涌现，对公众舆论的引导、民主社会的构建和人类文明的进步起到了积极的推进作用。

学习和研究新闻评论学，要以史为鉴，遵循新闻传播的客观规律，发挥新闻评论的独特作用，揭示真相，探求真理，在不同的场合和条件下，让这种体裁更好地发挥公共表达、舆论引导和社会监督的作用。

学习和研究新闻评论学，不仅要了解和掌握新闻评论的地位、作用、特性等基本原理和规律，还要掌握新闻评论工作的原则方法、新闻评论运作的规律、新闻评论工作所应具备的修养和原则。

学习和研究新闻评论学，要在掌握新闻评论基本知识、基本原理的基础上，做到理论联系实际，初步掌握几种常用评论形式，如社论、短评、编者按等写作要领，经过反复的写作实践，能够在工作中运用新闻评论这一表达工具。因为新闻评论学是一门政治性、实践性很强的学科，学习评论知识主要是为了指导评论工作和评论写作实践。

作为新闻评论学研究的最重要目标主体，新闻评论实务不仅是新闻传播专业学生和媒体专业人士必修的新闻业务课程，也是公众表达需要掌握的一种基本能力。

学好新闻评论不仅对职业的新闻工作者有重要的意义，而且对一般公众来说也是必备的媒介素养。由于新闻评论被视为媒体的灵魂和旗帜，所以它是媒体影响社会舆论最有力的形式，在现代媒体中占有突出的地位。因此新闻评论的写作和新闻采写、新闻编辑一样是新闻工作者必备的基本功，是新闻专业的大学生必须学好的基础学科。由于新闻评论本质上是意见表达的工具，随着舆论环境的宽松、媒介开放度的扩大，新闻评论成为公众通过媒介实现公民知情权、表达权和监督建议权最常用的手段。

对于新闻评论初学者而言，一般都要经历学习、研究、模仿评论名家名篇的思考和写作过程，这样才能最终达到自成风格的境界。除此之外，还要广泛涉猎新闻评论可能涉及的各知识门类的书籍。至少，学生应该主攻自己将要从事的某一方面的新闻评论的相关知识。这是新闻评论者比新闻记者难做的地方，也是新闻评论者成就自我、实现自我的必由之路。

要写好新闻评论，学习者要多读古今中外优秀言论范文、全国每年获奖的优秀评论作品、当代中国社会问题分析及时政方面的书籍和文学、政治、法律、哲学、历史、经济、社会学、伦理学、社会心理学等方面的经典著作。我们不妨把这些书目分成六大类。

第一，新闻评论研究类，包括康拉德·芬克的《冲击力——新闻评论教程》、曹林的《时评写作十讲》、丁法章的《新闻评论学》、马少华的《新闻评论》、赵振宇的《现代新闻评论》、胡文龙的《中国新闻评论发展研究》及顾涧清和李龙的《中国时评——社会良知的呐喊》等。

第二，新闻评论作品类，包括报纸和网络媒体刊发的新闻评论作品以及大报自己精选的优秀评论作品集或知名评论作者、编辑选编的年度新闻评论精品荟萃。可多浏览《中国青年报》、《新京报》、《南方都市报》、《东方早报》等报纸的言论版和新浪网、腾讯网上的优秀评论作品，如《杨柳青》、《中国杂文年选》、《中国时评年选》、《中国新闻时评精选》、《南方的立场》、《新评论——新京报名家评论精选》、《冰点时评》、《人民日报 60 年优秀言论选》、《之江新语》(习近平著)以及《邵飘萍选集》等。

第三，政治学类，如《马克思恩格斯全集》(第一卷)、马基雅维利的《君主论》、卢梭的《社会契约论》、丹尼斯·朗的《权力论》等。

第四，哲学类，如黑格尔的《小逻辑》、列宁的《哲学笔记》、恩格斯的《自然辩证法》等。

第五，社会学类，如北川隆吉的《现代社会学》、宋林龙的《西方社会学》、刘易斯·科塞的《理念人：一项社会学的考察》等。

第六，新闻传播类，如小约翰的《传播理论》、麦克卢汉的《理解媒介》、尼葛洛庞帝的《数字化生存》、陈力丹的《精神交往论》等。

第三节　新闻评论概述

一、新闻评论的概念

新闻评论的范畴，西方国家大致有两种不同的界说：一种是狭义的，认为新闻评论所指的是报纸、期刊、广播、电视、网络等媒体所发表的社论、短评与专栏评论等各类议论性文章的总称。另一种是广义的，认为除社论、短评与专栏评论之外还应包括一切政治性的漫画、民意调查与读者来信等。这样的说法，当然也有一定的道理：从文章体裁来说，民意调查与读者来信多数是议论性的；从内容看，多数情况是关于政治、社会、民生的。但无论是狭义的还是广义的，这两种不同的说法，实际上只是阐述了新闻评论范围的广狭，并没有说明新闻评论到底是什么。那么新闻评论的概念究竟是什么呢？

林大椿在《新闻评论学》一书中说："新闻为事实的客观记载，评论为基于事实而发表的意见。"[1]

人民日报原副总编、知名评论工作者范荣康认为："新闻评论是就当天或最近报道的新闻，或者虽未见诸报端但确有新闻意义的事实，所发表的具有政治倾向的，以广大读者为对象的评论文章。"[2]

1996 年出版的《中国新闻实用大辞典》则表述为："新闻媒体或作者个人就新近发生的事件、当前社会生活中存在的现象或思想倾向、公众关注的问题等阐述自己观点、立场的新闻文体。"[3]

新民晚报原总编辑、著名报人丁法章在《新闻评论教程》中认为："新闻评论，是媒体编辑部或作者对最新发生的有价值的新闻事件和有普遍意义的

---

①　林大椿：《新闻评论学》，台北，台湾学生书局，1978。

②　范荣康：《新闻评论学》，北京，人民日报出版社，1988。

③　冯健：《中国新闻实用大辞典》，北京，新华出版社，1996。

紧迫问题发议论、讲道理，有鲜明针对性和引导性的一种新闻文体，是现代新闻传播工具经常采用的社论、评论、评论员文章、短评、编者按、专栏评论和述评等的总称，属于论说文范畴。"①

知名新闻评论研究专家马少华认为："新闻评论是新闻体裁中的重要一类，它表达人们对新闻事件的判断、对由新闻引发的各类社会问题的思考。"②

以上是不同时期知名学者对新闻评论概念所作的阐述，这些概念在内涵和外延上各有侧重，但不外乎围绕以下几个方面展开：新闻评论的主体、客体、载体、文体及其性质。我们认为新闻评论的主体是媒体编辑部或公众；客体是新闻事实、新闻事件、社会问题、社会现象；其载体是现代新闻传播工具，包括报纸、广播、电视、互联网等；是鲜明表达立场和态度的议论文体；具有现实针对性和引导性。

综上所述，我们认为所谓新闻评论，是针对新近发生的有价值的重要事实、公众普遍关心的重大问题，或人们思想中的突出问题，直接阐明编辑部或作者的意见和态度，从而反映舆论和引导舆论的一种新闻文体。其首要特性，在于"新闻"二字，即在于它的新闻性。新闻评论所讨论的对象，是现在的和最近所发生的事件或问题，而且这些事件和问题是重大的、广大公众所关心的或者是公众迫切需要回答的问题，同时还必须表明评论作者的意见和态度。

现代新闻事业首先起源于报纸，所以人们理解和研究新闻评论自然也是以报纸评论为本位。报纸被称为新闻纸，当然是以刊载新闻、报道新闻事实为其第一要务。报纸的公众性、内容的时宜性和普遍适应性以及定期出版发行等特点，自然要求新闻报道的客观性和公正性。虽然报纸报道的各种时事政治、现实生活中发生的各种事实信息，是实地采集而来的，但在刊载以前，不能不有所取舍。对于一般的新闻事实，即使完全采用让事实说话的方法，但新闻的采写者和编辑者，不可避免地而且也是应该带有自己的倾向性。尤其是现代报纸，往往是政党和政府手中的宣传工具，因此报纸自然就具有了它的倾向性和引导性。早期的西方新闻学者对此曾有论述，如贝洛说："报纸报道新闻，暗示观念。"约翰·L.吉文说："报纸为舆论之制造者与新闻之记录者。"③

① 丁法章：《新闻评论教程》，上海，复旦大学出版社，1997。
② 马少华：《新闻评论教程》，北京，高等教育出版社，2007。
③ 储玉坤：《现代新闻学概论》，上海，世界书局，1948。

戈公振先生在《中国报学史》中，在对西方关于各种报纸定义的研究之后，明确地提出了报纸的定义。他说："报纸者，报告新闻，揭载评论，定期为公众而刊行者也。"戈氏的意见，除了阐明报纸的定期性和公众性等形式上的特征外，更在报纸的内容方面，揭示了它的功能性质。报纸虽然可以刊发文艺作品，也可以刊登广告，但它的主要功能，就是报告新闻和揭载评论。先生分析说："报纸不断地处置此种通信（指新闻报道——引者注），有特别之权能，使报纸对于时事问题，有先觉者或专门家之优越地位。此种现象，使报纸不仅报告事实，对于重要问题，且独立加以评论，且其评论乃以个人之丰富知识为根据，有时可以超越普通仅由事实观察者之意见，甚至超越一报纸之意见因而成为一般公众之意见，是即谓之舆论。"①

当然，什么叫舆论以及舆论的生成和形成的过程，是极其复杂的，不是本书讨论的范围。但报纸的内容主要是报告新闻和揭载评论，是完全正确的。新闻评论与社会舆论的形成，有极其密切的关系，这也是毫无疑义的。

报纸被称为新闻纸，尤其是现代的报纸，毕竟应以报告新闻为主，即应以主要的版面篇幅刊发尽可能多的新闻事实信息。即使有人认为"报纸应以意见为主"，但意见必须要通过新闻事实来表达。新闻报道当然要表达意见，但不是直接地而是间接地表达记者或编辑部的意见。评论则是直接地讲道理、发议论，直接地发表意见。但这种意见往往又是派生的，是第二位的。这主要是由评论的新闻性决定的。因为评论所讨论的对象，是现实生活中所发生的事件和问题，针对的是公众密切关注的某个新闻。它不是讨论历史问题，不是讨论某个学术问题。因此，新闻事件的发生和报道是评论的前提和基础，没有新闻事实的报道，也就不可能有新闻的评论。

也不是所有的新闻事件和问题，都可以作为评论的对象和题材，新闻评论的必须是重大的、广大公众普遍关注的，或者是迫切需要回答的问题。因此，就新闻评论的写作而言，在大多数情况下，今天应该写什么，尤其是社论、评论员文章和短评等，评论的题目和内容以及下什么样的结论等，都不是作者自己可以定的。评论什么，怎么评论，实际上决定于今天发生的重大新闻事件和问题，不是由作者自己喜欢写什么，或不喜欢写什么来决定的。

新闻评论除了"新闻"二字，还有它的"评论"二字，即必须有它的评论性，即在评论文章中表明作者的意见和态度。评论的意见和态度，一方面要鲜明，不要模棱两可；另一方面也不是作者个人的意见和态度。评论的意见

---

① 戈公振：《中国报学史》，北京，中国新闻出版社，1985。

和态度，是根据新闻事实的本质特征，与社会公众利益的关联程度以及报纸所从属之政党、政府或团体对某个社会问题的方针政策来决定的。

新闻评论如果不是针对新近发生的新闻事件和问题来选题立论，就没有了新闻性。如果不是讨论重大的新闻事件和问题，不能回答公众关注的普遍性问题，不能解答人们思想中迫切需要回答的一些疑虑，就会失去读者，也保证不了它的新闻性。新闻评论如果不能就有关事件和问题，鲜明地表明作者和编辑部的意见和态度，而这种意见又是十分通俗、浅显易懂的，那么，这种评论就会削弱它的指导性，因而也会影响它的新闻性。这里讨论的，既是新闻评论不同于新闻报道也不同于一般评论的特点，更重要的是要明确：新闻评论虽然十分重要，但作为新闻媒介，报告事实，报道新闻，始终是它的基础，是第一位的，而发表评论，则是派生的，第二位的。有许多的评论就是配合新闻报道或依附于新闻报道而发的，如短评和编者按语等。

二、新闻评论与社会舆论

根据新闻评论的一般特征和党报新闻评论的特点，我们可以对新闻评论的社会作用作这样的估计："它是社会舆论的集中反映，它担负着引导社会舆论的责任，但是它不可能凭空制造舆论。"①范荣康长期在《人民日报》评论部工作，他根据党报新闻评论工作正反两方面的经验，对新闻评论与社会舆论的关系作如是说，是可信的。

近代舆论概念，17世纪出现于英国，开始称"公众意见"，法国大革命时代，发展成为"大众意见"，即舆论。社会舆论是一定时期政治、经济、文化的体现。舆论出于众人之口，反映了一定的民意。舆论的形成是群众思想交流的结果，因而舆论是公开流传的，一般通过大众媒介作为表达和传播的渠道。新闻是社会舆论传播最理想的形式，它具有传播信息、反映社会民意、引导社会舆论和广泛影响社会舆论的功能，能够最大限度地满足舆论所要求的各种条件。新闻评论作为新闻媒体直接发言的新闻形式，它在所有新闻形式中，在反映社会舆论和影响社会舆论方面，应该是更为理想的，其作用也应更为直接一些。但是，"我们也应该认识到，社会舆论既可以作为宣传者确定宣传意图和制订宣传方法和步骤的前提条件之一，又可以成为检验宣传效果好坏的标准因素之一"②。这句话的意思也可以说是：作为宣传形式的新闻评论，它首先是来自于社会舆论，反映社会舆论，然后才可以作用于社会舆

① 范荣康：《新闻评论学》，北京，人民日报出版社，1988。
② 王兴华：《宣传学引论》，杭州，杭州大学出版社，1994。

论；其反作用于社会舆论的影响不能凭空想象，而必须接受社会舆论的检验。

形成一种社会舆论的因素很多，而影响最大的当然是新闻界，尤其是大众传播媒介单位的新闻评论，所以新闻评论对于纠正错误的舆论与缔造正确的舆论，负有无比重大的责任。

美国著名的报刊政论家沃尔特·李普曼在他的《舆论学》中曾明确地指出："新闻和真实并不是一回事，必须清楚地加以区分。"因为他认为由于"固定的成见"，使得报道比真实地反映客观实际要容易得多。李普曼认为，即使记者是现场目击者，也带不回真实的报道。"当成见的体系已牢固地形成时，我们就会注意那些支撑成见的事实，而不去注意那些与成见相矛盾的事实。"李普曼又指出，由于世界太大，人们不可能直接地去认识每一件发生的事实，加上检查制度的存在和官方设置的保密制度等，人们往往生活在报界提供的和自己所设想的一种"假环境"中，人们就成了少数"社会贤能"可以左右的"局外人"，并且相信是可以通过宣传来左右的。他明确地写道："在很大程度上，公共利益与舆论根本无法一致，并且，公共利益只能由一个特殊的阶级来管理。"①李普曼认为，由于报道现实环境的新闻传给我们有时快，有时慢，但是我们总是把我们自己认为是真实的情况当作现实环境本身。这样，实际上提出了报纸要有一种意见力量，去努力改变人们头脑中形成的不准确的"世界图像"的任务。

我国近代政论家梁启超曾写过一篇文章，叫《舆论之母与舆论之仆》。文章说："舆论者，寻常人所见及者也；而世贵有豪杰，贵其能见寻常人所不及见，行寻常人所不敢行也。"又说："其始也，当为舆论之敌；其继也，当为舆论之母；其终也，当为舆论之仆。"②梁任公所说的舆论之敌、舆论之母与舆论之仆，主要是指豪杰而言的，而且他所说的舆论皆寻常人之所及见以及无关公益等说法，未必公允。但舆论之母与舆论之仆的说法，却可以说明新闻评论与社会舆论的关系。

"舆论之母"，是说我们写作新闻评论，有时要负起反映社会舆论与引导社会舆论的责任。公众对于重大事件与问题的发生，有时由于真相不明，了解不够；有时由于众说纷纭，莫衷一是，不知何去何从，在这种情况下，新闻评论就应提出符合事实、揭示真理、表现正义与公正的见解主张，以求得

---

① [美]李普曼：《舆论学》，林珊译，北京，华夏出版社，1989。
② 复旦大学新闻系新闻史教研室：《中国新闻史文集》，上海，上海人民出版社，1987。

公众的认同，然后传播开来，渐渐形成一种公论，使大家都能接受，把社会舆论引导到一个正确方向，以致影响整个社会舆论。这样，采取某种社会行动也就水到渠成了。

作为舆论之仆，指的是新闻评论对于社会舆论的作用，限于三个方面：一是反映；二是维护；三是监督。所谓反映，是指对于正确的舆论，我们要及时地通过大众传播加以反映，公众的意见、呼声和要求，也要及时地反映，使之很快地传播开来，让政党、政府以及有关方面均有所了解，并引起重视，以改正工作，使政府切实做到"民之所好，好之；民之所恶，恶之"。所谓维护，是指新闻评论对正确舆论的宣传鼓吹要不遗余力，对错误的舆论也应该能旗帜鲜明地鸣鼓而攻之。所谓舆论的监督，指的是两个方面，一方面是人民大众通过新闻媒介来监督人民的公仆，人民的公仆为人民服务得到底怎样，有权对人民的公仆提出意见和批评，政府也应该通过大众媒介公布最近在做些什么以及怎样做才对，政府成员也应该坦诚地面向公众，接受公众舆论的监督，使大众媒介真正起到人民大众与政府、政党之间的桥梁和媒介作用。监督的另一层意思是新闻评论本身，通过反映正确舆论、引导社会舆论和抨击错误舆论以维护正确舆论，很好地发挥舆论监督作用，使之真正成为舆论机关。"要通过各种现代化的新闻和宣传工具，增加对政务和党务活动的报道，发挥舆论监督作用。"①

舆论能不能制造？新闻舆论界在反映舆论、宣传某种主张的时候，往往为了顺应某种政治形势而大张旗鼓地宣传某种舆论，或推波助澜，或大张挞伐，这在革命政党的宣传鼓动中是常见的。新闻评论在某个时期集中就某个问题进行写作，也是常见的。这种情况被称为组织舆论或叫大造声势，或叫舆论攻势。但如果为了某种政治目的，假借群众之口，无中生有地虚张声势造成某种惊人的政治气氛，凭空地制造舆论，那是不允许的。为什么？这在我们新闻评论工作者的认识上要解决两个问题。第一，要坚持马克思主义唯物论的反映论。存在是第一性的，意识是第二性的。一定的社会舆论是一定的社会存在的反映。有什么样的社会存在，才有什么样的社会舆论。新闻评论是一定的社会舆论的文字表现形态。只不过社会舆论往往是分散的，零乱的，互相矛盾、众说纷纭的，有的甚至是片面的、带着浓厚的感情色彩的。经过新闻评论加以集中、概括，去伪存真、形诸文字，变成比较集中、比较系统的意见，借助大众传播媒介反映出来，又回到社会中去，以形成比原始

---

① 引自《中国共产党第十三次全国代表大会政治报告》。

舆论形态超出千百倍的力量和声势，影响社会舆论。新闻评论来自社会舆论，又作用于社会舆论，也就是从群众中来，又到群众中去。尽管这种反作用不是一般地反映，而是积极地、主动地作用于社会舆论，是一种能动的反映论，但它的前提和基础，仍是一定的新闻事实和社会民意，毕竟存在是第一性的，反映是第二性的。第二，尽管历来的政党，办报纸，写评论，目的是为了造舆论，搞宣传。革命的政党是这样，反革命的政党也是这样。但从历史唯物主义来看，历史的发展并不取决于舆论造得大或小。历史的发展有它自身的规律。尽管一定的舆论攻势在短时期内可能有一些作用，但从长远来看，舆论的大小并不能从根本上改变历史的发展。

从中国近代报刊的历史看，最早的报纸是外国传教士办的，是为西方的文化和宗教宣传服务的。19世纪英国传教士李提摩太在给英国驻上海的领事白利兰的信中，曾指出："别的方法可以使成千的人改变头脑，而文字宣传则可以使成百万的人改变头脑。"他认为只要控制了中国的主要报纸和杂志，"我们就控制了这个国家的头和背脊骨"。① 传教士办报，在当时也确实产生了一定的宣传效果。但是历史毕竟没有按照这些传教士和洋奴们的意愿发展，反而激起了中国人民的反帝意识。尔后，资产阶级的改良派和革命派，他们在利用报刊大造舆论这一点上，都是认识得十分充分，不遗余力的。他们往往把办报刊与结社团同等看待，或者通过报刊形成政党，或者一成立政党就立即创办报刊作为他们的言论总机关。梁启超办的《时务报》、《新民丛报》，在当时的影响不可谓不大，但是康、梁后来竟沦为保皇派。资产阶级革命派的先行者们把办报刊造舆论的作用看得非常重。同盟会的机关报《民报》在与梁启超的《新民丛报》论战时表现得痛快淋漓，但是辛亥革命仍然没有完成反帝反封建的任务。

如果新闻评论正确地反映社会舆论，又反作用于社会舆论，那么在引导社会舆论方面能起到一定的积极作用。否则，任凭你舆论造得如何声势浩大，终究不能改变社会，改变现实。

思考和练习

1. 简述中外新闻评论发展历程。

2. 新闻评论学的研究范围有哪些？

3. 什么是新闻评论？新闻评论与社会舆论之间的关系是怎样的？

---

① 转引自范荣康：《新闻评论学》，北京，人民日报出版社，1988。

第二章　中国新闻评论的嬗变

第一节　中国新闻评论的产生与发展

一、新闻评论的发端

如果要追根溯源的话，我国新闻评论的最早源头，存在于古代的言论之中。我国古代官方十分重视言论工作。

《国语》中多次提到，从传说中的尧舜时代（至少是从西周初年）开始，朝廷就设有两位史官：左史和右史。他们的分工也很明确："左史记言"，"右史记事"，即左史的职责是记录君臣间的应对，右史记载朝廷的一举一动，撰写大事记。按照徐铸成先生的说法，他们实际上是"官报记者"，但所记的事实和言论，从不让皇帝审改。①

古人说，"六经皆史"，尤其是《春秋》以及《左传》、《战国策》等，全是当时的大事记。有些刚发生的大事，"官报记者"——史官就秉笔直书把它记载下来了。比如"赵盾弑其君"这个有名的故事，惨案刚发生，就被如实地记了下来，而且大胆地加了一个"弑"字，以表明"官报记者"的鲜明态度。在《春秋》里，这一件大事就只记了这么一句话，到了《左传》就扩充为一篇详细的文字。《国语》主要是以记言为主的，保存了很多君臣的应对言论和重要的政府文告。

司马迁是我国西汉时期伟大的史学家、文学家。他的《史记》开创了我国通史体例的先河。《史记》记载了从传说中的黄帝到汉武帝时代的历史，略古详今，相当大的部分是记载汉武帝时代的史事，并且大多加上了作者的评论——"太史公曰"。"太史公曰"对历史和人物加以直率的品评，虽然这些评论我们把它看成是"史评"，不能说它是新闻评论，但是司马迁的许多评论，是针对着汉武帝时代的现实生活的。司马迁的史评，为后世的史论，也为后世的时评——新闻评论开创了先例，树立了典范。

北宋司马光编撰《资治通鉴》，开编年史的先河；把千余年的历史，删繁就简，去伪存真，态度极为严正。写的虽是旧闻，着眼在"资治"。但他运用

---

① 　徐铸成：《新闻丛谈》，143页，杭州，浙江人民出版社，1983。

夹叙夹议的手法，在叙述到紧要处，写上一句"臣光曰"，加以评论，发挥了史论——旧闻评论的传统优点。

明末的王船山撰写《读通鉴论》，就《资治通鉴》所载的重要史事，逐条加以评论，每篇都有新见解。另如王船山撰写的《宋论》等，都沿袭了司马迁开创的史论——旧闻评论的传统模式。

清代蒲松龄的《聊斋志异》，虽然是古代文言短篇小说集，但里面记载的有些篇章，如关于地震、陨石等事，却是当时的新闻。书中写的大多是关于妖狐鬼怪的故事，但当时作者认为是真有其事的。《聊斋志异》的大多数篇章后面，也有作者的评论——"异史氏曰"，这也可以视为蒲松龄继承史论传统的一种体现。

我们读近代许多著名新闻记者和报刊评论家的作品，如梁启超《饮冰室文集》、黄远生《远生遗著》和邵飘萍《北京特别通信》等，都可以看到，他们大多受到了我国古代史论的极大影响。

我国尽管早在唐朝开元年间就出现了被称为《邸报》的报纸，但这类报纸的内容即使在其较成熟的时期，也主要是一些皇帝的文告、臣子给皇上的奏章以及官吏的任免消息等，谈不上有新闻评论的体裁。

1815年，最早用中文刊行的报刊《察世俗每月统计传》，开始登载论说。1833年，最早在中国用中文刊行的《东西洋考每月统计传》，也登有少许言论。这两份报刊的发刊词和少量言论写作通俗易懂，但内容大多是关于宗教方面的，还不能算是真正意义上的新闻评论。

新闻评论在我国报纸上确立自己的地位，应当是在19世纪六七十年代以后的事，尤其是1872年4月30日上海《申报》创刊并首倡社论以后。《申报》是我国迄今出版时间最长的中文报纸(1872—1949)，由英商美查等四人合资创办。《申报》创刊时，发表《本馆告白》，在所附的《申报馆条例》中，有一条说：

如有名言谠论，实有系乎国计民生、地利水源之类者，上关皇朝经济之需，下知小民稼穑之苦，附登新报，概不取酬。①

虽然说发表言论概不取酬云云，但《申报》要开辟言论栏目，首创社论，是明白无误的。但在20世纪初，1912年国人史量才接办《申报》以前，该报的影响并不大，大多言论是关于宣传宗教，宣传西方文明的。1932年，史量才改组了报社领导班子，政治态度迅速转向进步，积极支持抗日运动，反对

---

① 戈公振：《中国报学史》，北京，中国新闻出版社，1985。

国民党的独裁统治，创办《申报月刊》，开辟文艺副刊《自由谈》等，极大地提高了《申报》的社会影响力，引起了国民党反动派的恐慌。

二、以政论为主的报刊评论的兴起

以政论为主的报刊评论的兴起，在我国当在 19 世纪 70 年代以后。随着英法帝国主义对我国侵略活动的日益加剧和清朝统治的日益腐朽衰败，我国民族资产阶级开始觉醒并逐渐成长起来，一部分具有资产阶级观点的知识分子提出了一些改良政治的主张。他们开始把办报作为宣传自己的政治主张、扩大政治影响和推动改良运动发展的重要手段。从 1873 年起的 20 年里，他们先后创办了《昭文新报》、《述报》、《循环日报》等我国最早的一批现代化的报刊。这些资产阶级改良派办的报刊，都始终以政论为主要内容。

这一时期，王韬和郑观应的论说，可说是独放异彩。《循环日报》是我国第一份以政论著称的报纸。该报于 1874 年 2 月 4 日在香港创刊，由王韬主编，中华印务总局出版。创刊不久，即在报首每天发《论说》一篇，鼓吹学习西方，宣传变法自强，开我国报刊重视政论的先河。

王韬是我国近代第一位报刊政论家，从 1874 年起主持《循环日报》笔政十年。《循环日报》的论说，大多是王韬所写，后来辑集在《弢园文录外编》中的就有一百多篇。这些政论文章，集中反映了中国资产阶级要求改革封建专制制度、发展资本主义的愿望。这些言论已开始摆脱"八股文"、"桐城派"的束缚，紧密联系当时社会的政治、经济问题，在政治上提出了明确的要求，在表现形式上，也从"代圣贤立言"、"托古论今"的程式，开始向现代的新闻评论转变。

王韬在《弢园文录外编·自序》中说："知文章所贵在乎记事述情，自抒胸臆，俾使人人知其命意之所在而一如我怀之所欲吐，斯即佳文。……鄙人作文窃秉斯旨，往往下笔不能自休；若于古文辞之门径则茫然未有所知，敢谢不敏。曰外编者，因其中多言洋务，不欲入于集中也。"①

三、从政论向新闻评论的演变

从政论向新闻评论的演变，大体是在中日甲午战争之后的一段时期。由于清政府在中日甲午战争中的惨败，我国面临着严重的外患，资产阶级改良运动有了进一步的发展。改良派的首领感到有必要组织政治团体，并通过创办报刊来宣传自己的主张，同时也以报刊为阵地来组织政治团体。为适应形

---

① 《弢园文录外编》，1959 年中华书局曾重新整理。此处引自复旦大学新闻系新闻史教研室：《中国新闻史文集》，上海，上海人民出版社，1987。

势发展变化的需要，新闻文体尤其是报刊评论，也开始进入一个变革、发展的新时期。

　　清末维新派主办的第一份报刊《中外纪闻》（初名《万国公报》），成为京师强学会的机关报，每册刊论说一篇。京师强学会被迫解散后，1896 年 1 月 20 日强学会上海分会创办了它的机关报《强学报》，政治色彩比《中外纪闻》更为鲜明，只出三期，即遭查封。1896 年 8 月，维新派首领之一的梁启超在上海创办《时务报》，成为维新派的重要言论机关报，该报每期卷首必发政论一二篇，大声疾呼非变法不足以图强。这一时期，陆续创办的比较有名的报刊，还有《苏报》（1896）、《中外日报》（1898）、《中国日报》（1900）以及首倡"时评"的《时报》（1904）等。

　　《时报》首倡的"时评"给新闻评论注入了勃勃生机，是新闻评论演变为独立新闻体裁的重要标志。该报发刊词所附的《时报发刊例》在其前四条中，分别提出了本报论说"以公为主"、"以要为主"、"以周为主"、"以适为主"的要求①。"时评"相当于现在报纸上的"短评"或"编后"，它抓住当天报上的一则新闻，一事一议，题目具体，使报纸找到了一个新闻和评论相配合的好形式，推动了报业的业务改革。

　　这个时期的改良派报刊均以政论为其主要内容，尤其是梁启超的《时务报》，思想新颖，文笔犀利，有力地抨击了清朝的腐朽政治，直接为变法运动服务。梁启超，字卓如，号任公，是近代著名的资产阶级改良主义者，也是近代著名的报刊政论家。他在《时务报》第一册发表的《论报馆有益于国事》一文，是改良派办报思想的代表作，当时影响很大。梁启超说："去塞求通，厥道非一，而报馆其导端也。无耳目、无喉舌，是曰废疾。……其有助于耳目喉舌之用而起天下之废疾者，则报馆之谓也。"②梁启超在《时务报》发表的政论文章，如《变法通议》和《维新图说》等，实际上成了维新派的政治纲领。他的政论文章，气势磅礴，充满感情，浅显通俗，开创了报刊以政论取胜的风气。梁启超在《时务报》和以后在《新民丛报》上发表了大量政论，这种以改良了的文言写作的文章，在文体上也有革新意义，当时人称之为"时务体"或"新民体"。梁启超、严复、章太炎等都是这一时期我国报刊评论的开山之祖。

---

① 戈公振：《中国报学史》，北京，中国新闻出版社，1985。
② 复旦大学新闻系新闻史教研室：《中国新闻史文集》，上海，上海人民出版社，1987。

《苏报》是一份日报，1896 年 6 月在上海创刊。自 1903 年章士钊担任该报主笔以后，《苏报》成为资产阶级革命派的言论机关。当时革命家邹容写的宣传小册子《革命军》出版，章士钊发表《读〈革命军〉》一文，称颂它是"今日国民教育之第一教科书"，接着又发表章太炎写的《革命军序》，把此书的发行说成是震撼人心的"雷霆之声"。随后又发表章太炎写的《康有为与觉罗君之关系》一文，驳斥康有为的保皇言论，讽刺光绪皇帝是"载湉小丑，未辨菽麦"等，于是得罪了清政府。清廷与租界当局勾结，立即查封了《苏报》馆，章太炎和邹容等五人被捕。这就是有名的"苏报案"。

章太炎是与梁启超齐名的中国近代报刊政论家，但两人政论的风格迥然不同。梁任公的时务文体热情洋溢、通俗易懂，章太炎的文章典雅古朴、艰涩难懂。章太炎刑满出狱之后，于 1906 年主持《民报》，在与梁启超的《新民丛报》的论战中充当主将，发表过 58 篇文章，成为"以文章排满的骁将"。

《苏报》发表《读〈革命军〉》一文时，以"来论"的形式代社论，署名"爱读革命军者"，编者按指出"书内词意，本馆不担其责"。这当然是一种手法，但"来论"形式却有开创性的意义。

1905 年，资产阶级革命派的各个革命团体，在孙中山的领导下，联合组成了中国同盟会，并创办了自己的言论总机关——《民报》。孙中山在为《民报》写的发刊词中，首次完整地提出了民族主义、民权主义、民生主义的"三民主义"和"举政治革命社会革命毕其功于一役"的革命主张。

《民报》从创刊号开始，就向保皇派机关报《新民丛报》挑战，指名批判康有为、梁启超的君主立宪谬论。《民报》第三期还发表《〈民报〉与〈新民丛报〉辩驳之纲领》，列举双方在 12 个问题上存在的根本分歧。这一场论战主要围绕三个大问题：一、要不要用暴力推翻清王朝，进行民族革命？二、要不要进行民权革命，建立民主共和国？三、要不要实行土地国有、平均地权，进行社会革命？这一场论战持续了两年之久，最后以梁启超理屈词穷，《新民丛报》一蹶不振，不得不于 1907 年 11 月 20 日悄然停刊而告一段落。经过这场论战，资产阶级民主革命思想得到了广泛传播，孙中山的三民主义日益深入人心，从而为辛亥革命作了思想上和舆论上的准备。

1905 年至 1911 年，资产阶级革命派在上海先后出版十几种报刊，其中影响较大的是于右任先后创办的《民呼日报》（1909 年 5 月）、《民吁日报》（1910 年 10 月）、《民立报》（1910 年 10 月）。民呼、民吁、民立三报因报名直书，又一脉相承，故有"竖三民"之称。《民呼日报》发刊词说："民呼日报者，黄炎子孙之人权宣言也。有世界而后有人民，有人民而后有政府。政府

有保护人民之责，人民亦有监督政府之权。"该报因得罪了清政府，办了 92
天便停刊。《民吁日报》亦因得罪日本帝国主义而只办了 48 天。《民立报》
(1910 年 10 月 11 日—1913 年 9 月 4 日)时间较长，其发刊词题为《中国万
岁、民立万岁》，署名"骚心"，取屈原《离骚》爱国之心的意思，全文也模仿
骚体写成，悲天悯人，如泣如诉，录其中一段云：

秋高马肥，记者当整顿全神以为国民效驰驱。使吾国民之义声驰于列
国，使吾国民之愁声达于政府；使吾国民之亲爱声相接相近于散漫之同胞，
而团体日固；使吾国民之叹息声日消日灭于恐慌之市面，而实业日昌。并修
吾先圣先贤、闻人巨子自立之学说，以提倡吾国民自立之精神；搜吾军事实
业、辟地殖民、英雄豪杰独立之历史，以培植吾国民独立之思想。重以世界
之知识，世界之事业，世界之学理，以辅助吾国民进立于世界之眼光。此则
记者之所深赖，而愿为同胞尽力驰驱于无已者也。虽然，未已矣。[1]

从文中可以看出于右任先生对于报刊记者社会责任的认识以及办报的指
导思想。

于右任，清末民初著名的新闻活动家和政治家。他的评论文章，感情充
沛，词句瑰丽，名噪一时。他有深厚的古典文学修养，把文学手法引进到评
论范畴，将散文与议论文熔于一炉，浑然一体。于右任的评论风格，对我国
后来的新闻评论讲究文学色彩，具有很大的影响。

秋瑾在上海创办《中国女报》月刊，以"开通风气，提倡女学，联感情，
结团体，并为他日创设中国妇人协会之基础为宗旨"。《中国女报》发刊词谓
设立中国女报的宗旨"乃奔走呼号于我同胞诸姊妹"，在于发动妇女参加反清
革命斗争。

值得一提的还有湖北革命团体文学社的机关报——《大江报》。该报自詹
大悲接任经理以后，抨击清廷，倡言民主革命，时评、短评都写得言辞激
越。影响最大的是发表于 1911 年 7 月 26 日该报由黄侃写的短评《大乱者救
中国之妙药也》，全文只有 211 字，写得精练、悲愤。短评尖锐地指出："中
国已病入膏肓，非有极大之震动、极烈之改革"不能救中国。只有"大乱"(即
革命)才是医治膏肓之症的"妙药"。由此，该报 8 月 1 日晚遭军警查封。两
个月以后，辛亥革命在武昌爆发。

辛亥革命以后，各种报纸都开始精心写作社论、短评，使社论、短评在

---

[1]　复旦大学新闻系新闻史教研室：《中国新闻史文集》，上海，上海人民出版社，
1987。

具有强烈的新闻性、时效性方面大大前进了一步。顺应政治形势的需要，一时报刊勃兴，言论激越高昂，撰稿者也大多为当时政坛上的活跃人物，他们往往以撰写政论作为参与政治斗争的重要手段。孙中山、宋教仁、陈天华、邹容、秋瑾、于右任等政论家，首先都是政治家，是倡导民主革命的革命家，然后才是利用报刊言论作为他们宣传主义、宣传思想的一种斗争工具。据方汉奇先生在《中国近代报刊史》中的统计，当时政论文章在整个报刊中所占的篇幅超过三分之一。政论的好坏和影响的大小，成为衡量报刊质量高低的一个重要标志。报刊在群众中的口碑，主要是通过它所发表的杰出政论文章建立起来的。

这一时期是我国报刊言论从政论向新闻评论演变的黄金时代，从此，新闻评论正式成为报纸的四大部件（新闻、评论、副刊、广告）之一，文字风格也从纯粹文言转变为半文半白，通俗易懂，写作表现形式也逐步成型，开创了我国新闻评论发展的新纪元。

四、新闻评论的发展

五四新文化运动以后，由于马克思主义的广泛传播和民主革命运动的不断深入，随之出现了我国最早的一批无产阶级报刊，新闻评论也进入了一个新的发展阶段。

1915年陈独秀创办的《新青年》杂志，高举"民主"、"科学"和文学革命的旗帜，发表了大量从现实生活出发、宣传民主和科学、批判孔孟之道、反对帝制和封建礼教的言论文章。俄国十月革命后，《新青年》开始介绍和宣传马克思主义，6卷5号编辑为马克思研究专号。1920年第8卷1号起，该刊改组为中共上海发起小组机关刊物（《新青年》1919年冬从北京迁往上海）。

这时，在实际斗争中出现了以政论为中心，用来进行实际政治斗争的无产阶级报刊。这些报刊大多是各地共产主义小组创办的，其中影响最大的是陈独秀、李大钊在1918年创办的《每周评论》。《每周评论》是一份四开四版的政治性周报，从创刊到1919年8月31日被北洋政府查封，共出37期。李大钊1916年曾受聘编辑北京《晨报副刊》，并开始为《新青年》杂志写稿。先后在《治言》杂志发表《法俄革命之比较观》，在《新青年》杂志发表《庶民的胜利》、《布尔什维主义的胜利》、《战后之世界潮流》以及为反驳胡适《多研究些问题，少谈些主义》一文而写的《再论问题与主义》等。在这些著名政论中，李大钊宣传马克思主义，欢呼无产阶级的胜利。李大钊的政治评论，开始完全用白话来写作，高屋建瓴，分析深刻，语言又浅近通俗、明白易懂，许多短评、杂感更是一针见血，表现了很大的气魄和极强的战斗力，这对形成我国新闻评论简练、质朴而有表现力的语言风格，是有很大影响的。

《新青年》和《每周评论》把我国报刊评论推进到一个新的阶段，成为当时颇负盛名的革命民主主义的阵地和论坛。陈独秀、李大钊、鲁迅当时发表的许多著名的评论，已成为我国报刊评论史上光辉的篇章。

中国共产党早期的活动家除陈独秀、李大钊外，其他如蔡和森、瞿秋白、恽代英、萧楚女、邓中夏、毛泽东、周恩来等也都是卓越的宣传家和报刊评论家。他们开始自觉地运用辩证唯物主义、历史唯物主义的方法来从事言论写作，使报刊评论在内容和形式上均已与旧民主主义时期的报刊评论有了很大的不同。这一时期，以政论与新闻报道相结合的"述评"形式得到了普遍运用，"专论"、"代论"、"事论"等形式名目繁多，由《新青年》开创的"随感录"更成为被广泛采用的形式，并由此形成了现代杂文这一新的文种。

20世纪20年代以后，在进步的新闻工作者当中，重视报刊言论以邹韬奋最为突出。邹韬奋是我国杰出的新闻出版家、报刊评论家，从1926年10月接办《生活周刊》，担任主编，到1944年逝世，在先后主办的《生活周刊》、《大众生活》、《生活日报》等报刊中，亲自主持报刊的言论写作。他的《小言论》和《读者信箱》，对读者的影响十分深远。邹韬奋主张办报刊要以"民众的福利"为前提，作人民的喉舌；他重视小言论与读者来信，"以读者的利益为中心，以社会的改进为鹄的"，竭思尽智，"为读者服务"。邹韬奋的小言论最大的特点是"明显畅快"，以一个朋友的姿态，平等地与人谈话，层层深入、鞭辟入里。所以，他的小言论也成了读者的好朋友，许多人都愿向他说心里话。这些对我国新闻评论尤其是小言论写作的影响，是不可低估的。

关于我国现代新闻评论的发展，不能不提到张季鸾和《大公报》。1926年，张季鸾与吴鼎昌、胡政之合组新记公司，接办了《大公报》，担任总编辑，主持该报笔政15年，写了大量的新闻评论作品。张季鸾十分勤奋，每天晚上"看完大样写社论"，使《大公报》几乎每天都有一篇社论。张季鸾是20世纪20年代至40年代初中国最著名的资产阶级报刊评论家。张季鸾1926年接办《大公报》时，标榜"不党、不卖、不私、不盲"八个字①。报纸按资产阶级的办报方针来办，张季鸾的社评、吴鼎昌的政学系背景、胡政之的经营管理，三位一体，把《大公报》办得风生水起、独树一帜。《大公报》曾被美国密苏里大学新闻学院评选为1941年度最佳外国报纸。

---

① 复旦大学新闻系新闻史教研室：《中国新闻史文集》，上海，上海人民出版社，1987。

张季鸾早期的新闻评论以"骂"出名。他曾在 1926 年到 1927 年，先后为《大公报》写过三篇骂权贵的社评：一骂吴佩孚，二骂汪精卫，三骂蒋介石，通称"三骂"，如骂蒋介石的一篇，题目叫《蒋介石之人生观》，痛快淋漓，脍炙人口，可以说是张季鸾早期的代表作。

《大公报》与《新华日报》曾展开过"论战"，当然《大公报》也发表过大量爱国的、坚决抗日的社评，刊载过许多揭露国民党暴行的新闻通讯，也发表过郭沫若的《甲申三百年祭》这样的好文章。《大公报》的社评，在中国新闻评论史的地位，是一种客观的存在，值得研究，可供借鉴。

综观我国近代报刊发展的历史，作为政治战线和思想战线重要舆论的报刊评论，我们可以得出三点看法：报刊言论是伴随民主政治的产生而产生，伴随政治斗争的发展而发展的，是不断地适应社会斗争和社会发展的需要，不断地从我国悠久的政论传统中吸取营养的必然结果。我国近现代各个时期的报刊言论，都是当时阶级斗争、政治斗争或与这种斗争相适应的思想斗争的产物，同时又反过来作用于这种斗争。当社会发生大变化的时候，或者阶级斗争、政治斗争趋于复杂化、尖锐化的时候，往往是报刊言论最活跃，发展最迅速的时候，如同甲午战争以前维新派与保皇派的论战、20 世纪初《民报》与《新民丛报》的论战、40 年代《新华日报》与《大公报》的论战等，都是适例。总之，重视报刊言论，运用报刊言论进行政治斗争，这是我国近现代民主主义报刊一开始就形成的优良传统。

第二节　无产阶级党报评论的成熟

中国共产党成立后，为了更好地宣传党的纲领和路线，党的第二次全国代表大会讨论了党报问题，决定公开出版发行党的政治机关报——《向导》。它是中国共产党出版的第一份机关报。这是一份周报，16 开本，从 1922 年9 月出版到 1927 年 7 月停刊，共发行 201 期。蔡和森、瞿秋白、彭述之先后担任主编。《向导》每期都有长短不一的评论文章，分析时事，阐明党的方针政策。它比较集中地宣传阐释党的二大制定的反帝反封建的民主革命纲领和以国共合作为中心的统一战线政策，批驳与此对立的敌对宣传和改良主义主张。1925 年 1 月，党的四大通过了《对于宣传工作之议决案》。《议决案》肯定了"中国近几年的民族革命运动受影响于我们党的宣传工作实巨"，"我们党的机关报《向导》竟得立在舆论的指导地位"；同时也批评《向导》等报刊"为防止党中左稚病起见，过于推重了资产阶级的力量，忘了自己阶级的宣传，结果遂发生了右的乖离错误"。《议决案》还确定今后宣传工作的主要目标,是"努力宣传民族革命运动与世界革命运动之关联和无产阶级在其中的真实力量及其特性——世界性与阶级性"①。

1927年大革命失败后,这一年10月取代《向导》而发刊的《布尔塞维克》和1930年在上海创办的《红旗日报》,由于受立三路线的影响,发表的评论大多是"左"倾路线的反映,把党报办成单纯的对外宣传品,或者是内部的党内文件,新闻评论也无可议者。

1931年,在江西中央苏区,除了成立红色中华通讯社(1937年迁延安后改名为新华通讯社)外,还出版了一张真正公开的《红色中华》报,1939年又改名为《新中华报》(延安)。这是党报新闻评论从幼稚走向成熟的过渡阶段。《红色中华》发刊的时候,并没有完全摆脱"左"倾路线的影响,正如瞿秋白在《关于〈红色中华〉报的意见》中指出的:"《红色中华》报上对于有些问题的解释,往往是机械的。至少,说服性质太缺乏些……不能针对着群众之中一些人的怀疑,而作有力的解释"。《新中华报》"代表中共中央政策的社论专论之增多",确是事实。该报头版头条都是社论,毛泽东、周恩来、张闻天、李富春、陈绍禹也经常写文章以"代论"形式发表。二版三版每期必有短评一篇,专论也很多。1940年2月7日,《新中华报》改版一周年,在社论位置上刊登了毛泽东同志的文章《强调团结与进步》,赞扬"这个小型报,依我看是全国报纸中最好的一个"。话是这么说,但同后来的《解放日报》相比较,《新中华报》及其评论,还处于草创阶段,还在成长的过程中。

党报新闻评论的真正成熟,是在抗日战争时期和解放战争时期,其中以延安《解放日报》和重庆《新华日报》为代表。

中共中央决定将《新中华报》与新华通讯社电讯《今日新闻》合并,改出党中央机关报《解放日报》,于1941年5月16日正式创刊。这是在根据地出版的第一张大型日报。

延安《解放日报》的发刊词由毛泽东同志亲自执笔写成,开宗明义:"本报之使命为何?团结全国人民战胜日本帝国主义一语足以尽之。这是中国共产党的总路线,也就是本报的使命。"②毛泽东同志为中央起草关于出版《解放

---

① 中国社会科学院新闻研究所:《中国共产党新闻工作文件汇编》(上),18页,北京,新华出版社,1980。

② 中国社会科学院新闻研究所:《中国共产党新闻工作文件汇编》(下),31页,北京,新华出版社,1980。

日报》等问题的通知。通知中说："《解放日报》社论，将由中央同志及主要干部执笔。"①

《解放日报》创刊伊始，它的社论就传颂一时。在发刊的第三天，《解放日报》就发表了一篇很有名的社论——《请看今日之域中，竟是谁家之天下?》，文章在分析了当时国际形势的特点后，指出："世界究竟是谁人之世界，帝国主义强盗说一定是他们的世界，而人民则说一定是人民的世界。中国究竟是谁人之中国? 日本帝国主义者说一定是他们的中国，而我们则说一定是中国人的中国。'请看今日之域中，竟是谁家之天下'呢? 只有人民，只有我们，才能正确答复这个问题。"精辟透彻，气魄宏大。还有一篇社论，题目叫《国民党缺少什么?》，也是脍炙人口的名篇。社论一开头就说："国民党缺少什么? 飞机大炮吗? 干部人才吗? 抗日办法吗? 是的，这些都不算顶多，但是最缺少的，却是民族的信心。"言简意赅，切中肯綮，振聋发聩。这个时期的《解放日报》社论，每天一篇，论述的大多是国际问题，难免良莠不齐。这与当初《解放日报》沿袭大多数报纸的版面编排方法，一国际二国内三解放区四边区有关。社论因此也不大关心国内形势，更少关心边区生活。

1942年延安整风，《解放日报》改版，这是中国无产阶级报刊史上的一件大事。可以说，中国共产党党报的模式，是延安整风以后才形成的。1942年4月1日《解放日报》发表社论《致读者》以后，社论选题侧重点有了明显的变化，关于整风运动的评论、大生产运动的评论、国内抗战问题的评论，占了大部分。《解放日报》朝"真正战斗的党的机关报"迈出了很大的一步。报纸的评论紧密结合党的中心工作，发挥了很大的作用。社论也留下了许多名作。其中《质问国民党》、《评国民党十一中全会和三届二次国民参政会》、《游击区也能够进行生产》、《论军队生产自给，兼论整风和生产两大运动的重要性》等，都是毛泽东同志撰写的，都已收进了《毛泽东选集》第三卷。《请重庆看罗马》、《国民党真愿为秦桧耶》等也是经毛泽东同志修改的。

1938年1月创办于汉口但于当年10月迁到重庆的《新华日报》，在周恩来同志的领导下，为宣传中共抗日主张和揭露国民党内战阴谋展开了英勇斗争，成为国统区一面革命的旗帜。但是《新华日报》是国民党政府批准在国统区公开出版的，一方面国民党顽固派奈何它不得；另一方面也使《新华日报》处于极其复杂的环境之中。由于国民党的新闻检查制度限制言论自由，因此

---

① 中国社会科学院新闻研究所：《中国共产党新闻工作文件汇编》(上)，97页，北京，新华出版社，1980。

《新华日报》的评论并不能畅所欲言，有时只能采取特殊的手段，如"皖南事变"后，1941年1月18日，《新华日报》刊出周恩来的题词"为江南死国难者志哀！"和"千古奇冤，江南一叶；同室操戈，相煎何急！？"就是巧妙地冲破军警包围和避开新闻检察官的检查以后发表的。

　　在重视并经常撰写党报新闻评论方面，毛泽东同志从理论和实践的结合上，为我们党报评论的成熟和党报评论工作的发展作出了重要贡献。毛泽东同志的报刊活动，始于1919年。这一年7月，他创办了《湘江评论》。《湘江评论》是湖南学生联合会的机关刊物，其宗旨是向学界介绍世界革命形势，传播新思想，推动湖南的革命斗争。毛泽东同志写的《创刊宣言》，气势磅礴，热情奔放，写道："时机到了，世界的大潮卷得更急了，洞庭湖的闸门动了，且开了，浩浩荡荡的新思潮业已奔腾澎湃于湘江两岸了！顺他的生，逆他的死。如何承受它？如何传播它？如何研究它？如何施行它？……"毛泽东同志的新闻评论，摆脱了旧式政论的窠臼，主张"傍着活事件来讨论"。1919年11月，毛泽东同志受聘为湖南《大公报》馆外撰述员。11月15日，《大公报》报道了长沙一个赵姓女子，因反对包办婚姻，在花轿中自杀身亡的一则新闻。16日，他就在《大公报》发表评论《对于赵女士自杀的批评》。在评论的文末，作者提出："吾们讨论各种学理，应该傍着活事件来讨论。"这是毛泽东同志对新闻评论的一个十分精辟的见解①。什么叫新闻评论，评什么，论什么？就是评论"活事件"，要"傍着活事件"来立论，来展开说理论述，也就是新闻评论的"有的放矢"和"实事求是"。报刊评论只有密切关注社会当时发生的问题，才能充分发挥其应有的作用。

　　"傍着活事件来讨论"，可以说贯穿于毛泽东同志一生的新闻评论活动中。他为延安《解放日报》写的著名社论和为新华社写的《赫尔利和蒋介石的双簧已经破产》、《评赫尔利政策的危险》都是"傍着活事件"的。解放战争时期，毛泽东同志为新华社写的《中国军事形势的重大变化》、《将革命进行到底》、《评战犯求和》、《南京政府向何处去？》等评论，都是在解放战争节节胜利而国民党政府却在玩弄假和谈阴谋时写的。1949年，毛泽东同志为新华社撰写的五篇评论《丢掉幻想，准备斗争》、《别了，司徒雷登》、《为什么要讨论白皮书》、《"友谊"，还是侵略？》和《唯心历史观的破产》等，更是傍着美国国务院发表《美国与中国的关系》白皮书和艾奇逊在白皮书编成后写给杜鲁门总统的一封信这两个"活事件"的。毛泽东同志的新闻评论，在写作上有一个

---

　　① 　顾勇华、陈洁：《中国新闻评论名篇选析》，南京，河海大学出版社，1990。

鲜明的特色，就是具有中国作风和中国气派。语言通俗简练而生动，善于运用成语典故，行文挥洒自由，似行云流水，集古今之大成，形成了自己独特的风格，对当代新闻评论的影响是至深且巨大的。

第三节　新中国成立后的新闻评论

新中国成立后，媒体成为党委向各级领导宣传政策和指导人们推进工作的工具，党报所强调的新闻评论应承担的宣传和组织的功能被发扬光大。党报上的新闻评论主要有以下三大类：用以宣传政策的解释性评论、用以组织工作的工作评论和纠正工作中错误的批评性评论。党中央非常重视评论的作用，当时《人民日报》的许多重要社论都由毛泽东、刘少奇和周恩来等审定，党中央甚至要求各级领导为报刊撰写社论或论文。1950 年 3 月 10 日陈云为《人民日报》撰写了《为什么要统一国家财政经济工作》，3 月 22 日薄一波为《人民日报》撰写了《税收在国家工作中的作用》。这些社论解释宣传了国家相关的经济政策，推动了实际工作的开展。1956 年《人民日报》先后发表《要反对保守主义，也要反对急躁情绪》、《不要蛮干》和《闻胜勿骄》等社论，针对实际工作中和人们思想上出现的问题，切中时弊，敲响警钟。新闻评论被纳入党和国家的组织系统中，一方面统一了全国的思想，另一方面也影响了公众的表达。

1958 年，在报纸大跃进中，评论出现了不少"左"的偏差，提出了一些偏离实际的口号，说了一些偏离客观规律的话。

1960 年，中央开始执行"调整、巩固、充实、提高"八字方针，党报评论有了短暂的好转，我国报刊史上出现一个评论高潮。这一时期主要的成就是专栏小言论和软性杂文，涌现出了"燕山夜话"、"三家村札记"、"长短录"等著名的专栏评论。

《北京晚报》的"燕山夜话"于 1961 年 3 月 19 日设立，到 1962 年 9 月 2 日止，由曾任《人民日报》总编的邓拓执笔，以"马南邨"为笔名，共计发表杂文152 篇。这些杂文敢于正视现实，大胆评论时政，尖锐讽刺各种不正之风，道人所不敢道，言人所不敢言，并融思想性、知识性、趣味性于一炉，旁征博引，语言亲切，富有文采。其中像《说大话的故事》、《三种诸葛亮》、《一个鸡蛋的家当》、《爱护劳动力的学说》、《从三到万》等篇均寓意深刻，发人深省，起到帮助读者开阔眼界、增长知识、提高识别事物能力的作用。

1961 年中共北京市委理论刊物《前线》，请邓拓开辟一个杂文专栏，邓拓约历史学家吴晗和北京市委统战部部长廖沫沙轮流撰稿，合署笔名"吴南星"，栏目名称定为《三家村札记》。《三家村札记》介绍古人读书治学、做事做人、从政打仗等方面的历史知识，以针砭现实生活中的弊病，具有很强的针对性。文章短小精悍，深入浅出，富于启迪性，对当时一些"左"的错误和不良作风有所批评和讽刺，深受读者欢迎。

"长短录"则是《人民日报》副刊版开设的杂文专栏，以作家为写作主体，主要作者有夏衍、吴晗、廖沫沙、唐弢、孟超等。报社编委会提出了如下要求："长短录配合政治是广泛的，多方面的，不同角度和不同形式的。一般不强调直接配合，而是打迂回战，尽量发挥杂文的特性，可以旗帜鲜明，态度明朗，但又娓娓动听，清新活泼，主题含蓄而不隐晦，行文婉转而少曲笔……在总的方向、方针一致的原则下，作者取材的范围侧重点不同，写作的风格不同，应该保持而且发挥这种不同的风格。"①夏衍曾写了《从点戏说起》的杂文，文中生动地说明了领导文艺工作不可搞主观主义，不能瞎指挥。

这一时期无论是小言论还是杂文，以一些远离重大政治问题的小事件为由头，知识性远胜于现实批判性，在狭窄的言论空间中生长。

"文化大革命"时期，《人民日报》、《解放军报》和《红旗》杂志被称为"两报一刊"。"两报一刊"的社论、编辑部文章成为统一全国舆论的最高纲领。其他报纸很少有自己的社论，一般都转载"两报一刊"社论。新闻评论成为政治斗争的工具。

"文化大革命"时期，评论的代表作品是姚文元的"三评"——《评新编历史剧〈海瑞罢官〉》、《评"三家村"》、《评陶铸的两本书》。

总之，"文化大革命"时期，我国的新闻评论形式大大减少，内容成为千篇一律的社论等政治性口号式的东西，民间的评论几乎凋零。

1978—1991年，在"文化大革命"中遭受重创的新闻评论得以复苏，步入正常发展轨道。新闻评论在继续发挥政治教育主导性功能的同时，其公共表达和舆论监督的功能也得到了强化。新闻评论的品种增多了，除了社论、评论员文章等形式继续存在，短评、编者按、记者述评也多了起来，最突出的现象是专栏评论的兴盛。

1978年5月11日，《光明日报》发表《实践是检验真理的唯一标准》这一特约评论员文章，在全国范围内掀起了真理标准的大讨论，在正本清源的历

---

① 袁鹰：《风云侧记——我在人民日报副刊的岁月》，北京，中国档案出版社，2006。

史重要关头站在引领时代的制高点。1980 年 6 月 15 日，《人民日报》发表《再也不要干"西水东调"式的蠢事了》，文字朴素实在，感情真切，代表了新时期批评式评论平和化的发展方向。1982 年，《新民晚报》将"文化大革命"时停办的《未晚谈》评论专栏复刊。80 年代初期，由于广开言路的需要，党委机关报的主体评论已经不能满足人民发表意见的渴望，报纸需要开辟新的言论渠道反映群众呼声。1980 年，《人民日报》在头版开辟了"今日谈"言论专栏，随后《中国青年报》的"求实篇"、《羊城晚报》的"街谈巷议"等名牌言论专栏的设立，在全国新闻界掀起了一次兴办大小言论专栏的热潮。90 年代中期，都市报异军突起，作为报纸必不可少的组成部分的评论，也在都市报上得到了发展。1998 年，以《中国青年报》的"冰点时评"为标志，专栏评论进入到风格化、品牌化的阶段，成为在日益激烈的新闻竞争中报纸得以立足的重要资本。这一时期，报纸种类增多，新闻竞争加剧。新闻评论逐步成为成就报纸影响力不可或缺的武器。其中，机关报的评论以发扬指导性为基础，力创多种风格。除了社论和本报评论员文章这样正统的评论，党委机关报上还有很多篇幅短小、文风活泼的言论专栏。都市报的评论以平民化、通俗化取胜，语言生动活泼，文风平易近人。2002 年《南方都市报》开创了我国报纸设立评论专版的先例，掀起了中国报纸设立时评专版的热潮。

广播评论努力挖掘声音本身的优势，在形态上，除了脱胎于报纸评论的本台评论、短评、编后和记者述评外，广播谈话体评论、口头评论、音响评论也被广泛应用。2007 年两会期间，中央人民广播电台在"全国新闻联播"和"新闻和报纸摘要"节目中推出了全新评论栏目——"两会时评"，将现场报道与背景解读相结合，将会内与会外联成一体，结合广播媒体传播特质与评论语言、评论方式，对于广播评论节目创新有启示意义。

电视评论声像兼备，充满活力，形成了生气勃勃的生存状态，在形态上，有述评式、谈话式和专访式。新锐媒体凤凰卫视开设了多个风格迥异的评论节目，如"锵锵三人行"、"时事开讲"、"新闻今日谈"、"有报天天读"、"时事辩论会"等，树立起在电视评论节目方面的权威。

总之，这一时期三大传统媒体的新闻评论呈现出这样的发展趋势：新闻评论不再只是充当政府的喉舌，而是同时也发出了民间的声音，尽管这种声音还有些"微弱"。而互联网的兴起使得"草根"这种声音更加强大。

1998 年中国互联网开始普及，网络评论空前活跃起来。网络传播完全不受时间、空间的限制，传输速度极快，覆盖面极广，互动性极强，为民意的充分表达提供了广阔的空间，为公众自由发表意见提供了最好的平台，民间的声音得以彰显。在网络开放虚拟的空间内，人人都可以平等地进行互动交流，实现了从单纯的信息接受者向信息接受者和传播者两位一体的角色转换，呈现平民化、多元化的特征。20 世纪 90 年代末至今，我国网络媒介已经逐步发展成为引导社会舆论的重要力量，获得比传统媒介新闻传播更为广阔的发展空间。网络评论从无到有、从少到多、从单一到多元，态势发展迅猛：有报纸、广播、电视新闻评论的网络翻版或延续；有网络论坛（包括邮件列表、在线聊天室、新闻组和 BBS）、新闻客户端上原创性的网络新闻评论；更由于博客、播客、E-mail、QQ、BBS、微博、微信等新兴的自媒体的蓬勃发展，自媒体新闻评论也凭借其独特的民间传播方式形成一股不容忽视的传播力量。在 2008 年雪灾、火炬传递、汶川特大地震、奥运会、温州动车追尾事故等一系列的重大事件中，越来越多的公众通过论坛讨论、博客和微博、微信言论，发出自己的声音，进行强有力的舆论监督。网络评论的兴旺有利于促进社会公开公正，有利于政府与民众的互动，有利于扩大网站影响力，有利于加强舆论监督和营造民主自由的舆论氛围。

思考和练习

1. 由政论演变为新闻评论，其重要标志是什么？

2. 民主革命时期我国报刊言论的发展可以分为哪几个阶段？列举各阶段的代表刊物和代表人物。

3. 无产阶级党报新闻评论与资产阶级报刊新闻评论在功能和宗旨上有什么区别？

4. 改革开放后，国内媒体涌现出了哪些知名的评论专栏和评论版？试结合其中的两三个对其风格特点进行评析。

第三章　新闻评论的地位、特点和作用

第一节　新闻评论的地位

··

　　研究评论，首先要研究评论在报刊、通讯社、电台、电视台、网络上的地位，认识它在传媒中扮演的角色和发挥的作用。关于评论的地位，众说纷纭。但比较一致的看法是，认为评论是报纸的旗帜，它决定着报纸的政治面貌，当然也决定广播、电视等各种新闻媒体的政治面貌。评论是一种政治性和权威性很强的文章，社论更是代表编辑部就重大问题发表意见的权威性文章。我国的报纸，特别是党委机关报，习惯于运用评论的形式发表自己的意见，借此传达和解释党的有关方针政策和对社会重大问题的看法。

　　《人民日报》原总编辑邓拓 1954 年在《怎样改进报纸工作》一文中指出："报纸的评论特别是社论决定着报纸的政治面貌。一篇社论是一期报纸的旗帜；其他形式的评论文章也都代表报纸的政治见解，因此，报纸的评论工作应该被看成是思想工作的主要表现形式。"①邓拓主要指出社论是报纸的旗帜，社论决定着报纸的政治见解。但如果要求报纸上的各种形式的评论文章也都代表报纸的政治见解，在实际上是做不到的，也是有害的。

　　1954 年 7 月 17 日《中共中央关于改进报纸工作的决议》指出："大多数报纸的评论工作非常薄弱，在新闻报道方面也存在着反映人民群众的多方面的活动不够，以及公式化、概念化、迟缓、冗长、不通俗等严重缺点。"因此要求"报纸的评论工作必须加强"，"新闻报道必须认真地加以改进"等。邓拓关于评论的地位等方面的论述，也是针对当时报纸的评论工作非常薄弱的状况有感而发的。

　　归纳起来，对评论的地位主要有两种不同的见解，即"声音论"、"眉毛论"。一种见解认为，评论主要应直接反映党的声音、人民的声音，因为我们的报纸既是党的报纸，又是人民的报纸。毛泽东同志在 1948 年 4 月《对晋绥日报编辑人员的谈话》中说："我们的政策，不光要使领导者知道，干部知道，还要使广大的群众知道。有关政策的问题，一般地都应当在党的报纸上

---

　　① 中国社会科学院新闻研究所：《中国共产党新闻工作文件汇编》（下），北京，新华出版社，1980。

或者刊物上进行宣传。"又说："同志们是办报的。你们的工作，就是教育群众，让群众知道自己的利益，自己的任务，和党的方针政策。"①党的报纸刊物要宣传党的方针政策，这是责无旁贷的，作为党的喉舌和宣传工具的报纸评论，这种直接发言的新闻形式，当然更适宜于传达党的声音。刘少奇 1948年 10 月在对华北记者团的谈话中指出，报纸报道是党联系群众的重要方法，"要把群众真正的思想搞清楚，把人民心里不敢说的，不肯说的，不想说的，想说又说不出来的话反映出来"②。刘少奇强调的是报纸要反映人民的意见和呼声，而且要把人民的心里话真正地反映出来。这除了通过新闻报道和读者来信等形式以外，评论这种直接发言的新闻形式，也应该是更适宜于表达人民的声音的一种形式。

新闻评论在西方媒体也占有重要的地位，普遍认为社论版是报纸的心脏和灵魂，评论的"心脏论"是由普利策提出的。至于评论的社会作用，则被喻为"对抗滥用权势和拥有特权的第一道脆弱屏障"。在西方，媒介作为公共论坛，其价值一是使媒介成为双向沟通的渠道；二是反映民意。这种理念建立在媒介是社会公器的基础上，并非站在读者角度来谈权利，较理想的境界是视传播为个人的基本人权。由此不难看出，一个理想的公共论坛或场域，还必须具有开放性，即包含参与者和议题。新闻评论系基于报社或作者个人对公共事务之忠实信念与认识，并应尽量代表社会大多数人民之利益发言。

另一种意见却截然相反，认为评论可有可无，就像一个人的脸面，没有眉毛，不好看；有了眉毛，实际上用处不大。评论就像眉毛，少了它，好像报纸缺少了点什么；有了它，作用不大。这种意见其实并不是什么新鲜意见，就如有人把评论的地位抬得过高，说什么"一言可以兴邦，亦足以丧邦"一样，这种意见是故意把评论往小里说。例如，20 世纪 30 年代的张季鸾就说过："社评只有一天的生命，早上还有人看，下午就给拿去包花生米了。"史量才也有句名言："社论是报纸的眉毛——缺了有碍观瞻，有了无济于事。"更有甚者，还有人说，评论就是"报纸的盲肠"——多余的。我们不同意评论可有可无的观点，但评论的地位到底如何，主要是决定于评论文章尤其是社论本身写得如何。如果评论题目抓得准，针对的是社会生活中的重大问题，回答的是公众普遍关注、迫切需要回答的问题，切中时弊，尖锐鲜明，

① 《毛泽东选集》，第四卷，1138～1139 页，北京，人民出版社，1991。
② 中国社会科学院新闻研究所：《中国共产党新闻工作文件汇编》(下)，北京，新华出版社，1980。

确实能使广大受众"辨是非、定从违",那么评论就能起到旗帜的作用,就能做到既直接传达了党的声音,又反映了人民的声音。评论文章本身写得无关痛痒,无病呻吟,可有可无,或仅仅作为"补白"而出现,那么实际上它就是一种多余的盲肠("补白"也不是可有可无的)。但是从报纸等新闻媒体的功能来看,评论并不是可有可无的。所以有人提出,我们也不必把评论的地位抬得过高,也不要把它贬得一钱不值。评论就是评论,是新闻媒体中不可缺少的一个文种,就像消息、通讯一样,是互相不可替代的,它是新闻记者的十八般武艺中必须掌握的一种。

新闻评论和新闻报道是报纸及其他新闻媒体中两种主要的文字体裁和样式。新闻的力量是事实,评论的力量是道理,一个要摆出事实,一个要讲出道理。讲道理要依据事实作基础。因此,新闻报道是基础,是主体,新闻评论是派生的,是第二位的。如果说,真实是新闻的生命,那么,真理就是评论的生命。讲真理,说真话,才能起到旗帜和灵魂的作用。评论与新闻的关系非常密切,谁也离不开谁。只有评论与新闻珠联璧合,报纸才能版面生辉,电台、电视台、意见性网站才能锦上添花。没有评论的报纸,是不完全的报纸,更不可能是一张有重要影响的报纸。电台、电视台、网络也是如此。

第二节　新闻评论的特点

一、新闻评论与新闻报道比较

我们首先从新闻评论与新闻报道的比较中了解新闻评论的特点,两者虽然都是新闻文体,都向受众传播新信息,但两者在传播内容、传播功能、表现手法和传播关系上都有明显的不同。

第一,传播内容。新闻报道主要是报道具有新闻价值的事实,向受众传播事实性信息;新闻评论主要是对新闻事实进行分析判断,在此基础上,得出观点和意见,向受众传播意见性信息。

第二,表达方式。新闻报道是对事实进行叙述和描绘,新闻评论是对客观事物发议论、讲道理。因此两者在表现方法和写作特点上有明显区别。

因为纯客观的报道毕竟是少数,大量的新闻报道既然是在政治、经济、文化等方面的宣传,那么它们则和评论一样就不可能没有作者的意图和观点,但新闻报道的这种倾向性是通过对客观事实的选择和叙述体现出来的,它的主要特点是用事实说话。"说话"在这里有一种"观点的宣传",或者是"报道倾向"的流露,至少有"达到某种目的"的含义。所谓的用事实说话,即指记者把思想观点藏在精心选择的某个事实以及对事实的叙述之中,让受众通过这一事实自己悟出道理。西方新闻界有"藏舌头"的说法。而"舌头"就是指新闻的思想观点,即记者主要把事实摆出来,尽可能客观地叙述事实,记者一般不在消息里发表议论或就新闻事件下结论。越是写得好的新闻,就越善于在内容上贯彻自己的意见,也越善于在形式上隐蔽自己的意见。而新闻评论是在客观事实的基础上,通过对各种问题和事实的分析论证,直接表明编辑部或作者的思想观点,它的主要特点是议论说理,直抒己见。

第三,传播功能。虽然新闻和评论都是客观事物的反映,同样是以客观事物为基础。但是,新闻的任务是报道这些事实,向广大受众传递事实信息,作者的意见和倾向性包含在这些事实的报道之中;评论是通过对客观事物的分析、论证,发议论、讲道理,直接而鲜明地提出自己的意见,从而宣传自己的主张和观点,表明态度,影响和启发广大受众。因此,新闻是一种间接的、无形的意见,评论则是直接的、有形的意见。

第四,传播关系。从评论和新闻报道的关系来看,评论又是新闻报道的概括和提高。评论可以对新闻报道的重要事实和重大问题进行分析和评价,也可以明确指出新闻报道的思想政治意义,评论应该对国际、国内的许多重大新闻事件,提出更深刻的议论和观点。对于一些客观事实进行实事求是的具体分析,就实务虚,讲清道理,可以帮助广大受众弄清客观事物的本质及其相互关系,理解新闻报道的主题思想;也可以结合当前形势和方针政策,从某个角度和侧面借题发挥,提出一些引人深思的问题,启发受众,起到反映舆论和引导舆论的作用。

仔细阅读和比较下面一篇新闻报道和一篇社论,可以帮助我们理解新闻评论与新闻报道的关系以及新闻评论的特点。

2011年7月23日晚20点30分左右,北京南至福州的D301次列车与杭州至福州南的D3115次列车在温州发生追尾事故。事故发生后,铁道部对此次灾难的处理态度和手法,遭到公众和媒体的广泛质疑。

《温州动车脱轨事故最后一节车厢吊下前救出女童》、《恢复秩序高于抢救生命,是令人心寒的价值莽断》是南方都市报先后刊发的文章。前者是一篇通讯,主要报道事故发生第二天现场抢险和施救情况,后者是一篇新闻评论,对铁道部在施救和善后处理过程中所存在问题进行评判。

南都报道

昨天傍晚6时许，因甬温线追尾损毁的最后一节车厢被吊下高架桥，事发线路基本清理完毕，暗沉的天空又下起了和前晚一样的滂沱大雨。

浙江、福建一带大批工程力量从前晚奋战至昨天，完成了这项浩大的抢险工程。在这最后一节车厢里……还发现了事故最后一名幸存者——2岁半女孩项玮伊。

车厢面目全非扭曲变形

昨日下午3时许，事发线路所在的高架桥上只剩下3节损毁车厢，其中两节属于D 301次，一节属于D 3115次。从4时左右开始，工程人员开始起吊这三节车厢，以便尽快让线路恢复畅通。

两台300吨吊机伸出吊臂，高架桥上的工人先在目标车厢上捆绑绳索，再将其挂上吊臂挂钩；两台吊机同时发力，先将最北侧的一节车厢吊起，花了约2分钟时间轻轻放到地面上；数十分钟后，再以同样方式挪走了南侧一节车厢。

这两节车厢损毁程度较轻，车体还比较完整，而剩下的中间那节D3115次的车厢已面目全非，厢体被挤压得只剩下约一半长度，外部表皮已尽数毁坏，整个车厢扭曲变形。此时，有五六名身穿武警制服的工作人员从一辆救护车上下来，一路小跑，通过楼梯登上高架桥，桥上挤满了人。

……

此时，高架桥上的人突然增多，从远处可以看到，所有现场工程人员不约而同地注视着最后那节变形车厢，有身穿衬衫的殡仪馆工作人员拿来了数个尸袋，此前跑上桥的数位武警医护人员也来到车厢前忙碌，一旁还不时有闪光灯闪耀。

搜寻时突然听到哭声

下午5点左右，医护人员抬着一副担架向通往地面的楼梯跑去，围观人群和亲属全都聚集到楼梯下边，试图看清楚发生了什么。警察维持秩序，在人群中辟出一条通道，5点20分，医护人员抬着一个小女孩匆匆通过，跑向一辆武警救护车。

女孩的头部、腿部都有大量血迹，身上盖着一条毯子，手上还打着点滴。她被放上救护车后，车上的医生为她擦拭身体，并关上车门，救护车随即将这个2岁半女孩送往温州解放军118医院。

据悉，当时消防人员在车头搜寻时，突然听到一阵哭声，随后满身是血的小女孩被发现。小女孩的一名亲戚项先生当时也在现场，他一眼就认出了小女孩的衣服，顿时激动得热泪盈眶。

……

昨日上午央视报道称，凌晨4点多，事故现场结束了搜救工作，在发生事故的车厢已经探测不到生命迹象，同时开始了清理工作。为何在宣布车厢内探测不到生命迹象的13小时后还有人获救？对此问题，昨晚10时许，于温州召开的新闻发布会上，铁道部新闻发言人王勇平称，这是生命的奇迹……①

南都这篇新闻及时向受众报道事故发生后现场抢险和施救的相关事实信息，包括工程人员清理现场的场面及一名女童被救出及其细节等。但仔细阅读后，我们不难发现记者隐藏在文字后对铁道部的不满，但是这种倾向性不是通过记者的议论表现出来的，而是通过对事实的选择和叙述体现出来的。

而南都两天后发的社论首先概括了原铁道部在救援、调查、善后与赔偿上存在的问题，并对此进行严肃的质问，尤其是对恢复秩序高于抢救生命的做法，进行了义正词严的批评，认为这是一种令人心寒的价值莽断，评论旗帜鲜明地要求追究责任，还原真相，实现社会的正义。这是报纸编辑部的意见和态度。这一点在新闻报道中不便说出，而社论不仅直接而鲜明地表达出来，还比报道体现出更深刻的思想性，更加深化了报道的主题。

二、新闻评论和一般理论文章比较

新闻评论同一般的议论文和学术理论文章也不同，这是由新闻评论的性质决定的。新闻评论本身的特点主要包括如下几个方面。

1. 强烈的新闻性

这是新闻评论与别的评论文章相区别的最本质的特征。首先，新闻评论是针对最具现实意义的新闻事件或事实来发言的，它所提出和解决的问题，应该是那些具有现实意义的问题，是当前实际工作和人民群众最关心和最迫切需要解决的问题。

现阶段物价、房价和食品安全位列居民最关注的十大热门话题的前三位。如果说物价、房价只是经济运行的周期性波动反映在某个特定阶段的价格表现，那么食品安全问题却是由来已久却难以根治的痼疾。近年来，我国食品安全问题接二连三，一波未平，一波又起。从养殖、种植到生产、加

---

① 节选自《温州动车脱轨事故最后一节车厢吊下前救出女童》，载《南方都市报》，2011-07-25。

工，从蔬菜、水果到牛奶、馒头、猪肉，从儿童食品到成人食品，食品安全问题已成为国人心中挥之不去的梦魇，自然也成为媒体热议的话题。广西2010年度好新闻奖作品《食品安全就该"人命关官"》，以2010年12月20日，刑法修正案草案新增了"食品安全监管渎职犯罪"为由头，从当前屡禁不止的食品安全事件入手，就"食品安全不仅'人命关天'，更该'人命关官'"展开行文，一针见血地切中了食品安全监管的要害，读后让人拍手称快。

《解放日报》2011年6月28日发表了王加丰的《食品安全为何是永恒话题》的评论，阐述了食品安全的严峻性和发达国家的管理办法，为政府部门如何有效进行食品监管提供借鉴。文章指出不管一个国家如何先进，它都永远面临食品安全问题。以重罚为核心的越来越严格的监管措施及越来越经常的食品安全教育和相关的道德伦理教育，是当前加强食品安全的基本方法。

再如媒体上的一些新闻评论《个税改革不能一叶障目》(《中国经济周刊》2011年6月9日)，蔡江南《如何控制医疗费用过度上涨》(《解放日报》2011年7月5日)、浦江潮《三公经费"公开"离"监督"还很远》(《检察日报》2011年7月13日)、王石川《留住绿水青山才有金山银山》(《京华时报》2011年8月14日)，分别以现阶段现实性较强的个税改革、医疗改革、公费消费、环境保护等问题为评论对象，发表个人或编辑部的看法，具有较强的现实意义，其强烈的新闻性是不言而喻的。

新闻评论是傍着新闻事件或新闻事实来展开思想的。如果不结合或不以新闻事件和新闻事实为依托，评论就成了其他的评论。梁启超发表的一些政论文章，如《变法通议》和《维新图说》，虽说也发表在大众报刊《时务报》上，但这些文章的着眼点并不是新闻事实，也不是依托新闻事实展开政治话题的，不是就实务虚，而是较为纯粹的务虚，因此这些文章不能算得上新闻评论。《人民日报》"今日谈"栏目刊发的下面这篇言论虽然简约，但却是一篇较典型的新闻评论。

刹吃喝之风就是抓党风①

近日，上海某区红十字会一顿饭花去近万元，中石化广东分公司买酒斥资百万，这两件事遭到广泛批评。

吃喝之风愈演愈烈，缘何久刹不住？重要原因在于把"饭桌危害"看得太轻。大吃大喝，总被视为态度问题：铺张浪费，缺少艰苦奋斗、勤俭节约精

---

① 载《人民日报》，2011-04-22。

神。这远远不够，吃喝之风危害党风政风，应从这一高度加以重视。

检查调研讲吃喝、大小会议讲吃喝、工作协调讲吃喝、单位交流讲吃喝，工作没有效率，更让政风在饭局上变质，党风在吃喝中走样，离群众越来越远，甚至滋生腐败。"吃别人的嘴软"，一些干部从吃喝开始动摇立场，更有人在推杯换盏之际搞小动作、动歪脑筋，走上违法违纪之路。

抗战时期，陈嘉庚从同蒋介石和毛泽东的饭局中，选择了共产党：蒋介石用的是 800 块一顿的大餐，而毛泽东请吃的是自己种的小菜。现在，经济发展了，物质丰富了，但仍要记住党反对什么、提倡什么。吃喝一事，考验的正是党性党风。

干部的吃喝之风是个由来已久的问题，文章以新近发生的两件新闻事件为由头展开议论，提出自己的见解，认为只有将其提高到危害党风这一高度来加以重视，才能将其从源头上刹住，结尾引用了一个历史事实，有力地论证了自己的论点。如果拿掉开头一节的新闻事实，文章就不是新闻评论，而只是一篇普通意义上的议论文了。

许多新闻评论文章包括社论在内，往往是配合新闻报道或新近发生的新闻事件而发表的评论，因此，从传播角度讲，新闻评论的时效性也很重要。新闻事件刚发生或正在发生，新闻评论就刊发，则会起到最好的效果。所以新中国成立前我国不少报纸的主笔，常常是深夜看完大样，继而针对当天最重要的新闻撰写评论。其实，这种传统在今天已经得到光复，如《南方都市报》、《新京报》，包括《钱江晚报》等地方报纸，针对近期的重大新闻事件和重要报道，每期会配发一篇社论或重头评论文章。

新闻评论特别强调时效性，也表现在紧密配合当前形势上，在新思想、新经验和体现时代精神的新闻人物刚出现的时候，就阐发隐含在其中的意义并加以提倡；在新问题以及不良倾向刚露头的时候，就能指出它的倾向性，加以引导，引起受众的警觉。大多数配发的评论，包括大多数的短评、编者按语和专栏评论文章，也包括许多配合新闻报道而发的社论和评论员文章都是这样。当然，新闻评论的时效性，要服从它的政治性，议论要得当，发言要适合时宜，要选择恰当的时机。例如，元旦社论、国庆社论等纪念性评论，自然应该在元旦、国庆等纪念日发表；一些典型的重大的新闻报道，配发的评论自然也是当天适时地发表。例如，《人民日报》1995 年 4 月 17 日发表长篇通讯《领导干部的楷模——孔繁森》，当天就配发社论《向孔繁森同志学习》。《光明日报》在 1995 年 1 月 5 日发表《"军嫂"韩素云》的长篇通讯，该报当天就配发评论员文章《传统美德的光华》。《经济日报》1996 年 4 月 17 日发表关于徐虎的长篇通讯《走近徐虎》，该报当天就配发评论员文章《追求更高的人生价值》等。

2. 鲜明的政治倾向性

这也是新闻评论与别的议论文尤其是学术理论文章相区别的主要特征。中外媒体，大多都有或淡或浓的政治色彩，大多服务于各自所属的阶级、阶层、政党和集团，必然要代表一定阶级和阶层的利益，要反映一定的观点和立场。而这种观点和立场必然会在报道特别是在新闻评论中表现出来，因此，新闻评论不可避免地具有鲜明的政治倾向性。

中国早期报刊的新闻评论，如王韬在《循环日报》上写的那些"论说"，是政治性的，反映了中国新兴的资产阶级要求变法图强的政治愿望，在历史上留下了不可磨灭的印记。当时一些外国传教士在中国创办的外文报刊发表的评论，其政治倾向性也是很强的。王韬曾指出："迩来西人在中土通商口岸，创设日报馆，其资皆出自西人。其为主笔者，类皆居中土，稔悉内地情形。且其所言论，往往抑中而扬外，甚至黑白颠倒，是非倒置……"①梁启超在《时务报》、《清议报》、《新民丛报》等报纸上发表的大量评论，是政治性的。这从论题《变法通义》、《少年中国说》、《文明普及之法》、《富国强兵》等就可看出，不然何以称梁启超是著名的报刊评论家、政论家呢？

由外国传教士 1815 年创办于马六甲的最早中文报刊《察世俗每月统计传》，其宗旨是"阐扬宗教、砥砺道德"，这是事实。但这事实中已经含有外国传教士来华宣传宗教，宣传西方文明的政治目的。该报创办人之一米怜，似嫌不够。他在《基督教在华最初十年之回顾》一书中曾说，该报"前此所载论说，多属宗教道德问题，天文、轶事、传记、政治各端，采择甚寡。此则限于地位，致较预为少，非本意也"，可见，也并不是置身政治之外的。

凡是公开声言党报党刊或官方报刊的社论、短评，评论的往往是重大的政治事件或政治问题，均不讳言评论的政治性，俱表现出鲜明的政治性。例如，于右任（笔名"骚心"）就 1911 年 4 月广州起义失败、革命者被捕杀 200 多人的事实，在《民立报》（1911 年 5 月 1 日"社论"栏）发表"近事短评"，题目《天乎……血》。文章说："粤王台下血渍模糊，愁风凄雨之中，竞演此一场血战，留为维新史上之纪念物。天意人事，可以凄怆伤心者矣。"又说，"吾敢断言之曰：假面政治之下，革命党万不能断，故政府以捕杀为消灭革命党

---

①　转引自戈公振：《中国报学史》，86 页，北京，中国新闻出版社，1985。

之法，则万无消灭之一日，以改良政治为消灭革命之法，或者庶有冀乎。"又说，"彼既破釜沉舟而起事，必置生死于度外。其死也，行其素志也，又何足惜？所难堪者，祖国之风云日急一日，陆沉之痛即在目前；吾辈之死，更无处所。神州落日，隐隐中有血色也。"其政治倾向性和作者的立场态度何其鲜明乃尔。

西方国家的许多报纸，往往设"社论版"，一天发表三四篇社论。美国新闻学者约斯特在他的《新闻学原理》一书中说：新闻是报纸的身体，它表示出报纸的形状和形式，而社论版则是报纸的灵魂，要是没有了灵魂，身体就等于一具失去活力的躯壳。既然社论版是灵魂，是头脑，就不可能不带有政治倾向性。虽然近来许多报纸社论版中必有很短的一篇所谓"轻松社论"，这"轻松"二字主要是就文字表现形式的多样性而言的，如可以用诗歌的形式，可读性很强，但丝毫不减损社论的政治倾向性。

新闻评论的政治性首先表现在它往往是针对当前现实生活中发生的政治事件或政治问题、思想问题发表评论的。

2008 年 3 月 14 日，一群不法分子在拉萨市区的主要路段实施打砸抢烧，焚烧过往车辆，追打过路群众，冲击商场、电信营业网点和政府机关，给当地人民群众生命财产造成重大损失，使当地的社会秩序受到了严重破坏。事发后，主流媒体发布事件的真相，指出根据掌握的情况，这起事件是达赖集团有组织、有预谋、精心策划煽动的，是由境内外"藏独"分裂势力相互勾结制造的。

事件发生后，作为中国最权威的党报，《人民日报》连续发表了十几篇署名"何振华"的评论文章，还原事件真相，澄清是非。针对达赖集团将"西藏问题"和人权问题、宗教问题、民族问题相联系，把它们作为向西方博取同情的三张王牌，不断向中国施压的情况，《人民日报》连续发表《"西藏问题"是什么问题》(2008 年 4 月 16 日)，《"西藏问题"不是民族问题》(2008 年 4 月 26 日)，《"西藏问题"不是宗教问题》(2008 年 4 月 29 日)，《"西藏问题"不是人权问题》(2008 年 4 月 30 日)。上述文章用西藏和平解放后在人权平等、宗教发展和文化教育方面取得的巨大成就，驳斥了达赖集团所谓的民族、人权和宗教问题其实毫无事实依据。那么西藏问题到底是什么问题？西藏问题是主权问题，新闻评论《"西藏问题"是主权问题》(2008 年 5 月 6 日)给以明确的答复。

"西藏问题"是主权问题①

何振华

毫无疑问，"西藏问题"是这个春天令人关注的"热点"。

如果没有足够的"探索"精神，你会为"西藏问题"的复杂性而迷惑。因为达赖集团所谓"西藏问题"中，包括了"人权问题"、"民族问题"、"宗教问题"等一连串"问题"。这些站在"道义的制高点"上的"问题"，听起来很让一些不明真相的人激愤，也让他们对"西藏问题"格外关注。

哲人云，问题是时代的口号。达赖集团所谓"西藏问题"背后，确实有着自己的"口号"——"西藏独立"。这个"口号"隐藏在他们对"西藏问题"所开的药方——"中间道路"里。

不久前在西雅图，达赖集团在谈到"西藏问题"时，再次坚称要一如既往地走"中间道路"。这一"道路"看似和缓，但只要稍加研究就可以发现，其内涵和实质与"西藏独立"主张并无二致，即都是要把西藏从中国分裂出去。

"中间道路"核心内容就两条：一是"大藏区"，一是"高度自治"。所谓"大藏区"，就是要将西藏、青海、甘肃、四川、云南等藏族居住区合并在一起，建立历史上从未有过的"大藏族自治区"，总面积约占全国领土的1/4。而所谓"高度自治"，包括要求中央政府不能在西藏驻军，西藏可与其他国家或国际组织保持外交关系。

众所周知，如果一个国家的中央政府不能在其领土上驻军，如果一个国家允许其管辖下的地方政府与外国政府保持外交关系，也就无主权可言。可以说，"大藏区"是达赖集团的领土要求，"高度自治"是达赖集团的政治制度要求，"中间道路"的实质是要改变西藏属于中国的法律地位，否定中国政府对西藏拥有的主权。

用达赖集团自己的话来说，"中间道路"的框架，便是"和平五点计划"和"七点新建议"，这是"谈判的基础"。对此，早在1987年美国国务院新闻发言人就曾明确指出，这些建议"基本想法是要搞西藏独立"。而达赖集团主办的《西藏通讯》2004年的一篇文章也曾点拨激进"藏独"分子，要"仔细阅读字里行间背后的含义"，并说"中间道路"如能实现，"其效果与真正的独立没有差别"。

将本质为分裂的"中间道路"，确立为解决"西藏问题"的药方；将直接

① 载《人民日报》，2008-05-06。

“藏独”的居心，转换为变相独立的策略，可见“西藏问题”的实质不是别的问题，而是损害中国主权、破坏领土完整的问题。

算起来，自帝国主义企图瓜分中国，所谓“西藏问题”已有百余年历史。“英人对吾确有诱惑之念，但吾知主权不可失”，“不亲英人，不背中央”，面对列强分裂图谋，包括十三世达赖在内的众多藏族儿女的拳拳之心，至今令人动容。正是藏传佛教的爱国传统，让西藏与祖国血脉不断、荣辱与共；也正是无数中华儿女的报国情怀，让中华民族握指成拳、不断壮大。

在历史和现实的大视野里看“西藏问题”，答案更加明确：主权关乎一个国家的尊严，关乎中国人民的根本利益。不管“西藏问题”听起来多么复杂，也不管有多少势力试图介入其中，在这个问题上，中国不会让步，人民不会答应。

文章指出达赖所谓的走“中间道路”的两个核心内容：一是大藏区；二是高度自治，其内涵和实质就是西藏独立，就是把西藏从中国分裂出去。因此西藏问题实质上是主权独立和领土完整问题。在主权问题上中国决不会让步，人民也不会答应。文章旗帜鲜明地阐明立场，表明观点，明确政治方向，为中国和中华民族的根本利益说话，表现出了较为强烈的政治性。

有些新闻事实、新闻事件虽然并不是政治问题、政治性事件，但新闻评论针对这些问题的选题和立论，也绝不是就事论事。它往往要从政治思想的角度或从政治思想的高度立论发言，要从政治思想上着眼来论述实际工作和日常生活中的一些问题，并不针对一些技术过程和生活中的细枝末节来发表意见。例如，前些年少数地方发生了农民卖粮卖油卖棉花而一时无钱支付，给农民“打白条子”问题，报刊针对这些新闻报道而发的评论，绝不是就事论事，而是从减轻农民负担，从“农民、农业、农村”“三农”政策的角度，从工农联盟的高度来立论发言；就少数地方拖欠民办教师工资问题，也不是讨论如何解决民办教师工资的具体办法，而是从政府部门如何重视教育，如何贯彻教师法的角度，从重教兴国的高度来立论发言。

对于有些虽不是政治事件或思想问题的事实而发的言论，不仅指社论、短评等，即使是那些由作者个人署名的专栏评论，也不要就事论事，而应从政治思想角度来发表意见。例如，1984 年一篇题目叫《“清水衙门”有“脏官”》，作者根据报上披露的四件事实：山西省大同市教育局挪用教育经费为该局主要领导盖一栋 150 平方米的住房，还围了 300 平方米的院落（1980 年 5 月 21 日《光明日报》）；江苏省邳县教育局一年多挪用中小学教育经费近 9

万元，用于盖办公楼、宿舍楼和请客送礼（1981 年 7 月 21 日《人民日报》）；浙江省德清县文教局挪用教育经费 42 万元办工厂和建宿舍楼（1982 年 9 月至 10 月《光明日报》、《浙江日报》连续报道）以及 1984 年元旦报道的吉林省白城市教育局原局长因挪用教育经费 65 万元而被开除党籍和撤职等事实，发表评论说："教育部门素有'清水衙门'的雅称，可是如果'脏官'在里面掌权，清水也会被搅浑的。""人们得出的结论只能是：共产党不能要这样的党员，人民政府不能用这样的官。"立论的角度不仅是挪用教育经费，教育部门是否还是"清水衙门"的问题，还涉及党的用人标准、党的干部政策问题。

3. 广泛的公众性

新闻评论不是科技论文，也不是学术文章，从内容到形式，从论题到论理，从语言到文风，都要面向广大公众，具有广泛的公众性。这是由媒体是大众传播工具这一特性决定的。报纸、广播、电视和互联网是大众媒体，是办给公众收看和收听的，是社会舆论的载体，因此，刊播其上的新闻评论应该面向广大公众，代表公众利益。

新闻评论的公众性，首先要求它的内容是公众最关心和最感兴趣的，是同公众的切身利益密切相关的，又是能及时反映公众的要求和呼声，如现阶段一些新闻评论文章关注刑法修订问题、食品安全问题、贫富分化问题，且站在公众的立场上评价这些问题，提出建议，《贫困人口长期上升，政府责任尤须强调》（《南方都市报》2011 年 8 月 5 日）；《一根豆角被"喂"11 种农药　呼唤"顶层设计"》（《中国青年报》2011 年 8 月 25 日）、《刑诉法大修要优先保护人权》（《南方周末》2011 年 8 月 26 日）就体现出了这种意义上的公共性。

其次，新闻评论要面向广大公众，要使各阶层、各行业的读者、听众，一读就懂，一听就明白。因此，新闻评论在论述的方式和形式方面，在语言的使用方面，都应当符合公众的特点和需要，尤其要注意受众群的特点和需要，尽量照顾他们的兴趣和爱好，使他们能很有兴趣地阅读和听取新闻评论文章。

最后，还要求编辑部和评论工作者，尽量吸引公众来关心新闻评论工作，直接参与新闻评论的写作。也只有评论作者的广泛参与，才能使评论文章表现出良好的文风。"除了编辑部自己努力以外，我们请求作者们在给我们稿件的时候，也务必注意到广大读者的呼声，尽量把文章写得有条理，有兴味，议论风生，文情并茂，千万不要让读者看了想打瞌睡。"①评论作者的广泛性，是新闻评论公众性的体现之一。20世纪80年代，我国各种报刊开设了一些专栏，如《人民论坛》、《群言堂》、《百家论苑》等。进入21世纪后，国内许多主流媒体先后设立了社论版，在每天刊载社论的同时，还刊载更多的来论，如《南方周末》的视点专版和观点专版、《羊城晚报》的时评专版、《南方都市报》的来论专版。近年来，中央人民广播电台、中央电视台以及不少地方电台、电视台也开设了一些广泛吸收社会各界受众参与的评论性栏目或节目，包括各种名目的谈话类、新闻调查类节目。20世纪90年代互联网兴起后，各家网络媒体都设立时评频道、博客、论坛等新媒体形式，为广大公众提供机会直接参与新闻评论写作。

第三节　新闻评论的作用

　　新闻评论的性质和特点决定了它所担负的任务和它在现实生活中所能发挥的重要作用。新闻评论的政治性要求它义不容辞地为意识形态服务，充当舆论引导的工具。特别是党的新闻媒体评论，应当通过对现实生活中各种重要问题的分析论述，从理论和实践的结合上，解释宣传党的纲领路线、方针政策、工作任务和工作方法；应针对社会上一些热点焦点问题发生后，社会上所持的各种观点和看法，及时发表对事件和问题的评论，旗帜鲜明地亮明自己的观点，澄清是非，以正视听，将社会舆论引导到正确的方向；新闻评论广泛的公众性又要求新闻评论为社会公众提供一个公共论坛，使得公众意见能够充分地交流碰撞，最终形成舆论。新闻媒体将这种舆论发布传播，让其更好地发挥社会调节的功能，包括公众负面情感的宣泄、对权力的监督和社会各阶层利益的协调。

　　具体地说，作为新闻舆论工具直接发言的重要形式，新闻评论的作用主要包括如下几个方面。

一、解释新闻事实的因果和意义，揭示新闻事实的本质及其发展趋向，指出下一步会怎样，预示将来种种趋向和结果

　　任何新闻事实都不会凭空发生，都会有它的前因后果，在分析新闻事实何以发生的过程中，要揭示它的意义，新闻事实的发生将会产生什么样的影

---

　　①　载《人民日报》，1956-07-01。

响，评论应对它作出解释和说明。

1980 年 6 月，新闻媒体报道，山西省昔阳县的"西水东调"工程，搞了四五年，投工近五百万个，耗资几千万元，最终下马。6 月 15 日《人民日报》发表编辑部文章《再也不要干"西水东调"式的蠢事了》。评论在引用事实由头引出论点之后，接着对"西水东调"工程这件事实作了解释：所谓"西水东调"，"就是从昔阳县境西部截住黄河水系的潇河水，通过人工开凿的隧洞穿过太行山，从地下引向东流，经过昔阳的五个公社，改入海河水系"。如果这个工程完工，每亩水浇地成本将超过 1000 元。这个数字看来并不高，但在当时的条件下，实在是不堪重负。因此，评论说："这就向我们提出了一个问题，发展农业究竟靠什么？"评论接着分析了当时没有经过科学论证盲目上马以及不顾条件"大搞农田水利建设"等问题，不仅解释了新闻事实的前因后果，而且把新闻事件对社会生活的影响也作了说明，从思想路线的高度解释了"西水东调"工程的上马和下马产生的内在原因，提出了"再也不要干'西水东调'式的蠢事了"这样一个启示性的问题。

新闻事实包括事件、事物、现象、形势等，评论的作用不在于复述新闻事实，而在于揭示其本质属性，分析其发展趋向，告诉受众将会怎样。例如，《卡扎菲大势已去 利比亚何去何从》一文结合中东、北非的局势和国内形势，较为全面地分析了卡扎菲倒台的实质原因，指出虽然西方对反对派的援助是造成卡扎菲下台的直接原因，但国内的民意才是卡扎菲倒台的根本力量。同时文章对利比亚今后的几种发展趋势进行了预测和利弊分析。

卡扎菲大势已去 利比亚何去何从①

钱克锦

经过了半年示威、骚乱、冲突、内战、外力干涉和"决战时刻"，利比亚的形势，终于以卡扎菲大势已去而告一段落。

从某种程度上来说，这是一个再自然不过的结局。回顾这半年的事态进展，反对派得到西方的大力帮助，固然是在军事上击溃卡扎菲的重要原因。但根本上来说，国内的民意才是卡扎菲倒台的根本力量。

年初开始的中东北非阿拉伯世界的动荡局面，首先是这些国家的民众对现状不满而走上街头，这是理解整个事件的关键。就北非来说，起了连锁反应的突尼斯、埃及和利比亚三国，民众上街的具体原因和导火索虽然有所不

---

① 载《羊城晚报》，2011-08-24。

同，但长期以来对政府高压统治和腐败现象积累的不满，则无疑是火药桶。一旦爆发很难有人能遏制住。

而且，与埃及和突尼斯相比，利比亚的隐患更多。穆巴拉克和本·阿里虽然也是政坛强人，他们在埃及和突尼斯的统治也有高压和腐败，但卡扎菲要比他们两个人更加疯狂、更加诡异。而且，在国内民意倾向非常明显之后，穆巴拉克让权，本·阿里流亡，从对国家和民族的角度来说，无疑是避免了更多的流血和冲突，未来的和解重建也相应减少了麻烦。因而这两人不管结局如何，还可以称得上是有勇气担当。

但卡扎菲则不一样。这个通过不流血政变上台的军人，控制利比亚长达42年。在他的统治下，因为有丰富的石油，即便常受国际社会制裁，利比亚的经济从国内 GDP 到人均 GDP 都不算很差，但是财富分配却不公平，失业率居然能达到 30％；卡扎菲统治下的利比亚，国内实行了一系列高压统治，无情镇压异己分子，对通奸和小偷这些罪行，常常施以酷刑。卡扎菲"有着丰富的思想"，先后实施泛阿拉伯主义和泛非洲主义，强烈地反对西方价值。反西方当然不一定错，但是他因为国内统治所造成的困难，最后只能以反西方来做挡箭牌，则显得非常可悲。

当然，西方在这次利比亚的战事中扮演了重要角色。我们也知道，西方的干涉都会有自己的利益考虑。但如果没有利比亚民众的示威、骚乱和内战，没有卡扎菲号称"严惩"不爱他的国民，怎么会有联合国安理会授权北约设立禁飞区，对利比亚的主权进行干涉？

现在号称"利比亚人民都爱我"的卡扎菲，连自己的卫队都没有殊死抵抗，就已经不知所终，只留给了世人对利比亚何去何从的猜测。利比亚前面的路不会很平坦。卡扎菲的反扑似乎不用太担心。但是人们会担心，利比亚反对派们在共同敌人消失后，还能同舟共济恢复秩序吗？利比亚会不会爆发内战，会不会有部落战争？会不会成为阿富汗？会不会成为伊拉克？

所有这些情况，都是有可能的。然而人们也应该看到，在此之前，利比亚的民众最希望的一件事，就是让卡扎菲下台。如今，利比亚人的选择已经实现了第一步，以后的路，还是靠他们自己走。

况且，就算是阿富汗和伊拉克，虽然混乱不止，但是如果还是在塔利班或萨达姆家族的统治下，又会如何呢？另一个事实是，利比亚是反对派攻占了首都的黎波里，而不是靠西方的部队进城。反对派进城后，强调的是法制和秩序，并没有狂热的复仇情绪。这又是一些好的现象。

下面，我们再来看一篇《光明日报》的社论。

重点大学农村生源减少成趋势　警惕名校农村学子锐减①

周继坚

据报道，在中国农业大学今年的大一新生中，农村户籍生源10年来首次跌破三成，仅占28.26%。如此低的比例，再次引发了人们对农村教育的忧虑。近年来，重点大学农村生源的减少是整体趋势。统计显示，上世纪80年代清华大学县级中学生比例占到50%左右，而今年只有七分之一；北大的农村学生比例从过去的30%左右降到了近年来的10%～15%。

在教育发展上，最大限度地实现公平和均衡，既是众多教育界专家学者的一致呼吁，也是教育管理部门多年来矢志不渝的目标。从现实的国情看，我国城市化水平还不高，农村人口比重仍然很大。相比于城市，农村学生的数量占多数，从教育公平和均衡的角度讲，在高校中农村学生的比重应该大于城市。然而，现实中不仅农村学生在高校中所占比例很低，而且似乎呈逐年下降趋势。

近年来，高校扩招让上大学变得容易。然而，对广大农村学子来说，能够吸吮到这一"雨露"的人却越来越少。有人把大学里农村学子的减少归结为城市化进程，有的归因于农村孩子的基础教育底子整体不如城市。然而，这些原因只是在解释表象，并没有触及问题的根本。以去年全国高考为例，农村孩子占考生总数的62%，可见农村孩子仍然是应考的多数。就学生个人基础素质来说，城市孩子或许有这样那样的兴趣特长，但农村孩子也有更多的参加劳动实践的经验，决不能说会弹琴的城市孩子的素质就一定高过放过牛的农村孩子。

大学里农村学子的减少，根本上暴露的还是长期以来普遍存在且已饱受诟病的教育均衡问题。除了全国统一的高考制度外，近年来推出的校长推荐制、高校自主招生、名校联合招考等教育改革举措中，农村孩子显然都不占优势。首先从家庭经济条件和教育环境来看，农村孩子主要靠课堂上有限的教育资源，不像城市孩子那样可以享有丰富的各类课外辅导和培训资源；其次，自主招生和校长推荐制等举措也主要面向少数优质示范高中，农村孩子事实上很难进入这些重点中学。

重点大学中农村学子的减少是一个警示信号，一定程度上反映了教育天

---

①　载《光明日报》，2011-08-26。

平的倾斜度。在城市和重点中学较多占有优质教育资源的情势下，农村学子在高考竞争中先输掉了一大截。再加上以成绩衡量政绩的功利思维，又加剧了地方对学校投入和学生选拔的人为扭曲。从幼儿园到小学，从中学到高考，招生考试越来越像程序化的"掐尖机器"。结果，农村孩子不断被重点中学、重点班级边缘化，考取重点大学的机会也越来越少。优质高等教育机会的丧失，导致农村孩子上升空间日益狭窄。要看到，长此以往，我们将不得不面对一个不利于社会良性发展的新隐忧，那就是阶层固化。

针对重点大学农村生源减少的新闻事实，评论用事实和数据反驳社会上的一些站不住脚的说法，即"把大学里农村学子的减少归结为城市化进程，有的归因于农村孩子的基础教育底子整体不如城市"，分析了其根本原因是教育的不均衡问题，并且指出其所产生的严重后果，即社会各阶层之间流动受阻，也就是阶层的固化这一影响社会和谐发展的社会问题。

二、对新闻事实作出政治判断、道德判断或价值判断，发表作者的观点，表明作者的态度

新闻报道主要是报道事实，评论则在报道事实的基础上，从政治思想角度对它作出评价判断，指出它的正确与谬误；或从道德标准角度，判断它的存在价值；或从社会存在影响观念变化的角度作出评价。下面这篇南方网上的评论文章就对新闻事实作出了道德评价。评论没有盲目地为孙震唱赞歌，而是从网民的负面评价入手，来分析这场舆论诘问的实质。指出该事件体现了社会对虚假典型宣传的反感，对温暖人性的英雄的呼唤，是对人性反思和呼唤的结果，反映了人们思想观念的改变和社会价值的回归。

英雄悖论：坏爸爸还是好交警？[①]

东 雪

深圳交警孙震因忙于大运会安保工作，无暇照顾刚出生的孩子和产后妻子，开幕式当天出生68天的孩子夭折。孙震被评为"大运安保之星"后遭网友批评，称其为"仕途"不要孩子。昨日凌晨，其妻在微博上表态称其丈夫伟大，当天安保任务定人定岗，孙震内心也颇受煎熬。（8月15日《南方日报》）

生活是汤，人性如盐。孙震遭遇的舆论诘问，不过是一道有关"英雄和

[①] 载南方网，2011-08-16。

人性"的现实命题。孙霞被评为"大运安保之星"，据说是因其"为了开幕式交通安保任务，坚守在第一线，在宝宝离开他时，都未能见上最后一面；领导让他回去处理后事，他却坚持站完最后一班岗"。但问题是，无论什么"之星"，首先你不是神仙、不是妖怪，也不是超人，而是一个合格的公民——公民是个有血有肉的称谓，权利义务之下，还有人伦纲常。一个父亲，并非万不得已，也非十万火急，对儿子生死置之不问，这究竟是"工作机器"还是"铁血狂人"？

有好事的网友搜索了一下近期的"英雄人物"，设若摆放在数十年前看，仍很合乎"时代背景"：譬如成都民警得知母亲去世，仍坚守岗位；重庆老人唱红歌前母亲去世，含泪唱到最后；人口普查员父亲去世，仍坚守工作一线；母亲过世仍坚守岗位，广州民警事迹感人；民警突然去世，三天前查出心脏病仍坚持工作……为了工作玩到卖命的、为了事业六亲不认的，大凡"惨烈"到这个份儿上，一般"人"还真没几个敢站出来和他们拼。这是一个悖论：英雄要高于常人，但一旦高到离谱，英雄又像是"非人"——固然令人景仰，却又心生恐怖。

这些年，公民在"重新发现社会"，而社会也在"重新发现人性"——最突出的表现就是对人本、人性的反思。我们需要英雄，但我们更需要温暖人性的英雄。认清这个逻辑，我们已经折腾了几十年：一者，如果英雄是反人性的，其可复制性就注定存疑，它就是一个图腾，而我们才刚刚逃出一个又一个需要膜拜的年代；二者，人性是秩序的基础，如果它不能成为身为英雄者价值判断的准绳，则在另外的场合，我们每个人都可能成为"被牺牲"的那部分。换言之，我们吁求有人性的英雄，不过是社会还原了公共利益的本来面目。

孙霞的故事，真假未明、是非不清，但不管是"被典型"，还是真典型，其引发的公共辩论，必然有助于某些社会价值的归位。这些天，公众都在热议赖宁雕像的事情——山西太原一座赖宁雕像因无单位接收被挪至山村存放。于是，英雄儿童赖宁再次重回大众视野。与过去一应的溢美之词相比，更多人对赖宁事迹提出质疑，譬如儿童是否应该主动救火、赖宁事迹是否真实等。英雄从神龛上走下来，显然不是一种简单的破坏性解构，它有助于我们从谎言构架的"高大全"走向有缺憾、有温度的真善美。

孙霞引发的风波，是评优者始料未及的：坏爸爸还是好交警，这是一个悖论。值得反思的是：甄选制度为什么不能发现一个好爸爸和好交警的典型呢？

三、深化新闻报道的主题

评论把新闻事实放在一定的社会时代背景里，或补充必要的新闻背景材料，同时指出许多分散事实的相关性，通过综合分析，深化新闻报道的主题。我们不妨先看一篇获第十八届中国新闻奖的评论作品《大桥坍塌的中美调查之别》。

中国塌桥，美国也塌桥；中国要调查原因，美国也调查原因；中国用的是火箭速度，美国用的是蜗牛速度。所以，中国想要"胜过"美国，看来是轻而易举的。

8月1日，美国明尼苏达州密西西比河桥梁发生结构性坍塌，可谓坍塌得一塌糊涂。除了布什视察塌桥现场、国会拨2.5亿美元重建桥梁之外，美国有关方面立刻进入调查。"调查人员警告说，调查坍塌原因的工作费时费力，可能需要长达18个月的时间。"（8月7日新华网）

长达18个月，还是在高科技帮助下的时间估计。他们动用直升机，配备高分辨率摄像器材，到现场展开仔细调查；用激光导引探测设备，绘制出大桥残骸的全方位图像；水下复原小组则使用水下摄像机来观测废墟的情况；利用计算机成像技术，在电脑上重构呈现灾难全过程的软件，当前的分析已经纳入了一整套数据，包括天气、经过汽车的数量和速度以及坍塌时桥梁上的建筑设备的重量……要是在无高科技的过去，"他们差不多得把坍塌桥梁的残骸拼装起来"。

美国塌桥一个半月前的6月15日凌晨，广东佛山九江大桥被一艘装载河沙的船撞了23号桥墩，大桥第23号、24号、25号三个桥墩倒塌，约有200米桥面坍塌，桥上4辆汽车（共有司乘人员7人）及2名大桥施工人员坠江。6月19日，九江大桥坍塌事故技术安全鉴定专家组成立，由10位"国内知名桥梁专家"组成，他们从全国奔到广东佛山，对塌桥事故进行鉴定。6月20日，也就是次日，他们召开了九江大桥技术评估通报会，正式公布了鉴定结果：九江大桥的设计和质量均没有问题！

弄"鉴定"的专家，通常擅长对"成果"的鉴定，比如这座桥梁竣工了，鉴定验收的专家组这么来个一天半天，看一看，瞧一瞧，说几句赞美的好话，拿一笔不菲的酬金，签字画押，愉快走人，邀请方与被邀请方都很高兴，这就是"双赢"。看来，这些专家们把"坍塌鉴定"和"竣工鉴定"当成同一码事了。九江大桥事故鉴定如此迅速如此神奇，评论家时寒冰对此有一句妙语："我们的专家用肉眼——这种天然的低成本、无污染的绿色工具，完成了鉴定的全过程。"鉴定有意无意玩"假"的，是比较容易的事。美国经济学家贝克认为造假有三大成本：直接成本、机会成本和处罚成本。那么，如果专家"造假"呢？或则不算造假但"认认真真走过场"，给出一个与常识背离的"结论"，其付出的仅仅是那三大"成本"吗？

……

从深层次看，我们无论在法律还是在道义上，都存在很大缺失。我国对建筑尤其是公共建筑的质量安全事故如何鉴定、处理，没有一部成熟的专门法律作出规定；现有的《中华人民共和国建筑法》并不陈旧，是从1998年3月1日起施行的，但这个"建筑法"应该称为"建筑施工法"，讲的是建筑工程的发包、承包、监理、管理之类的事，有关"建筑工程质量管理"的部分十分"原则"，对建筑工程使用期间"出事"后该怎么办没有什么规定。既然"无法"，那么，各地"无天"就成为现实了。

而在道义上，我们更没有形成强大的"耻感文化"，许多可耻的事情，不以为耻，反以为荣。上世纪60年代，加拿大曾发生一座在建桥梁突然坍塌事故，直接原因是加拿大工学院设计错误所致。为铭记这一"耻辱"，该工学院买下断桥的全部废弃钢材，加工成戒指，每年学生毕业时，校方都要向毕业生赠送"耻辱戒指"。这样的行为，在我们这里简直是不可思议的。我们的习惯不是记住"耻辱"，而是忙于找到"替罪羊"，以尽快"扫"掉"耻辱"。

……①

该文是作者看完美国明尼苏达州密西西比河桥梁坍塌的相关报道后的急就章，写作只用了大约两小时的时间，但作者用自己平日较丰富的知识积累和思维深度解读出新闻事实背后独特的东西，深化了报道的主题。评论不只是简单停留在对比分析上，而是从3个层面推进：一是制度环境，评论提出，官员能够方便操控专家，这是真正可怕的。技术层面的专家与责任层面的官员，如果结成"亚腐败共同体"，那么事故就不可能真正找到原因，悲剧就可能一再出现。二是法律层面，指出我国的《建筑法》对建筑安全方面并无具体有效的规定，"建筑法"充其量是"建筑施工法"。三是文化层面，认为在道义上我们没有形成强大的"耻感文化"，许多可耻的事情，不以为耻，反以为荣——那些一天就将大桥坍塌鉴定完毕的专家，会把自己的行为看成是可耻的吗？

---

①　节选自徐迅雷：《大桥坍塌的中美调查之别》，载金羊网，2007-08-08。

　　新闻媒体常常为一组报道或系列报道配发一篇短评或编者按语。这些报道的单个事实，往往不易显示重要的意义，而如果把这些单个事实蕴含的本质意义经挖掘以后，共同放在一定的新闻背景下，就能显示出它的意义，评论就能起到深化新闻报道主题的作用。例如，一组报道中有分别来自杭嘉湖平原、宁绍平原、温黄平原和金华盆地早稻开镰收割并获得丰收的消息，报纸发表一篇有关浙江省早稻丰收的评论文章，就可以揭示早稻之所以丰收的原因及其启示，指出这许多分散事实的相关性，起到深化主题的作用。

　　《经济日报》1996 年 1 月 30 日头版发表一篇消息《"一块二"官司值不值得打》，报道福建龙岩顾客丘建东打电话被多收了 0.6 元，为此，他向法院提出诉讼，要求有关方面赔偿 1.2 元，在当地引起了种种议论，议论的焦点就是标题所标明的，这场官司值不值得打？尔后，该报发表了连续报道。到 2 月 26 日，这场官司因原告撤诉而审结。该报在这一天的头版刊发这场官司审结的消息时，同时在总标题《小事不可小看》之下，分别发表福建人大常委会副主任宋峻、福建省高级人民法院院长方尽炳、福建省邮电管理局副局长刘耀明、福建省消费者协会会长赵洪岗等人的谈话要点，编辑部为此发表署名的编辑点评《记住"一块二"》。说明这件事看似小事，以后也可能不再成为新闻，但在亟待增强全民法律意识的今天，在服务质量不尽如人意，消费者权益屡受侵犯而消费者亟须提高运用法律武器进行自我保护的情况下，这个官司值得打，《经济日报》花那么多版面搞一组连续报道也是值得的。这也说明有一些新闻事实，要放在一定的新闻背景里，才能显示出它的意义，而评论却在这方面可以发挥它无可替代的作用。

记住"一块二"

詹国枢

　　坦率地说，丘建东为一块二角钱而兴师动众地打一场官司，确实有点"小题大做"（别的甭说，单是费那些口舌和精力，也远不止值一块二角）。同样道理，《经济日报》为"一块二官司值不值得打"而在版面那么珍贵的一版搞一组连续报道，似乎也有点"小题大做"。然而，丘建东的官司还是打了，本报的连续报道还是报了。为什么呢？很简单，因为小小的"一块二"，在亟待增强全民族法律意识的今天，有它不寻常的意义。

　　"一块二"告诉我们，当你的公民权利受到损害时，哪怕是区区一块二角钱，你也可以使用法律武器捍卫自己的利益。"一块二"告诉我们，对于一些服务部门尤其是垄断部门的服务质量问题，除了"提意见"外，也不妨使用法律武器。后者往往比前者更灵光、更管用……"一块二"告诉我们的，或许还有更多，但只要记住这一点就足够了：

1996 年 1 月，在中国福建省，有一个公民曾经为一块二角钱而打了一场官司。官司经过，详见《经济日报》。我们相信，若干年后，为一块二而打官司，将不再成为新闻。

《参考消息》2002 年 9 月 5 日周四特刊（9～16 版）组织了一组"9·11"事件周年特别报道，分为"格局篇"、"军事篇"、"媒体篇"、"反思篇"等，共有驻世界各地分社记者分别采写的报道几十篇。编辑部为这组特别报道写了编者按语。这既交代了编辑部为什么组织这组报道的原因，也能把这么多分散的稿件中所蕴含的意义及其本质揭示出来，大大深化了新闻报道的主题。

编者按：

子在川上曰：逝者如斯夫！"9·11"恐怖袭击事件仿佛就在昨天，飞机、爆炸、瓦砾、废墟、哭喊、恐慌……仿佛仍在眼前，但日历表告诉我们，一年的时间就快要过去了。

一年 365 天，在人类历史长河中实在是太短暂了。但是，"9·11"后的这一年，却可以说是一个新时代的开端，"9·11"对世界、对历史以至于对人类影响之大，虽然我们现在还难窥全豹，但已能看出些许端倪。作为新闻工作者，我们自感有责任对"9·11"以来的世界局势演变作一次回顾、梳理、总结，于是就有了呈现在您面前的这组特别报道。

在我们精心策划的"'9·11'事件周年特别报道"里，您既能看到著名学者阮次山对世界格局的精辟分析，也能看到本报记者在废墟遗址前的深刻思考；既能看到本报前方记者的现场亲历，也能看到灾难幸存者的痛苦回忆；既能看到平民百姓对"9·11"的个性化表述，也能看到反恐战争以来大国军事战略的变化，甚至还能看到媒体记者在记录历史时的忙碌身影……总之，希望我们的报道能给您带来深深的思索。

思考和练习

1. 新闻评论在媒体上具有怎样的地位？
2. 新闻评论与新闻报道的联系和区别是什么？
3. 新闻评论与一般议论文的区别在哪里？
4. 新闻评论具体有哪几个方面的作用？试结合具体的新闻评论阐述之。

第四章　新闻评论的选题和立论

选题和立论是新闻评论写作不可分割的两个方面，选题是立论的基础，立论是选题的思想升华，选题解决的是研究什么问题，而立论是提出解决问题的论断和结论。如果说选题的主要目的是提出问题，选择议论作文的方向，那么立论就是经过思考酝酿，提出解决问题的措施和办法。

第一节　选题的根据

一、同一选题可以有不同的立论

新闻评论的选题，就是选择新闻评论所要评价的事物和论述的问题，也是确定一篇评论所要论述的对象和范围。选好题，新闻评论写作就有了明确的目标。选题是立论的前提。

立论是一篇评论的主要论断或结论，是作者对所提出的问题的见解，即贯穿全文的中心思想。立论是否正确妥当，从根本上决定了一篇文章的质量和水平。

这里要着重明确两点：一是充分认识选题的重要性；二是要认识选题与立论是两个不同的概念。

选题是评论写作的第一步，是至关重要的一个步骤。评论文章总要提出一个问题，然后确立观点，加以综合分析，最后得出结论，提出解决问题的措施和办法。选题就是在评论开始之前找准评论目标和对象，是论述分析的论题范围，这是新闻评论要求"有的放矢"之"的"。否则，评论文章就可能成为泛泛空论，不着边际了。因此，选题是新闻评论文章立论、论述过程的前提条件。

选题着重于选择新闻评论的论题和范围，至于针对某个论题范围和对象，确立怎样的观点，作怎样的评价，表明什么样的态度，则是立论的任务。因此对同一个论题，可以做出不同的文章，可以从不同的角度、不同的层次，甚至不同的观点去发表评论。

例如，1995 年 11 月，北京一些新闻媒体披露，有一个叫王海的人知假买假，然后根据消费者权益保护法的有关条款索赔。北京一些商家称之为"刁民"，也有些人士称之为"打假英雄"，王海还被杭州金海食品工业城聘为

"质量监督员"(《中华工商时报》1995年11月24日报道)。对王海的行为以至
"王海现象",究竟认定是"刁民"还是"打假英雄",各种媒体或从主观认识,
或从客观效果,或从道德角度,或从法律边界发表过许多的评论。《光明日
报》的"世纪风"专栏里,就曾先后发表过不同观点的几篇文章。例如,1995
年12月8日这一期"世纪风"里刊登的署名陈畦的文章《知假买假索赔有理
吗》,认为"明知对方行为违法而与之从事民事行为,是为恶意。恶意所为,
不受法律保护";"从道德建设角度来看,鼓励以假治假与鼓励专偷小偷钱包
虽不似亦近","对知假买假者的舆论支持,却混淆了法治社会的是非观念,
无益于公民意识、法制观念和道德观念的形成和强化",明确认为王海知假
买假索赔是无理的。但也有不少评论认为,知假买假索赔,尽管是为自己谋
利,但客观上有利于打假,有利于培养消费者的质量意识,也有利于商家树
立真品质量观念拒绝假货上柜、诚心地为消费者服务。这个例子说明,同一
个论题范围,可以提出不同的论点,可以帮助我们理解选题与立论的关系。

二、选题的三种类型

　　评论的选题类型可分为三大类:一是事件性选题;二是非事件性选题或
社会性选题;三是周期性选题。

　　事件性选题也称"事评","缘事而发",就事论理。作者选择新近发生的
有评论价值的事件,一般是以突发性事件或新闻报道的新近事实为评论对
象。这类选题的评论及时对新闻事件进行解读和评断,有助于受众对新闻事
件或事实形成正确的价值判断。它的写作要依附新闻事件,注重时效性,对
作者的快速反应能力、判断能力和写作能力有着较高的要求。2012年10月
22日,宁波市镇海区湾塘等村村民,以该市一化工企业(PX项目)距离村庄
太近为由,到区政府集体上访。10月28日,群众上街支持这一抗议行动。
在压力下,宁波市政府宣布停止PX项目的上马。事发后国内主流媒体纷纷
发表评论。群体性事件作为一种社会冲突,本身就有关注的价值,而冲突的
原因又是在大江南北游荡十年屡惹事端的PX项目,该事件既有新闻价值又
有评论价值,因此主流媒体纷纷围绕该事件发表评论。《南方都市报》发表
《确保司法完善,尊重公民环境权》(2012年10月28日),《长江日报》发表
《PX,上也得明白下也得明白》(2012年10月29日),《环球时报》发表《重化
工项目上街头裁决非长久之计》(2012年10月28日),《新京报》发表《宁波
PX事件虽平稳解决但结局"双输"》(2012年10月30日)。评论文章告诉我
们,PX这一重化工项目在西方国家已上马几十年,有的与居民区只相距几
公里,但两者却相安无事。而在我们国家之所以"敏感",有两方面的关键因

素：一是环境信息公开制度尚不健全，相关法律规范不明确；二是官民之间的信任缺失以及民众知情权和参与权没有得到应有的保障。

非事件性选题或社会性选题不是针对某一起具体的新闻事件进行评论，而是针对社会生活中普遍存在的现象和突出问题进行评论，也就是要寻找问题来作为评论对象。范荣康《新闻评论学》写道："也有不少新闻评论，既不评当天或不久前报上的新闻，评论本身也不包含新闻，评的是我们工作中或社会生活中的一种倾向、一个问题。"这种评论要求作者要有敏锐的观察力，能触摸时代脉搏，捕捉到影响社会发展的问题。

社会性选题不像事件性评论那样由于新闻事件本身所具有的时效性和轰动性而易引人注目，它要引起读者的关注难度更大，要求作者要有更敏锐的观察能力、更开阔的视野和更深刻的思维能力。这类评论虽不是缘一事而发，但都是针对现实生活中人们思考和困惑的问题，因此它与事件性选题一样，也满足人们认知上的需求。实际上在特定时代产生比较大的社会影响的评论很多是这类评论。例如，1978 年 5 月 11 日《光明日报》特约评论员文章《实践是检验真理的唯一标准》，它是一篇学术文章，不涉及任何新闻事件，却在当时产生了重大的社会影响，解决了当时人们的思想困惑，掀起了一场思想解放运动，突破了"两个凡是"，重新确立了党的解放思想、实事求是的思想路线。它宣传实践第一，实践是检验真理的唯一标准，批判本本主义、教条主义，批判唯书、唯上的错误观点，批判个人崇拜。从 1982 年 11 月到 1983 年 2 月《人民日报》连续发表了七篇关于"不能再吃'大锅饭'"的社论，探讨了经济体制改革中存在的问题，当时在社会上反响很强烈，对改革起到了很好的推动作用。1991 年《解放日报》发表了《做改革开放的"带头羊"》等署名"皇甫平"的四篇评论，针对时弊，倡导改革开放，引发了一场思想交锋，继"实践是检验真理的唯一标准"讨论后，掀起了又一波新的思想解放的巨浪。

周期性选题是以固定的时间周期出现的，如以传统节日、纪念日或其他周期性活动为题的评论。这类选题常以社论居多。1930 年美国出版的《社论版》一书中写道，"周年是如此常用的社论选题，以至于通常有一个日期表可以启动社论作者的工作。如果愿意的话，每一个历史事件的周年都可用来作为人情味社论的主题。"[1]例如，"九一八事变"四周年、六周年纪念日，张季鸾主政的《大公报》就分别发表了《九一八四周年》、《九一八纪念日论抗战前途》等人情味很浓的纪念性文章。张季鸾主笔的《九一八四周年》是这样开

---

① 马少华：《新闻评论教程》，121 页，北京，高等教育出版社，2007。

头的。

今日为九一八事变四周年之日，义感一言，以资警惕。其言曰：人类于其私人生活中，大抵皆有特殊之纪念日，尤于关于不幸事件者为不忘。尽凡生死别离之事，平时纵不省念，至其日则感慨系恋，不难自胜者，常人之情也。而倘有人焉，以叹逝伤别之外，更牵动身世问题：譬如家道中落，沉沦逆境，举目惊心，感触今昔，是其所以纪念之者当尤挚焉。试以比喻国事，则此日之纪念九一八，大抵回顾过去之意义少，而感触现时之需要多，吾人根据此义，殊不屑亦无暇以感伤文字点缀成文，惟愿冷静地平庸地说明时势，解释问题，以供国人之记忆，而最后略致数语于日本国民焉。①

该评论本是感怀国事的评论，作者却以私人生活中的纪念日落笔，娓娓道来，丝毫无高高在上之感。除此之外，我们还从中找到了周期性选题的人性依据。

每逢五一、十一，《人民日报》都要发社论，每到五四，《中国青年报》例发社论。还有一些重要的历史纪念日，主流媒体都会发表评论。还以"九一八事变"为例，2012 年 9 月 18 日是该事件 81 周年纪念日，恰逢中日钓鱼岛问题持续发酵之际，国内众多媒体当日集体发声。新华社发表《灾难中的警醒值得永远铭记》，《人民日报》发表题为《中国有实力有信心捍卫钓鱼岛主权》，《中国青年报》发表题为《自强是对历史最好的铭记》，《新京报》发表《纪念九一八，我们需要更成熟》，《南方都市报》发表《国耻日勿忘钓鱼岛，转型期建设强中国》等社论，呼吁民众铭记历史、勿忘国耻，以自强不息、发展奋进来强大国力，在和平年代争得国际竞争的主动权和话语权。

纪念九一八，我们需要更成熟②

81 年前的今天，日本关东军悍然发动"柳条湖事变"，以武力夺取中国东北，由此揭开日本军国主义武装侵略中国的序幕，让饱受列强欺凌的中华民族面临亡国灭种的威胁。现代史上这耻辱、悲怆的一页，值得中国人永远铭记。

今天再次纪念"九一八"，仍然有着非常特殊的意义。

按照中国的传统，大家都习惯讲"九九归一"，81 年超越了一个甲子的轮回，让历史走向终结，又让时间面临新的开始。另一方面，近来日本政府

---

① 张竞无：《张季鸾集》，47 页，北京，东方出版社，2011。
② 载《新京报》，2012-09-18。

"购买"钓鱼岛的非法行径，令中日关系陷入冰点，激起了中国民众的强烈不满。从上个周末始，在国内一些城市，民众走上街头表达了他们的爱国热情，抗议日本政府。

今天，纪念"九一八"，"勿忘国耻"，也需要站在一个新的基点上，更加清醒、理性地面对中日两国在历史和现实中的"纠结"。

我们既需要认识到，现在中日关系所面临的一些问题，乃是因为中国和中国的公民日渐强大，我们切不可"内斗"而自乱阵脚，应该明白大是大非，明确爱国和打砸抢等违法犯罪之间的边界，对日本政府、日本右翼分子和日本民众、日本企业做出区分。

近年来，中国经济的快速发展，让一直紧跟西方步伐、谋求"脱亚入欧"、且曾经长期雄霸世界第二交椅的日本五味杂陈。包括石原慎太郎等在内的日本右翼势力近来频频挑衅滋事，一些政客在钓鱼岛、侵华历史等问题上日趋执拗乖张，正是这种复杂心态的集中体现。

不过，日本右翼势力的挑衅，屡屡遭遇中国政府和民众的反击，此次日本将钓鱼岛"国有化"，中国各地民众走上街头，表达抗议。日方应该明白，造成这种局面的责任在日方，日方理应正视这种强大的中国民意，从维护中日关系大局出发，妥善处理钓鱼岛问题。

而中国民众在表达爱国热情和愤怒的时候，需要理性、理性、再理性。抵制日货甚至打砸抢烧不仅不会昭雪国耻，反而会自损实力、自毁长城。

其实，真正挑起事端的，只是日本的右翼势力和某些为实现个人政治目的不择手段的政客们。大多数日本民众对此并不认同，成千上万在华的日本留学生、企业雇员、游客等，他们是无辜的，我们绝不能把愤怒发泄在他们身上。

在钓鱼岛问题上，目前中国政府已经或者还要拿出有效的反制措施，与日方交涉，并争取国际上的支持。不过，由于其复杂性，解决起来仍然需要一个长期的过程，不可能毕其功于一役。

解决中日之间的领土等争议，最终靠的不是口头呐喊，而是国家的强大；达到这个目标，既需要全力提升经济、军事、科技等为核心的国家硬实力，也需要全力提升以民主法治、公平正义、自由平等为目标的民族软实力。

如此，才能让数千年来以文明自信、淡定平和的华夏中国，在经历"九一八"国耻这样的历史悲情后，国富民强，文明自信，淡定平和，有效捍卫国家利益。

周期性选题评论本身因为周期性重复，选题上容易老调重弹，难以避免有硬做文章之嫌，作者只有找到与当下现实的结合点才能写出新意，给人启迪。而《新京报》这篇社论以惯有的理性态度，指出在对待日本的问题上，首先要区分两点：一是爱国和打砸抢等违法犯罪之间的边界；二是对日本政府、日本右翼分子和日本民众、日本企业做出区分，在此基础上指出"中国民众在表达爱国热情和愤怒的时候，需要理性、理性、再理性。抵制日货甚至打砸抢烧不仅不会昭雪国耻，反而会自损实力、自毁长城。""解决中日之间的领土等争议最终靠的不是口头呐喊，而是国家的强大"。《新京报》不做应景文章，不迎合民意，以负责任的大报姿态，老题新作，耐人寻味。

三、选题的依据

那么评论的选题从哪里来呢？邓拓在一次讲话中提到五个方面的根据：第一，党中央和国务院的决定和指示。第二，地方各级党委和政府提供的情况和意见；第三，党和政府主管部门提供的情况和意见；第四，记者提出的新闻报道题目和线索；第五，读者来信反映的情况和问题。他所提出的选题根据主要指的是作为中共中央机关报的社论的选题来源，但这些根据对于其他报纸和所有新闻媒体的评论选题也有参考价值。这五个方面的根据，概括起来就是：第一，来自上面的精神；第二，来自下面的情况；第三，来自新闻报道。或者说，第一，来自客观形势的要求；第二，根据社会实际生活的需要。上面的精神是根据下面的实际情况来的，新闻报道也是来自于下面的实际情况，所以选题的根据，归根结底是来自实际的社会生活。

上头选题主要是指党和政府的一些重大决策。具体包括出台的路线、方针、政策、法规等，它对实际问题有指导意义，体现了一个阶段的工作重心，是当前需要花大力气抓的问题，一般会成为媒介的重要议程。媒体会根据自身的功能或对这些政策本身进行分析、解释和宣传，或对如何贯彻执行政策提出针对性的意见，或结合实际情况分析这些政策精神贯彻过程中需要注意和解决的问题。

例如，针对教育部发布的《普通高等学校学生管理规定》，《广州日报》在《今日时评》发表了本报评论员苏宁的评论《大学生真能结得了婚吗？》，针对高考日益成为整个社会的"大事件"，四面八方"优待"考生的事实，《人民日报》发表姜泓冰的时评《从"优待"高考到关注成长》，针对《广东省省属国有企业负责人经营业绩考核暂行办法》的出台，《人民日报》发表郝洪的时评《国企，七十二万年薪高不高》。

再如自 2002 年党的十六大以来，中央高度重视文化建设，把文化建设提到前所未有的战略高度，中共中央、国务院先后下发《关于深化文化体制改革的若干意见》（2005 年）、《国家"十一五"时期文化发展规划纲要》（2006 年）、《国家"十二五"时期文化改革发展规划纲要》（2011 年）、《国家"十三五"时期文化改革发展规划纲要》（2016 年）等文件，明确划分文化事业和文化产业，确立了社会主义文化发展的方向，对深化文化体制改革，加快发展文化事业和文化产业作出一系列重大部署。为配合文化体制改革，《人民日报》从 2010 年 8 月 2 日至 6 日，连发 5 篇评论员文章，五论文化体制改革。它们分别是：《开创中国特色社会主义文化建设新局面》、《增强深化改革的责任感使命感》、《把握深化文化体制改革的正确方向》、《讲发展必须讲改革》、《牢牢把握文化发展主动权》。《经济日报》发表了《通过改革推动文化产业快速发展》（2010 年 8 月 13 日），《中国青年报》发表了《对中国文化魂的坚守和创新》（2011 年 10 月 31 日），《南方都市报》发表了社论《为文化发展创造宽松体制环境》（2011 年 10 月 19 日）。

　　《人民日报》和《经济日报》承担着宣传贯彻中央精神的任务，它们主要从文化体制改革所坚持的指导思想、迫切性、应坚持的正确方向、所取得的成就等，着重对文化改制改革政策本身进行解读和阐释；作为主流精英媒体，《中国青年报》和《南方都市报》在评论中能结合实际，体现出了理性和建设性。前者指出实现建设文化强国的目标所应秉持的态度，"最主要的是我们要面向现代化，面向世界，面向未来，有对中国文化根的尊重和扬弃、对中国文化魂的坚守和创新，也要有对外国文化的包容借鉴，博采众长，食而能化，化而能食"，强调文化建设中的开放性和民族性，抓住文化强国的本质问题，并提升到一定的思想高度；后者从政府管理的角度，提出要给文化发展创造出宽松的体制环境。文章指出"文化领域应倡导并最终建立'宽厚、宽容和宽松'的管理思路，充分发挥市场在其间的配置作用。革除旧有弊病的前提是有勇气与现有利益进行切割，将文化资源的整合与运作交还给有志于此的所有平等主体。有远见的改革，一定包含着对新生事物的宽容与宽厚，脸谱化地唱衰从来都无助于发展中的改变，这无须反复申明，因为它本就是常识。大刀阔斧地推开文化体制改革，就意味着不仅要补欠账，而且要有勇气推陈出新、先走一步，为其他领域改革的进一步深化探索路径、积累经验"，强调管理者要和现有的利益进行切割，减少行政干预，尊重文化发展的市场规律，评论抓住了事物的本质和核心，尖锐、冷静，体现了媒体的社会责任感和思想高度。

　　还有许多评论，包括社论、评论员文章、短评、编者按、专栏评论等，虽说不一定直接根据上头精神选题，但它们字里行间体现上头精神，或者结合实际解释，或者从某个要点发挥，或者从某个角度具体补充，这同样也是根据上头精神选题。

从下头选题，也就是从实际生活中，从实践中选题。包括影响社会进程的重大政治经济文化事件、突发性公共事件及社会的舆论热点问题及生活中随时随地出现的问题和公众迫切需要回答的问题，都是新闻评论选题的重要依据。

第一类是重大政治经济事件。国内方面的例子包括 1992 年的京九铁路开工、1994 年的三峡工程开工、1997 年的香港回归、1999 年的庆祝新中国成立 50 周年、2000 年的世纪之交、2001 年的我国加入世界贸易组织、2005 年的神五载人上天和二战结束 60 周年、2008 年的北京奥运会、2011 年的纪念辛亥革命 100 周年、2012 年的莫言获诺贝尔文学奖、2013 年的中共党的十八召开、2014 年反腐深入推进、2015 年习近平同马英九历史性会面等都是热点。国际的例子包括 1991 年苏联解体和海湾战争、1993 年的美国袭击中国驻南联盟大使馆、2001 年的美国遭恐怖袭击、2003 年的伊拉克战争、2010 年的阿拉伯之春、2014 年的克里米亚弃乌投俄、2015 年难民潮冲击欧洲、2016 年奥巴马访问广岛等。

第二类是突发性公共事件。它包括事故灾难、公共卫生事件和公共安全事件。2006 年禽流感，2008 年汶川地震、南方雪灾、瓮安事件、三聚氰胺事件，2011 年温州动车事故，2014 年的马航事件等必然是媒体关注的对象。

第三类是舆论热点。这类热点，由与百姓日常生活紧密相连的事实的变动或亟待解决的问题构成，既有"开门七件事"那样的历来就有的热点问题，又有随着社会的发展而出现的新问题、吏治腐败问题、官员信誉问题等。前者如购房问题、食品安全问题、医患关系问题、民众养老等民生问题。《新京报》2013 年 10 月 24 日发表评论《房价全面上涨，调控要有新思路》，指出过去加税和限制买房者能力的调控思路与方法已被证明是无效的；未来的调控思路，应当立足于减免房地产所有环节的税收，提高普通人群的收入和买房能力。但必须承认的是，时下的信任问题并非局部而是整体性状况。除了医疗，在教育、科技、文化等各领域都存在类似问题。《人民日报》《人民论坛》发表了蔡永飞《公众"老不信"的心态分析》（2012 年 6 月 20 日）。后者如 2000 年厦门远华案、太湖蓝藻，2003 年的孙志刚事件，2005 年的佘祥林事件、聂树斌事件，2006 年的齐二药事件，2007 年的华南虎事件，2009 年的邓玉娇事件、躲猫猫事件、唐福珍事件，2011 年的多起拆迁对抗事件、"小悦悦事件"，2015 年股市暴涨暴跌事件、上海踩踏事件等，媒体可以根据自己的定位和特点，或在第一时间发言，占领舆论制高点；或在众说纷纭时发言，释疑解惑，引导舆论；或激浊扬清，发挥强大的舆论监督功能。

从新闻报道中选择评论题材，是评论选题的一个重要途径。新闻报道并不能完全满足受众认知层面的要求。有的新闻事实意义重大，但是新闻报道只是客观陈述该事实，其重大意义在题材之外，需要新闻评论来揭示；有的报道过的新闻事实只是处于萌芽状态，但该事实对现实生活有潜在的正面的或负面的影响，一般的受众发现不了，需要新闻评论提醒人们注意；还有的报道的新闻事实具有多义性，需要读者对事实准确理解，这时需要新闻评论加以引导。新闻报道包括消息、通讯、特写、调查报告、新闻摄影、漫画、统计数据表、读者来信等，它们之中有典型意义的一件事、一个人、一句话、一个画面，都可以提供一个、几个评论题目。新闻报道有公开的报道，还有内部的报道——"内参"，有些事不宜公开报道，或暂时不宜公开报道，却可以公开议论一番。根据新闻报道写评论，常常是"配评"的形式。"配评"是由此及彼、由点到面、就实论虚的好形式，常常是根据新闻报道的事实作为评论的由头，同时又以报道的事实作为论据，据事说理，画龙点睛，给读者以启发。一篇消息、通讯被配上评论以后，分量加重，影响扩大，引人注意。有些评论是配合当天的新闻报道刊发的，如编者按语和大多数的短评；也有许多情况是先有报道，然后根据报道配发评论，如不少的专栏文章，甚至有少数的社论和评论员文章。例如，1980 年 8 月 15 日，《人民日报》在头版刊出新华社消息：山西省昔阳县"西水东调"工程下马，同时配发社论《再也不要干"西水东调"式的蠢事了》。这篇社论是为一条消息配发的，可它的影响大大超过了新闻报道。第二年，这篇社论被评为全国好新闻奖。2003 年 4 月 25 日，《南方都市报》刊发《被收容者孙志刚之死》，报道了大学生孙志刚因没带暂住证被收容后的非正常死亡。该篇新闻冷静、客观地报道了整个事件的过程，所配发的评论《谁该为公民死亡负责？》揭示了事件表象背后的本质：一是孙志刚该不该被收容？目前收容制度是否合理；二是即使孙志刚属于收容对象，谁有权力对他实施暴力？评论抓住了问题的实质，为后续的报道定了基调，并引导人们的思考方向。最后"收容法"被废除，凶手被惩罚。

新闻评论比新闻报道要少，不是所有的新闻报道都有进行评论的价值。因此选题的价值判断尺度，要比新闻报道的价值判断尺度还要严格。新闻报道为评论选题提供了丰富的选题范围，但并不是每一则新闻都值得配评论，值得配评论的只是少数新闻。只有具备"评论价值"的新闻才值得配发评论。

如果一则新闻，平淡无奇，那也不必配发评论去引申和发挥了。

第二节　立论的要求

选题解决的是研究什么问题，而立论是提出解决问题的论断和结论。一篇好的评论文章，它的立论应当符合四个基本要求：有的放矢、寓有新意、准确无误和高瞻远瞩。

一、有的放矢

有的放矢，是指新闻评论的针对性，指的是立论能回答人们在现实生活中普遍迫切需要解答的问题。由于新闻性的要求，新闻评论本来就是以现实生活中的新事物、新经验、新风尚作为它的主要评论对象的，同时也把现实生活中出现的新问题、新动向作为它的评论对象。当错误的思想、不良倾向刚露头，还处于萌芽状态时，评论就要进行主动的引导、劝导。对于错误的东西要予以坚决的揭露和批判，起到扶正祛邪的作用。针对性强不强，现实性强不强，是判定新闻评论是否有新意，思想价值高不高的一个重要标尺。有的放矢包含着三层意思：

第一，当国家和政府新的方针政策和法规发布以后，当社会发展出现新的情况的时候，当新的问题产生以后，新闻评论对人们的主要疑虑给予正确的回答和指引。

在讨论党的十二大文件时，争取从 1981 年到 20 世纪末工农业总产值实现翻两番的目标，是个最热烈的议题。但在当时，全国各地有不少的干部和群众，确实有不少的疑虑。他们提出：翻两番有没有可能？是不是又是"高指标"，是不是又"冒进"了？他们担心，1958 年提出"钢产翻番"，后来发展成"大跃进"，结果造成了三年困难时期；1978 年提出在本世纪末石油工业实现"十来个大庆"等一类口号，结果至今也没有得到任何论据。不但没有促进经济的发展，反而给经济调整增添了困难；现在又提出翻两番，会不会重蹈覆辙？《人民日报》为此于 1982 年 10 月 18 日，有针对性地发表了社论《回答一个问题——翻两番为什么是能够实现的》。评论从解释"翻两番"究竟是个什么概念谈起，首先说明"翻两番"并不是 1958 年的"大跃进"，也不是 1978 年的"十来个大庆"；它不是"高指标"，也不是"冒进"。然后从经济发展的历史情况和我国的经济基础、条件等方面，说明只要我们坚持以经济建设为中心，只要不发生大的战争或动乱，相信"翻两番"是能够实现的。文章紧扣住人们的主要疑虑，有理有据，心平气和，很有说服力。事实已经说明，还没有到世纪末，"翻两番"的目标就已经实现了，这也证明了这篇社论的生命力。

2011 年，全国人大常委会将审议刑事诉讼法修正案（草案）。此次刑诉法修改拟规定除严重危害国家安全、社会公共利益的案件外，一般案件中近亲属有拒绝作证的权利。如果此条得以通过，长期以来在我国大力提倡的"大义灭亲"司法政策将被颠覆，从而使古代的"亲亲相隐"的人伦观念得到回归。

中国"亲亲相隐"制度确立于西汉，到唐代已很完备，唐律甚至对不相隐的行为做了处罚性规定。但这一制度在中华人民共和国成立后，曾一度被视为"封建糟粕"。在"文化大革命"期间，亲人间的揭发、检举反而被视为革命行为加以推崇。1979 年的刑法和刑事诉讼法制定时，沿用了"大义灭亲"式的法治理念。1996 年刑事诉讼法修订及 1997 年刑法修订时，这一做法仍被沿袭。

对于为何法律要修订这一规定？这一修订是否是一种倒退？是否符合现代司法精神？人们在思想上存在较大的疑虑。为了澄清疑惑，国内媒体纷纷著文，为公众释疑解惑。《扬子晚报》下面的这篇评论说得比较透彻。

不再鼓励"大义灭亲"，情法交融的进步①

张遇哲

近日，全国人大常委会将审议刑事诉讼法修正案（草案）。此次刑诉法修改拟规定除严重危害国家安全、社会公共利益的案件外，一般案件中近亲属有拒绝作证的权利。如果此条得以通过，长期以来在我国大力提倡的"大义灭亲"司法政策将被颠覆。

"大义灭亲"中的"大义"两字，其实就已经界定了这在传统上是一个褒义词。1979 年的刑法和刑事诉讼法制定时，沿用了"大义灭亲"式的法治理念。刑诉法 48 条更是规定了公民有绝对作证的义务，作为犯罪嫌疑人的家属没有沉默权，这就意味着，如果不检举、揭发、作证亲人犯罪，那么自己也可能将身陷囹圄。

2003 年，河南农村少年张鸿雁为了筹集哥哥上大学的费用而偷窃了舍友 4 万元。在警方的动员下，张鸿雁的哥哥将张骗到其住处，致使张被抓获。事后，哥哥的"大义灭亲"行为遭到舆论强烈质疑。因为我们的感情，似乎更

---

① 载《扬子晚报》，2011-08-23。

接受"亲亲相隐"这样一种传统规范。

事实上，虽然自古以来中国社会不乏"大义灭亲"的故事，但为社会和国家法令所遵循的主导性原则还是"亲亲相隐"。而在现代司法体系中，很多国家法律也都有容隐制度，亲属享有拒绝作证的权利。

"大义灭亲"的法律规定，使得犯罪嫌疑人的亲属陷入"两难悖论"：如果出庭作证，亲属间的背叛极可能导致嫌犯心灵绝望；不予揭发，则可能导致全家受刑罚制裁的惨痛后果。显然，大义灭亲理念下的强迫揭发，加剧了法律和情理的冲突，背离人之常情和常理，容易导致削弱损坏家庭成员之间的亲情、伦理关系，也有损害传统道义规范的嫌疑。

孟德斯鸠在《论法的精神》中指出："不应该为保存风纪，反而破坏人性；须知人性却是风纪之源泉。"法律是道德的底线，应该充分尊重社会伦理纲常，不能为了某种底线价值去一刀切地否定后者。大义灭亲生硬割裂了维系社会的血缘亲情，无视国民间基于人性而生的伦理关系，其恶果远甚于犯罪本身。倘若亲人之间缺乏起码的信赖和情感，而充满猜忌和提防，对于维系社会的稳定和人际和睦，必将是一种毁灭性的灾难。须知，从来没有哪个社会因为犯罪而崩溃，但是道德沦丧的社会却可能走向终结。

当下的中国正处于社会转型期的关键时刻，能否成为一个拥有正常社会伦理，又能具备有效司法权威的法治社会，"容隐权"又一次充当了风向标的功能。近些年，学界主张部分恢复亲亲相隐制度的呼声渐高，如今终于进入立法部门的视野。赋予一般案件中父母、子女和配偶等近亲属拒绝作证的权利，是司法对人性价值的理性回归，彰显法律与情理的水乳交融，值得肯定与期待。

以上论述可知，不再鼓励"大义灭亲"实际上是人权和人伦的回归，是从立法上对那种扭曲价值观的有力矫正，不仅保护了亲情关系，也保护了社会道德良俗，从而维护了社会基本秩序。这正是现代法治的精髓所在。

第二，新闻评论的立论要及时抓住现实生活中存在的种种问题，能够针砭时弊。这里的"的"是其针对性的集中表现，是社会生活中需要迫切解决的问题，如政府的公共治理问题、社会诚信问题、吏治问题、社会矛盾对抗加剧问题等。只有这样，媒体才能更好地发挥舆论监督功能。例如，《南方周末》的"方舟评论"，指斥时弊的新闻评论占比例很大，主题也非常尖锐。《破除阶层世袭制 底层才有真希望》，关注的是农村学子"蚁族"与"官二代"和"富二代"迥然不同命运的"二代现象"，抨击阶层的鸿沟问题，呼唤破除阶层世袭制。

千辛万苦从农村考出来，进大学转了一圈，又住进了城中村。这是大部分"蚁族"二十多年的人生轨迹。6月24日，人保部推动的《湖北省"蚁族"调研报告》显示，八成"蚁族"生于农村或城市的贫困家庭。同时，全总6月下旬的一份报告也称，近一亿"80后"新生代工人的受教育程度不高、工资低廉、对未来迷茫。"穷二代"规模巨大，以一个独生子女家庭五口人计，涉及5亿人对未来的预期或判断，已成事关中国未来的绝大挑战。

这个从村到村的循环，不比"放羊—赚钱—结婚—生娃—放羊"的生活圆圈光鲜。牧羊人至少还能结婚生娃，他们则连这也成为难题。工作一至五年后，这些年轻人仍只能窘迫地维持简单再生产，所赚的不仅谈不上房子首付，也无余钱自学充电，规划更好的未来。在高生活成本与低工资的双重夹击之下，他们基本被锁定在底层的生活状态，上升通道非常有限。

"官二代"和"富二代"的命运则迥然不同。他们有更多的机会接受从幼儿园到大学的优质教育，毕业后，多半能顺利跨入社会中间阶层，成为企事业单位的中低层管理人员或政府公务员。

最新的事实是，江西九江市武宁县招考事业单位工作人员，明文规定非正科级干部子女"不得入内"。这种做得、说得但文件发不得的事，居然成为了明规则。舆论哗然，并不能阻止权贵子弟兵通过各种方式"潜"入肥沃之地。流风所及，再底层的人，也想通过二姨的堂哥的老婆的朋友，来为自己的孩子寻一个光明的出路。自然，常常是失望。

……

但历史并非一直如此。1980年代前半期，农民、工人和个体户的收入上升很快，部分人也逐渐告别底层，成为企业主或职业经理人。高考的恢复，也成了一大批底层青年进入中上阶层的快捷通道。因为认可了底层的权利，建立了相对公正的规则，这一时期，可谓百年来中国人最朝气蓬勃的年代之一。

1980年代中期，双轨制推行。在市场范围日渐扩大的同时，权力也逐渐找到了变现之道，通过设租、控制资源、直接参与经济活动等，埋下了权钱合流的种子。这颗种子在1990年代的证券市场、国企改革、土地征收等领域潜滋暗长，终于成为中国经济社会转型的最大威胁，权与富，逐渐形成一个自我循环的圈子。所谓"二代现象"，就是这一历史过程的恶果，其实质，乃是告别血统论之后的新式阶层世袭制。

……

　　底层民众面临各种体制性排斥，这既非贫者之福，其实也非权贵之福。富贵者恒富贵、贫贱者永贫贱所带来的，除了因用"人尽其关系"替代"人尽其才"而导致的人才错配，使中国整体低效外，还将因为"关系"与暗室交易的横行，摧毁社会最基本的公正价值。一方日益骄奢，另一方则看不到希望，最终的结果，只能是社会撕裂阶层对立。如果坐在这样的火山口上，谁能有安全感？

　　如果不希望社会沿着既缺效率也无公平的道路沉沦下去，就必须破除这种阶层世袭制。一个孩子能否成为省长部长，与他的爸爸是否高官巨富，不应有太大的关系。每个中国人能取得多大成就，只能看他自己的才华、勤奋、品德与偶然机遇。惟如此，底层才会有希望，中国才会有未来。

　　好在，政府对此并不是无所作为。直面真问题，提出调研报告，或许就是改变现状的第一步。①

　　文章痛斥"权钱合流"形成的自我循环所造成的"二代现象"，指出其危害，可谓振聋发聩。

　　第三，评论的立论还应针对实际生活中的一些矛盾或实际的思想认识问题进行说理论述。一些务虚性的社论、评论员文章、大多数的思想评论属于此类。

　　20世纪80年代中期，曾经有一篇评论对于推动计划生育工作产生过较大的影响。评论针对农村中部分人头脑中的重男轻女思想，尤其是针对有关传宗接代的旧思想，提出了一个严肃的命题——假如所有的母亲都生男孩。"怎样才能家家传宗接代呢？在一对夫妇只生一个孩子的情况下，只有一个办法，就是要出生并且长大的女孩，同出生并且长大的男孩，数目大致相等（只要不残害女婴，男女的数目自然会大致相等），并且要使这些女孩和男孩都是能够生育的。""道理很简单，这样我们才能配成夫妇和生儿育女。因而家家户户才能传宗接代。"像这样的评论，完全是从实际生活中的矛盾和思想认识中提出论题，恰如其分、合情合理地把道理讲明白，读者是会十分欢迎的。

　　一些务虚性的评论尤其是一些重要的社论、编辑部文章和评论员文章，往往不是专为某个具体的新闻事实而配发的，它针对的是现实生活中普遍存在的思想认识问题。例如，1992年春天，邓小平同志南方谈话发表，政治局扩大会议以后，全国各地改革开放和经济建设的热潮迅速掀起。对于这种新

---

　　① 节选自戴志勇：《破除阶层世袭制　底层才有真希望》，载《南方周末》，2010-07-01。

形势，到底应该如何正确地认识和把握，在当时许多干部和群众当中尚存疑虑。这一年《人民日报》自 6 月以后专门开辟"各地报刊评论选登"专栏，同时自己也发表了一系列重要社论，影响较大的有《改革的胆子再大一点》（1992 年 2 月 24 日）、《中国改革开放的新阶段》（1992 年 6 月 8 日）等。

《学习时报》曾刊发法学家蔡定剑的一篇谈民主的评论文章，谈的是对民主的认识问题。针对部分人持有的"民主不利于社会稳定"观点和将民主与动乱联系起来的认识，文中指出，民主是最有利于社会稳定的制度。因为政府权力转移，通常在有序秩序中进行，作为一种和平、自由的方式，权力斗争的输赢、更迭都是精神性的，而非肉体性的；是暂时的而非长久的；尽管民主有着种种弊端，但在人类发展历史上被证明是最好的政治制度，是抑制独裁和暴力的最适当工具。而在专制社会，权力的角逐常常是以死亡为赌注的。

二、寓有新意

评论的立论、判断要有新见解，见解新颖的评论才能引人入胜，给人以启发。对于新事物、新问题提出新的看法和见解，这容易做到。而评论的选题有些是老问题，有些是老生常谈的题目，那么应该选择新的角度，从新的层面上去立论。

新意，是评论中的明珠。"删繁就简三秋树，立异标新二月花"，这是郑板桥的名句。"二月花"同"五月花"不一样，五月鲜花开遍大地，当然也是繁花似锦，十分美丽，但二月的鲜花，却能立异标新，别有魅力。一篇评论文章，要么有个新的观点，要么有新的论据、新的由头，要么选择新的角度，依据新的事实材料立论，总之，要给读者一点新鲜的东西。

首先是论题新，或立论和论断有独特的见解。论题是否新颖，直接关系到立论的新颖性，关系到新闻评论的吸引力和生命力。写言论只要重视抓住新矛盾、新事物、新论题做文章，并从中引发出人尚未言的见地和主张，自然也就有了新意，使读者产生阅读的兴趣。

北宋诗文革新运动的领袖欧阳修的《朋党论》，其特点就在于立论新颖。下为其中一段：

臣闻朋党之说，自古有之。惟幸人君辨其君子、小人而已。大凡君子与君子以同道为朋，小人与小人以同利为朋，此自然之理也。然臣谓小人无朋，惟君子则有之，其故何哉？小人所好者，禄利也；所贪者，财货也。当其同利之时，暂相党引以为朋者，伪也；及其见利而争先，或利尽而交疏，则反相贼害，虽其兄弟亲戚不能相保。故臣谓小人无朋，其暂为朋者，伪也。君子则不然，所守者道义，所行者忠信，所惜者名节。以之修身，则同道而相益；以之事国，则同心而共济，始终如一。此君子之朋也。故为人君者，但当退小人之伪朋，用君子之真朋，则天下治矣。

庆历三年(1043年)，宋仁宗任用杜衍、富弼、韩琦、范仲淹等人，酝酿改革，得到欧阳修等谏官的大力支持，但遭到守旧势力的强烈反对。反对派大造舆论，诬蔑富、范、欧等人为"朋党"。欧阳修乃作此论，进呈仁宗，痛斥朋党之说。欧阳修此论，并不如一般人那样否认自己是朋党，而是接过论敌攻击自己的口实，承认自己这些人是朋党，并且说"朋党之说，自古有之"，只不过有"小人之朋"和"君子之朋"两种，指出只有辨别邪正，"退小人之伪朋，用君子之真朋"，天下方能大治。这样的立论和论断，既符合历史事实，又新颖别致，真是振聋发聩！

评论《国旗为谁而降》(《中国青年报》"冰点时评"，1998年12月2日)，就是谈人所未谈的话题。作者注意到我国《国旗法》第十四条第二款规定："发生特别重大伤亡的不幸事件或者严重自然灾害造成重大伤亡时，可以下半旗志哀。"这时我国"98"洪灾刚刚过去。救灾工作虽卓有成效，但有谁想到过为那些遇难同胞降半旗致全国人民的哀悼呢？遗憾的是，没有！在传统思维定势中，国旗只能为逝世的党和国家领导人而降，哪能轮上百姓！作者继而作了尖锐的对比：与我国洪灾同时，德国发生严重铁路事故，死亡100人，第二天即全国下半旗志哀。作者指出，这是等级社会"礼不下庶人"的延续，在现代民主社会，"礼"理所应当下及"庶人"，法条摆在那里，却被"遗忘"了。

评论《"早节"不保当警惕》(《人民日报》2012年7月19日)也是论述了新情况，过去有"59岁现象"之说，讲的是少数党员领导干部在即将退休之时，经受不住诱惑和考验，走上贪腐犯罪的不归路，被称为"晚节不保"。如今，个别年轻干部也走上同样道路，职务犯罪开始出现低龄化趋势，这种干部"早节"不保的现象，不能不让人警惕。

民主、人权、法制、市场经济等是媒体反复呐喊和提倡的话题，而两会、国庆也是媒体必做的选题，一些突发性事件和舆论焦点、新闻热点更是各家媒体热议的话题，在选题大致一致的情况下，评论就要以独特的见解取胜。鄢烈山撰写的《坏人的基本的人权也要维护》(2006年7月3日《南方都市报》)、南都社论《扩大公众的政治参与，不能止于代表结构调整》(2008年3月2日)、童大焕撰写的《不景气时更要警惕诱人的乌托邦》(《中国青年报》2009年1月6日)等便是典型的例子。

"两会"是媒体必做的选题，而南都的社论，却能鞭及其理，具有独特的见解和高度。当不少媒体为此届人大代表中领导比例下降，来自基层的工人、农民、农民工比例上升而欢呼时，南都已经看到，扩大公民政治参与不能止于代表结构调整。当一些媒体还在追求人大应该能够反映方方面面的声音，反映社情民意的时候，南都却要澄清"一个由来已久的误会"："仿佛人大的主要作用是收集民意。信息社会已经如此发达，收集民意这种基础的工作应该在两会之前就已经完成；社会分工已经如此精细，人大的作用应该是对民意作最深度、最后一步的处理，通过这个最高权力机构使朴素直白的民意与设计精准的政策相连。所以，如果扩大公众政治参与的努力，仅限于改变代表身份结构，那就将人大的运作方式和政治功用理解得过于浅白了。"

其次，评论如果能依据新的事实，以新的事实作为立论的依托、由头或论据，即使评论的是老主题，也常谈常新。

20 世纪 90 年代许文撰写的一篇小言论《100－1＝0》，就是因为由头新鲜而吸引人的。该文是讲要重视产品质量。这本来是个老生常谈的议题，难以写出新意。可作者在文中输入了一则他在日本名古屋长苗印刷厂参观时看到的一条别致的算术标语："100－1＝0"作为由头。原来，"100"指的是产品，"1"指次品，"0"就是信誉，意即一百件产品中只要出了一件次品，整个工厂的信誉就全完了。由这一引人思索的事实引发议论，达到事理结合，读来别具新意，且具有启迪的力量。

鄢烈山的《坏人的基本的人权也要保护》一文就是因为有较贴切由头才促使他拿起笔来的。文章写道：

前两天，"辩友"们讨论长沙警方在街头挂的横幅"飞车抢劫者，拒捕的当场击毙"，我没有多少兴趣参加，因为道理其实很明确。《中华人民共和国人民警察法》第十条规定："遇有拒捕、暴乱、越狱、抢夺枪支或者其他暴力行为的紧急情况，公安机关的人民警察依照国家有关规定可以使用武器。"——"可以使用武器"，可以是鸣枪警告，可以是射翻其坐骑，可以是击伤其人，总之消除其对警察的人身威胁并迫其就擒足矣，这些必要措施一般来说距离"当场击毙"远得很，谁也无权滥开剥夺国民生命的口子。

7 月 1 日读到一则国际新闻，大有感悟，便毫不犹豫地写下了本文的标题。这则新闻说的是，据《每日邮报》等外报报道，英国青年迈克斯·福斯特的摩托车被盗贼偷了，他还没买保险便马上报警，孰料两名警察赶来后却出于"安全和健康"的理由拒绝追捕，因为发现窃贼没有戴头盔。警方发言人称，两警察做法正确，因警方有明确规定，"如果骑车人没有戴安全头盔，从而令其置于危险中，应当放弃追捕。"

当"辩友"们热烈讨论长沙警方的做法是否合适时，作者却没有参与，他认为这是个不辩自明的事件。而当他看到英国警方人性化的做法时，便按捺不住写作的激情。因为这一事实有力印证了他的想法，让他不吐不快，同时也给读者带来了阅读上的新鲜感。

童大焕的《不景气时更要警惕诱人的乌托邦》，讨论的是在市场经济中政府的权力问题，文章的主要的观点是"没有万能的政府，政府无所不能的乌托邦幻想，必然导致权力的扩张，并由此走向集权专制。因此，危机时期，我们更应该矢志不渝地追求个人、财产、商业竞争的公平与自由，追求与权力保持合理距离的'好的市场经济'，而不是追求政府大包大揽的家长制和父爱主义。"政府权力问题也是经常讨论的话题，该文的独特之处是，在经济不景气之时关注此问题，且文章的由头引用了学者最新的数据成果，颇有说服力。

清华大学社会学系教授孙立平先生发表在《经济观察报》上的《在改革与法西斯主义之间》一文中写道："凡是研究法西斯主义的学者，几乎没有例外地都承认，上个世纪三四十年代法西斯主义的猖獗与三十年代大萧条有直接关系。有人进行过统计，到 1933 年 10 月，在大萧条的背景下，法西斯运动遍及世界上 23 个国家，半年后增至 30 个国家。而 1920 年时，全世界原本约有 35 个国家拥有民选的立宪政体，到了 1938 年，只剩下 17 个国家了，到 1944 年，又减少到了 12 个。"他提出疑问："为什么受冲击最大的美国没有走上法西斯主义的道路，而一些受冲击没有美国严重的国家反倒走上了法西斯主义的道路？"

只要由头新鲜引人，而又富有典型性，使问题的提出显得紧迫而又普遍，就能给人们以启发。

由头，是具有引子性质的论据，一种有助于挑开话题的论据，是由此引发议论，又能以此作为结论的根据之一。它构成评论的必要组成部分，是文章思路的引线，是立论的依据。在评论写作中善用具有新闻价值、提供新的信息的由头，有助于借以确定评论的议论方向，展开思路。巧用由头，在立论过程中往往可以借以引出和确定议论的头绪，使全篇议论理从事出，顺理成章。

最后，要善于选取新的立论角度。角度就好像拍摄景物时镜头所取的位置和方向。评论写作的角度就是着眼点，也就是针对性。我们写评论文章时要善于选择新的角度立论。对于同一件新闻事实，同一个论题，适当地变换立论的角度，选取新的角度也会给人以新鲜的感觉，使论题从广度和深度上步步展开。

国内媒体经常做一些感动社会的苦难儿童的宣传报道，有父母双亡还要只身照顾智障哥哥的，有被评为"感动中国十大小人物"、与外婆相依为命、常用平板车拉着外婆去看病的，有替生病的亲人扫大街被称为最美环卫工人的，有背着亲人去上学的……媒体用审美叙事压倒苦难叙事。针对这种情况，2008 年 1 月 18 日，《南方都市报》发表刘洪波的《非得有人在生存线上挣扎吗?》一文，指出"不管按照计划经济时代的老佳话，还是按照和谐社会的新章程，我想，住养鸡房的卢何和她的外公外婆、扫大街的肖丹、父母双亡又有一痴呆哥哥的小冬香、面目全毁的黄小东和他的母亲，都应该避免被迫'自谋生路'。那些除了被人背在身边，就没有办法走动的人，也应该获得政府的照应。""我宁可不被感动，也不愿见到小人物在生活底线上的挣扎。他们在最低生存线下挣扎，就是权力在合法性上挣扎。"这样的立论角度就不落俗套。

梁文道的《中国人排队的素质和技术》(《南方周末》2010 年 5 月 20 日)评论角度也与众不同。上海世博会开幕那几天，媒体记者拍到了会场一地垃圾的场面，但梁文道并未像许多评论作者那样，从道德和素质方面做文章，而是通过观察，发现那些垃圾全部集中在垃圾筒旁。于是作者指出，与其说这是游客不文明，倒不如说这是垃圾筒的数目不够，或者清理它们的速度跟不上游客的需要。作者认为，"同理，排队或者不排队，考验的往往不是什么教育问题素质问题，而是管理和技术的水平。任何一个有教养的文明人要是在队伍中枯站六小时，他也一定会很不耐烦，心浮气躁。这时候只要有什么风吹草动，说不定他就会跟着大伙鼓噪，甚至看到缺口就随着人群一拥而上。对付这种情形的秘诀不是不断地用喇叭广播文明排队的信息，而是在一定的距离设下标志，使他知道自己还要等多久，甚至在队伍行经的地方弄些展示屏幕，使人龙也有东西可看。因为心理学家都曾指出，不知道离终点还有多远的队伍最是难排，无事可干的干等也最是难熬。"于是这样的一个老生常谈的问题，因为作者选取了较新颖的角度，就生出了新意。

事物总是矛盾的统一体，评论也往往可以就矛盾的双方的各自角度先后立论。比较典型的例子是：1981 年 8 月 8 日《人民日报》在高考发榜前夕发表的一篇短评，题目是《发榜前夕致家长》，着重从考生家长的角度做思想工作。指出考生多，名额少，家长不要去责备没有考取的子女，对他们要安慰、劝导和鼓励。半个月之后，8 月 25 日《人民日报》又改换了一个角度发了一篇短评。这篇短评是从考生这个角度来说的，题目叫做《榜上有名之后》，指出高考揭晓，榜上有名，这对于考生来说，确是值得庆幸的事，但新的任务更艰巨，切勿自满自足起来，高兴之余，应认真想想进入大学该做些什么。以前各报往往发《落榜以后怎么办》，主要针对落榜生来说，而这篇评论对上榜生来说，就很有新意了。从 1999 年高校扩招以来，读大学比以前容易了，但有少数新生因家庭经济困难而上不了学。因此社会各界纷纷伸出援手帮助他们，各级政府部门也表示不让一个学生因贫困而失学，新闻媒体大多正面报道和评论此事。而《中国青年报》在一篇评论中却从困难学生角度，提出了一个发人深省的题目，叫《学会放弃》。指出一个有志青年，对社会对父母都负有责任，既然父母身体不好、家庭经济困难，何不先不上学而打工挣钱养家，侍奉父母，以后再有机会半工半读，毕竟成才之路多的是。而且认为"学会放弃"也是一种意志力的考验。这就很有新意！

有些新闻事件和新闻人物，往往存在着不同的意见，有时甚至是针锋相对的。这也给评论增加了选择的角度，尤其是专栏评论，可以有不同意见的讨论。因为对一个论题有不同的意见，讨论中往往新意迭出，读者也爱看。

2004 年《南方周末》的学者论辩专栏曾就中小学是否该读经做了一次大讨论。当期共刊出四篇观点针锋相对的论辩文章，引发了整个社会和知识阶层对这一社会现象进行思考与辩论，非常具有现实意义。

"读经"，又称"经典诵读"。1994 年，台中师范大学王财贵教授在我国台湾地区发起青少年读经运动，倡导教育从读经开始，主张利用 13 岁以前人生记忆的黄金时期，读诵中国文化乃至世界一切文化的经典，提升文化修养，以健全的人格、道德和智慧投身于社会。"读经"教育一经倡导，便在台湾得到广泛的响应。后经南怀瑾、杨振宁等人士的倡导和推动，儿童读经活动得到进一步开展。

在这股思潮的影响下，西南政法大学教师蒋庆于 2004 年编撰了一套 12 册的《中华文化经典基础教育诵本》，其中收录了从《诗经》、《孝经》到王阳明的《传习录》共 19 部儒家经典，15 万字。蒋庆在后记中说，"近世以降，斯文见黜；经书之厄，甚于秦火"，他认为，1912 年国民党政府教育部门废除了小学"读经科"后，中华民族就成了抛弃自己经典的民族，成了失去了文化根基和文化身份的民族。加上"批林批孔"，此后一直有破无立，延绵了两千多年的作为基础教育的经书终于被视作"文物"束之高阁，整个教育体系中没有了经典教育，出现了"礼崩乐坏"、"学绝道丧"的局面。而"孩子 12 岁以前背诵能力强，称为'语言模仿期'，12 岁以后接受能力强，是'理性理解期'。背诵经典就是在儿童记忆力强时记住经典，长大后就逐渐会理解经典的义理内容"，所以他主张进行"蒙学教育"。后来蒋庆被称为"当代大儒"。

2004年7月8日，旅美华人学者薛涌在《南方周末》发表《走向蒙昧的文化保守主义》一文，该文针对蒋庆提倡诵经的做法提出了强烈的质疑和批评。薛涌不仅称赞蔡元培废除读经是"英明之举"，更反对在现代还强迫孩子们在3～12岁期间背15万字自己并不懂的东西。他更指蒋庆为文化保守主义的代表，认为这种思潮如果在国内占据主导地位，社会将有"回到蒙昧之虞"。

7月13日，秋风在《南方都市报》上发表《现代化外衣下的蒙昧主义》一文对薛涌进行反驳，文章认为中国"从20世纪初就发起了一场讨伐传统的知识、社会甚至政治运动，且一直延续至今，全盘反传统已经成为现代中国人本能的意识形态。"并认为薛涌是一元论和唯理主义的信奉者，是典型的蒙昧主义者。同时秋风还指出我们的教育体系应当多拿出一些时间进行汉语和中文的训练，而阅读、精读古典，乃是进行语言训练和思想训练最重要的途径。他表示"我们只能在中国人的思考传统的边际上去进行创新"，"如果未来中国人还可能会有一些思想的创见，那么，这样的创见注定了不可能出自一个从来不阅读中国古典的人的头脑。"

7月22日，《南方周末》再次以专题的方式刊发了四篇文章，包括薛涌的《什么是蒙昧？——再论读经，兼答秋风》，秋风的《为什么不能读经》，朱国华的《背诵、经典与保守主义》，刘海波的《蒙昧的教育理念与传统观——评薛涌先生的反读经观点》，从不同的角度对是否该提倡儿童读经进行辩论，体现了不同的教育观、文化观。

薛涌的《什么是蒙昧？——再论读经，兼答秋风》认为对孩子的教育，应该是苏格拉底式（启发和质疑）的，不应是读经式的。先背诵，后理解是用自以为是的"知识"（即未经苏格拉底式的质疑的知识），让别人停止思想，进入蒙昧。

秋风的《为什么不能读经》却认为，苏格拉底的启发式教育和先背诵后理解的教育方式孰优孰劣并无定论。目前的语文、政治、英语、历史等各门课程教育中，似乎都强调背诵。因此不能断言这种教育方式就是"蒙昧主义"；同时作者对西方的启蒙主义进行批评，认为近代启蒙主义者所编造的中世纪一片黑暗的神话已受到质疑。主张对于传统，对于经典，不管是西方的，还是中国的，都应当具有一种宽和的胸怀，且以同情的理解态度去对待它。

刘海波的《蒙昧的教育理念与传统观——评薛涌先生的反读经观点》是赞同读经的。文章认为"正确的是非观念、良好的习惯，不是儿童的天性，而是日积月累的灌输甚至适度惩戒的结果，要培养孩子成为有用的、品行良好的社会成员，不是使他从小就怀疑一切，以自己为中心成为裁量一切的尺度，而是不加怀疑地学习和继承一个源远流长的伟大传统。"并认为儿童没有完全自主的能力和资格，服从和权威、规训和惩罚是必要的，是良好的教育所不可缺少的，甚至推崇家长制的"棍棒底下出孝子"的教育方式。

朱国华的《背诵、经典与保守主义》对读经也持赞同的态度。文章也强调背诵的益处，认为背诵对记忆力训练有好处，在少儿期对于经典的背诵有可能将一种传统植入到其个体经验之中，沉积为对他未来发挥作用的文化无意识。可以证明博闻强记是钱锺书、陈寅恪等国学大师取得成就的重要条件；文章同时解释读经潮兴起的原因，认为现代化建设使得文化更具有现代性，而中国传统经典已没有生存空间，这对于中国人的文化和民族认同构成了一个极大的困境。

《南方周末》这组文章发表后，更多的平面媒体和网络媒体卷入争论，这个问题引起了整个社会和知识界的广泛关注，当代知名学者包括袁伟时、陈四益、李泽厚、许纪霖都对蒋庆式的读经发表自己的看法，且大多持反对意见。

著名美学家李泽厚在回答《外滩画报》记者采访时认为，此次读经很难与当年袁世凯的"尊孔"彻底分清。李先生认为，如果五四那批人是"启蒙"，那么一些人现在就是"蒙启"——把启开过的蒙再"蒙"起来。"儒家经典中的许多道德是与当时的政治法律体制和生产、生活方式联系在一起的。产生在已有严格等级的氏族社会中，发展在专治政治体制的传统社会里，所以"天尊地卑，乾坤定矣；卑高以陈，贵贱位矣"，"天王圣明，臣罪当诛"等便是这种道德的核心内容。认为不分青红皂白地提倡"读经"，那样可能会从小就培育传统政治体系所需要的奴性道德。

陈四益首先解释了为什么古代将儿童开始读《三字经》、《千字文》等称为启蒙。顾名思义，是启起蒙昧，要人明白些起码的道理。过去，把《三字经》、《百家姓》、《千字文》一类书称作蒙书，是因为这些书教人识字，而且在识字中夹杂了一些三纲五常的教训，名曰启蒙，因为这是那个时代立身行事的标准。时代前进了，到五四时期，人们发现，君臣父子、神道设教那一套当初用以启蒙的东西，适足造成蒙昧。而蒙昧正是专制主义的思想基础。因此五四时期提倡的启蒙，是要以民主、科学教人从专制主义的枷锁中挣脱出来。到了 20 世纪后 20 年，又有新启蒙主张的提出。那原因，大概看到中国要走向现代化，必须摆脱几千年专制主义的阴影。虽然读经早已废止，五四也过去了七八十年，但即便是所谓新兴阶层，一旦发迹，仍摆脱不了几千年的惯性思维。因而中国要真正现代化，必须再次作思想的启蒙，其要点当是以法治替代人治，以科学的理性替代愚昧的盲从，以人格的独立替代人身的依附。他认为，如果"读经"能够达此目的，中国读了几千年的"经"，岂不早已完全现代化了？如果"读经"不能达此目的，甚或与此目标相背，那么，大倡读经，究竟是为了什么？不是都赞成与时俱进么，怎么事到临头却要退回到读经时代了呢？

学者袁伟时认为，让儿童读经，从教育学的角度来说，强迫性的记忆对儿童的心理成长肯定是不利的；从历史发展的角度讲，中国好的文化传统是要继承，但他反对蒋庆诵经式的继承方法。他认为蒋庆的主张包含四条失误：第一，把中国的经典局限在儒家的狭隘框框中，连《老子》、《庄子》这样优秀的中国文化瑰宝都无缘被列为经典，更不要说王充、黄宗羲等人的著作了。第二，21世纪的中国人特别是知识阶层应该是有世界眼光和素养的人。他们既是热爱自己祖国的公民，又是马克思所说的"世界公民"，也就是梁启超、鲁迅一再叨念的"世界人"。为此，中国人不但应该读孔孟老庄，还应该读包括苏格拉底、柏拉图、亚里士多德。第三，读经典不等于"读经"，后者往往以蒙昧主义的态度跪在先贤脚下，诚惶诚恐去背诵。这样只能培养出虔诚的信徒，却离现代公民越来越远。他还分析了此次读经潮的涌起可能与国内的民族主义情绪有关，认为民族主义是没有世界公民眼光的，潜意识里有种盲目自大。他特别指出，现代化的进程里，我们首先要实现的是脑袋里的现代化。

《南方周末》的这个专栏为各种观点提供了交锋的阵地，学者们也都从自己的角度阐述了对"读经"的看法。但是，不能不说，这些评论文章一路看下来，感觉是非不甚分明，读经究竟是好还是不好，读者还需认真思考。实际上，倡导青少年读经并不是什么新鲜事物，民国时期的大师们对此早有论断。1925年11月2日由章士钊主持的教育部部务会议决定，小学自初小四年级起开始读经，每周一小时，至高小毕业止。这一规定出台后，胡适、鲁迅、傅斯年表示强烈反对，并在当时的报刊上撰文对相关的问题做了透彻分析。

鲁迅在《十四年的读经》(1925年11月27日《猛进》周刊39期)一文中说"尊孔，崇儒，读经，复古，可以救中国，这种调子，近来越唱越高了。其实凡是主张读经的人，多是别有用心的"，他认为读经只不过是要把戏偶尔用到的工具，读经不能救国，唯一的疗救，是在另开药方：酸性剂，或者简直是强酸剂。

　　1935 年 4 月，历史学家傅斯年以《论学校读经》为题，在《大公报》发表"星期论文"。文章说，从历史上看，倡导读经的人从来就没有取得过成功。第一，"中国历史上的伟大朝代都不是靠经术得天下、造国家的"。第二，由于经文过于难懂，因此当年的经学不是用来装点门面，就是被当成敲门砖来使用的。第三，每个时代都有自己的哲学，那些主张读经者不过是用经学来附会自己的主张罢了。就现实而言，要想在学校倡导读经也不可能。第一，根据教育的本质、国家的需要和学校的状况，目前在"中小学课程中'排不下'这门功课"。第二，由于六经"在专门家手中也是半懂不懂的东西"，因此如果把它纳入教材，"教者不是混沌混过，便是自欺欺人"，这对青少年的理智和人格是极大的伤害。

　　该文发表后，胡适认为这篇文章很值得大家一读，便在《独立评论》上予以转载，他还写了《我们今日还不配读经》，对该文作了补充。胡适说，傅斯年的文章虽然"无一字不是事实"，但其中六经"在专门家手中也是半懂不懂"的话却很少有人能够懂得。为此，胡适在文章中首先引用王国维的一段话作了解释。王先生说："诗书为人人诵习之书，然于六艺中最难读。以弟之愚暗，于书所不能解者殆十之五；于诗，亦十之一二。此非独弟所不能解也，汉魏以来诸大师未尝不强为之说，然其说终不可通。以是知先儒亦不能解也。"这就是说，对于六经中的《诗经》和《书经》，不仅王国维自己不能完全读懂，就连汉魏以来的经学大师也未必真懂。于是胡适问道："王国维尚且如此说，我们不可以请今日妄谈读经的诸公组细想想吗？"胡适说，经学必须在科学整理的基础上，才能逐步解决其难懂的问题，因此他认为："在今日妄谈读经，或提倡中小学读经，都是无知之谈，不值得通人的一笑。"

　　胡适认为在读经的问题上，不应该因为时代的不同而出现情况反复。1937 年 4 月 18 日，胡适又在《大公报》上发表《读经平议》再次谈读经问题，他重申为何不要读经以及不读经文化照样可以传承，可以由初高中选读的古文来完成，对于如何选读古文也拟定了一些细则，这些实际上已经解决了今人争论的一些问题。"我现在用很简单的语言，表明我个人对于学校读经问题的见解：第一，我们绝对地反对小学校读经。这是三十多年来教育家久已有定论的问题，不待今日再仔细讨论；第二，初中高中的选读古文，本来没有不许选读古经传文字的规定，所以中学教本中，不妨选读古经传中容易了解的文字，但我们绝对反对中学有'读经'的专课，因为古经传（包括《孝经》、四书）的大部分是不合现代生活的，是十二岁到十七八岁（中学年龄）的一般孩子们不能充分了解的。我们都是尝过此中甘苦的人，试问我们十几岁时对于'天命之谓性''上天之载无声无臭'一类的话作何了解！我们当时只须读几本官版经书，不妨糟蹋一点时间去猜古谜，现在的儿童应该学的东西太多了，他们的精力不可再浪费了！"

胡适强调，中学选读古经传有三点须注意的：第一，所选必须是公认为可解的部分。第二，中学选古经传的文字，与其他子史集部的文字同都看成古人的好文字，都是选来代表一个时代的好文学，都不是"读经"的功课。例如，《孟子》"鱼我所欲也"一章，是最恳切哀艳的美文，无论他是经是传是文集，都应该选读。我们把经史子集里的一切好文章都一律平等看待，使青年学子知道古经传里也有悱恻哀艳的美文，这是引导青年读古经最有效的法门。第三，如果中学生被这些经传美文引诱去读四书、《诗经》等书，教师应该鼓励他们，指示他们的途径，给他们充分的帮助。

回顾鲁迅、傅斯年、胡适等人反对读经的意见，再看看近年来关于读经的争论，相信读者对孩子是否要读经必定有非常清醒的认识。也许，《南方周末》当初在这个专栏应该链接民国期间学者们曾发表过的评论，两相对照，是非益明。

三、准确无误

新闻评论不是学术理论文章，不是进行商榷和探讨。新闻评论的观点意见应是明确的，准确无误的。所谓准确，就是立论要符合客观存在的实际情况，要能够揭示事物的本质和规律。立论的新颖应该以准确为前提。寓有新意指的是提出能给人以启发的新见解，揭示新的本质的东西，使人们的认识深化一步，但不是标新立异，越新越好。在这里，准确性是第一位的。

立论要符合事物的客观规律。《人民日报》在1962年曾经发表过一篇社论，题目是《明年看今冬》。俗话说一年之计在于春，实际上，春耕的各项准备工作，包括兴修水利工程、进行农田基本建设、修缮各种机耕农具、准备种子和肥料等，大多应在冬天做好。只有利用冬天农闲时期，把各项准备工作做好了，才能在新年之春不误农时地促进春耕生产。社论的立论发展了人们的传统思想，提出了一年之计在于冬，明年看今冬的新观点。

20世纪80年代初，某报登过一篇短评，题目是《农村业余教育要"四季常青"》。评论的论点是越是农忙越要坚持业余教育。表面上看，这个立论的提法很新，但实际上却违背了党的有关业余教育要"农忙少办，农闲多办"的方针。如果照评论所说去办，势必要延误农时，影响农业生产，也影响农村的业余教育。有些地方提出"外出在家一样学，任务轻重一样学，农闲农忙一样学，身体好差一样学"等。这些观点看来很新鲜，但既不符合事物本身的规律，也不符合有关方针政策，因而是不准确的。

另一篇新闻评论题为《"淡化官念"实有必要》，以大连招录公务员报名没有报满作为"引子"，提出"淡化官念"的议论主题。这个主题针对当前社会中严重的官本位思想提出批评，是必要的。但是，论述中存在两个问题：一是提出这个主题的引子——大连招录公务员报名未满，与主题并没有必然的联系。报名人不满，这是事实，是什么原因造成这种现象应当认真调查。作者在没有经过调查的基础上，便把事情的原因主要归结为人们"官念"的淡化即看轻"当官"这一行，论据不足。二是"淡化官念"的提法本身也不妥当，公务员也是非常重要的岗位，不应当淡化，作者的本意是不应当挤到一条道上，但没有选好一个准确的概念表达。

立论应符合事物的原貌。评论作者的政治立场、宗教信仰以及文化背景必然会影响评论的立论，但评论作者不应该被意识形态的偏见和社会成见所左右，歪曲事物的原貌，做出明显悖离客观实际和社会价值的判断。对美国首位华裔大使骆家辉的评价就是一个典型的例子。骆从美国西雅图抵达北京，正式开始他的驻华大使任期。但这位世界第一经济大国的"部级高官"，履新之旅却显得十分"低调"，没有大量随从，没有警卫，背上一个包，手拎一个包，全家人都没闲着。作为美国首位华裔大使，骆家辉初到北京赴任时，一家四口自拎行李，像是普通出门，人民网 2011 年 8 月撰文《美骆家辉自拎行李"低调"履新是一面镜子》，认为骆家辉的低调履新照出我们的某些地方官员公仆形象意识的欠缺，把他和中国官场讲排场、吃喝铺张、奢华浪费作对比，挞伐官场风气。文章写道，"在一些地方，莫说是大使这样重量级官员，就连小小的乡长、县长出门，有几个不是前呼后拥、众星捧月……这些官员，先不说其为官是否清廉，政绩是否突出，单是这些做派，就足以给百姓心头添堵。"认为塑造一个正面积极有亲和力的公众形象，是当下每位官员都必须严肃面对的问题。文章说，虽然骆家辉出任驻华大使，是美国利益的代表，但政治文化交流是没有国界的，国内的官员们应当学习骆家辉这种低调亲民的作风。文章发表后，各大网站进行转载，受到社会舆论的高度认同。

而当骆家辉 2014 年 3 月 1 日要离职返回美国时，"中新网"2 月 27 日晚发表了评论《别了，骆氏家辉！》，以几近檄文的形式予以"讨伐"。文章罗列了骆的几大罪状。这篇文章发表后，其命运与上述人民网的那篇评论截然不同，成为各大论坛抨击的对象。这篇评论之所以受到舆论的广泛质疑，就是因为其立论充满偏见，主观臆测，缺乏事实根据。

除了政治和利益因素外，非理性的民意也容易影响立论的准确性。在众声喧哗、非理性情绪弥漫的互联网时代，一些时评文章在立论上也出现一些偏差。例如，在中日钓鱼岛风波中，有的推崇非理性的爱国主义，主张抵制日货，为袭击外商而喝彩。在社会阶层的冲突中，有人认可弱者的天然正义，只反对强者的暴力，却为反抗强者的暴力而欢呼，甚至将施暴者塑造成英雄。如此等等的观点，都是不正确的价值判断，不利于整个社会的健康发展。因此，评论作者只有具备高度的社会责任感，坚守理性，保持清醒，才能做出符合客观实际的判断。

四、高瞻远瞩

这是新闻评论立论的又一个比较高的要求，指的是站得高，看得远，着眼全局和未来，见微知著，预测事物的进程，提出精辟且富有预见的科学论断，以引导舆论，推动事物的发展。

评论要有高度，有远见，能洞察事物的本质和规律。马克思的第一篇政论，是 1842 年写的《评普鲁士最近的书报检查令》，这篇文章一年以后才在瑞士发表。当时的德国正处于资产阶级革命的前夜，争取自由和民主的运动高涨，出版自由问题显得特别尖锐。普鲁士政府颁布的新书报检查令，表面上不赞成对作家写作活动的限制，实际上不仅保存而且加强了反动的书报检查制度。马克思在这篇文章中揭露了这个书报检查令的虚伪性，并且对德国的反动封建势力进行了有力的抨击。马克思尖锐地指出：书报检查就是官方的批评；哪里还存在新闻出版自由，它就取消这种自由，哪里应当实行出版自由，它就通过书报检查使这种自由变成多余的东西——这样的法律不能认为是有利于新闻出版的。1848 年 6 月 1 日至 1849 年 5 月 19 日在德国科隆出版的《新莱茵报》，由马克思担任总编辑，恩格斯是编辑之一，也是马克思的得力助手。在将近一年的时间里，两人在《新莱茵报》上发表了大量的新闻、述评、社论等各种体裁的文章。许多表明报纸立场和态度的社论，大多是由马克思和恩格斯执笔。他们写的评论高屋建瓴，总揽全局，具有极大的指导性，表现了坚定的革命立场和爱憎分明的感情。恩格斯在回忆《新莱茵报》支持巴黎工人的革命行动时说："1848 年 6 月巴黎工人起义的时候，我们正守卫在自己岗位上。从第一声枪响，我们便坚决站到起义者方面。他们失败以后，马克思写了一篇极其有力的论文向战败者致敬。"[①]

据 CCTV"经济半小时"2009 年 5 月 17 日报道，著名经济学家李稻葵在

---

① 《马克思恩格斯选集》，第四卷，8 页，人民出版社，2012。

接受央视采访时指出：预计今年年底，中国 GDP 的规模就会超过日本，"中国 GDP 年内超过日本"，这样的大喜讯经过专家提前"公布"，令人兴奋不已。一些人认为超过日本，我们就坐世界第二把交椅了，下一个目标就是超过美国。《中国青年报》没有盲从权威，也没有迎合这种民意，5 月 17 日在"冰点时评"专栏刊发廖保平的文章《GDP 年内超过日本：虚空的数字幸福》，冷静地指出 GDP 不是一个国家综合实力的真正体现。清朝时中国 GDP 在世界上数一数二，远远高于日本，却在甲午战争中一败涂地。"个中原因很复杂，我以为有一条是很重要的，那就是中国的 GDP 虽然很高，但中国仍然是一个穷国，靠茶叶、瓷器赚钱，十分低端。日本 GDP 虽然不及中国，但含金量十分高，靠大炮轮船赚钱，是一个富国。"文章通过具体分析，得出令人信服的结论："没有建立在一流的制度、一流的技术、一流的人才基础之上的 GDP，只能是肥大而非强大，是经不起考验的。"

高瞻远瞩还表现在对错综复杂的矛盾及其未来结局，通过缜密分析推理，做出具有预见性的科学论断。著名报人张季鸾对时事就有着惊人的洞察力，特别是在中日关系方面。先生早年留学日本，对日本有较为深入的了解。在"九一八"事变之前，即凭其对日本问题的关注与了解，已开始察觉到日本对中国的野心。1931 年 7 月 12 日，他发表《读日俄工业参观记感言》，文中忧虑地指出："日本一切能自造，而中国一切赖舶来；日本且叹'不景气'，中日前途更是何等结果？此吾人所大感危惧者一也！"在"九一八"事变之后，他的著名社评《国家真到危重关头》（1931 年 11 月 22 日），对"九一八"后两个月间的国内、国际局势进行了全面而深入的分析，进而提醒政府和国民："盖日阀行动，证明其志在灭中国，不止在并三省，其行动之范围，常以国际形势所许之最大限度为限度，而求以最小牺牲，得最大效果。""是则此次之役，仅为日阀图灭中国之第一步耳。中国至此。已非国耻问题，而真为存亡问题。"同时提醒青年学生，"然事实上在今日而号召宣战，却适中日阀之陷阱。"他冷静地指出"夫中国今日，任何人不能策万全，任何议不必收急效，但必须一致决心，断不屈服，深刻斗争，沉着应付。一面决心速备自卫，一面本现有之国际轨道，力求多助，奋斗到底"。张季鸾撰写的有关这方面内容的社评还有《愿日本国民反省》（1931 年 9 月 26 日）、《望军政各方大觉悟》（1930 年 10 月 6 日）、《马占山之教忠！》（1931 年 11 月 20 日）、《救东三省避伪独立》（1931 年 12 月 10 日）等，结合最新事态，从不同角度分析时局变化，警示提醒，告诫世人。学者陈纪滢曾说："季鸾先生洞察时事，眼光之敏锐与远大，就中日关系来说，先知先觉，是最权威之政论家。"[1]

第三节 立论的方法

立论的方法是指提出论点、论断或结论的具体方法。这是一门艺术，有必要认真加以研究。新闻评论写作中常见的立论方法有如下几种。

一、落笔切题、直截了当

大凡文章的开头，有繁笔、简笔两种基本方法。简笔开头，就是开门见山，落笔切题。不少新闻评论在文章的开头就直截了当地亮出观点，这种评论的主要论点或结论，不在中间，也不在结尾，而是在开头。一开头就提出论断，然后再围绕论点展开议论，将论证的过程放到后面的段落。2008年4月19日《新京报》的评论文章《家乐福门前的理性危机》，其开头就采用了这种表达方法。

昆明某家乐福超市门前出现的不理性现象，是一种极端民族主义的苗头。抵制家乐福或许是一种表达自由，但决不可突破法律的底线，抵制家乐福的活动终于在云南昆明突破了理性的底线。

据《云南信息报》报道，4月16日，昆明某家乐福超市门前有200多人抗议，他们用巨幅的五星红旗堵住家乐福仅有的两个入口，并对每一个出入大门的市民表示鄙视。同时，现场有反对抵制的民众被斥"卖国贼"，遭众人推搡，甚至被众人扔瓶装矿泉水，在场警察称，前一天也曾有反对抵制者被打。

坦率说，我是支持社会多元意见表达的，甚至认为不同观点的交锋能够推动国家的现代化发展。但是这一次我不得不说，与以往的几次民众自发爱国行动所不同的是，这次"抵制家乐福"的行动，公众第一次出现了截然不同的行为分化，也第一次出现了抵制与反抵制民众的直接肢体对抗。极端民族主义的苗头已开始在此次家乐福抵制活动中出现。

解释性和说明性的新闻评论大多采用开门见山的写法，毛泽东同志的许多评论文章就属于这一类。《毛泽东选集》第四卷选有《丢掉幻想，准备斗争》、《别了，司徒雷登》、《为什么要讨论白皮书?》、《"友谊"，还是侵略?》、《唯心历史观的破产》等文章，这些都是他为新华社写的关于美国国务院白皮

---

[1] 陈纪滢：《报人张季鸾》，17页，重光出版社，1971。

书和艾奇逊信件的评论。这些评论揭露了美国对华政策的本质，批评了国内一部分资产阶级知识分子对于美国的幻想，下面以《别了，司徒雷登》为例。

美国的白皮书，选择在司徒雷登业已离开南京、快到华盛顿、但是尚未到达的日子——八月五日发表，是可以理解的，因为他是美国侵略政策彻底失败的象征。

著名报人张友渔的《民主的正轨》开头亦如此。

一个民主国家，主权应该是在人民的手中，这是天经地义的事，如果一个号称民主的国家，而主权不在人民手中，这绝不是正轨，只能算是变态，就不是民主国家。

什么是主权在民？依照孙中山先生的民权主义，是人民对政府有选举权和罢免权，对政制法律有创制和复决权。只有人民真正得到了这四种权，才算是具备了民主国家的基本条件，如果这种权不是在人民的手中，也就是说明这个条件不存在，就不能算是完成了一个国家的民主建设。①

以上两篇评论的开头，都提出了至关重要的论断和结论。前者是对事件的定性，后者是整个文章的中心论点——"人民应有民主的权利"。

民国一些知名报人撰写的评论，也常将结论和判断放在开头。例如，黄远生的《个人势力与国家权力之别》开头第一句话就是："袁总统者能扶植个人之势力，而不能执行国家之权力也！"②，开门见山批评袁世凯和清王朝一样，在政府人员的人事任免上徇私弄权。

再如陈独秀的《宪法与孔教》一文的开头说："孔教本失灵之偶像，过去之化石，应于民主国宪法，不生问题。只以袁皇帝干涉宪法之恶果，天坛草案，遂于第十九条，附以尊孔之文，敷衍民贼，致遗今日无谓之纷争。然既有纷争，则必演为吾国极重大之问题。其故何哉？盖孔教问题不独关系宪法，且为吾人实际生活及伦理思想之根本问题也。"③陈独秀提倡民主和科学，希望冲破传统儒家思想的束缚，实现思想解放。他开宗明义，认为孔教问题，不仅关系到宪法问题，而且关系到生活和思想的根本问题。文章在随后的段落展开论证，首先尊孔入宪侵害宗教信仰之自由。其次，孔教不仅是宗教问题，更重要的是不适于民国教育的精神。新社会、新国家和新信仰与孔教不可相容，输入西方文明，"不可不有彻底之觉悟，勇猛之决心"。

---

① 载重庆《新华日报》，1945-09-27。
② 陈协：《游民政治》，5页，西安，陕西人民出版社，2013。
③ 袁伟时：《五四文献选粹与解读》，287页，广州，广东人民出版社，2004。

评论的开头，一般应该开门见山，直入正题，但这并不是说开头的第一句话就必须亮出论点。文章应该写得有变化，可读性强一些，因此评论的开头也是千变万化的。

新闻评论有时用揭露矛盾的方法，提出论点，这种方法能够使评论的论点富有针对性，是非鲜明，引人深思，如新华社署名评论《制止国有资产无偿量化给个人》的开头一段。

近年来，一些企业把国有资产无偿量化给个人，美其名曰"改革激励机制"，"一送送出新天地"。值得警惕的是，有的地方把这种明显违背中央精神的做法称作"实现了国企改革的突破"，"改革的方向是对的"。对这种把国有资产无偿量化给个人的做法，党中央、国务院领导同志多次给予严肃批评，指出这是将国有企业改革引入歧途。

这篇评论发表在 2001 年 8 月 28 日，正值国企改革深入进行的时候，当时国有资产无偿量化给个人的做法愈演愈烈，这样的问题提得非常及时，针对性很强。

二、运用由头引出论点

社论、短评、专栏评论等都可以采用运用由头引出论点的方法，尤其是配合新闻报道而发表的评论，这更是一种基本方法。由头，不仅具有引子性质的论据，由此引发议论，又以此作为结论的论据之一，它还是文章思路的引线，是立论的依据和中介。因此，评论开头引用由头，接着解释新闻事实就很自然地引出论点，然后展开议论。

《人民日报》1980 年 6 月 15 日发表的《再也不要干"西水东调"式的蠢事了》，开头一段如下。

山西省昔阳县的"西水东调"工程，搞了四五年，投工近五百万个，耗资达几千万元，最近终于下马了。这是农田水利建设中一个极为沉痛的教训，很值得我们深思。

开头引用"西水东调"工程下马这个事实作为立论的依据，加了"终于下马"四个字，就很自然地引发出"这是一个极为沉痛的教训"和"很值得我们的深思"的论题。下面的文章就是解释和说明为什么是一个极为沉痛的教训以及我们应该深思些什么的问题。这样，评论就既不是就事论事，也不会空发议论了。

《南方都市报》2009 年 12 月 3 日发表评论《成都拆迁自焚事件，到底是谁害死了唐福珍?》，开头部分如下。

唐福珍就这样死了。她想要保护的"违法建筑"也被拆掉了，她的亲人也被拘留了。她的行为被官方认定为"暴力抗法"。家毁人亡已经够惨烈，现在亲人还要背上罪名——暂不辩理，只讲人情，这个故事的结局确实令人很难接受。依照正常人的正常心理，当然觉得政府做得过于决绝。如果认真辩理，我们首先要清楚事实真相，然后我们才能知道，到底是什么因素，酿成了这幕惨剧。

这篇评论是针对成都女企业主唐福珍为抗拒拆迁自焚身亡发表的。评论开头用充满同情的语言概括了唐福珍的遭遇，在此基础上提出了一个尖锐而严肃的论题，那就是事实的真相是什么？到底是什么因素逼死了唐福珍？接着文章就有理有据地说明和回答这样两个问题，问题说清楚了，文章也就写好了。这篇评论值得我们重视的，还有在概括由头时，同样可以运用叙述、议论和抒情等多种表达方式，并使三者结合起来，既交代新闻根据自然地引发出议论，同时又自然地抒发了作者强烈的感情。

韩志鹏的《从〈清明上河图〉看流动商贩》（2010年8月18日《信息时报》）是巧用由头生发出另外一个同质的问题，从而引出论点的。

贩夫走卒，引车卖浆，古已有之。创作于北宋年间的《清明上河图》——人头攒动，路边货摊有卖刀具、有卖茶水、有卖瓜果，还有看相算命的，游人或驻足观望，或讨价还价……古代中国百姓的生活与流动商贩融于一体的情景被张择端勾勒得栩栩如生。千年以后的中国，如今有流动商贩3000万，其中广州不少于23万。究竟，我们应该如何看待这种客观的存在？我们应该如何服务、管理这个弱势群体？

《清明上河图》是众所周知的名画，评论不是谈《清明上河图》的艺术价值的，而是巧借画中的古代流动商贩现象，来谈广州现代流动商贩的管理问题，这样既增加了文章的说服力，又增加了文章的可读性。

三、通过提问或设问的方式引出论断

毛泽东同志的评论作品擅长运用反复问答的方式引出结论，给人以强烈的印象。毛泽东同志1963年5月在修改《中共中央关于目前农村工作中若干问题的决定（草案）》时增写的一段话，即《人的正确思想是从哪里来的？》，开头一段也用了提问式。文章首先从提问开始，紧接着用两个否定反问句自问自答来相承，从而强烈地把读者引入正文的阅读。

"国民党缺少什么？飞机大炮么？干部人才么？抗日办法么？是的，这些都不算顶多，但是最缺少的，却是民族信心。"这是社论《国民党缺少什么》一文的开头，该文由胡乔木撰写、刊发在1941年6月17日延安的《解放日报》上。文章写于"皖南事变"发生后，在一致抗日的背景下，国共两党既团

结又斗争。胡乔木这篇文章目的是揭露国民党政府反共分裂，一味依赖美国，缺少民族自信心。

在标题中，如《假如都像徐永山》、《如果所有的母亲都生男孩》、《何来"侍讲学士"》、《知假买假索赔有理吗》等用提问或设问的方式引出论断，可以使立论的方法多样化，避免过于直露，给人以强烈的印象。

四、通过辩论的方法得出结论

这种方法从揭露矛盾入手，摆出对方的观点，经过批驳辩论得出结论。这有助于立论有的放矢，尖锐泼辣，旗帜鲜明，在明辨是非中坚持分析说理，最后得出的结论令人信服。邵飘萍的《驳严复》就是如此。

驳严复①

严复对黎都督之言曰：人民程度未至，不适于共和。呜呼！奴隶之奴隶，吾叱汝名，真污吾笔也。

夫所谓程度之已至未至，以何为标准乎？婴儿之初学步也，或不免有颠踬之虞，然为父母者扶持而保护之，则未几而步亦步，趋亦趋矣。若曰此程度未至，不可以行，遂束缚其足，置之以床，则终身不能行而已。抑所谓程度，不外道德与知识二者，而道德成为要。革命事业，前赴后继，鄂江一鼓，各省风从，不可谓无道德与知识也。严复为是言，一若己之知识有过于人者。然苟吾民道德之堕落皆如严复，则吾国前途之无幸久矣。

清末民初，清政府在各地起义军的呐喊声中显露出土崩瓦解之象，民国的成立已成为挡不住的历史潮流。但思想变革非常不易，连主张向西方学习的严复也向黎元洪提出："人民程度未至，不适于共和"，反对实行共和制。针对严复的观点，邵飘萍于1911年12月18日在其创办的《汉民日报》上发表《驳严复》的短评。文章开头便摆出靶子，也就是严复的观点，其后用类比论证的方法，将实行共和比做婴儿学步，严复的观点不批自明。同时提出自己的观点，即推行共和的基础首要是道德和知识，而各省相继革命，说明国民已具备一定的道德和知识的基础。

2012年10月3日《中国青年报》发表了《视公民如蝼蚁者如何能真正爱国》评论。

文章开头一段将三句典型的谬论撰出来，然后在后面的段落中逐一进行

---

① 石艳艳：《总统并非皇帝》，8页，西安，陕西人民出版社，2013。

批驳，在此基础上提出自己的观点：一个置他人的自由尊严和生命财产于不顾的人，绝不可能是一个真正的爱国者，只有自爱爱人才会真正的爱国。

实际生活中常常会出现各种矛盾，存在着各种不同的思想认识，党的方针政策在贯彻落实的过程中也会存在着各种阻力，甚至会出现一些流言蜚语，各种错误的思潮也会乘时而生，乘势而蔓延。在国际关系中也会有各种斗争，争论和辩驳是避免不了的。作为新闻评论就要敢于正视矛盾，善于运用各种立论的方法，尤其是通过辩论进行立论，以扶正祛邪，正确地引导社会舆论。

思考和练习

1. 什么是评论的选题？评论和选题可分为哪几种类型？

2. 考察《中国青年报》、《新京报》、《南方都市报》等报纸的评论的选题特征。

3. 什么是立论？结合具体案例阐述立论与选题之间的关系。

4. 结合新闻评论作品阐述立论的要求和方法。

第五章　论据和论点的统一

新闻评论属于议论文范畴。构成议论文三要素的论点、论据和论证，新闻评论文章也应具备。在讨论论据和论点统一之前，有必要先了解什么是论点、论据和论证。如果新闻评论是表达对新闻事件的认识，那么论点就是认识的结果，是作者明确表达的主要见解，是文章的主题思想。一篇新闻评论如果没有论点，等于一个人没有灵魂。论据是用来阐明论点的材料，是评论论点的依据，是判断和推理的基础和前提。论证就是运用论据证明论点的过程和方法，是论据和论点之间的逻辑关系。论点是统帅，解决"要证明什么"的问题；论据是基础，解决"用什么来证明"的问题；论证是论点和论据之间的逻辑联系，解决"如何证明"的问题。这是三个不同的概念，但又紧密联系，所以，评论文章都应包含这三个要素。

前面讨论的关于立论的问题，实际上是从思维的角度讨论论点的问题。这一章是从写作的角度，静态讨论论据和论点的问题。

第一节　论点的表现形式是判断

新闻评论是一种实用议论文体，是人们进行意见传播和观点交流的工具，而观点和意见的表达是以判断的形式呈现的。叶圣陶先生曾这样论述议论文中的判断。

议论的总旨在于表示作者的见解。所谓见解，包括对于事物的主张或评论以及驳斥别人的主张而申述自己的主张。凡欲达到这些目标，必须自己有一个判断，或说"这是这样的"，或说"这不是那样的"。既有一个判断，它就充当了中心，种种的企图才得有所着力。所以，如果没有判断，也就无所谓见解，也就没有言论这回事了。[①]

学者王民也认为新闻评论实质上就是个判断问题。

在大部分情况下，新闻评论所讨论的问题，不外是真或伪的问题，是非的问题，利或害的问题，善或恶的问题。而这些问题，实际上就是一个判断问题。[②]

---

① 叶圣陶：《怎样写作》，21 页，北京，中华书局，2007。

② 马少华：《新闻评论》，23 页，长沙，中南大学出版社，2005。

判断是人类理性思维的基本形态。"判断是对思维对象有所断定的一种思维形式。判断是对思维对象有所肯定或否定的思想。这也就是说，对思维对象有所肯定或否定乃是一切判断最显著的特征和标志。"①

新闻评论对新闻事实有所肯定或否定，是关于真与假、是与非、利或害、善或恶的问题的讨论，如 2014 年 9 月 27 日出版的《瑞典日报》称：根据世界银行的估算，按照购买力平价计算，中国国内生产总值（GDP）将超过美国，荣升为世界最大经济体。2014 年 9 月 30 日的《新京报》刊发社论《"全球第一"的高帽中国戴不起》，对这一数据进行价值评判。文章认为这个数据意义不大，理由是衡量经济实力是一个极其复杂的运算和指标，购买力平价指标不具有说服力，而中国与发达国家的软实力也许差距更大。提出对于中国而言，关注中国经济的短板，韬光养晦，不为戴上毫无价值和意义的"世界第一"的帽子沾沾自喜才是成熟的体现。《不再鼓励"大义灭亲"，情法交融的进步》肯定了刑事诉讼法修改中近亲属有拒绝作证的权利的正当性，认为这一修改是人权和人伦的回归，保护了社会道德良俗，从而维护了社会基本秩序。而《"跨省拘捕"是向公民监督权"寻衅滋事"》（2010 年 12 月 1 日）和《让流动人口集中居住，不可取》，评论的题目就是非常明确的否定判断，体现了作者鲜明的立场和态度。

因此，一篇新闻评论的成功与否，首先是看文章对新闻事实有无明晰的判断，有无明确的立场、观点和态度。如果文章没有一个明确的、毫不含糊的论断，而只有对事实的描述和对情感的表达，那么就不是一篇合格的新闻评论，因为这种表达无法用是与否、真与假、对与错的标准去衡量，也就偏离了新闻评论作为意见表达工具的初衷。而从表达手法上看，评论要以论为主，不要以叙代论。不陈述事实，空泛以论，固然写不出好的新闻评论，但是光进行事实陈述，以叙代论、以叙代议、以喻代论，也不是合格的评论。新闻评论也不能停留在感性的情绪发泄上，不能用感情代替理性，不能用情感表达代替冷静的分析和说理，反之往往会使新闻评论产生偏颇和失误，进而可能会产生不良的社会效果。

在哲学和逻辑学中，判断是一种非常复杂的概念，有许多种类型，而在新闻评论的写作中，用得最多的是事实判断和价值判断。新闻评论的判断一般都不会超越这两种基本的判断。这一点王民在著作中曾有过论述："新闻

---

① 马少华：《新闻评论》，23 页，长沙，中南大学出版社，2005。

评论所讨论的问题，或属于事实判断，或属于价值判断。"①

一、事实判断

事实判断是指关于事实本身是什么的判断，是对事实自身性质和事实之间相互关系的认识，如事实是什么，会往什么方向发展，会带来怎样的影响，其发生的原因是什么，事实之间的关系是什么等。

事实判断一般不涉及人的需要、喜好等主观因素，而且往往要排除人的主观因素干扰才能得出比较客观的结论。对一个新闻事实的判断可能有许多种，但正确的结论一般来说是唯一的。衡量事实判断正误的标准，就是看人的认识与事物的实际情况是否相符合。一篇评论只有与事实发展相符合，那才是成功的。

我们掌握的事实性论据和前提往往不够准确和完备，客观事实的发展受多种因素影响，有着复杂的机制，人的认识能力具有一定的局限性，因此进行事实判断是有风险的，对评论员的要求也比较高。新闻评论承担着阐发、解释等功能，对新闻事实特别是重大新闻事件的来龙去脉以及发展趋势作分析和预测责无旁贷。

事实判断首先表现在对事实真相的判断上。例如，凤凰卫视"时事开讲"、"新闻今日谈"等评论栏目请来相关专家对国内外的重大事件、突发新闻，从华人的角度和视野作出分析评论，深入讨论事件的真相及内幕，展望事态发展，为观众提供更多的最新信息和背景资料，使观众更立体、更全面地了解和判断形势。

事实判断还包括对事实来龙去脉的判断，如《新京报》2014 年 9 月 20 日、10 月 7 日发表的两篇评论《苏格兰人为什么选择了统一》、《诺贝尔奖为何青睐"大脑 GPS"》。

诺贝尔奖为何青睐"大脑 GPS"

张田勘

尽管人们外出旅行和探险有时会迷路，但大多数人除了靠指南针的帮助外，都会依靠一种本能来辨别方向而不迷失，这就是我们大脑中的"全球定位系统"——GPS。现在，揭示了人脑中 GPS 的三位研究人员获得了 2014 年的诺贝尔生理学或医学奖。他们分别是英国伦敦大学教授约翰·奥基夫、挪威科技大学教授梅布里特·莫泽及其丈夫爱德华·莫泽。

---

① 　马少华：《新闻评论》，29 页，长沙，中南大学出版社，2005。

揭示大脑中 GPS 的奥秘既不能让人发财，也与医生治病和研发药物无关，却能受到诺贝尔生理学或医学奖的青睐，原因何在？

其实，这是诺贝尔奖评审一以贯之的特点和风格之一，注重基础研究和发现，揭示人类和自然的奥秘。今年的诺贝尔生理学或医学奖就是一个典型的例子。显然，人类大脑中 GPS 的发现并不能通过医学的手段，如移植一些定位细胞到"路盲"的大脑中以帮助其不迷路，但是，肯定这一研究揭示出的是一种人类亘古以来所追求的一个哲学命题：认识你自己。而在人类的认知中，认识你自己最难。

诺贝尔生理学或医学奖并非第一次奖励这种看似"无用"的知识，历史上另一个"无用"的知识受到诺贝尔奖的青睐是 1973 年，奖励的是基本与生理学或医学无关的领域。康拉德·柴卡里阿斯·洛伦兹、K·弗里希和 N·廷伯根三人，因其揭示了动物本能的固定行为模式和动物学习的"铭记"等概念而获奖。

通俗地讲，如果一只灰雁或鸭子生下来就与洛伦兹或一条狗在一起，它就会把后者当做其母亲而不离不弃，始终跟随，这就是"铭记"。这个发现与医学无关，也不是让人类"认识你自己"，而是让人类认识动物并了解动物的心理——这"有用"吗？其实，从长远的观点看是有用的。如果我们不能认识动物、环境和生态，人类能活得更自如和更舒适吗？

今天的人脑 GPS 成果获奖是人类"认识你自己"的经典之作，大脑中 GPS 细胞的发现让人类更多地认识了自我。这对于科研或许也是一种启示，别以过于现实的"有用"与否限制自己的视野。

事实判断还包括预测将来结果的判断。邵飘萍当年对袁世凯的认识，被历史证实是一种非常成功的预测判断。

忠　告

邵飘萍

同胞乎！果以袁世凯为能逼清帝退位与同胞开诚布公建立统一共和国乎？

袁世凯果若是，何必至今日而始为此迂缓之举动？袁世凯决不然也。

帝王思想误尽袁贼一生。议和、停战、退位、迁廷，皆袁贼帝王思想之作用耳。清帝退位，袁贼乃以为达操莽之目的，故南北分立之说，今已隐有所闻矣！

　　同胞苟无统一南北之能力，旷日相持，各国将群起而收渔人之利，瓜分惨剧乃由理想而见诸实行。袁贼信有罪，吾民之坐误时机，凯能辞亡国祸首之名哉？

　　呜呼！当断不断，反受其乱。袁贼不死，大乱不止。同胞同胞，岂竟无一杀贼男儿耶？①

　　在孙中山先生对袁世凯作出"民国之友"，四万万人"殊堪嘉佩"的赞美之时，邵先生便对袁作出了清醒的判断，认为袁为帝王思想所误，不可能真正赞成共和，后必将称帝，为害中国。果不其然，1915年12月袁世凯宣布自称皇帝，改国号为中华帝国，建元洪宪，史称"洪宪帝制"。

　　军事学家蒋百里先生对抗日战争的准确预测也体现出很高的战略水准。蒋百里一直密切注意着日本的侵华动向和世界军事形势。早在1923年，他就预见到日本必然侵略中国，抗日战争势不可免。抗战爆发后，他发表《日本人——一个外国人的研究》和《抗战的基本观念》断言日本必败，中国必胜。蒋百里的主要观点是：第一，用空间换时间，"胜也罢，负也罢，就是不要和它讲和"。第二，不畏鲸吞，只怕蚕食，全面抗战。第三，开战上海，利用地理条件减弱日军攻势，阻日军到第二棱线（湖南）形成对峙，形成长期战场。蒋百里犀利地指出，中国不是工业国，是农业国。对工业国，占领其关键地区它就只好投降，比如纽约就是半个美国，大阪就是半个日本。但对农业国，即使占领它最重要的沿海地区也不要紧，农业国是松散的，没有要害可抓。所以，蒋百里的结论是：抗日必须以国民为本，打持久战。蒋百里对抗日战争进行的预测，与事实基本一致。

二、价值判断

　　价值判断是人们对事物能否满足主体需要以及满足程度所作出的判断，是对事物属性与人的需要关系作出的判断。既然是对一种"关系"作出的判断，它就要考虑到双方的因素，一方面要考虑到客观事物自身的性质，另一方面又要考虑到主体自身的需要。因此，价值判断既具有客观性又具有主观性。

　　由于价值判断是从某种价值观、情感、原则、道德、伦理、审美标准出发对事实作出的判断，而价值观、道德观、审美观是多元的，不同的人有不同的理解和认知，不同的人对道德的理解和审美水平是不一样的，不同的人

---

　　① 石艳艳：《总统并非皇帝》，13页，西安，陕西人民出版社，2013。

对价值有不同的排序，所以，价值很大程度上是主观的，并没有客观的共识和量化的标准。

但是价值判断又不是人主观自生的，而是社会交流和社会实践的产物，由于人们的社会活动和社会交流，一个社会就会形成公认的基本价值和不同事物的价值排列等级。人们追求评价的客观效准，实际上所追求的是不依个人的喜好而转移的、具有社会普遍意义的效准，也就是康德哲学意义上的客观效准。这一客观效准，指的是主体间的一致性。政论家杜亚泉先生曾在1918年2月15日《东方杂志》上发文，表达了这样一种共同的价值观："凡一民族必有共喻之信条焉：何者为是，何者为非，何者为善，何者为恶。经千百年之沿守，遂深渍于群众意识之中。"在杜亚泉看来，这种共同的价值观构成了评论的基础："言论家本此信条，为立论基础，其褒贬之善恶，即共喻之善恶；辨别之是非，即共喻之是非。"①

1919年5月，意见领袖们关于"五四"示威游行事件涉及的法律和道德问题的辩论，就体现了价值判断既具有基本的效准，同时又具有主观性和多元性的特点。

梁漱溟虽然在道德上认为示威运动是合乎正义的，但手段是非法的，认为施暴学生应当接受法律的制裁。1919年5月18日，梁漱溟在《国民公报》发表《论学生事件》一文，其中道："我的意思很平常，我愿意学生事件付法庭办理，愿意检厅去提起公诉，审厅去审理判罪，学生去遵判服罪。检厅如果因人多检查的不清楚，不好办理，我们尽可一一自首，就是情愿牺牲，因为如不如此，我们所失的更大。在道理上讲，打伤人是现行犯，是无可讳的。纵然曹、章罪大恶极，在罪名未成立时，他仍有他的自由。我们纵然是爱国的行为，也不能侵犯他，加暴行于他。纵然是国民公众的举动，也不能横行，不管不顾。绝不能说我们所作的都对，就犯法也可以使得……在事实上讲，试问这几年来哪一件不是借着国民意思四个大字不受法律的制裁才闹到今天这个地步？"

同时，他还在文中提出三个问题：是不是性质正义就可以不择手段？如何处理"国民公意"与个人自由的关系？在当时的条件下如何建立真正的"民国"？

梁漱溟反对以"国民公意"或事物本身的正义性为借口，走上背离法治，任意采用非法手段的道路。

---

① 马少华：《批判的价值次序与言论的选题问题》，载《新闻与写作》，2011(2)。

　　而当时反对梁的意见占上风，主要都是为学生辩护，以免受舆论和法律的责罚。这些观点可以概括如下。

　　第一类，认为学生的激进行为是正当防卫，正当防卫不受法律制裁。高一涵发表《市民运动的研究》一文指出："譬如，我家仆人把我的财产偷送给强盗，我知道大祸将临，就应该行使我的正当防卫权。行使正当防卫的时候，就（是）侵犯人家自由，毁坏人家物件，在法律上并不负赔偿的责任。因为急于自卫，就是不取合法的手续，也不能责备他。照这个原理推起来，警察厅拘留殴打卖国贼的市民，实在是不懂得自卫的道理了。"

　　第二类，认为法律应当为正义事业服务。例如，《晨报》在1919年5月18日发表的《学生事件和国家法律问题》中说："我们人类现在既已承认学生运动是合乎正义的，国家和法律也应该跟着我们人类往一条路上走。那些道德上承认，法律上不承认的话，是野蛮时代的法律，专以维持秩序作目的的……这种法律观，单是救济人治弊的，在现在的国家内，实在没有什么功用。"

　　第三类，认为群众的正义行动可以侵犯个人自由。《国民公报》除了刊载梁漱溟先生的《论学生事件》，还刊发了知非（蓝公武）的《评梁漱溟君之学生事件论》、陆才甫的《学生无罪》。知非宣称："梁君说无论什么人，有他的自由，不许他人侵犯，这话本来极是。可是侵犯人的，要是出于群众的行动，那就不能这样的说法了。法国在欧战初起的时候有个极有名的社会党领袖，因为主张平和，给群众打死，后来并没有发生法律上的问题。这种事情实例不知有多少。"陆才甫认为刑事犯罪要具备三要素：意思、行为、结果。这里的"意思"，大概即我们所说的犯罪四要件的"主观方面"。在他看来，学生并无"恶性"，"其居心之光明磊落，可以质诸天地鬼神而无愧"，因而无罪。

　　梁漱溟先生的意见虽有迂腐之嫌，但却闪耀理性的光芒；反对派的意见虽在立论和论证上有种种问题，却也合乎当时的情理。上述从不同角度、不同价值观作出的价值判断能帮助我们从不同的维度认识这场声势浩大的爱国运动，至今还启人深思。

　　同时，价值判断又按照社会普遍认可的价值序列，在不同的价值之间、不同事物的价值之间进行比较。

　　例如，《南方都市报》2011年5月7日刊发了《"不作恶'比'行善"更重要》一文，不作恶比行善更重要是价值判断，该文是针对"中国首善"陈光标捐款的舆论争议而作的。"挺陈派"认为：不要管别人的钱来路如何，只要他捐了就是好事；捐钱的人比不捐钱的人道德更高尚，多捐的比少捐的道德更高尚。作者认为这样的两个道德判断是站不住脚的，认为"不作恶"和行善是不同层次的问题，两相比较，前者是最基本的道德要求，是衡量善行的首要刻度。这显然是两个不同的价值比较的结果。

相关的例子还可参见下例。

救人嫖客反被拘是不是法不容情？ [①]

杨　涛

宁波张先生去接受"服务"，结账时姑娘下跪称被拐卖和被强迫卖淫。张先生虽然害怕洗头房老板报复，也怕报警后嫖娼败露。但还是选择了报警，结果因嫖娼被拘留十天。嫖娼后冒着被处罚的风险，主动报警解救被拐卖的妇女，反而被公安机关处以行政拘留十天，这无疑传递了一个信息：在从事违法行为之时，看到他人受害，必须袖手旁观，才能明哲保身。这种荒诞的执法，绝不是一句"法不容情"所能推卸，也不是"机械执法"所能掩饰。

从现行的法律来看，嫖娼属于一般违法行为，是要接受治安处罚的。但从法治的本意来看，法律是要促进社会的公平正义，鼓励人们去惩恶和悔改，促进社会整体趋善。一个公民虽然嫖娼违反了法律，但是，当他在内心的良知驱使下，做出了一个对他人有利，对社会有益的事情时，就应当得到法律的奖赏，这种奖赏不仅包括物质和精神的奖励，也包括在对他本身违法行为处罚上的从轻、减轻和免除。否则，就会鼓励公民对于他人的苦难袖手旁观，社会整体就会趋于堕落。

上世纪八十年代，比利时布鲁塞尔出现过一个案件：一名女子在半夜不慎掉下露台受重伤，一名男子路过时发现了伤者，这名男子洗劫了毫无反抗能力的受伤女子，但又不忍心女子伤重而亡，于是在报警后离开。后来警察靠监控录像抓获了这名男子，但法庭最终在激烈的辩论后做出对该男子无罪释放的判决。法官在判决书上称"每个人的内心深处都有脆弱和阴暗的一面，对于拯救生命而言，抢劫财物不值一提。虽然单纯从法律上说，我们的确不应该为了一个人的善行而赦免其犯下的罪恶，但是如果判决他有罪，将会对整个社会秩序产生极度负面的影响！我宁愿看到下一个抢劫犯拯救了一个生命，也不愿看见奉公守法的无罪者对于他人所受的苦难视而不见！所以从表面上看，今天法庭不仅仅是单纯地赦免了一个抢劫犯，更深远的，是对救死扶伤的鼓励，是对整个社会保持良好风气的促进传承"。

---

① 载《北京青年报》，2014-05-12。

如果说"对于拯救生命而言，抢劫财物不值一提"，那么，完全可以说，对于拯救被拐卖和被强迫卖淫的妇女而言，嫖娼不值得一提。嫖娼是一种"无被害人"的一般违法行为，对于社会谈不上多大的危害，而解救一个被拐卖和被强迫卖淫的妇女，却涉及一个人的生命、健康与自由权利。

我国《治安管理处罚法》规定，有下列情形之一的，必须减轻处罚或者不予处罚：（四）主动投案，向公安机关如实陈述自己的违法行为的；（五）有立功表现的。张先生主动报警，虽然开始隐瞒了嫖娼的事实，但在民警解救出小刘后还是如实承认了，这就成立"自首"，应当减轻或者不予处罚。其次，因为他的报警，解救出一位被拐卖和被强迫卖淫的妇女，成立"重大立功"，又应当减轻或者不予处罚。这双重的情节，双重的应当"减轻处罚或者不予处罚"，那么，警方怎么不能对张先生的嫖娼行为不予处罚呢？

对于此案的处罚来说，根本不存在"法不容情"，甚至也不是机械执法，而是缺乏对法治精神和对法律条文最基本的理解，说重一点，简直是胡乱执法。希望上级公安机关能撤销对张先生的处罚，以提高人们的信心，促进人心向善，更希望执法者多加学习，领会法治精神和法律条文背后的真谛，能更准确地执法。

救人的嫖客应不应该被拘留？这个看上去好像是颇为两难的话题，作者把它换成两种价值比较问题，即挽救人的生命、健康与自由权利与"无被害人"的一般违法行为相比，哪个更重要。那么结论就不言而喻了。

第二节　论据的类型

根据论据本身的性质和特征，论据可分为事实论据和道理论据（也称事理论据）两类。前者是可以直接观察、感觉的客观事实；后者是被实践证明或被受众认为是正确的观点。

新闻评论是表达对新闻事实的认识，如果说论点是认识的终点、认识的结果，那么论据就是认识的起点以及认识形成的依据。评论作者为了使自己的论点能为读者所理解和接受，在论述的时候，要有足够的能说明论点的材料。只有论点被充分的、准确的、可靠的论据证实，才能被认为是"言之有理，持之有据"。

事实论据是对客观事物的真实的描述和概括，具有直接现实性的特点，因此是证明论点最有说服力的论据。"事实胜于雄辩"就是这个道理。事实论据包括具体事例、概括性的事实、统计数字等。

新闻评论大多是就新闻事实发表的议论。事实性论据是新闻评论的重要组成部分。这是新闻评论不同于一般政论或思想评论的显著特征。也就是说，新闻评论应当有现实依据。从当前现实生活中发现问题、分析问题和解决问题，既是新闻评论写作的目的，也是新闻评论的写作基础。

就事实性论据的时间性来说，既包括当前现实生活中发生的事实，还包括历史上发生的事实；就事实性论据的来源来说，可以是间接的文献来源，如媒体的报道、政府公告，也可以是作者直接的采访调查。

傅斯年反对读经的文章《论学校读经》，就曾运用三个方面的历史事实来论证倡导读经的人从来就没有取得过成功这一观点。下面是该文的节选。

根据教育的本质、国家的需要和在批评读经政策之前，有几件历史事实应该知道。

一、中国历史上的伟大朝代都不是靠经术得天下造国家的，而一经提倡经术之后，国家每每衰落的。我们且一代一代地看去。周朝远没有受这些经典于前代，那时候的学问只是些礼乐射御书数的实际事件。秦朝焚书坑儒，更不必说。汉朝的缔造，一半赖高帝之武，一半赖文帝之文，高帝侮儒，文帝宗老，直到武帝才表章六经，然而茂陵一年所行，无事不与儒术相反。宣帝以后，儒术才真正流行，东海边上的读经人作师作相，汉朝也就在这时节起头不振作，直到王莽，遍天遍地都是经学。李唐创业，最表彰的是老子，到了玄宗，儒学才在中天，玄宗亲自注孝经，玄宗也亲自听破潼关的渔阳鼙鼓。赵宋德太祖太宗都是武人，真宗像个道士，仁宗时儒术乃大行，也就从仁宗时起仰契丹如上国，有蕃夏而不能制。赵普号称以半部论语治天下，我却不知道他受南唐爪子金，教太宗以夺嫡，在半部之外或在内？明朝是开头提倡宋元新儒学的，其结果造成些意气用事的儒生，酿成燕变而不能制……再看偏安的南朝。南朝的第一流皇帝，一个是纯粹流氓刘寄奴，一个是高超儒生萧老公。刘寄奴到底还灭燕灭秦光复旧物，萧老公却直弄到断送南渡以来的汉人基业。我说这些话并不是蔑视六经、《论语》、《孟子》等之历史的价值。它们在当年自然有过极大的作用，我们的先民有这些贡献犹是我们今日可以自豪自负的。我只是说，虽在当年简单的社会里，国家创业也不是靠经学的，而一旦国家充分提倡经学，一面诚然陶冶出些好人物，一面又造成些浮文诡化的儒生。不看宋明的亡国吗？儒生纷纷降索房，留梦炎本是状元，洪承畴更是理学人望，吴澄、钱谦益则胜国之盖世文宗也。事实如此，可知在古时经学制造的人物几经是好的敌不过不好的了。或者当时若没有经术，事情更糟，也未可定，不过当时的经术并无六七十分以上的成绩，是件确定的史实。

二、当时的经学，大部是用作门面装点的，词章家猎其典话，策论家装其排场，作举业的人用作进身的敲门砖。念经念到迂腐不堪的缺点虽极多，而真正用经文"正心诚意"的人可就少了。这本也难怪，经文难懂，又不切后生生活。所以六经以外，有比六经更有势力的书，更有作用的书。即如《贞观政要》，是一部帝王的教科书，远比《书经》有用；《太上感应篇》是一部乡绅的教科书，远比《礼记》有用；《近思录》是一部道学的教科书，远比《论语》好懂。以《春秋》教忠，远不如《正气歌》可以振人之气，以《大学》齐家，远不如《治家格言》实实在在。这是在历史上有超过五经作用的书。那些劝善报应书，虽雅俗不同，却多多少少有些实际效用。六经之内，却是十分之九以上但为装点之用，文章之资的。我这些话不是我的议论，更不是我的主张，只是我叙述历史的事实。若明白这些事实，便当了然读经的效用，从来没有独自完成过。即就维持儒家的道德教化论，在这年五经大半也还是门面的，也还是靠别的书支持儒教。那么，在当年的社会中失败了的读经，在今日反能成功吗？

三、汉朝的经学是汉朝的哲学，"以《春秋》折狱"、"以《三百篇》当谏书"，哪里是《春秋》三百篇本文之所有的事？汉朝的儒生自有其哲学，只拿五经比附出场面来而已。宋朝的经学是宋朝的哲学，自孙复介石以下每人都是先有其哲学，再以经文附会之，岂特王安石一人而已？汉朝宋朝的经学在当时所以有力量者，正因本是思想创造的事业，本来不是纯粹的经学，所以才有动荡力。清儒之所谓汉学是纯粹的经学了，乾嘉的经学也就全无政治的道德作用了。清末，一面在那里办新学，一面在那里读经，更因为今文为"康梁逆党"之学，不得用，读经乃全与现物隔开。上者剽窃乾嘉，下者死守高头讲章，一如用八股时，那时学堂讲经的笑话真正成千成万。少年学生上此课者，如做梦一般。我不知今之主张读经者，为的是充实国文或是充实道德力量？如欲以读经充实国文，是最费气力不讨好的；如欲以之充实道德力量，还要先有个时代哲学在。不过据六经造这时代哲学，在现在又是办不到的事了。

理论论据是指那些能抓住事物本质，来源于实践，并且已被长期实践证明和检验过，确定为正确的观点。它主要包括以下几个方面。

第一，科学理论用来证明论点具有非常强的说服力。所谓科学理论，是对某种经验现象或事实的科学界说和系统解释。它是由一系列特定的概念、原理以及对这些概念、原理的严密论证组成的知识体系。它是我们立论的最有力的论据之一，如马克思主义哲学中的实践论。实践是理论的来源，是理论发展的根本动力，是理论的最终目的，是检验真理的唯一标准。理论对实践有能动的反作用，理论产生的最终目的是为了更好地指导实践，真理和科学理论对实践有巨大的推动作用。社会影响很大的《实践是检验真理的唯一标准》一文的理论论据就是马克思主义的实践论。

第二，法律、法令、法规及政府的重要决定、决议，也是用以彰明观点、判断是非的有力证据。例如，《新京报》2007 年 11 月 5 日刊发的《聂树斌案中，正当程序为何失效》，便属于此类。

第三，还包括公认的道德伦理和规范、常识及带有普遍意义的经验；专家学者和知名人士权威性的言论；经典著作中带有哲理性的格言、传世诗文中的佳句以及谚语、歇后语等。

道德作为人类生活的一个目标体系，它为人们的现实生活和理想前景提供了努力的方向……凝聚成人类普遍、共同的理想追求，如幸福、公正、人道、平等、诚实等。梁启超在《变法通议》自序《法何以必变？》中，为论证变法的重要性，便以自然界和社会生活中一切均在变化的常识和公理为论据。

凡在天地之间者莫不变：昼夜变而成日；寒暑变而成岁；大地肇起，流质炎炎，热熔冰迁，累变而成地球；海草螺蛤，大木大鸟，飞鱼飞鼍，袋鼠脊兽，彼生此灭，更代迭变，而成世界；紫血红血，流注体内，呼碳吸养，刻刻相续，一日千变，而成生人。藉曰不变，则天地人类并时而息矣。

故夫变者，古今之公理也：贡助之法变为租庸调，租庸调变为两税，两税变为一条鞭；并乘之法变为府兵，府兵变为彍骑，彍骑变为禁军；学校升造之法变为荐辟，荐辟变为九品中正，九品变为科目。上下千岁，无时不变，无事不变，公理有固然，非夫人之为也。为不变之说者，动曰"守古守古"，庸讵知自太古、上古、中古、近古以至今日，固已不知万百千变。今日所目为古法而守之者，其于古人之意，相去岂可以道里计哉？

今夫自然之变，天之道也；或变则善，或变则敝……

还有一些语言是人们在长期生活实践中总结出来的，恰到好处地引用，有助于增加论点的权威性和论证的力量，如"众口铄金，积毁销骨"、"有钱能使鬼推磨"、"水往下流，人争上游"、"少壮不努力，老大徒伤悲"等。

第三节 论据的要求

新闻评论写作做到"言之成理，持之有据"，就必须对论据的要求以及论据与论点之间的关系作进一步的分析。我们已经说过，评论文章的论点是起统率作用的，由论点统率论据，而论据材料（包括事实材料和理论材料）又是立论的依据和基础，是支撑论点的，论点靠有说服力的论据才能得以成立。两者是相辅相成，缺一不可的。要使论据和论点达到和谐的统一，论据必须与论点有相关性，真实而准确，充分而典型。

论据应是论点的充足理由，换句话说，就是论据要能推出论点，否则，就会犯"推不出"或"草率论证"的错误。"推不出"的逻辑错误，一般有两种情况：一是论据与论题不相干，或是没有必然的联系，把本来没有因果联系的两个现象硬说成是因果联系；二是论据不充分，不能提出使论点得到充分证明的充足理由，因而论证不够严密，说服力不强。

校规奇葩也应享有起码的尊重①

刘昌海

继云南景谷一中上个月因"最牛校规"被围观后，宁波市北仑中学昨日因一纸处分布告成为热点。布告称，该校6名学生上周日放学后在篮球场打球违反校规，被点名批评并罚分。对此，北仑区教育局表示已要求学校撤回处分。（《南方都市报》）

学生违反"奇葩"校规受罚，诉之媒体曝光，教育行政部门施压，学校收回成命——"打篮球被处分"事件又是这样一个循环。从表面上看，学生的权益得到了维护，但我们却忽视了一点，就是学校的规定没有得到应有的尊重。

报道中说了，北仑中学的《学生奖惩条例》明文规定，"不按规定时间与要求，擅自进入运动场地、空教室或其他辅助用房"要受到处分。学生在就餐时间去打篮球，显然违反了学校的规定，理应按规定受到处理。

即使学校的规定真的不合理，在规定修改之前学生也不应该违反。这就和张艺谋超生，我们只会对他进行批评，而不会为他违反了计生政策叫好是

---

① 载《法制晚报》，2014-01-04。

一个道理。就算不认同只生一胎的政策，也不能成为张艺谋超生的理由。在法律和规定没有修改之前，就应该遵守，这是现代公民的基本常识。

对于教育行政部门来讲，其责任是对学校的校规提前进行审查，对不合理的内容提出修改要求，而不是事先不管不问，出事了就给学校施加压力让学校让步。这样做，只会给学校的管理造成混乱。北仑中学在教育局的压力之下撤销了对学生的处分，但接下来《学生奖惩条例》还要不要执行，这显然是一个难题。

其实不近人情的"奇葩"校规哪儿都有，不只是在国内，在国外也不鲜见。记得很久以前央视的一档节目中提到，在美国著名的西点军校，广场上画有直线，老学员可以随意抄近路行走，新学员则必须沿线而行。英国有一所贵族学校就规定，不允许学生同镇上的人说话。你进入人家的学校，就得遵守人家的规则，在你眼里觉得是不是合理是另一回事。

规则意识是一个社会能够稳定和发展的基础，从某种意义上讲，遵守校规也是学生受教育的一部分，甚至要比文化知识的学习更重要。也许一些学校的规定有时有些"另类"，但未尝没有培养学生规则意识的效果。就算规则真的有问题，我们也应该以适当的方式去要求更改，而不应该是"上级施加压力，学校就开始妥协"，这样的"胜利"对于孩子们来讲，不见得是什么好事。

这篇文章的论点是即使学校的规定不合理，在规定修改之前学生也不应该违反。实际上，这篇文章的观点显得有些勉强。既然是不合理的，就不应当机械执行；而主管部分要求及时纠错是本着解决问题的态度，是值得肯定的。再者这与张艺谋超生被罚并不是两个同质的事情。虽然计划生育政策社会上有异议，但这是个复杂的国策问题，不能简单定性为不合理政策。因此张艺谋被罚依据的政策还是相对合理的，这个论据无法有力地论证校规不合理但在修改前却仍要执行这个观点。

真实性是新闻评论文章的生命，这就要求证明论点的论据必须完全真实。持之有据，才能言之成理。评论文章要求观点正确，论据真实可信，然后运用一定的论证方法，像一条线，把需要的论据围绕着论点组织起来，贯串起来，使得论点突出且具有说服力。如果论点错误，无论用什么材料都不能证明。如果论据是虚假的，就可能产生这样的情况：论点正确，而论据虚假，那么就不可能完全有力地证明论点的正确性；论点本身错误，而论据又是虚假的，那么一方面论据不能证明论点，而如果使用某种巧妙的方法，表面上证实了论点，那么这个论点和结论就会越加错误和荒谬，因为它是反逻辑的，具有主观随意性，根本不符合事物发展的规律。

准确除了与真实相联系外，还有两方面的含义：第一，文章所使用的论据，特别是第二手材料，必须认真考察或核对原著，保证确凿可靠。一些数据和统计报表务必进行认真校准，不致产生差错。虽然报刊评论一般不必注明引文的出处，但对引用的原文包括经典著作、报纸杂志或有关文件必须认真核对。这是为了论证的需要，因为真实的论据才能准确地证明论点。第二，也是最主要的，就是论据要确切地表现主题，证明论点，保证论据与论点的一致性。也就是说，如要证明一个观点就非用这些论据不可；或者反过来说，只要这几条论据就会自然地推断出这个结论。这种一致性，是内在的逻辑上的一致，而非观点加例子式的随意牵连、比附。

例如，《请不要辜负这个时代》这篇帖子的写作用意是"为饱受了百年污蔑的民族和国家正本清源。"该文在网络上点击率很高，它的压缩版也付诸报端，2013 年的 7 月 11 日，举行了《请不要辜负这个时代》博文座谈会，随后的第二天，人民网"强国论坛"邀请作者与网民交流。随即，访谈内容被命名为《我们不容放弃的使命》在网络上传播。这篇文章在立意和主旨上是很好的，但仍有一些值得商榷的地方。逻辑表达上还需完善，论据在准确性方面也需提高。

《深圳晚报》2006 年 7 月 6 日刊发的评论《"孔子不如章子怡"的是与非》，是针对媒体报道的"孔子不如章子怡"的观点而展开论述的。文章观点鲜明，论证也很充分，是一篇好评论。但实际上"孔子不如章子怡"这句话的来源和出处是需要仔细考证、核实的，原作者只是表达了文化传播既要重视高端文化的作用，也要注重大众文化的作用，而没有将两种不同性质的文化进行比较，更没有作出违反常识的判断，这一点应在写作时予以重点关注。

论据证明论点要充分，在形式逻辑上，就是要满足充足理由律的要求。首先，论据的全体即每条论据都必须足以证明论点的正确性；其次，论点的真理性不能仅限于间接论据的证明，更重要的是要有直接论据的证明。即是说，证明论点不能仅限于理论论据，更重要的是要有足够的事实论据的证明。新闻评论虽然不规避历史的事实论据，但由于它的新闻性的要求，因此更侧重于运用以现实生活中的新闻事实作为论据，这样更会充分地证明论点的正确。

典型的材料，是指最有代表性的，最能反映事物的本质，最有说服力的材料。要证明论点，须在大量真实、准确的材料的基础上，选择最典型的材料作为论据，尤其是事实论据更应该是真实、典型而概括的。

例如，毛泽东同志写的《别了，司徒雷登》一文，在证明"我们中国人是有骨气的"这一论点时，举出了这样两个事实："闻一多拍案而起，横眉怒对国民党的手枪，宁可倒下去，不愿屈服。朱自清一身重病，宁可饿死，不领美国的'救济粮'。"作者选取闻一多和朱自清两个典型，就因为他们的行为能证明中国人有骨气。证明中国人有骨气，古往今来的事实材料有很多。但在1949年8月，毛泽东同志为新华社写的针对美国国务院白皮书和艾奇逊信件的评论中，选择当时最有影响的两位著名民主战士闻一多和朱自清作为典型论据，不仅能有力地证明论点，而且还会使那些当时还是糊涂的"自由主义者和民主个人主义者"受到极大的震动，从而产生巨大的说服力。典型材料在形式上最富特征，而在实质上最能反映一般，通过典型反映一般规律，能使文章内容精辟，逻辑严密，以少胜多，这是常用的作文之道。

再如胡适1932年6月27日在北京大学毕业典礼上的致词，其中谈到毕业生走上社会后要有信心这一话题。

第三个方子也只有一句话："你总得有一点信心。"我们生当这个不幸的时代，眼中所见，耳中所闻，无非是叫我们悲观失望的。特别是在这个年头毕业的你们，眼见自己的国家民族沉沦到这步田地，眼看世界只是强权的世界，望极天边好像看不见一线的光明，——在这个年头不发狂自杀，已算是万幸了，怎么还能够希望保持一点内心的镇定和理想的信任呢？我要对你们说：这时候正是我们要培养我们的信心的时候！只要我们有信心，我们还有救。古人说："信心（Faith）可以移山。"又说："只要功夫深，生铁磨成绣花针。"你不信吗？当拿破仑的军队征服普鲁士占据柏林的时候，有一位穷教授叫做菲希特（Fichte）今通译"费希特"，社科院哲学所梁志学先生译有《费希特选集》（已出至第五卷）的，天天在讲堂上劝他的国人要有信心，要信仰他们的民族是有世界的特殊使命的，是必定要复兴的。菲希特死的时候（1814），谁也不能预料德意志统一帝国何时可以实现。然而不满五十年，新的统一的德意志帝国居然实现了。

一个国家的强弱盛衰，都不是偶然的，都不能逃出因果的铁律的。我们今日所受的苦痛和耻辱，都只是过去种种恶因种下的恶果。我们要收将来的善果，必须努力种现在的新因。

一粒一粒的种，必有满仓满屋的收，这是我们今日应该有的信心。一分耕耘，一分收获，这是初涉人世的青年都有的想法，但现实往往是劳而无获，因此理想也就丧失，心灵也就麻木了。

我们要深信：今日的失败，都由于过去的不努力。

我们要深信：今日的努力，必定有将来的大收成。

佛典里有一句话："福不唐捐。"唐捐就是白白地丢了。我们也应该说："功不唐捐！"没有一点努力是会白白地丢了的。在我们看不见想不到的时候，在我们看不见想不到的方向，你瞧！你下的种子早已生根发叶开花结果了！

你不信吗！法国被普鲁士打败之后，割了两省地，赔了五十万万法郎的赔款。

这个例子无数次地被胡适用来证明"科学可以救国"，但是当时的现实是残酷的，连一张平静的书桌都放不下，哪里还能指望"科学"能救国！这时候有一位刻苦的科学家巴斯德(Pasteur)终日埋头在他的试验室里做他的化学试验和微菌学研究。他是一个最爱国的人，然而他深信只有科学可以救国。他用一生的精力证明了三个科学问题：(一)每一种发酵作用都是由于一种微菌的发展；(二)每一种传染病都是由于一种微菌在生物体中的发展；(三)传染病的微菌，在特殊的培养之下，可以减轻毒力，使它从病菌变成防病的药苗。——这三个问题，在表面上似乎都和救国大事业没有多大的关系。然而从第一个问题的证明，巴斯德定出做醋酿酒的新法，使全国的酒醋业每年减除极大的损失。从第二个问题的证明，巴斯德教全国的蚕丝业怎样选种防病，教全国的畜牧农家怎样防止牛羊瘟疫，又教全世界的医学界怎样注重消毒以减除外科手术的死亡率。从第三个问题的证明，巴斯德发明了牲畜脾热瘟的疗治药苗，每年替法国农家减除了二千万法郎的大损失；又发明了疯狗咬毒的治疗法，救济了无数的生命。所以英国的科学家赫胥黎(Huxley)在皇家学会里称颂巴斯德的功绩道："法国给了德国五十万万法郎的赔款，巴斯德先生一个人研究科学的成绩足够还清这一笔赔款了。"

巴斯德对于科学有绝大的信心，所以他在国家蒙奇辱大难的时候，终不肯抛弃他的显微镜与试验室。他绝不想他的显微镜底下能偿还五十万万法郎的赔款，然而在他看不见想不到的时候，他已收获了科学救国的奇迹了。

朋友们，在你最悲观最失望的时候，那正是你必须鼓起坚强的信心的时候。你要深信：天下没有白费的努力。成功不必在我，而功力必不唐捐。能够永远有这样的信心，自然也是好的①。

---

① 郭春萍：《走上不病民不浪费的大路》，111页，西安，陕西人民出版社，2013。

　　讲话用了古今中外 5 个充分而典型理论和事实论据，特别是"菲希特"和"巴斯德"的例子非常切合时代特点，不仅使观点可信，而且展示了大师开阔的认识视野。

思考和练习

　　1. 请选择一篇或数篇新闻评论，找出其中判断、叙述的部分，并指出是事实判断还是价值判断。

　　2. 阐述事实判断和价值判断的区别和联系。

　　3. 简述论据的种类和写作要求。

第六章　新闻评论中的论证

由前述可知，新闻评论的论点在本质上是一种判断，这就是说判断不是突如其来的，它必须有依据和路径，否则无法成立和令人信服。而依据就是我们前文讨论的论据，路径则是我们从论据得出论点的过程和方法，就是论证。论证属于人的逻辑思维过程，这个过程要借助于概念、判断、推理等理性思维形式。"不管新闻评论有什么特殊性，作为一种议论文体，它的论证过程也就是逻辑推理的过程"①。逻辑学是系统研究逻辑推理的学问，其研究的核心问题是推理和论证，区分正确推理与不正确推理的方法和原理，确立正确推理的客观标准，使之能够检验论证，把好的论证和差的论证区别开来。因此我们在讨论新闻评论中的论证前，不妨先了解逻辑学中一些关于论证的基本知识。

第一节　论证的概述

什么是论证？它的目的和功能是什么？我们来看看逻辑学中的相关阐述："论证就是增加一个命题（观点）的可接受程度"②。"论证就是运用一个（或一些）真实判断确定另一判断真实性的思维过程"③

上述界定告诉我们，论证的目的和功能是为了确立一个命题的真实性和可接受性而建立起来的。

管理得当的民兵组织对于一个自由国家的安全是必需的，因而人民保存和持有武器的权利不得受侵犯（《美国宪法》第二条修正案）。

这个命题组就清楚地含有一个论证，这个论证是因为人们对"人民具有保存和持有武器的权利"这个命题无法达成共识，具有争议性，才建立起来的。前一个命题的目的是为了加强后一命题的可接受强度。

如果一个语段中的命题，其真实性和可接受性是确定的，没有疑问的，那么即使一些相互关联的语段可能并不包含任何论证，即使含有"因为"、

---

① 范永康：《新闻评论学》，229 页，北京，人民日报出版社，1988。

② 周祯祥、胡泽红：《逻辑导论》，广州，广东高等教育出版社，2005。

③ ［美］欧文·M. 柯匹、卡尔·科恩：《逻辑学导论》，8 页，北京，中国人民大学出版社，2007。

"由于"、"因此"等结论性提示词，比如"所以它(那座塔)名叫巴别，因为耶和华在那里变乱天下人的言语"。

这个语段前后的关系就不是论证，而是解释，尽管它非常恰当地使用了"所以"一词。这个语段只是解释了这座塔为什么叫巴别。它告诉我们，之前人类在那里使用的是同一种语言，后来语言被耶和华改变并变乱了，所以给塔取了这样的一个名字。"巴别(Babel)"取自希伯来语，意为"变乱"。《创世纪》对巴别塔的建造过程有详细的叙述：大洪水灾难后，人类计划造一座塔通到天上。那时的天下人都讲一样的语言，都有一样的口音。由于大家语言相通，同心协力，高塔很快就直插云霄。耶和华为了阻止他们，悄悄地离开天国来到人间，改变并区别开了人类的语言，使他们因为语言不通而分散在各处，那座塔于是半途而废。

这段话假设读者知道那座塔有这个名字，且对此没有任何争议。意图是说明为什么给塔起这个名字。短语"所以它叫巴别"不是结论，而是完成了对这个名字的说明。

看一个特定的语段是论证还是解释，这取决于那个语段所服务的目的。如果我们的目的是要确立某个命题 A 是真的，为此我们提出某个证据 B 来支持 A，我们可以恰当地说"A 因为 B"，也就是说我们为 A 建立一个论证，B 是我们的前提。但是假设 A 是已知为真的。在这种情况下我们不必提出任何理由来支持它的真，但是我们希望对它为什么是真的给出一个说明。这样我们不是为 A 建立一个论证，而是给出一个对 A 的说明。

来炯《德语报刊评论的篇章理解研究》引述德国学者 Nowag 和 Scalkowski 的观点也表达了同样的意思："论证是对一个有争议的现象或观点进行辩论，通过不可争辩的论据证明某一观点是正确的；而解释是针对一个没有争议的行为或是事件的事实，说明其产生的原因、出现的方式以及行为人的目的，使得这一行为或是事件能为人所理解。"看所讨论的对象是否有争议性，且是为了消除这种争议提供支持，则是论证。如果讨论的问题没有争议，那么就是解释。

逻辑学和语义学强调论证与解释的区分，这个区分的意义是有意识地检验对一个有争议的论点是否真正做了论证。

而大多数新闻评论正是对有争议的、有待于证实的观点作出判断，并试图证明自己观点的正确性。当然有的新闻评论是从一个视角或多个视角对一个现象进行解释，剖析其产生的背景、原因及其影响，该种评论以解释性的话语为主，我们称之为解释性新闻评论。如果是前者，那么建立起符合逻辑的论证是至关重要的。

我们再来看论证的构成及相关命题间的关系。

"论证就是指谓任一这样的命题组：一个命题从其他命题推出，后者给前者之为真提供支持"，"一个论证的结论，就是以论证中的其他命题为根据所得出的那个命题，而这些其他命题，即被肯定（或假定）为接受结论的根据或理由的命题，则是该论证的前提。"①

由上述我们可以得知，每一个论证的构成都是由前提和结论组成的。结论与前提之间要有推论关系，即前提要给结论提供支持。例如，①在地球上最先出现生命时没有人存在。因此，②任何关于生命起源的陈述都应视为理论的而非事实的陈述。

上述是一个简单的论证，只包含一个推理，是由一个前提和一个从该前提推出或被它所蕴涵的结论构成的论证。①是前提，②是结论，它们两者之间存在推论关系。

但大多数的论证都比上述的论证复杂得多，它不是由一个推理组成的，而是由很多相同或不同类型的推理组成，同时这些推理之间又有清楚的内在联系。例如，①民主政体的法律一般保护最大多数人的利益，②因为它们源于大多数的公民，这些公民易犯错，但他们不会站在自己利益的反面。③相反，寡头政治的法律有助于将财富和权力集中在少数人手里，④因为从本质上看，寡头政治是由少数人建构起来的。因此可以断定，一般情况下，⑤民主政体的立法宗旨比寡头政治的立法宗旨对人类更有益（托克维尔：《美国的民主》）。

上例包含三个推理。结论出现在语段结尾，①和③两个命题直接支持结论⑤，而这两个命题又分别得到②、④两个前提的支持。语段中的众多命题，在导出结论的过程中都有一个清楚的逻辑作用，共同服务于整个语段的结论：民主政体的立法宗旨比寡头政治的立法宗旨对人类更有益。

综上所述，论证就是运用真实的或者至少是可以接受的理由，去证明某个论点或结论的思维过程及其语言表述形式。

我们再来看看论证与推理之间的关系。

论证是推理的应用，推理是论证的工具，任何一个论证都要借助于推理才能进行。但两者之间又有一些区别。

---

① ［美］欧文·M·柯匹、卡尔·科恩：《逻辑学导论》，8页，北京，中国人民大学出版社，2007。

第一，认识的过程不同。论证是先有论题后找论据，再用论据对论题进行论证。推理则是先有前提，由前提推出结论。

第二，要求的侧重点不同。论证的着重点是论据和论题的真实性。而推理则强调的是推理形式的有效性。论证的结构通常比推理复杂，它往往是由一系列的推理形式构成的。

第二节 新闻评论中常用的逻辑方法

任何一个论证都要借助于推理，因此推理常用的逻辑思维方法和规则同样适用于论证，当然也适用于新闻评论中的论证。

根据思维进程的方向性、前提和结论间的关系，推理通常分为演绎推理、归纳推理以及类比推理。演绎推理是从一般性的原理出发，推导出某个特殊情况下的结论，是一种从一般到个别的推理，前提和结论之间具有必然性。归纳推理是根据个别或特殊性的论断推导出一般性的结论，是一种从特殊到一般的推理，前提和结论之间具有或然性。梁启超曾形象地解释演绎与归纳的区别。

演绎法者，据总以推分，归纳法者，由分以示总。如云：凡绕日者，皆行星也。地球绕日者。故地球行星也。此演绎法也。

如云，金星者，行星也，绕日者也。木水火土星乃至天王海王星，皆行星也，绕日者也。今地球亦与彼七星，全同一现象也。故地球亦行星也，绕日者也。此归纳法也。

类比推理是根据两个或两类事物在一系列属性上的相同或相似，推出它们在其他属性上也相同或相似，是一种从特殊到特殊的推理。前提和结论之间具有或然性。

演绎推理是一种最常见的有效性较强的论证方法，它具有以下几个特点：演绎推理的前提是一般性的原理，而结论是个别的判断。一般性的原理包括科学原理、定理、定律或其他能被接受或信服的真实判断。演绎推理的前提与结论之间的联系具有必然性，也就是说只要前提正确，推理的方法正确，结论也必然正确。演绎推理形式上经常采用三段论的模式

三段论是演绎推理的基本形式。它由两个包含着一个共同项的性质判断推导出一个新的性质判断的推理。任何三段论都由三个性质判断组成，两个是前提(包括大前提和小前提)，一个是结论。当大前提和小前提发生联系的时候，才能得出有效的结论，比如下面的例子。

　　喜马拉雅山脉在过去的地质年代里曾经是海洋地区。因为地质普查探明，喜马拉雅山脉的地层中遍布珊瑚、苔藓、海藻等化石。而地质学已经证明，凡是有水生物化石的地层，都是地质史上的海洋地区。因此，可以得知，喜马拉雅在过去的地质年代里曾经被海洋淹没过。

　　上段文字也运用了三段论演绎推理。

　　凡是有水生物化石的地层，都是地质史上的海洋地区（大前提，已知的判断）。

　　喜马拉雅山脉的地层遍布珊瑚、苔藓等化石（小前提，已知的判断）。

　　所以，喜马拉雅是地质史上的海洋地区（结论，由已知判断得出的新判断）。

　　三段论的公理是：一类事物的全部是什么或不是什么，那么这类事物中的部分也是什么或不是什么。换句话说，如果对这类事物的全部有所断定，那么对它的部分也就有所断定。两前提和结论之间的联系实际上就是事物的整体与部分之间的关系。

　　所有人都会死的（大前提，已知的判断）。

　　苏格拉底是人（小前提，已知的判断）。

　　所以苏格拉底会死的（结论，由已知判断得出的新判断）。

　　演绎推理是新闻评论写作中用得最多的一种方法。新闻评论中的演绎推理就是要从一个社会普遍接受的价值知识或科学知识中推出对新闻事件的判断。例如，陈布雷民国元年（1912 年）撰写的时评《战机动矣》，开头就用了个演绎推理。

　　两军开战，以召回公使为决裂之见端，今清廷已将唐绍仪开去差使，此其意可知。

　　这篇评论的写作背景是 1911 年的南北议和。当时被袁世凯操纵的清政府，派唐绍仪前往南京与南方革命党人进行谈判。"两军开战，以召回公使为决裂之见端"，是现代军事外交关系的公理，而默许共和制的唐绍仪却被撤职，由此推出袁世凯不会真正赞成共和制，其政治态度是随时准备开战。

　　再看《光明日报》2015 年 9 月 21 日刊发的新闻评论《文学奖不是阅读选择的唯一依据》。

　　实际上，文学鉴赏有一个公认的规律，那就是见仁见智，一千个读者就有一千个莎士比亚。同样一部作品，基于读者不同的人生阅历、性格禀赋乃至阅读爱好，会产生不一样的阅读感受，一部分读者认为优秀，另一部分读者却认为不过如此，这是文学鉴赏活动中的一种常见现象。正是由于这个缘故，世界上包括诺贝尔奖在内的文学奖，每次公布得奖作品后都会在文坛上产生激烈争议，不像自然科学奖那样基本上可以一锤定音。目前，我国每年发表、出版的长篇小说有一千多部，茅奖作为每4年评选一次的奖项，要在几千部作品中遴选出5部作品授奖并得到公认，实际上是非常困难的，甚至可以说，这一评选结果只是更多地反映了评委的眼光。

文章选择一个社会普遍认可的原理："文学鉴赏有一个公认的规律，那就是见仁见智，一千个读者就有一千个莎士比亚"，作为茅盾文学奖存在争议的前提和论据。

在新闻评论中，如果使用三段论的方法，就是把新闻事件当作小项，把普遍的知识和经验作为大项，通过一个共同的中项将两者联系起来，对新闻事件做出具有某种性质的个别判断。新闻评论要做的就是论证新闻事件属于这一类的事物（小前提），因此也具有同样的属性。我们以下文为例来加以说明。

餐馆宰客，派出所果真无权处理？①

刘　高

青岛"38元大虾"事件，迎来新进展：据@青岛市北发布，物价部门已责令涉事烧烤店退还非法所得，并依法进行立案查处。

公然宰客的"38元大虾"事件，在媒体曝光、舆论高压下，迅速得到解决。回头看这起事件，有个情节耐人寻味，那就是"有麻烦找警察"民谚的难以奏效：事发时，游客发现被宰后选择了报警，但到场警官却称，事情管不了，这属于价格纠纷，他们没有执法权，并建议打工商部门电话，然后便走了。可因宰客引发的纠纷，相关警方真的无权处理吗？

所谓宰客，就是让顾客以远远超过其真实价值的价格购买商品或服务。由于此种交易明显的不公平性，往往同时伴随着暴力或暴力威胁，否则不足以逼迫顾客"就范"。宰客行为不仅破坏了市场秩序，还涉嫌侵犯了顾客的人身及财产权利，理应进入法律规制的范畴。无论在主观方面还是客观方面，它均符合敲诈勒索的构成要件。

《刑法》第274条规定：敲诈勒索公私财物，数额较大或者多次敲诈勒索的，处三年以下有期徒刑、拘役或者管制，并处或者单处罚金。根据相关司法解释，敲诈勒索2000元以上属于"数额较大"。据此，如果宰客行为数额

---

①　载《新京报》，2015-10-07。

超过了 2000 元，那涉事派出所不仅要查处，且应将其作为刑事案件立案侦查。

那如果数额未超过 2000 元呢？也有查处依据。《治安管理处罚法》第 49 条规定："盗窃、诈骗、哄抢、抢夺、敲诈勒索或者故意损毁公私财物的，处五日以上十日以下拘留，可以并处五百元以下罚款；情节较重的，处十日以上十五日以下拘留，可以并处一千元以下罚款。"

可见，对于宰客行为，无论是一般性治安违法，还是情节严重的犯罪，法律都赋予了派出所进行相应处理的职权，它也应该依法执法。

国庆期间一游客在青岛一家餐馆就餐，点单时按份结算的一盘 38 元青岛大虾，结账时成了按个数结算，最后店家把一盘虾卖到 1000 多元。报警后，到场的警察说无权处理。上述新闻评论的论点是餐馆宰客警方应当有权处理。由于法律明文规定，敲诈、勒索警方有权处理，文章首先要证明宰客也是一种敲诈勒索。文中用了三段论式推理：敲诈勒索罪是指以非法占有为目的，对被害人使用威胁或要挟的方法，强行索要公私财物的行为，这是大前提，在文中是省略的。宰客以非法获取财物为目的，且伴随着暴力或暴力威胁，这是小前提，由此推出宰客是一种敲诈勒索。接着，又用一个三段论来论证敲诈、勒索警方应当处理。法律明文规定敲诈、勒索涉事派出所要查处，数额超过 2000 元的立案侦查，不超过 2000 元的要治安处罚，这是大前提。"38 元大虾事件"就是上述中的一种敲诈、勒索，所以派出所有权处罚。

归纳推理是以某类思维对象中个别对象具有或不具有某属性为前提，推出该类全部对象也具有或不具有某属性为结论的推理。

俄国科学家罗蒙诺索夫的《关于热和冷原因的探索》一文，有这样一个推论："我们摩擦冻僵的双手，手便暖和起来；我们敲击冰冷的石块，石块能发出火和光；我们用锤子不断锤击铁块，铁块也可以热到发红，由此可知：运动能产生热"。这个推论就是运用归纳推理的办法得出的。

与演绎推理的从一般到个别不同，归纳推理的思维进程方向是从个别到一般。前提与结论之间没有必然性，前提和结论之间是或然的，即前提为真，结论可能为真。例如，我们尽管迄今为止所看到的天鹅是白的，我们也不能保证全称命题"所有天鹅都是白的"一定为真，因为只要某一天发现一只黑天鹅，这一命题就被证伪了。尽管这一归纳法还是人类将已知知识扩大到未知领域的重要方法。再者如果所述事实具有普遍性和一定的典型性，并且对此事例进行深入分析，归纳推理可以增加结论的说服力。

新闻评论中，我们经常运用归纳推理的方法对一个新的具体事实进行判断。

当我们对一个新的事实进行判断，较难概括出其属性或特点时，我们可以联系以前发生过的多个类似的事实，对其作概括归纳，由此得出一个具有一般性的判断，再将这个一般性的判断用于作为新闻的具体事实。这实际上就是一个归纳加上演绎的思考过程。下面这篇评论就采用了这样的论证方法：

"很黄很暴力"事件背后的文化怪胎①

麦 田

近日，在《新闻联播》一则关于国家发布《互联网视听节目服务管理规定》的报道中，一名 13 岁的女孩接受采访时称有些网页"很黄很暴力"。随之网上出现大量讨论帖，将小女孩的个人情况公布出来，甚至把她恶搞成准色情漫画、打油诗等，成为年初网络文化一大奇观。

"很黄很暴力"事件的发生并非偶然，这是网络风行（blog）的"BT 文化"结下的又一个"怪胎"。

最近几年来，以互联网为平台引发广泛讨论的社会现象为数不少，通过网络进行事件传播的模式已经渐渐成熟。其中有一类网络平台总是产生一种针对普通人而展开的热点。比如 2003 年恶搞小胖（听歌）事件、2006 年铜须门事件、2006 年虐猫事件等。在这个文化背景下，"很黄很暴力"事件能够在某个论坛上引爆，关键在于小姑娘说的这句话和那句著名的网络流行语"很好很强大"句式相同，从而引起网民关注。他们压根没在意央视，他们在意的仅仅是"很黄很暴力"这样的文本。这些用户从来追求的不是事件的"意义"，而是玩弄"文本"（图片）的快感，乃至于"玩人"的快感。

这种"BT"网络文化走到今天，经过了三个阶段：有趣—无聊—群体暴力。相应的，其上活跃的网友构成，也呈现"有趣的宅男宅女"—"无聊的大众"—"暴力攻击性的群体"。

早年的"BT"网络文化其实是一个小圈子，或者说"青春期亚文化群体"。其实无论有没有互联网存在，都存在"青春期亚文化"现象，其典型表现是一群年轻人因为某一个非主流的聚合，由此对抗成年人的社会，比如古惑仔。而当年网络论坛的"BT"亚文化其实是日式"宅男"文化，一种基于卡通动漫

---

① 载《新京报》，2008-10-10。

的文化，有两个特点，第一是对"文本"的敏感和解构（即"无厘头"）；第二是对自我的高度认同，趋向自恋。这个阶段其实是由一群聪明、有个性的网友组成，因而比较"有趣"。到 2004 年，论坛进入无聊阶段。这是网站自然发展的结果，人越来越多，不可能再维持一个"亚文化"的"小群体"，必然走向大众，大众喜欢噱头，由此也变成"无聊"的论坛。"无聊"不是错，但随着一些公众论坛的身份进一步转变，商业价值日益突现，才发生了某些极端事件。比如 2006 年初爆发的"铜须门"。在这一事件中，站方反复将帖置顶推荐。正是由于这种默许，甚至鼓励，才使得后来继续出现类似事件——全部是针对普通人：以真假难辨的事实，行道德判断之高标，聚匿名不负责之群众，曝普通人之隐私——所有事件，全部是被煽动的弱势网民，去伤害更弱势的个体。

让群众去斗争群众，让弱者去攻击更弱者，让谎言去揭露谎言，让流氓去批判强权——这就是我所观察的当下普遍的网络事件。

从更开阔的一个视野看，将近十年来，我观察到很多做大的 BBS 平台都走不出一个怪圈：有趣—无聊—群体暴力。但我个人非常希望如今那些热门 BBS 网站能走出这个怪圈。因为这个怪圈走到黑，我不认为它具有真正的商业价值，更不认为它具有媒体价值。

有的网络论坛其实是媒体，它通过编辑手段，让所有网友关注某个特定的板块。所谓媒体性，不在于内容是否是用户产生，而在于是否有编辑刻意、主观引导。很多网络 BBS 其实从媒体性上得到商业利益，但发生了事情却推卸责任，推说是网友自发讨论——这种逻辑是很荒谬的。

当网络的"BT 文化"发展到欺负一个才 13 岁的女孩时，无疑值得深思。

这篇评论中，作者用互联网 2003 年恶搞小胖（听歌）事件、2006 年铜须门事件、2006 年虐猫事件等事实，归纳出新闻事件发生的背景和"BT 文化"的特点，即这类网络传播针对普通人展开，追求的不是事件的"意义"，而是玩弄"文本"（图片）的快感，乃至于"玩人"的快感，由此来对"很黄很暴力"事件的发生作出判断："事件的发生并非偶然，这是网络风行（blog）的'BT 文化'结下的又一个'怪胎'，是 BT 文化暴力攻击的体现"。

归纳法的使用适用于社会中还没有出现公认的普遍性结论的情况，特别是对某种社会现象的提出和概括。如果这时候能对一类事物进行观察、分析和比较，则会概括归纳出新的知识和见解。

餐饮、重工、地产类企业纷纷并购影视公司。今年的上海国际电影节先期宣布，将首度试水"完片担保"，探索影视金融产品合作新模式。马云的阿里巴巴甫一涉足影视产业已有人惊呼，中国电影产业已到了变革的分水岭和更新换代的转型期。一度被资本冷落的文化，一时间成为香饽饽。

文化与资本的关系，从没像今天这般紧密相连。多年以来，人们都希望能为相对羸弱的文化产业插上资本的翅膀，借力飞翔。如今，资本竞逐文化产业，双方互动进入蜜月期，让人期盼未来文化产业的爆发式增长。

蜜月伊始，矛盾也开始凸显。去年影视并购火力全开，却被圈内人诟病为全年没出一部大作品；上海音乐厅甫一与德国某音响品牌达成冠名协议，就被作曲家质疑为"出卖祖姓"；《功甫帖》的真伪之争近日则上升到了法律层面……

对文化而言，资本意味着什么？优秀文化产品的生产，需要强大的资本支撑。资本与文化产业的联姻，有利于加速推动行业整合，提高产业层次与准入门槛，将小舢板迅速打造成大舰船甚至是跨界整合产业资源，引导文化产业向更成熟、更市场化的方向发展。这是资本最擅长的事，也是资本最核心的行业贡献价值所在。从另一角度来说，资本发展到一定层级之后，同样需要文化的提升。资本与文化的携手同行，正是双方发展到一定阶段的必然选择，两者并不对立，反而能互利互惠。

不是说有了资本，文化就一定能蓬勃发展，也不是简单地堆积资本，就能打造出文化产业航母。资本的运作无法取代文化的积淀。资本解决不了一个行业的深层动力，也无法构成该行业的核心竞争力。要发展文化，还是必须苦修内功。"好风凭借力，送我上青云"，或许能换来一时的精彩，但无法培育出厚重的文化土壤，形成切实的文化价值。在这一点上，国内电影市场中不少拉来巨额投资却换来惨淡票房的影片，便是先例。

不仅如此，在借力资本的同时，我们同样不要忘了资本的出发点是什么。资本以逐利为天性。典型的资本逻辑，是在商言商，实现更大的价值。资本主导的市场，鲜有讨论思想价值、作品质量、历史真伪，关心的是数字，在意的是利益。事实上，资本角逐文化产业，也是出于趋利的本性。倘若一味以资本的指挥棒来指导文化的发展，只会将文化的从容淡定卷入资本的漩涡中，资本的急功近利最终还能让文化变味乃至变质。

别让资本绑架了文化。文化是脆弱的存在，只有细心呵护，才能健康成长。文化需要资本，却又不能受制于资本。英国文化学家泰勒将文化形容为"人类在社会里所得一切的能力与习惯"。它是一个多样而复杂的系统，不是简单能以资本来加以解释或代为运转的。资本与文化之间，注定只能相互影响、互为助力，决不能相互替代。①

文化与资本融合是近两年中国文化界最瞩目的现象，作者敏锐地注意到文化发展繁荣过程中存在"文化被资本绑架"这一社会问题。这种认识和判断的结果是作者从资本与文化的几起典型的矛盾事件中自己归纳出来的。这些矛盾广泛分布在影视、音乐、书画等影响较大的文化领域，对观点有较强的支撑作用。作者正是用归纳法得出了其他评论者尚未发现的问题，体现了作者的前瞻性思考，具有较强的启发意义。

类比推理是根据两个或两类对象有部分相同属性，从而推出它们的其他属性也相同的推理，简称类推、类比。它是以关于两个事物某些属性相同的判断为前提，推出两个事物的其他属性也相同的结论的推理。其一般的形式是：A（类）对象具有属性 a、b、c、d，B（类）对象也具有属性 a、b、c，则 B 类对象也具有属性 d。②

一些人认为教师资格测验是不公正的双重测试，"教师已经是大学毕业生，"他们说，"他们为什么还要被测试？"其实这很简单。律师是大学毕业生，而且还是职业学院的毕业生，但他们不得不参加律师资格考试。还有其他大量的行业，如会计、精算师、医生、建筑师等，这些行业对想成为其成员的人都要求参加并通过资格考试，以证明他们的专业素质。没有理由说明教师不应当被要求做同样的事情。

上面这段文字就运用了类比推理。从律师是大学毕业生，会计、精算师、医生、建筑师等都是大学毕业生，这些人都被要求参加并通过资格考试，推导出同是大学毕业生的教师也应参加并通过资格考试。

从思维进程来看，类比推理的思维方向表现为从个别到个别。从前提和结论的关系来看，两者也没有必然性的关系，而是或然的。因为类比推理是把某类对象所具有的属性推广到与之相似的另一类对象上去，因而得出结论的范围也超出了前提的范围，所以，类比推理的前提并不蕴含结论，从前提的真实，不能必然推出结论的真实。类比推理可以为人们提供认识事物的新途径。康德曾说："每当理智缺乏可靠论证的思路时，类比这种方法往往能引导我们前进。"③

---

①　节选自曹珍娟：《别让资本绑架文化》，载《人民日报》，2014-06-05。

②　陈波：《逻辑导论》，240页，北京，中国人民大学出版社，2010。

③　转引自杜涛：《新闻评论：思维与表达》，205页，北京，知识产权出版社，2013。

　　类比推理也是新闻评论常用的论证方法。《南方周末》刊发的《犯不着跟CNN的卡弗蒂一般见识》就采用了类比推理的方法。

　　最近，因 CNN 时事评论员杰克·卡弗蒂据说侮辱了中国人，部分海外华人和国内民众强烈要求 CNN 道歉并开除卡弗蒂。这让我想起一年前的往事。CBS 节目主持人唐·艾姆斯说拉特格斯大学黑人女篮球员是"卷发妓女"（nappy-headedhos），这一评论触及了黑人天生卷发的生理特征，立即引起广泛抗议。一周后，CBS 吊销了艾姆斯的节目。

　　不久，即有一位侨社朋友向我抱怨：美国人就是欺负华人，对"中餐馆里吃到老鼠肉"之类的报道，为什么我们的抗议反响很小，而艾姆斯一周就被开除？

　　我说：上帝在细节中。我们来具体分析艾姆斯事件的方方面面，看看与你讲的"辱华"事件有什么相同和不同之处。当时大致谈了下面五点。

　　第一，艾姆斯的指向很明确，就是指那几个女篮队员。

　　第二，艾姆斯并不是第一次，他有发表涉嫌种族歧视和性别歧视言论的大量前科。

　　第三，注意上段有两个"歧视"，并不单是种族歧视，还有性别歧视。而且双方权力极不平衡。一个成名男人在电视里用下流话污辱一群无名女孩，这触犯了美国人的基本道德感。因此，抗议艾姆斯，并不只是一个黑人运动，而是近于全民运动。美国主流大报的很多白人专栏作者都说话了。

　　而且，看这些作者的具体论述，有的文章，种族歧视只是炸酱面上的浇头，真正的货料是说那些女孩出身贫寒，很多来自单身母亲家庭，她们奋斗到这一地步很不容易——她们不应该被艾姆斯如此责骂的原因，并不只是她们的种族身份。

　　第四，美国黑人也不是千人一面、千口一词的，很多黑人对是否抗议艾姆斯有保留。比如，电视明星比尔·科斯比老爹。老爹经常在各地讲演：建议黑人不要把问题都推在"种族歧视"上，关键是改善自己。这老爹是条汉子，颇有孔老夫子"君子求诸己，小人求诸人"的古风。

　　最近有个最受黑人尊重的黑人名流的调查，老爹位居第二，仅次于美国最负盛名的电视女主持人奥普拉·温弗里。民主党总统竞选人贝拉克·奥巴马第三，还排在老爹后面。如此盛名之下，老爹并没有站出来谴责艾姆斯。

　　国务卿赖斯，最高法院大法官托马斯，还有那个一进美国最大公立大学系统加州大学董事会后就建议取消招生平权措施的沃德·康纳利，黑人名流里，其实是温和甚至保守得多。这也不奇怪，相信个人努力的人，肯定比喜欢责怪别人的人更可能成功。反对制度性歧视，尿急时非要你到对街的有色人种厕所去，是黑人都会反对。但是，非要开除艾姆斯，搞这种针对个人的"政治正确"，那些自信心很强的成功人士却未必感兴趣。

第五，不但科斯比老爹他们不搞针对个人的"政治正确"，拉特格斯大学的黑人女篮队员在艾姆斯第一次道歉时就很大方地原谅了他。

侨社朋友当时讲的事件，只有中文报纸才有，现在一时无从查找。上述五点，还是和这次的卡弗蒂事件比较吧。

前三点可以说是策略问题。卡弗蒂是在谈论中美关系时说他们是"一帮暴民和匪徒"，他的英语原话里并没有"中国人"一词，"他们"的指向也不明确。

第二点，卡弗蒂没有艾姆斯那种在电台和电视里讲胡话三十年的前科。美国人往往原谅第一次犯错，不悔改的重复才会激起愤慨。

……

记得我当时给侨社朋友的建议是：第一，突破口要选准，辩护空间很大的，不妨留着以后算账；第二，要建立事件年表，听到不舒服的话，打个电话发抗议，然后记在年表里，积累多了，就是其人有"辱华"习惯的证据；第三，发难时要选那种同时也触犯了美国人道德感的事件，与绝大多数正直的美国人结成尽可能广泛的统一战线。

……

卡弗蒂事件，就算打胜了，CNN请他走人，这"胜利"是否能照顾全局、照顾北京奥运的下一战略阶段？国人可能以为美国人都看CNN，其实，只有少数在英语里称作"政治吸毒者"的人才会追看CNN，大部分美国人的国际"知识"来自上下班开车时收听的电台广播和晚间电视脱口秀……

其实，也可以像前面第四点说的那样，学学科斯比老爹，根本不理这号人。第四和第五两点是讲战略选择。克林顿请黑人女诗人玛雅·安杰洛在他的就职典礼上朗诵诗歌之后，艾姆斯扭着屁股说：让你们亲亲我的大黑屁股。难道安杰洛会理他？每年年底的盖洛普调查，安杰洛都进入美国人"最欣赏女性"前十名。以她的崇高地位，跟艾姆斯这种人较真，都觉得掉份儿。

或者，学学拉特格斯大学那些黑人女篮队员：接受你的或许不那么诚恳的道歉，让这件事过去，我们只想好好打球。《洛杉矶时报》的社论说：她们的表现是事件转折点，她们显示的尊严和风度，证明了艾姆斯在说谎，她们绝不是妓女。这些女孩子的风度，反而促成了艾姆斯的出局。

这种事，说到底，我相信毛主席：让人讲话，天不会塌下来，无非就是被人骂嘛，共产党是骂不倒的。我们也可以用自己的风度，证明卡弗蒂在说谎，从而让事件过去，好好迎接奥运。①

　　这篇评论由卡弗蒂辱华事件联想到了 CPS 节目主持人唐·艾姆斯侮辱黑人女篮队员事件，这两个事件是同类的事件，具有较强的可比性。两人都是知名媒体很有影响力的主持人，都涉嫌种族侮辱和歧视。所以前一起事件主持人被如何处理，受辱群体和个体的反映及对策对后一起事件来说是具有借鉴作用的。文章详细分析了这两个事件的差异，令人信服地解释了 CNN 为何没像 CBS 那样开除卡弗蒂。同时用类比推理的方法，由黑人精英对待艾姆斯事件的态度和办法，推导出华人对于卡弗蒂辱华事件可采取的态度和策略。既可以像电视明星比尔·科斯比老爹、国务卿赖斯、最高法院大法官托马斯等黑人精英一样，不把问题都推在"种族歧视"上，提倡改善自己，不理睬这号人，不搞针对个人的"政治正确"，也可以像黑人女篮队员那样，用自己的风度和尊严击退这种谎言。再或者可以选准突破口，平日注意收集其"辱华"的证据，并选那种同时也触犯了美国人道德感的事件，时机成熟时再发起进攻。文章不是只作那种喊口号式的无用讨伐，而是运用类比推理为解决问题提供了切实可行的办法。

　　为了提高结论的可靠性，类比推理应当尽可能做到以下几点：尽量增加两个事物据以类比的相同属性的数量。在前提中确认的相同属性应尽可能是事物的本质属性。在前提中确认的相同属性与推出属性之间应有联系。我们拿第二十届中国新闻奖一等奖获奖评论《不是所有弯道都是超越好时机》来分析类比推理方法的具体运用。

<h3 style="text-align:center">不是所有弯道都是超越好时机②</h3>

孙秀岭

　　最近，有个"弯道超越"词汇很时新，诸如"正是弯道超越时"、"超越常在弯道处"等等，常见诸媒体。

　　"弯道超越"，原本是赛车上的一个术语，指参赛车手在拐弯处比直线跑道上更易超越对手。有人认为，金融危机让世界经济处在了"弯道"上，此时正是跨越发展、超越对手的良机。应当说，经济发展上的每一次危机，都

---

① 节选自吴澧：《犯不着跟 CNN 的卡弗蒂一般见识》，载《南方周末》，2008-05-01。
② 载《大众日报》，2009-04-13。

是产业重新布局、企业重新洗牌，新机遇不断涌现的重要时期，以"弯道超越"比喻危中之机，有振奋精神、鼓舞士气的功效。但算算如下几笔账我们能够看到，这种说法也只能算是一种比喻。

成本消耗账。一般情况下，有经验的驾驶员不会弯道超越，他们知道弯道超越更加耗油，更易磨损发动机和轮胎，损耗车辆寿命。赛车选手敢于弯道超越，很大程度因为这本是"烧钱运动"，可以不计后果地"透支"。不过，经济发展是一项长远事业，毕竟不是短暂的赛车。在金融危机还在继续蔓延、市场不确定因素不断增多的背景下，经济运行遇到的困难越来越多，在正常发展都遇到巨大挑战时，超常规发展就得付出更大成本、更多代价。那些以超越的名义乱砸钱、乱铺摊子的作为，那种为一时超越让资源能源难以承受的急功近利做法，是与科学发展观相悖的"弯道超越"。

安全风险账。赛车比赛中，人们不仅能看到精彩的弯道超越，也常目睹弯道车毁人亡的重大事故。换言之，超越常在弯道处，事故也常在弯道处。"弯道处要敢于踩油门"，被一些人喻为超越发展之宝典。其实，赛车手进入弯道的第一个动作是踩刹车而非踩油门。好的赛车手，在进入弯道前必须正确判断形势，若遇到了弯道就急着去超车，不翻车才怪。经济发展的弯道，比赛车场上的弯道更为复杂，充满着变数。弯道之处，最需要实事求是，按科学发展观要求讲方法、重技巧，量力而行，否则一旦用力过猛，很有可能事与愿违，"半路抛锚甚至翻车"。

实力功力账。在弯道能否实现超越，赛车状况和选手技术功力是比拼的核心。一般来说，赛车上的"弯道超越"，以"直道上黏住对手"为前提；若直道上已被对手落下较远，超越纯属妄谈。危机之中，"赶超机遇"的确存在，但能拿到"好牌"的，往往是具有技术领先等优势的企业和地方，而那些落后生产力，受到危机的冲击更为严重。"你开的是拖拉机，别人开的是小汽车，你最该做的是转型换代、积蓄能量"——有经济学家为热火朝天的"弯道超越"泼"冷水"、提建议，不无道理。

细细想来，不是所有的弯道都是超越的好时机，也不是所有的"车手"都可以做全超越。金融危机制造的"经济弯道"，有机遇也有险情，能"成"也能"败"，绝不是按照主观意愿想超越就能超越的，要实现"弯道超越"，需要拿出大智慧、大勇气，保持冷静头脑，尊重科学、遵循规律，把一些该算清楚的账算明白、算到位。

作者将金融危机下地方经济的发展与赛车弯道转弯进行类比分析。这两个事物相似的属性有两个，竞争时机与竞争者的心态。从竞争时机上讲，赛车场上的"弯道"和金融危机都是关键点，这两种特殊阶段都充满了各种变化的因素，极富机遇与挑战；从竞争者的心态来看，试图在"弯道"超越的赛车手与金融危机下急于求发展的地方与企业很相似。对于经济发展来说，发展时机和参与竞争的主体都是比较本质的属性，这样推理是比较有说服力的。赛车场上存在的弯道超越都有成本消耗过高、安全风险过大以及试图超越者的实力功力需要考量的问题，同样在金融危机下地方和企业也会遇到同样的问题，这样推出的结论比较可靠。在类比的过程中，作者也发现了两者的不同之处："经济发展是一项长远事业，毕竟不是短暂的赛车"。超常规发展就得付出更大成本、更多代价。"经济发展的弯道，比赛车场上的弯道更为复杂，充满着变数"，弯道之处，最需要实事求是，按科学发展观要求讲方法、重技巧，在此基础上文章得出令人信服的结论："不是所有的弯道都是超越的好时机，也不是所有的'车手'都可以做全超越。"

另外《光明日报》和《新闻晨报》的评论《孩子输在起跑线上了吗》、《请像审查电影一样管理奶粉》等都是以类比取胜的例子。

类比推理要尽可能从类比对象的本质属性上进行类比，这是因为类比结论的可靠程度主要取决于相同属性是否属于本质属性。人们在使用类比推理时容易犯的一个错误便是类比不当，以两个本质不同的对象作类比，这两个对象可能在属性上、程度上等相差很大，仅凭它们之间的表面相似、偶然相近而去生硬地类推，结论就极不可靠，比如下面的两个例子。

1. 外科医生在给病人做手术时可以看X光片，律师在为被告辩护时可以查看辩护书，建筑师在盖房子时可以对照设计图，教师备课可以看各种参考书，为什么独独不允许学生在考试时看教科书及其相关的材料？

2. 地球是太阳系中的一颗行星，它按照椭圆轨道围绕太阳运转，并且地球上又有生物存在；而火星也是太阳系中的一颗行星，它也按照椭圆轨道围绕太阳运转，于是火星上也有生物存在。

上述的两个类比都是不当类比推理。先看第一则材料。这是两类不同的活动：一个是学习；一个是工作。两者的目的不同：一个是检验对知识掌握的程度；一个是为工作做准备，或为取得更好的效果。因此医生做手术，律师辩护，建筑师盖房子，教师备课时参阅工具书和资料并不能推导出学生考试时可以看教科书及其相关资料。

第二个材料也是一个机械类比，因为地球上存在生物的根本条件不是因为它按照椭圆形轨道围绕太阳运转，而是有一定浓度的空气、适宜的温度和充足的水分。如果火星也拥有这些属性，那么，才能推出火星上可能会有生物。

在美国与西班牙作战期间，美国海军曾经广发海报，招募兵员。当时最有名的一个海军广告是这样说的：美国海军的死亡率比纽约市民还要低。海军的官员是这样解释这个广告的："根据统计，现在纽约市民的死亡率是每千人有16人，而即使是战时，美国海军士兵的死亡率也不过每千人只有9人。"

广告中这样的类比是荒唐的，说严重一点就是欺骗。因为海军士兵几乎都是青壮年，身体健康；而纽约城中却包括老幼病残，这些人生存能力很弱。把这种不可比的对象和数据进行比较，想推出参加海军危险性很小的结论是靠不住的。

还有一篇评论批评医院的"点名手术"制度。

照此说来，以后单位召开新闻发布会也可以点记者了，某某水平不错，点他参加，给钱，以前给记者红包是搞有偿新闻，属不正之风，现在叫点名采访费。要打官司，点某某法官审理，给钱，以前是贿赂属腐败，现在好了，公开点，公开送银子。如此点下去会怎样，只有天知道。

作者是批评医院推出的"点名手术"服务的。但把医生手术与记者报道和法官审判进行类比是不妥当的。因为医生手术是为个体服务的，是可以有偿购买的。而记者报道和法官审判则不是个别服务，是事关社会的公正和正义的，这三种行为之间是没有可比性的。

除了类比不当的问题之外，我们还要区分类比论证与对比论证、比喻之间的异同。

对比论证也是一种常用的、有说服力的论证方法。对比论证是将两种性质截然相反或有差异的事物进行比较的论证方法。如果说类比论证是侧重于对事物间共性的展现，那么对比则重在对事物间差异性的提示。对比论证是把两种事物加以对照、比较后，推导出它们之间的差异点，使结论映衬而出的论证方法，也称比较法。事物的特征和本质在对比中最容易显露出来，特别是正反相互对立的事物之间的比较，极为鲜明，能给人留下深刻的印象。经过对比，正确的论点更加稳固。

京张铁路百年未朽枕木体现"建筑良心" ①

蔡晓辉

有着105年历史的张家口火车站"谢幕"了。这一见证了中国铁路百年沧桑、承载了一座城市百年记忆的标志性建筑，最近几日静迎无数人感怀。（据7月1日多家媒体报道）

在这则充满乡愁与缅怀的新闻里，有一个细节：蹭去铁轨内的尘土，上面露出"1907"的字样，这是中国最老的铁轨之一；铁轨下的枕轨，材料虽为木质，却同样历经百年而未朽。

没有比这个细节更能说明京张铁路施工质量的了。据中国铁道出版社出版的《詹天佑之路》记载，在主持设计修建京张铁路过程中，詹天佑曾一再告诫大家："技术第一要求精密，不能有一点含糊和轻率。'大概'、'差不多'这一类的说法，不应该出于工程人员之口。"虽然枕轨都要用沥青煮以延长使用寿命，但能如京张铁路的枕轨一般，经百年风雨洗礼而依旧完美服役的却甚为鲜见。只此一点，便足见当年施工者态度之认真负责，足见修建时用工之实、选料之精。

一边是百年未朽的枕轨，一边是连建筑者都会"被噩梦惊醒"的"泥巴糊涵洞"——据7月1日央广网报道，总投资87亿元、穿越晋西黄土高原和吕梁山山地的太兴铁路工程，平均每公里需要建设六个涵洞，涵洞的关键部位台背的填筑，本应采用优良材料，却被大量就地取材的黄土所替代。回填质量不过关会造成铁路路基沉降，危及铁路运行安全，连施工者都直言"常被噩梦惊醒"。把这两则新闻放在一起读，实在发人深省。百年之前，无论技术水平、经济水平、施工能力，都不能与今日相提并论。然而，百年前的枕轨至今依然未朽，如今的建筑界却屡屡制造出"楼脆脆"、"楼歪歪"、"桥裂裂"甚至"泥巴糊涵洞"之类令人震惊的新闻。这表明，对于建筑业来说，有时候责任、良心，比技术、物质更重要。

建筑师刘家琨曾说，"建筑师动用了大量的社会财富，他就应该善待这些财富……良心是一种平常心。"仰望京张铁路百年未朽的枕轨，俯视"泥巴糊涵洞"，应该说，这个良心，不仅包括建筑商的良心，也包括监管者的良心。若不是监管形同虚设甚至监管方与施工方沆瀣一气，偷工减料又怎么能到使用泥巴的地步？曝出"泥巴糊涵洞"丑闻的，为何不是监管方，而是

---

① 载《河北日报》，2014-07-02。

媒体？

　　无论是动用了大量社会财富的建筑师、施工方，还是担负监管社会财富使用重责的监管者，都需要"良心是一种平常心"的态度。京张铁路的建成，凭的不单是那个年代里奋发自强的民族精神，还有"不能有一点含糊和轻率"的职业道德。而"泥巴糊涵洞"，虽是一些建筑短命、速朽的极端个例，却在京张铁路枕轨百年未朽的对照下，折射出当下建筑业诸多亟待革除的弊端。珍视、重拾这百年未朽枕轨里的建筑良心和京张铁路修建者"不能有一点含糊和轻率"的"精密"吧！如此，才能让我们的建筑不再重蹈"楼脆脆"们的覆辙。

　　文章将"百年未朽枕"与"泥巴糊涵洞"两则新闻结合起来，利用二者的强烈对比和反差，论述"建筑良心"的重要性和现实意义。百年之前，无论技术水平、经济水平、施工能力，都不能与今日相提并论。然而，百年前的枕轨至今依然未朽，如今的建筑界却屡屡制造出豆腐渣工程。文章由两者比较鲜明地得出对于建筑业来说，有时候责任、良心，比技术、物质更重要这一结论。

　　比喻是一种修辞手法，是把一样东西比作另一样东西。而类比是两种东西有同样的属性和特征才放在一起比较的。比喻的本体和喻体是本质上不同的两类事物。

　　比喻论证，在我国先秦典籍中早就广泛地使用了。例如，《论语》中，孔夫子批评他的学生子路、冉有说："危而不持，颠而不扶，则将焉用彼相矣？且尔言过矣，虎兕出于柙，龟玉毁于椟中，是谁之过与？"这一段话的大意是，季康子讨伐颛臾，犹如老虎犀牛出笼，颛臾如被灭，犹如祭祀用的龟甲玉器被毁于匣子之中。而你们两人作为季康子的家臣，犹如盲人的搀扶者、虎兕和龟玉的看守者，不能劝谏季氏放弃武力，还要推卸自己的责任，这怎么说你们是没有过错的呢？这里的道理有好几个层次，而孔夫子在论述时，以虎兕比喻季康子，以龟玉比喻颛臾，以牵着盲人的搀扶者和虎兕、龟玉的看守者比喻子路和冉有，就把道理说清楚了。

　　孟子更是运用比喻论证的高手。例如，《孟子》在论证齐宣王不行仁政是"不为也，非不能也"这个观点时，孟子说：

　　挟泰山以超北海，语人曰，"我不能"。是诚不能也。为长者折枝，语人曰，"我不能"。是不为也，非不能也。故王之不王，非挟泰山以超北海之类也；王之不王，是折枝之类也。

　　但是按照逻辑学的标准，我们通常说的喻证法并不能算是一种论证方法，而不过是修辞方法，是为了增加表达效果，"比喻论证中的喻体，归根到底只能使被论证的论点的含义更易于理解，一般也不能直接证明论点的正确性。"①而范荣康指出论证的几种毛病，其中之一就是"以喻代论"，他说："这是近年来新闻评论写作中的一种值得注意的偏向。本来，喻证法是一种论证的方法，通过恰当的比喻，能够使论证更加生动。但是比喻毕竟是比喻，可以用喻证法作为一种辅助的论证手法，却不能用比喻来代替论证"②

　　新闻评论面向广大的受众，深入浅出，把抽象的道理讲得明白是一项基本的要求。比喻往往可以化繁为简，生动具体地说明抽象的道理，使得论证更容易被理解和接受。梁启超的《现政府与革命党》就采用了这种手法。

　　汉唐宋明之主，饵丹药以祈不死，死于丹药者项背相望也，而踵而饵之者，亦项背相望也。夫天下有共知为鸩而偏饮焉而甘焉者，昔吾不信，今乃见之……革命党者，以扑灭现政府为目的者也。而现政府者，制造革命党之一大工场也。……举中外大小官僚以万数计，凤幕孳孳，他无所事，而唯以制造革命党为事。制造之之原料，搜罗焉唯恐其不备；制造之之机器，扩张焉唯恐其不足；制造之之技术，讲求焉唯恐其不良。工场日恢，出品亦日富……

　　革命党何以生？生于政治腐败。政治腐败者，实制造革命党原料之主品也。政治不从人民之所欲恶，不能为人民捍患而开利，则人民于权利上得起而革之，且于义务上不可不起而革之。此吾中国圣贤之教，其微言大义存于经传者不知凡几，不俟尔见述。先民之循此教义以行，其事实之现于史乘者，亦既屡见不一见，初无待泰西之学说始能为之鼓吹也。而今之革命论，其旗帜视昔若益鲜明，其壁垒视昔若益森严，其光芒视昔若益磅礴……

　　政府一面以制造革命党为事，一面又以捕杀革命党为事……夫革命党所持之主义，吾所极不表同情也，谓其主义之可以亡中国也。虽然，吾未尝不哀其志。彼其迷信革命之人，固一国中多血多泪之男子，先国家之忧乐而后其身者也。多血多泪、先国家之忧乐而后其身之人，斯亦国家之元气，而国家之所以立于天地也。其曷为迷信此可以亡国之主义？有激而逼之者也。激

<hr/>

　　①　方武：《议论文体新论》，转引自马少华：《新闻评论教程》，94页，长沙，中南大学出版社，2005。

　　②　范荣康：《新闻评论学》，转引自马少华：《新闻评论教程》，94页，长沙，中南大学出版社，2005。

而逼之者谁？政府也。以如是之政府，非底于亡国不止。等是亡也，不如自亡之而希冀万一于不亡；此彼等之理想也。其愚可悯，其遇可悲也。使彼等而诚有罪也，则现政府当科首罪，而彼等仅当科从罪。何也？非有现政府，则无有彼等。政府实彼等之教唆人也。乃政府全不自省，而唯以淫杀为事，甚且借此为贡媚宦达之捷径。舞文罗织，作瓜蔓抄；捉影捕风，缇骑四出，又极之于其所往……

天下唯不洁之人，斯生虮虱；亦唯不洁之人，日杀虮虱，方生方杀，方杀方生，早暮扰扰，而虱无尽时。不若沐浴更衣，不授以发生之余地。政府与革命党之关系，盖正若是也。今而日务杀不已，传曰：尽敌而反，敌可尽乎？徒使革命党以外之人，犹不免洒一掬同情之泪于彼辈，而对于政府增恶感焉。为渊驱鱼，为丛驱爵（雀），而于政府果何利也？夫当虮虱之方生，而沐浴更衣绝其源者，日本政府是也。当虮虱之既盛，而终日疲精神于扪虱者，俄罗斯政府是也。而日俄两国之荣辱，与其政府诸公之安危，即由是判焉矣。

我国现政府之实力，自谓视俄政府何如？俄政府行之而犹失败者，乃欲蹈其覆辙以图成功，中智以下，信其不能；而当局者蘴然未有觉焉。吾所谓共知为鸩而饮而甘之者，此也。①

梁启超上文中的观点认为政府与革命党的关系是相辅相成的。腐败是引发革命的罪魁祸首，政府与其不停地捕杀革命党人，还不如像日本政府那样锐意改革，消灭引起革命的一切源头。梁先生在文中进行了正面的论证，但为了使自己的论证更形象生动，他运用了三组比喻手法：一是将清政府剿杀革命党人比作汉唐宋明的君主服用不老之药，虽屡有君主因此丧生，但仍有君主前赴后继，就像饮鸩止渴。二是将清政府比作制造革命党的大工场，制造革命的原料、机器和技术一应俱全。三是将政府与革命党的关系比作像不爱干净的人与虱子的关系。正因为不爱干净，所以才生虱子，才每天杀虱子。但虽然每天捉杀，却永远捉杀不净。

有一个说法，任何比喻都是蹩脚的，这当然不可一概而论。但在运用比喻论证时，确实要注意比喻要恰当。比喻只是论证的一种方法，不要用比喻本身代替整个论证过程，否则就会产生"以喻代证"的毛病。

---

① 节选自梁启超：《现政府与革命党》，载《新民日报》，第89期。

第三节　反　驳

反驳就是用一个(或一些)真实命题确定某一论证的论题或论据的虚假，或确定某一论证的论证方式不正确的思维过程。例如，"所有的鸟都会飞，这种说法是不对的。例如，鸵鸟是鸟，但鸵鸟不会飞。"这就是个反驳。

反驳也是一种论证，确切地说是论证的一种特殊形式。论证在于确定某一命题的真实性，反驳则在于确定某一命题的虚假性或确定某一论证方式是错误的。但是，确定某一命题"P"是虚假的，也就是确定"并非P"是真实的，同样确定某一论证方式是错误的，也就是确定"某一论证方式是错误的"是真实的。从这个意义上说，反驳是一种特殊形式的论证。

反驳可以分为直接反驳和间接反驳。直接反驳就是引用真实命题直接确定某命题的虚假。例如，有人说："人人都是自私的"。这种说法是不对的。现实生活中确实有许多人是不自私的，因此，并非人人都是自私的。

而间接反驳就是通过论证另一个与被反驳的命题有矛盾关系或反对关系的命题的真实性从而确定被反驳命题的虚假。例如，有人认为"生产关系都是阶级关系"，但是有的生产关系就不是阶级关系，如原始社会的生产关系就不是阶级关系。这就是一个间接反驳。

不论采用直接反驳还是间接反驳的方法，我们都可以从下面三个方面入手：反驳对方的论点、反驳对方的论据和反驳对方的论证方式。反驳论点就是通过反驳以确定对方论点的虚假性，反驳论据是通过反驳以确定对方论据的虚假性，反驳论证方式，就是指出某一论证违反了推理规则。

一、反驳论点

反驳论点就是对对方的论点进行批驳，指出它的荒谬和虚假。比较常用的方法是直接驳斥，即用正确的论点和事实直接证明对方的论点是错误的。例如，1948年，因《新民报》、《观察》等媒体屡屡发声批评国民党政府，政府便处分关停了《新民报》，《观察》也难逃厄运，储安平发表时评《政府利刃，指向〈观察〉》进行抗议。文章以事理结合的方式论述了政府与国家的关系，驳斥了国民政府"国家等同于政府"的错误观点。

但是政府并不就是国家；政府官吏，受民之托，出面掌政，但是政府官吏并非国家祸福最后主宰之人。我们不仅认为执政人物，假如他们政策错误或不尽职责，可以令之去职，同时，对于过问国事，我们坚决认为，这既是我们的权利，亦复为我们的义务。在朝执政和在野论政，其运用的形式虽异，其对国家的贡献则一……凡此皆为欧美宪政的精义所在。今兹政府既称行宪，不可昧于此义，若以为今日之事，可以由一二人主宰之，未免昧于事理；而欲禁止人民议政，务使一切民间报章杂志归于消灭，万可谓糊涂太甚。抑有进者，批评政府于不忠国家绝为二事。《出版法》上有一条，谓不得有"意图颠覆政府或危害中华民国"的记载，这种限制，可谓滑天下之大稽。所谓："颠覆政府"者，亦即叫旧有的政府下台，让新的政府上台之谓也。以言英国，邱吉尔执政时，工党固无时无刻不处心积虑以求邱吉尔政府之颠覆，现在工党上台，保守党人又肆意攻诋，以求工党政府之垮台，然昔日之艾德礼无罪也，今日之邱吉尔亦无罪也。再观美国，杜威华莱士不正扯起堂堂之旗帜，以求杜鲁门之垮台乎，未闻有美人入杜威华莱士于颠覆政府之罪者。就说中国，数月以前为"国民政府"，现在则称为中华民国政府，此岂非旧的"国民政府"已被颠覆，新的中华民国政府已告成立之谓乎？此"国民政府"既被颠覆矣，然则亦有人蒙颠覆"国民政府"之罪名乎？说来说去，实在说不通。①

二、反驳论据

反驳论据就是针对虚假的论据进行批驳，指出这些论据是错误的。因为对方的论点是由论据来支撑的，批倒了论据，论点也就站不住脚了。这是一种"釜底抽薪"的办法。驳论据虽然着眼于论据，但与此同时也要注意驳斥论点，如人民日报评论员文章《日本面临严重抉择》(1996 年 9 月 17 日)。

本来，中国和亚洲其他国家对日本并没有过分的要求，其实只有两条：一是承认那段侵略历史并认真反省。二是走和平发展的道路。日本要想同其他亚洲国家发展关系，这两条是前提。这是任何其他东西也代替不了的，是任何别的国家也帮不上忙的。历史是一面镜子，如何对待历史反映着一个民族政治境界的高下。时至今日，日本还有些人死不认账，坚持反动的历史观，并且制造种种奇谈怪论，什么发动战争是为了"解放亚洲"，什么承认侵略等于"民族自虐"，什么反省罪行就是"谢罪外交"。这叫什么话？这实际上是在为军国主义扬幡招魂。有些日本人一再抱怨，日本在国际上没有朋友，亚洲国家对它缺乏信任。试问，老是这个样子，哪来的朋友和信任？日本只有正确认识那段历史，妥善处理战争遗留问题，并且坚持走和平发展之路，才能取信于亚洲各国，成为国际社会中与国力相称的体面的一员。

---

① 节选自储安平：《储安平集》，145 页，北京，东方出版社，2011。

三、反驳论证方法

反驳论证方法就是指出对方的论点与论据之间的逻辑错误，进而指出其论点错误。有的文章由于作者的诡辩和运用一些似是而非的推理，把错误的论点说得似乎很对，很有道理。由于对方在论证方法上"犯的逻辑错误多种多样"，因此反驳论证的方法也是多种多样的。例如，可用正面澄清观念、分清是非的方法，以揭示对方论点的是非混淆，界线不清，或似是而非；运用"以子之矛攻子之盾"的方法，指出对方论据和论点之间相互矛盾的情况，进而揭露和批驳对方论点的错误。为了驳倒对方，运用"二难"推理的逻辑方法，提出一个断定两种可能性的前提，再由这两种可能性引申出对方难以接受的结论，这在辩论中常用。抓住对方在论证过程中所犯"推不出"的逻辑错误，进而否定对方的论点，等等。

例如，20 世纪 50 年代外交部举行的一次记者招待会上，英国记者格林曾问周恩来总理："中国人口增长很快，将来会不会人口过多，向外扩张领土？"周恩来同志当时就抓住他在论证上所犯的"推不出"的逻辑错误，予以反驳。

英国人口在第一次世界大战前是四千五百万，不算太多，却是"日不落"的殖民帝国。美国面积略小于中国，而人口不及中国三分之一，但美国军事基地遍于全球，海外驻军一百五十万人。中国人口虽多，但没有一兵一卒驻在海外，更没有一个军事基地。可见一个国家是否向外扩张，并不决定于它的人口多少，而决定于它的社会制度。

格林说的"中国人口增长很快"，这是客观事实，但由此决不能推断出"向外扩张领土"的结论来。也就是说，格林的论点和论据之间存在着逻辑错误，在论证方法上犯了一个"推不出"的错误。

我们在反驳时常常要用到归谬法。归谬法是逻辑思维活动中常用的证明方法。当前提条件较少，人们在直接证明某个论题感到比较困难或者推理过程十分复杂的情况下，往往会转而求助于反证法或归谬法，从而可以化繁为简、化难为易。《逻辑学大辞典》对归谬法的解释是："通过从一个命题导出荒谬的结论而否定该命题的一种方法"。归谬法的逻辑根据是充分条件假言推理的否定后件式。形式是：如果 p，那么 q；非 q，所以非 p。与反证法不同的是：反证法用于论证，它的目的在于确定某一判断的真实性；归谬法用于反驳，它的目的在于确定某一判断的虚假性。

归谬法是先假定对方的错误观点是正确的，然后以其作为前提，推导下去引出一个十分荒谬可笑的结论，从而使对方的错误观点不攻自破。

　　例如,《如果所有的母亲都生男孩》的评论,说到某些农村出现了一些怪现象,如果母亲生了女孩,不但女婴有被溺弃的危险,就是生女孩的母亲也会遭受各种歧视和虐待。其理由之一是"女的不能传宗接代"。作者巧妙地运用归谬法进行驳斥:"姑不论生男生女本来决定于夫妇双方,如果不该生女孩,丈夫一样该挨打受骂,就算母亲不该生女孩,生了也不该养活,于是怎么样呢?唯一的结果就是所有的家庭都得'断子绝孙'。因为任何人都知道,男人和男人不能结婚,也不能生孩子。所以溺弃女婴和逼得生女婴的母亲走投无路,才真正会使家家户户都不能传宗接代。"

　　这一段论述先假定对方的错误观点是正确的,然后按它的逻辑进行推理,"于是怎么样呢?"对方观点的荒谬性就显露了。这使读者恍然大悟,错误观点也就不攻自破了。这是一种十分有力的批驳方法,常常在驳论文章中被使用。

思考和练习

1. 试述论证、解释和推理的异同。
2. 举例说明演绎推理、归纳推理和类比推理在新闻评论中的运用。
3. 谈谈反证法与归谬法的区别。

第七章 新闻评论的标题、结构和文风

第一节 新闻评论的标题

评论的标题犹如人的眼睛，是正文的有机组成部分，是评论的论题范围和中心论点的概括。有人说，有了一个好的标题，评论也就写好了一半。这话虽有点夸张，但说明了评论标题的重要性。那么评论的标题和新闻的标题有什么区别？它有哪些常用的类型？制作标题时有什么样的要求？下面我们来一一探讨。

一、评论标题与新闻标题的区别

我们先来看 2016 年 1 月里发生的两个新闻事件：一个是郑州大学附属医院光天化日之下被强拆；另一个是快播网涉嫌色情传播，相关责任人受审。国内主流媒体分别发表了新闻报道和新闻评论，标题如下。

郑州一医院遭强拆　6 具病人遗体被埋

院方称约 2000 万元设备被损坏，医院 3 名人员受伤；

当地通报称，CT 室、太平间"属必须拆除建筑物"

——2016 年 1 月 8 日《新京报》

快播案庭审直播时长 20 余小时　百万人"围观"

——2016 年 1 月 10 日《新京报》

上面的是新闻报道的标题，下面的是几家主流媒体刊发的新闻评论的标题。

大白天强拆医院，没有底线可言

——2016 年 1 月 8 日《新京报》

调查强拆医院，谁在当局者"迷"？

——2016 年 1 月 10 日《新京报》

强拆面前，岂能等到"被责成"才立案

——2016 年 1 月 11 日《南方都市报》

快播案：法治和舆情当以正义为交点

——2016 年 1 月 11 日《新京报》

快播的辩词再精彩，也不配赢得掌声

——2016 年 1 月 9 日《人民日报》客户端

无论快播是否有罪，都要对"狡辩的权利"报以掌声

——2016 年 1 月 9 日新华网

从上述的标题中可以看出新闻标题和评论标题有以下四个方面的区别。

第一，两者的标题功能不同。新闻标题侧重于对新闻中最重要、最值得注意的事实进行概括，而评论的标题侧重于标明论题范围或传达作者的态度、见解。

第二，两者的拟题手法不同。新闻的标题，其观点态度蕴含于事实的概括、叙述中，而评论的标题要直接表达作者的立场、观点、态度。

第三，两者的标题结构不同。新闻的标题结构较复杂，一般由主题和辅题组成，而评论的标题结构较简单，通常只有一行主题。

第四，两者的写作要求不同。新闻的标题要具体、确定，句式较完整，常用实题，而评论的标题要概括、抽象，句式较灵活，常用虚词。

二、新闻评论标题的类型

新闻评论是一种有态度的新闻文体，其标题的拟定要涉及事实和观点信息的取舍。较为理想的状态是既有事实信息又有观点信息，这样一眼看上去就知道作者在评论什么，同时也可以知道作者的立场、态度和主要观点是什么。但如果评论标题既要有客观信息，也要有主观信息，这在标题制作中是很难两全的。因此从信息取舍的角度来看，新闻标题可以分为三种类型：直接体现中心论点；标明论题；既不不体现论点，也不标明论题，但用一些形象的表达手法，以引发读者的兴趣。

标题直接表达核心论点，是一种最有效率的传播。郭步陶曾说：新闻评论标题"怎么叫做好？就是要把评论中最重要之点完全揭示出，放在题目以内，使看报的人，一看到题目就被它吸引住了，非把这篇评论看完不可"[①]。这种直接表达论点的标题，一般是一个判断句式。因为论点的最直接、最有效率的表达就是判断，比如下面的例子。

1915 年 12 月《新青年》评论：国家非人生之归宿论（高一涵）

1933 年 5 月 14 日《独立评论》评论：制宪不如守法（胡适）

1983 年 1 月 27 日《人民日报》社论："大锅饭"养懒汉——四论不能再吃"大锅饭"

2016 年 12 月 29 日《中国青年报》评论：文学批评不是"文化围剿"

有的标题虽不直接表达论点，但要标明评论对象、范围或提出想要评论

---

① 马少华：《新闻评论》，138 页，长沙，中南大学出版社，2005。

的问题。

当评论对象是新闻事件时，直接标出要评论的新闻事件。早期的事件性新闻评论经常采用这种类型的标题，比如下面的例子。

1911 年 7 月 1 日《民立报》：东北各省水患论（宋教仁）

1913 年 3 月 31 日《申报》杂评：刺宋案今日预审矣（邵飘萍）

1945 年 8 月 16 日《大公报》社论：日本投降了

1946 年 12 月 14 日《观察》评论：上海民乱（储安平）

也有的评论对象不是新闻事件，那么标题则直接标出要评论的事物或范围，比如下面的例子。

1932 年 11 月 11 日《大公报》评论：论国营事业（张季鸾）

1934 年 2 月 25 日《独立评论》：再论无为的政治（胡适）

1912 年 12 月 19 日《少年中国周刊》评论：个人势力与国家权力之别（黄远生）

1917 年 1 月《新青年》评论：孔子之道与现代生活（陈独秀）

1936 年 6 月 30 日《申报》评论：剿匪与造匪（陶行知）

2010 年 8 月 18 日《信息时报》评论：从《清明上河图》看流动商贩

2016 年 1 月 14 日人民日报网评论：《非诚勿扰》案看法律的权威性

我们看到这类标题中常用"什么与什么"的"并列题"来表达两个事物间的关系。例如，《个人势力与国家权力之别》指出袁世凯只扶植个人的权利，而没有行使甚至削弱了国家的权力，这两者有质的区别，需要加以辨析。而《孔子之道与现代生活》也表达了两个事物的对立关系，文章认为儒学孔道是封建时代的产物，和现代民主共和的生活之道不符合。

这类标题中也常出现"从什么看什么"式的标题。这说明评论的逻辑结构和论证方法是一种移动、推演和视野的转换。《从〈清明上河图〉看流动商贩》一文，作者从画上古代中国百姓的生活与流动商贩融于一体的情境，谈到现代政府要改变流动商贩的经营方式，改变城市的秩序和面貌，这实际上是认识上的一种推移。

还有一种"提问题"的标题，既标明了评论的对象或范围，又能吸引读者的注意力，比如下面的例子。

1921 年 6 月 20 日《京报》评论：助日本侵略中国者谁乎？（邵飘萍）

2010 年 11 月 1 日《南方都市报》评论：中国成为强国必须抬高物价吗？

2010 年 10 月 19 日《华西都市报》评论：中国校长为什么这么累？

有些新闻标题既没有概括中心论点，也没有标明论题，但在表达上能运用比喻、拟人等修辞手法吸引读者注意，给人留下想象的空间，如：

1902 年 5 月 22 日《新民从报》刊发了梁启超的时评《奴隶与盗贼》，题中的盗贼指八国联军，而奴隶则暗指慈禧太后，文章实际上是揭示慈禧太后惧外媚外的丑态的。

1920 年 4 月蔡元培在《新青年》刊发评论《洪水与猛兽》一文，用洪水来比喻新思潮，用猛兽比喻军阀，认为中国当时的状况，算是洪水与猛兽竞争。先生希望有人能把猛兽驯服了，希望有人能来帮助疏导洪水。

下面两则标题虽看不出具体的评论对象和中心论点，但却颇能吸引读者的眼球，如 1981 年 8 月 28 日《人民日报》评论《"牛毛"出在"羊"身上》，1993年 6 月 26 日《中国青年报》评论《"杞"人忧"地"》。

三、评论标题的基本要求：具体、鲜明、精当、吸引人

（一）具　体

即使写重大题目的评论时也应当具体，题目小些、窄些、具体些，这样往往容易使论题明确、角度集中，写得深刻，有助于防止题目大而无当，或题文不符的情况发生。例如，延安《解放日报》创刊第三天刊发的一篇社论，题目叫《请看今日之域中，竟是谁家之天下？》，社论用主要篇幅分析了当时国际形势的错综复杂、扑朔迷离，进而归纳出"只有人民才是胜利者"的结论，讨论的是世界大战的重大主题，而题目是从骆宾王的《为徐敬业讨武曌檄》中的名句化用的。又如毛泽东写的《别了，司徒雷登》、《南京政府向何处去？》及邹韬奋的《糊涂虫假认真》、张季鸾为《大公报》写的社论《我们在割稻子》等，讨论的都是重大的问题，但题目都很小，很具体，这就有利于把问题论述得深入透彻。

（二）鲜　明

要突出评论鲜明的主旨要义。评论都要有鲜明的主题思想，即作者要表达的主张和观点，评论的题目就要使作者所要表达的主张、观点突出和集中，使读者看了标题，即可大致了解这篇评论说的是什么，同时还要表明鲜明的立场和态度，使读者知道作者鲜明的态度，然后决定取舍。例如，《回答一个问题——翻两番为什么是能够实现的》（《人民日报》社论，1982 年 10月 18 日）；《再也不要干"西水东调"式的蠢事了》（《人民日报》编辑部文章，1980 年 6 月 15 日）；《有些案件为什么长期处理不下去》（《福建日报》社论，1982 年 2 月 7 日）；《高尔夫是"高而富"》（《光明日报》署名评论，1993 年 10月 30 日）；《"两费"就是有偿新闻》（《新闻出版报》评论员文章，1994 年 5 月

16 日)；《从假日经济看扩大内需潜力》（新华社，2003 年 2 月 9 日）；《年俗变化看小康》（《浙江日报》"经济时评"，2003 年 2 月 10 日）；《创新，需要耐得住寂寞》（《光明日报》署名评论，2003 年 1 月 24 日）；《袁世凯之案翻不得》（《北京日报》署名文章，2003 年 1 月 20 日）等，都是观点鲜明，态度明朗，坚定有力的。评论标题的鲜明性，方法可以多样，或直接说明，或采用假设，或采用反诘，当然要根据评论的类型与内容而定，但标题要响亮明朗，坚定有力，应是共同的要求。

（三）精 当

精当是指评论标题要求精炼恰当，避免俗套和人云亦云，也要注意不要使用一些容易引起歧义和使人费解的词句。

一般来说，评论标题为做到精练，就要简短，但究竟是长题好还是短题好，或者短到几个字才算好，这是很难说的。短有短的好处，长也有长的好处。目前一般以短题为好，恰当的做法是一句话为宜。例如，《走，玩赏冰雪去》（《黑龙江日报》社论，1985 年 1 月 6 日）；《论解放思想》（《人民日报》社论，1992 年 7 月 4 日）；《论锐气》（《浙江日报》评论员文章，1983 年 10 月 4 日）等，三个字、五个字、六七个字基本上是一句短语。但毛泽东同志为延安《解放日报》写的一篇社论《论军队生产自给，兼论整风和生产两大运动的重要性》，标题有 22 个字，使读者看了题目，即可大致了解社论的内容。鲁迅爱用短句作标题，但也用长题，如《魏晋风度及文章与药及酒之关系》、《由中国女人的脚推定中国人之非中庸及由此推定孔夫子有胃病》就很长，也很好。

我国报纸的评论，尤其是社论和评论员文章，常在主标题以外，另加副题。副题的作用，在于补充说明主题的意义，或说明主题的内容，或者是主标题不宜直接说，另加副标题点明。例如，《回答一个问题——翻两番为什么是能够实现的》，大家都认为标题比较好。据范荣康先生在《新闻评论学》中介绍，当初执笔的同志就舍弃了《为翻两番而奋斗》或《我们一定能翻两番》等现成的题目，这样的题目太直露，不能吸引读者。以《回答一个问题》作标题，因为这个标题有悬念，对读者会有一定的吸引力。但是回答的是一个什么问题呢？最好再有一个副题作补充。这篇社论要回答的问题是：翻两番是不是"冒进"。如果用《翻两番是不是冒进》作副题，同样不能吸引读者。因为读者一看这个副题，自然会想到，翻两番当然不是"冒进"，就可能不会有兴趣再往下读了。最后改用《翻两番为什么是能够实现的》作副题，就把读者的注意力吸引住了。

(四)吸引人

新闻评论的标题要做到准确生动且吸引人,可以讲一点形象性,巧用修辞方法,或用提问句、设问句,也可以引用成语、俗语、谚语,甚至化用之。

新闻评论的文字与意义,都要求通俗易懂,深入浅出,所以标题的用字用语,也应要求这样。但并不是说评论标题不需要生动引人,如《回答一个问题——翻两番为什么是能够实现的》,作者和编辑部都要十分重视标题的锤炼问题。评论的标题应该一下子就能把读者吸引过来,非得把文章读下去不可。

有些评论标题太实、太真、太直露,一览无余,就可能吸引不了读者。例如,《充分发挥银行的职能作用》这样的标题,在银行工作的同志也只能是少数搞银行领导工作的同志可能看一看,对大多数读者来说,是不会感兴趣的。

评论标题也不宜太虚、太玄、太含蓄。故弄玄虚,不知所云,更不是评论标题所应该有的,因为这类标题很难把读者的注意力抓住。例如,《人民日报》1982 年"七一"社论,讲的是建设社会主义现代化强国的四项政治保证,讲的是中央精神,但社论用《山高人更高》作标题,太玄虚了,读者会以为无非是鼓励而已,看不看都可以,对读者就不会有吸引力了。

新闻评论标题要鲜明,又要生动引人,这并不矛盾。提倡什么,反对什么,旗帜要鲜明,这很对。但鲜明不等于直露无遗,又要生动吸引人。标题要含蓄一些,含而不露可能有它特殊的魅力。但评论标题不等于文学作品的标题,准确、具体、鲜明是对评论标题的主要要求,生动引人是要引导读者看下去。1984 年 4 月 11 日《人民日报》发了一篇评论员文章,赞扬北京市实现鲜蛋基本自给,标题《北京人的福气》就很生动引人。另如《要搞活,不要搞乱》《多做实事,少说空话》《好经为什么念歪了?》《"找米下锅"与"找锅下米"》《必要的茶话会也不宜早开》《"廉政承诺大会"不开也罢》《新闻这碗饭》《有话也要短》《从女儿苦恼谈起》《如果所有的母亲都生男孩》《"台湾正名"名不正》等评论标题,既鲜明又生动引人。如果含蓄到云山雾罩,莫名其妙,实际上也失去了吸引力,这是评论标题的大忌。

第二节 新闻评论的结构

一、结构的含义

文章不仅要"言之成理","言之有物",还要做到"言之有序"。这个"序"就是文章内容的前后安排,即如何谋篇布局的问题。

所谓结构,就是文章内容的组合与构造,是文章组织安排内容的具体方式,也就是作者的思路在文章中的外在表现形式。

我们知道,在写作一篇文章的时候,作者笔下的各种材料不能胡乱地堆放在一起,因为杂乱无章的一堆材料不可能表达一个集中鲜明的主题思想。必须是根据主题思想的要求,紧密围绕一个中心线索,把有关内容主次分明、有条有理、有前有后、有开头有结尾地组织成为一个有机整体,从而构成一个完整的篇章。这在下笔成文之前,先要有一个全面的安排打算。正如清代戏剧理论家李渔所说,写文章好像"工师之建宅",当把砖瓦木料准备妥当以后,动工兴建之时先要有个设计:"何处建厅,何方开户,栋需何木,梁用何材,必俟成局了然,始可挥斥运斧。"①写新闻评论也是这样,如果事先不作周密安排,材料和观点杂沓散乱,就好像一堆砖石木料、钢筋水泥,不能筑成一座外观美丽、建筑坚固的高楼大厦,也不能写成一篇内容和形式完整结合的文章。

文章的结构安排并不是一个单纯的方式方法问题,其实质是如何认识和反映客观事物的问题。也就是说,它是根据客观事物、客观事物本身的内部联系,经过作者思维加工所形成的思路在文章中的具体体现。

文章结构的根据是客观事物、客观事物本身的内部联系。但它又不是它们的机械反映,而必须经过作者的思索加工,还有一个是作者从哪个角度以及怎样去认识和反映客观事物、客观事物的内部规律问题,因此它实质上是作者思路在文章中的一种外在表现形式。

所谓思路,就是作者的思想脉络、线索,是作者对所反映的客观事物的认识顺序,是作者根据写作的目的要求,对大量材料进行创造性的思索加工之后所形成的对客观事物的一条认识路线。因此,思路是结构的基础,欲求完美严谨的结构,必先求清晰缜密的思路。要使文章的结构合理,有逻辑

---

① (清)李渔:《闲情偶寄》,4页,杭州,浙江古籍出版社,1985。

性，必先理清思路。而清晰合理严密的思路，建筑在作者善于观察事物，准确地理解和深刻地认识客观事物之上。因此，只有从锻炼观察能力和理解、认识事物的能力入手，才能培养出既活跃又严密的思路，写文章才会有好的结构。

二、结构的原则和要求

新闻评论的结构是指通过谋篇布局揭示主题，展开论证的内容组合，主要包括评论的开头、主体和结尾等。

首先，评论的结构要准确地反映客观事物或矛盾内部的本质联系，对内容的组织安排要具有内在逻辑性。这是结构安排的根本性原则和要求。

文章是客观事物的反映。因此，文章内容的组合构造以客观事物的内部联系为基础，文章的结构形式必须反映客观事物内部联系的规律性。评论文章的主要内容是运用论据证明论点，所以必须根据论点与论据之间的内在逻辑联系来确定结构的方式。一篇评论如何开头，先出什么观点，后出什么观点，先用什么材料，后用什么材料，中间如何过渡承接，段落层次如何安排，最后如何收尾，各个部分之间都要有内在的逻辑关系。新闻评论要以理服人，要加强评论的逻辑力量，当然要正确地反映客观实际，提出正确的思想和观点，同时还必须通过恰当地说理论述的方法和合乎逻辑的结构方式，才能把正确的思想和观点传达给广大受众。

其次，评论结构的安排必须服从于和服务于表达主题思想的需要。评论文章的论点是全文的中心。有时候一篇文章只有一个论点，那么材料运用和结构安排都全力为中心论点服务。有些评论文章有好几个分论点，但这些分论点都应该是服从于一个中心论点的。文章的结构安排都必须突出和集中地为论述中心论点服务。刘勰在《文心雕龙》中说："凡大体文章，类多枝派，整派者依源，理枝者循干，是以附辞会义，务总纲领，驱万涂于同归，贞百虑于一致，使众理虽繁，而无倒置之乖，群言虽多，而无棼丝之乱。"①尽管材料丰富，内容繁多，分论点不少，线索有几多，但"整派者依源，理枝者循干"，务必抓住中心思想并且紧密围绕中心线索确定文章内容的主次详略、先后次序及其相互联系，从而做到纲举目张，条理井然。从新闻评论的特点考虑，为了更好地表达和突出文章的中心论点，结构安排时除了要反映出所要论述的问题内在的逻辑联系外，还要从读者的情况出发，适应读者的认识规律和认识水平。因此，要从文章的具体内容出发，从不同的读者(听众、

---

① 赵仲邑：《文心雕龙译注》，352页，桂林，漓江出版社，1982。

观众）群的实际情况出发去安排评论结构也是要注意的。

最后，结构还应做到完整、严谨、匀称、有独特风格。

古人说："文无定法"。文章的结构布局，当然也不可能格式千篇一律。但是就一般新闻评论的布局来说，也还有一定的规律可循。而结构形式上的完整、严谨、匀称，应该是一篇文章起码的要求。

所谓完整，是指文章的中心线索要连贯，有过渡有照应，有头有尾，不要顾此失彼、残缺不全，指的是文章结构的整体性。它不但要求文章不能有主干不全、结构残缺的毛病，要求文章是一个完整的有机体，更要求文章首尾圆合，有一股文气贯注于全体，使文章脉络相承，神意相通。

所谓严谨，是指结构的精细严密，无懈可击。文章的层次、段落的划分和安排要有内在的逻辑性，各个部分、各个环节联系紧凑，顺理成章，自然和谐，既不颠三倒四、前后脱节，也没有顾此失彼、漏洞百出。

匀称，则是指层次、段落的大小不能悬殊，主次详略得当，各个部分之间的搭配比较得体。评论文章一般比较短，因此一般也应该提倡短段落。但既要长短适度，又要开合有致。该长则长，该短则短，长短相间，错落有致，使文章的整体布局匀称、优美。

评论文章要有独特的风格，这是一个比较高的要求。近现代的许多著名评论家，如梁启超、章太炎、李大钊、毛泽东、鲁迅、邹韬奋等，都形成了自己独特的文章风格。

三、评论的主体、开头和结尾

新闻评论一般由引论、正论和结论三部分组成，也就是提出问题、分析问题和解决问题。从结构布局的形式来看，一般议论文包括开头、主体和结尾。这种结构形式，有人把它归纳为"总—分—总"，即开头是引论或序论，先提出一个重要问题，明确全文论述中心；正论对问题进行具体分析，揭示客观事物的本质特点；结论是在以上综合分析的基础上，加以归纳，使中心论点鲜明突出。例如，毛泽东同志在《中国社会各阶级的分析》的开头提出"谁是我们的敌人？谁是我们的朋友？这个问题是革命的首要问题"，接着在正论部分对各个阶级进行具体分析，最后在结尾部分"综上所述"，得出结论，使中心论点更加鲜明突出。

当然，"文无定法"，结构形式是灵活多样的，有的评论开头部分不一定就是引论，有的评论的结尾不一定是它的结论。"总-分-总"是一种完整的基本结构形式。此外，还有"总-分"和"分-总"两种形式。有些小言论、编者按语和编后的话，在写作上一气呵成，也无法用一般的结构形式去要求它们。

但不管哪种形式，都要求紧紧围绕中心论点，严密地组织论证，使论点得到充分的阐述。

1. 开头和结尾

范荣康的《新闻评论学》列出了新闻评论的六种开头方法：从新闻由头说开去；先摆情况；先把要批驳的论点摆出来；先把问题摆出来；先把结论摆在前头；从经典著作中引出一段话来说开去。

概括地说，放在新闻评论开头的无非就两类：一类是事实类信息，包括作为由头的新闻事件、新闻事实、归纳出的问题和要批驳的观点；另一类就是观点性信息，包括结论和预测等。

由于大多数的新闻评论是对新闻事件或新闻事实作评判，所以开头首先叙事是符合人类思维规律的，是新闻评论最常用的手法。

《剿匪与造匪》开头先概括新闻事件和报刊相关的看法，然后马上转到主观性信息，"论皆精辟，语尤沉痛"，接着提出做出自己的判断，提出全文的中心论点："今日举国之'匪'，皆黑暗政治所造成。政治上既一面造'匪'，政府复一面剿'匪'。"具体论证则放在主体部分进行。

评论的开头叙事部分要注意用简洁的语言，对相关的内容进行高度概括，不能像新闻报道那样具体、全面；同时注意尽可快地由事实性信息转入主观性信息，也就是做出判断，提出论点。

2014年6月5日《新京报》社论《"今日头条"，是谁的"头条"》是这样开头的："近日，'今日头条'手机APP宣布获得一亿美元投资，并实现高达五亿美元估值。在看到其经济上'成功'的同时，更值得关注的恐怕是其背后的版权问题。"

这篇评论的开头只用一句话就概括新闻内容，然后马上转到要评论的主题上。

在此应当注意的是，新闻评论中所陈述的事实要与观点性的内容相交融，要为观点服务。作者在全部事实中选取与自己观点相关的一个方面，而放弃无关的方面，新闻评论中陈述的事实往往因作者的观点而存在倾向性，不像新闻报道中那样尽可能采用中性的语言，比如2014年7月28日《人民日报》刊发的评论《公共辩论，求真比求胜更重要》。

这几天，因"转基因食品该不该吃"产生骂战，方舟子和崔永元从微博转战至法庭，互指对方侮辱诽谤、侵害名誉。从斗嘴到说法，这场官司不管胜负如何，都有一定的标本意义，尤其是，比起一些人的"微博约架"，应该说是一种理性的回归。

　　只是，一场原本围绕科学命题的公共辩论，最终在互斥"流氓"、"骗子"的骂声中收尾，还是令人心生感慨。当严肃的科学探讨，变成关乎名誉尊严的捍卫之战；当对转基因的关注，成为"挺方还是挺崔"站队表态；当摊开手掌的公共辩论，成为攥紧拳头的相互攻击，这种戏剧性的结局，恐怕不是各方都愿意看到的。

　　这篇评论的开头采用叙议结合的手法，用带有导向性的语言既概括了新闻的主要内容。先肯定了这场争论的价值，后谈到这场争论的问题，慢慢过渡到论题上。

　　再如，2015 年 10 月 7 日《新京报》刊发题为《餐馆宰客，派出所果真无权处理？》的评论，作者在开头的全部事实中只选取与自己观点相关的一个方面进行概括叙述，然后直接切入论题："可因宰客引发的纠纷，相关警方真的无权处理吗？"。

　　如果说开头叙述相关的事实信息符合人们的认识逻辑，那么开头就给出作者的判断则是一种更有效率的表达，因此新闻评论也常常使用这种"开门见山"的写法。

　　张季鸾的抗日评论《对日须为整个的行动》的开头部分直接摆出自己的观点和判断："对日须为整个的行动，张弛进退之间，须在一定的计划下，以全国一致之力行之，不要枝枝节节零零碎碎以为争！"[1]

　　张季鸾的另一篇评论《勿自促国家之分裂动》的开头部分也如此："时局焦点在平津，平津重心在宋司令，故愿对宋司令进一言。"[2]

　　再如，"'国美大战'未酿成腥风血雨，'国美事件'在规则下发展至今，体现了健全的法律体制的捍卫之功。"[3]

　　评论的结尾，应当是全文有机的组成部分，不是硬加上的尾巴。有些文章言尽而意止，就可以即刻收束，没有必要另写一段结束语，否则就成为蛇足了。有些评论需要有结束语，那就应当重笔撰写，否则也可能虎头蛇尾。

　　评论结尾部分的基本要求是简短有力，不落俗套。首先是简短有力，干净利落，不拖泥带水。其次是避免空话、套话，不落俗套，尽量写得生动一些，能给读者以启发。

　　例如，张季鸾的社论《我们在割稻子》的结尾："话说回来，让无聊的敌

---

　　① 载天津《大公报》，1933-01-13。

　　② 载天津《大公报》，1934-03-16。

　　③ 载《人民日报》"人民时评"，2010-09-30。

机来肆扰吧！我们还是在割稻子，因为这是我们的第一等大事。食足了，兵也足；有了粮食，就能战斗，就能战斗到敌寇彻底失败的一天。"

据王芸生回忆，在张季鸾病逝前的19天，即8月18日，他曾去看望张季鸾（张季鸾1941年9月6日病逝于重庆）。那时，正值日寇飞机对重庆日夜进行"疲劳轰炸"。他们两人谈到敌机轰炸的情况时，张季鸾说："芸生，你尽自唉声叹气有什么用？我们应该想个说法打击敌人。"王芸生说："敌机来了毫无抵抗，我们怎么可以用空言安慰国人打击敌人呢？"说到这里，张季鸾忽地拥被而起，很兴奋地说："今天就写文章，题目叫《我们在割稻子》，就说，在最近的十天晴明而敌机连续来袭的时候，我们的农民在万里田畴割下了黄金稻子。抗战到今天，割稻子是我们的第一等大事。有了粮食，就能战斗。"①这篇评论的题目好，内容构思好，结尾更加不落俗套，自然、实在，有一种蕴含着的鼓舞人的力量。

近年来的新闻评论，在有些短评和专栏文章中，生动而别出心裁的结尾并不少见。例如，《光明日报》1991年10月26日《周末随笔》的署名评论《书非借不能读》的结尾："我想，读借书的境界是读书的高境界，用读借书的态度去读自己所买的书，则是买书的更高境界。"

又如该报1992年2月13日《百家论苑》的署名评论《何来"侍讲学士"》，批评一些作者的不良文风，为使文章"曲"而故意玩噱头、卖关子，说谁是某领袖的"侍讲学士"、谁是某"宰相"、某某是"掌玺大臣"等。该文结尾说："愿挥动生花妙笔的人们多一点实事求是之意，少一点哗众取宠之心，千万别再涂抹那些帮倒忙的文章了。"

前一个结尾颇含哲理，值得回味；后一个结尾一针见血，令人深思，两者都言简而意赅。

当前的评论尤其是社论、评论员文章，大多喜欢用鼓励型、号召型的结尾，有些是需要的，有些则完全可以改用一些别的方式。生动、别出心裁的结尾不等于不能鼓励和号召。这需要我们作者反复思考、精心制作才能做到。

元代乔梦符曾提出"凤头"、"豹尾"（陶宗仪：《辍耕录》），明代谢榛认为"起句当如爆竹，骤响易彻，结句当如撞钟，清音有余"（《四溟诗话》）。这些话都强调了文章开头、结尾的重要性，也形象而深刻地阐明了开头和结尾的

---

① 中国人民政治协商会议全国委员会文史和学习委员会：《文史资料选辑》，第25辑，北京，中国文史出版社，2011。

作用及撰写方法，可供我们写新闻评论时借鉴。

2. 主 体

主体是本论或正论部分，它要对开头提出的问题进行具体分析和严密论证。

评论主体部分是最富有变化的，内容复杂，篇幅较长。中心论点下面，往往包含若干分论点，每个分论点即可作为本论部分的一个层次。它根据分论点之间的不同关系，一般采取两种结构形式：横向展开式和纵向展开式。

横式结构，也称并列式结构，各层次之间呈现并列平行的关系。层次和层次之间，一般没有特别明显的主次、轻重的区别。它围绕着中心论点，分别从几个侧面、几个角度去分析论证。当然各个层次的内容之间仍然有内在的逻辑联系。

杜重远 1934 年发表的时评《要面子不要脸》采用的便是并列式结构。

要面子不要脸

仿佛是南开大学校长张伯苓先生说的话："中国人要面子不要脸"，这句话是万分正确的。

原来面子和脸是完全不同的两件东西。中国旧戏里有一套脸谱，这花花绿绿的脸谱就是"面子"，而真正的脸却反不能辨认清楚了。做戏子的只要上台的时候，脸谱弹得像个样子，至于真正的脸，长得好看不好看，那是不相干的。其实中国人一切都如此：只要保全面子，丢脸却全不在乎。阿Q就是一个代表。所以挨人打不要紧，但在背后却要说一句"儿子打老子"，这样虽丢了脸，面子却是有了。所以要面子不要脸是中国人一般的人生哲学。

就整个中国社会来看，亦无不如此。在大城市里，工商业不景气，破产倒闭的事，层见叠出，但是酒馆舞场还是一样地热闹，在乡村里，贫穷到不堪，肚子发生了问题，但婚丧的仪式，迷信的陋习，依然大事铺张，为的是不肯丢掉面子。

学生们念书，只求得到一张文凭，却不想求一些实学。教师们习染官僚的恶习，夤缘奔走，只求以做大学教授为荣，而贻误子弟却可以不问。这都是中了要面子不要脸的毒。

说工商界罢。年来国货两字是最时髦没有了。但是着实有许多不要脸的商人们，将大批仇货，印上国货商标，到处兜销。财是发了，面子是有了。但是做了卖国的奸商，却满不在乎！

军人总算是中国的天之骄子了。大将军出门，八面威风，黄呢服，黑马靴，白缨帽，金丝眼镜，高车骏马，前呼后应，场面可谓十足矣。然而四省沦陷的时候，从未闻有半个将军阵亡或负伤，死掉的只不过是一群小百姓。

谈到政治，更足痛心。从前历史上所描写的政治不良，不过是贪缘，如何奔走而已。今则花样百出，中西兼用。记者在东北时曾见一批政客，来自南方，携名花，扶艳女，或称为妻，或称为妹，或称为亲爱的女儿，专为结识权贵，献媚当局。昼则高尔夫，夜则狐步舞。乌烟瘴气，黑漆一团。待其鬼计既售，官运亨通，简任到手，局长实现。于是一掷千金，挥霍无度。面子大则大矣，脸不知其何有？

还有洋场十里的高等华人们，拍惯了洋大人的马屁，把帝国主义者当作自己的祖宗。说中国不亡无天理。这些人在租界里住洋房，坐汽车，"高等"则"高等"矣，但说到脸，他们实在要向着没有面子的人力车夫们说一声惭愧。

不必再多说了。总之，要面子不要脸这六个字，包括尽了中国人的劣根性；政治的窳败，经济的破产，东北的失陷，边境的沦亡，都是由于要面子不要脸这一种人生哲学的缘故，所以要救中国必先革除这种亡国的人生哲学。

文章开篇借张伯苓先生之口提出中心论点"中国人要面子不要脸"。正文先对面子和脸进行辨析，然后将民间以及中国军政学工商各界"要面子不要脸"的行径做了世态风俗画似的素描，这些材料之间是并列关系。

纵式结构，也称递进式，文章层次之间的关系是逐层深入的关系，各层环环相扣，层层递进，由浅入深，由表及里，或由果溯因，由因到果，像竹笋剥壳、蚕茧抽丝一样，使问题的论述逐步趋向深入。

例如，《新闻这碗饭》①，开头提出问题，"新闻这碗饭，有人说好吃，有人说难吃。到底好吃难吃，恐怕得看怎么吃。"本论部分四个分论点四个层次。第一个分论点，"要说好吃，确也好吃。有人吃滑了嘴，由此发迹"。第二个分论点，"新闻这碗饭也并不好吃，吃亏的不少"。第三个分论点，"新闻这碗饭，不管好吃难吃，总得有人吃"。第四个分论点，"古今中外，凡有出息的、人民爱戴的新闻工作者，吃新闻这碗饭从来就不容易，可是他们却很乐意吃，至死无悔"。这四个层次，由浅入深，环环相扣，层层递进，逐层深入，这就是典型的递进式结构。

递进结构的一般类型是由两个以上各自完整的论证前后相连，每一层有

---

① 载《人民日报》，1986-08-12。

确定的判断，前一个论证过程达到的结论，成为后一个论证过程的前提。

递进结构并不一定有着上述严格的论证关系，先进行一层议论，再进入一层议论，两层议论在事理上前后相继，可能是由事实到价值，由具体到普遍的关系，由表及里，由因到果，由果溯因。

李普曼的时评《月亮的启示》，就是按照人类由浅入深、由表及里的认识规律来揭示问题的。

月亮的启示

迄今为止，只有少数人被获准理解，并能够理解已经发生的事情。他们认为，苏联发射了这样一颗大人造卫星，表明在发展用火箭推进导弹方面，它已大大走在我国前面。苏联人之所以获得了如此大的领先地位，决非凭灵机一动。可以肯定，参与这次工作的是一支由苏联科学家、工程师和生产工人组成的庞大队伍，此外还存在着一整套管理完善、配合默契、资金雄厚、门类齐全的专门工业体系。

简言之，我们在卫星发射的竞赛中失败了，表明我们在弹道导弹的生产方面已居下游。这也说明，美国以及整个西方世界在科学、技术的发展方面已经落后。

形势是严峻的，至少在我们看来是严峻的。我并不认为，形势之所以严峻，是因为苏联在军备竞赛中大大领先，以至于早晚有一天我们会成为苏联的禁脔。我绝没有这样的想法。我认为形势之所以严峻，是因为任何一个社会都不能停滞不前。如果一个社会失去了前进的势头，它就会消极、后退，就会迷失方向，丧失自信。

现在，一个尖锐的问题是：作为一个民族，我们——上至总统，下至平民百姓——应当采取怎样的行动来应付对我们的文化传统的这一深刻挑战。这个挑战，并非针对美国生活方式的理想，而是针对我们传统的生活方式本身。我们可以从宣传的角度作出反应，比如想办法做一些令人眼花缭乱的事情，从而使俄国人的成就相形见绌。然而，我们也可作出这样的反应，即深刻反省我们的缺陷，并且决心战胜俄国人，从而挽救我们自己。

问题也许可以这样表述：第二次世界大战已经结束12年了，在这12年中，为什么起初居于大大领先地位的美国会输给大战结束时衰竭疲惫不堪的俄国？毫无疑问，赫鲁晓夫先生会这样回答：这是因为共产主义对资本主义有着不可比拟的优越性。这个回答其实是先入为主的。问题不是苏联为什么进步得这样快，而是一度获得长足发展的我国为什么放慢了前进的速度。毫无疑问，我们的社会一直在前进，但是，战后，它前进的速度不够快。

这个问题对于我们以及我们的未来都具有举足轻重的意义，对此，我决不自命能够作出完整的回答。然而，不才冒昧地指出，现在应当剖析一下战后美国人生活中出现的某些动向了，这些动向，确实值得认真思考。

我认为，我们应当首先剖析我国巨大的繁荣昌盛，正像政治家对选民说的那样，在这种繁荣昌盛中，个人生活水平的提高大大优先于公共生活水平的提高。所谓公共生活水平，我指的是国家非做不可的事情，如防务、教育、科学、技术、艺术等。我们的人民被引导着相信一个天大的胡说八道，即美国社会制度存在的最高目标是使人民的消费享受成倍增加。其结果是考虑到人口的不断增加，我们的公共机构，尤其是那些与教育和科学研究相关的机构遭到了十分荒唐的忽视。

我认为，我们其次应当剖析人们对脑力劳动、对具有独创性的思想普遍的不尊重乃至怀疑。比如说，在德国和其他欧洲国家，包括俄国在内，大家公认为当一名教授是无上光荣的。然而，在美国，有些事却使当教授的处境十分尴尬，人们要求他证明自己既非自命清高博学，又非蓄意颠覆国家。

麦卡锡主义影响了美国科学家和思想家的自信，这是战后一件全国性的大悲剧。这种破坏是无法衡量的。但可以肯定，已经造成的破坏是巨大的。它的表现之一，是打击了这样一种思想，即创造与平庸的区别在于前者有特别的勇气走真理指引的道路，而决不考虑真理指向哪里。

繁荣成了麻醉剂，再加市侩作风与麦卡锡主义风行一时，我们的公众生活已经变得死气沉沉，毫无目的性。我们的总统又处于半休状态，因此没有人能够振臂一呼，使得公众得以振作。就这样，由于既没有人宣扬我们的目标又没有人制定政策，我们只得浑浑噩噩，随遇而安，最后导致像小石城那样的灾难爆发了。我们发现，我们在惊涛骇浪中颠簸，却失去了赖以辨明方向的航图。

文章共十个自然段，分为三个层次。第一至二自然段为第一层次，是引论部分。作者概括评析了苏联成功发射人造卫星这一新闻事件，认为美国不仅在火箭推动导弹方面落后了，而且是美国以及西方世界在科技发展方面落后了。第三至九自然段是第二个层次，也是本论部分。作者是从单一的事件认识到常人难以看到的本质问题，即美国社会停滞不前的问题，提出了落后的原因是美国社会失去前进的活力这一中心论点。接着论证美国落后实质问题不在外部，而在于内部的种种矛盾。它们分别是：消费与科研比例失调，脑力劳动得不到尊重，麦卡锡主义危害，市侩作风盛行。第十自然段为第三个层次，是结尾部分，进一步概括总结落后的原因并由卫星发射引起的风波联想到"小石城事件"（因武力镇压黑人运动而引起的国内骚乱）对美国的影响，更印证了美国的社会问题亟待解决。该文在结构形式的处理上采用"剥笋式"的递进结构，由表及里，层层剥露，符合读者阅读和理解的习惯。

递进结构还有一种类型是按照事物本身的层次或发展进程，一层层进行评论。我们以 1999 年 6 月 29 日《中国青年报墙》刊发的时评《可怕的人墙》为例。

6 月 21 日至 23 日，大连市第 41 中学中考考场外，一道由考生家长自发形成的"人墙"截断了考场外的交通：为了考场安静，一切车辆禁行。因这道"人墙"阻拦了送"速效救心丸"的出租汽车，一位突发心脏病的老人失去救治的时间；这位老人的儿子也因此失去与父亲见最后一面的机会。

好可怕的一道"人墙"！它实际上在设立一个标准：考试是天大的事，任何价值与权利都在它之下。

事情有急缓之分，不同的权利与价值有冲突，就需要权衡和协调。据报道，考试期间，考场附近的施工工地都已基本停工，音像店也关闭了音响，这就是社会权衡不同的价值的结果，也是保护一种权利与价值的合理限度。而阻断交通，使公交车无法进站，车辆无法通行，正常的秩序受到干扰，就明显过头。由此出发，就完全可能发生拦阻为病人送救命药的出租车这样的道德事件。

中考是迈向大学之门的关键一步，在家长心目中地位之重可想而知。家有考生，全家"临战"，家庭的一切活动都会向考生让步。大连"人墙"事件则表明，考生家长们不仅要在家庭内部推行"考生至上"的观念，还要将其施之于社会。几十名考生家长之所以理直气壮地组成"人墙"，拦阻交通，是因为他们坚信"考生第一"、"考生至上"。可以说，这种观念是这道"人墙"无形的基石。而众多行人为其所阻，另改其道，却不敢制止，实际上显示了人们在一定程度上默认了这种观念和标准。

这是一个明显失衡的"标准"，它在强调考生价值、考试价值的同时，已经不知不觉地侵犯了社会其他价值和权利——包括他人生命的权利。我们正在建设一个法治国家，任何权利的平衡、让与和妥协，任何约束他人权利的公共权力，都要有法可依。从去年就开始出现的这种考生家长组织起来拦阻交通的做法，显然既非公共权力，也没有法律依据。

大连"人墙"事件，是千军万马过独木桥的考试，使有些考生家长心理压力已经达到极限，甚至产生心理扭曲的反应，但其性质仍是一个法制问题——一个涉及侵犯和保护权利的问题。新近召开的全国教育工作会议，提出要调整教育结构，扩大高等教育招生规模，大力发展高等职业教育，构建不同教育类型相互沟通相互衔接的教育体制，无疑将改变这种"千军万马过独木桥"的状况。但在今天，即使还没有这样的平衡的、多元化的考试制度，难道我们就能无视社会上其他人应该受到尊重、保护的权利吗？

这篇新闻评论认为"人墙"提出了权利与价值的权衡与协调问题。施工工地停工，音像店关闭音响，是社会权衡不同的价值的结果，也是保护一种权利与价值的合理限度。而"人墙"却超越了合理的限度，体现了一个明显失衡的"标准"，其性质仍是一个法制问题——一个涉及侵犯和保护权利的问题。文章由表及里，层层剖析。

采用何种结构形式，主要的依据是事物内在的逻辑关系，同时也同作者如何认识和分析事物矛盾的方式方法有关。

不论文章篇幅长短，不论采用何种结构形式，都应讲求结构严密又富有变化。"文似看山不喜平"，这对于评论文章的写作也是适用的。

评论主体部分在布局时，同时要注意层次与层次、段落与段落之间的过渡和衔接，注意文章前后的照应，也要注意合理地安排主次与详略的关系。

第三节　新闻评论的文风

文风作为文章的作风，指的是从文章的内容、结构、语言、表现方式等要素中实际体现出来的作风，它不仅是语言文字技巧问题，而且主要是内容问题，也有作者的立场观点、写作态度和思想作风问题。我们提到文风，往往与学风、党风联系在一起，事实上文风是与一定时期的社会风气、时代风尚密切相关的，正如刘勰在《文心雕龙·时序》篇中所说："时运交移，质文代变"，"朴实染乎世情，兴废系乎时序"。文风和世情的关系是早已被写作实践所证明了的。正是东汉末年的"世积乱离、风衰俗怨"，才造就了被世人称道的"慷慨而多气"的"建安风骨"。以韩愈、柳宗元为代表的"古文运动"，大力清除六朝以来骈体文晦涩难懂、浮靡绮丽的流弊，提倡"惟陈言之务去"，要求文章言之有物，当时文坛的风气为之一变，这在客观上适应了当时社会政治改革和经济繁荣的需要。虽然说，文风总是带有一定的时代性，但在相同情况下，仍然有一部分作家表现出个人独有的文风，这就和写作者主观的立场观点、思想作风有关系了。特别是涉及作家的艺术风格，或豪迈奔放，或沉稳平实，更是与作者个人的思想修养、道德观念、才情禀赋等有着密切关系。

评论是说理的艺术。新闻评论作品不仅讲求新闻性、政治性，更讲求可读性。要求评论写作有文采，就不能不涉及评论的文风问题。我们这里讨论新闻评论的文风，主要讨论的是评论的表现方式、方法以及语言文字的运用问题，也就是辞章修养的问题。在适应主题要求的前提下，结构、语言、表达都应该努力做到如下几点。

一、表达深入浅出

深入浅出，就是要把深刻的思想内容和通俗的论述结合起来。新闻评论的道理要讲得正确、深刻，同时又要讲得比较浅近、通俗，使受众容易理解和接受。

孔夫子说过："辞达而已矣。"可能有人认为，写文章写得辞能达意就行了，但辞能达意是很不容易的，正如苏东坡所说："夫言止于达意，即疑若不文，是大不然。求物之妙，如系风捕影，能使是物了然于心者，盖千万人而不一遇也，而况能使了然于口与手者乎？是之谓辞达。辞至于能达，则文不可胜用矣。"（《答谢民师书》），苏东坡的意思是说，以辞达意并不容易，辞要真能达意，自然也就有"文"了。这对于我们写作新闻评论是很有启发意义的。新闻评论写作，就是为了把深刻的道理讲得浅显易懂，就要求对问题不仅了然于心，更要了然于口与手，真能做到以辞达意，自然也就生动引人。

我们以胡适 1914 年撰写的政论《政党概论》的开头为例。

政党何自起乎？曰：起于政见之歧异。夫一大问题之发生，其中是非得失，殊未易言。持甲说者，固言之成理，持乙说者，亦未尝无所根据。即如美国所争之入口税问题，持保护政策者，以为入口税则，宜用为保护本国实业之利器。故于本国所无之货品，则勿税之，而于外国货之足与本国所产竞争者，则重其税，期于遏绝其入口之路而后已，此一说也。其反对之者，则以为国家不宜利用入口税则为保护少数实业富人之具。国家征税，宜以国用为前提，若持保护政策，则外国之货，将不能来。国家既减一财源，而本国实业家以无外货与之竞争，故能垄断居奇，涨物价而病民生矣，此又以一说也。此二说者，都非无理之争执也。彼亦一是非，此亦一是非，唯待听者各视其切己之利害，个人之眼光，而左袒右袒焉，而政党于是乎起呼。

在考察欧美各国的政党现象的基础上，他撰文介绍政党的起源、功用和势力，阐述国民与政党之间的关系。政党现象属于抽象的政治领域，想论述清楚并让当时的国人理解是有一定难度的。但胡适却能深入浅出地将抽象的东西论述得清楚易懂。如他认为政党源起起于政见的分歧。但究竟何为政见分歧呢？他先用一句通俗的语言进行道理论证，而后又以美国征收进口税为例，很形象地说清楚这一问题：由于各人所站的角度和利益不同，因此对同一个问题有不同的看法，且各有道理。而这些持不同看法的人各自聚集在一边便形成了政党。

我们再以 2010 年《西海农民报》发表的关于坎昆气候大会的评论为例。

既是"青蛙"也是"蝴蝶"
——写给坎昆气候变化大会

古　岳

也许，此前你从没听说过坎昆这个地方，但是，从 11 月 29 日开始，全世界的人都将目光投向尤卡坦半岛上的这个海滨城市，因为，今年的世界气候变化大会在这里举行。

这个地方距离我们生活的这个城市很遥远，对绝大多数人来说，一辈子都不会跟这个地方有关系。可是，这个会议却跟所有的人都有关系，无论你生活在哪里。就像爱德华·洛伦茨所说的，因为，远在巴西的一只蝴蝶扇动了一下翅膀，改变了空气的持续流动方式，最后可能会在德克萨斯州引发一场龙卷风。这就是著名的"蝴蝶效应"。既然这只"蝴蝶"可能在德克萨斯引起一场龙卷风，自然也可能会在西宁、在青藏高原引起点什么。譬如，西宁的冬天会不会更暖和一点。这看似荒唐的事情，说不定真的会发生。

从《联合国气候变化框架公约》到《京都议定书》，从"巴厘路线图"到哥本哈根会议，再到坎昆，世界气候谈判也已经走过 20 年的风雨历程。20 年里地球一直在变暖。

20 年以前，每年春天到 5 月头上，西宁的树木才开始长出绿叶，这两年到 4 月头上就全绿了。春天来临的时间整整提前了一个月。

20 年以前，每年秋天到 10 月中旬，西宁所有的树叶就已经落尽了，这两年到 12 月头上，节气已临近大雪，柳树的叶子还没有完全落尽，甚至还绿着。冬天来临的时间整整推迟了一个半月。

对生活在这座高原古城里的人来说，这可能是一大喜事。因为，地处青藏高原，这里的冬天曾经异常寒冷。

20 年以前，冬天的青海湖边一般很难看得到白天鹅，那是因为，每年它们飞临青海湖的时间都是在冬天来临之前。这两年，它们每年经过青海湖的时间却越来越晚，那是因为，它们从更遥远的北方起飞南迁的时间越来越晚了。它们要等到冬天来临之前才开始迁徙，而那里的冬天来临的时间却越来越推迟了。于是，到青海湖游览观光的游客们就欢呼雀跃，就兴高采烈。

人们只注意到了这种变化带来的一个正面效应，而忽视了一个负面的效应。其实，这都跟那只"蝴蝶"有关。只是这次它没有引起龙卷风或者飓风，而是引起了全球气候的变暖。而且，最初的变化都出现在青藏高原上。科学家们研究发现，青藏高原是世界上对气候变化最敏感的地区。

与这个"蝴蝶效应"有异曲同工之妙的还有一个经典"效应"，叫"青蛙效应"。把一只青蛙放到一口盛着凉水的铁锅里，用文火慢慢加温，直到被烫死、煮熟，青蛙都感觉不到热。说的就是这种效应。综观今天之地球，就像一口煮青蛙的铁锅，而煮在锅里的青蛙则非人类莫属了。人总是为眼前的一时之快而庆幸，却不知危在旦夕。

到了秋叶飘零的季节，树叶还不凋落，那肯定是季节出了问题，而不是树木不知冷暖。一只候鸟，总是在不该飞走的时候飞走，不该飞来的时候飞来，那也是季候出了问题，而不是候鸟。我们对季节更替之异常、对候鸟迁徙之变故所持有的心态就是"青蛙"的心态。

墨西哥总统卡尔德在大会开模式上说："气候变化带来的灾难已对人类的生存造成威胁。坎昆会议上讨论的每一个问题都与世界上的每个人息息相关"。可是，连续几届的气候变化大会虽有收获，但都没能达成共识。人们对本次大会的最终成果也没抱太大希望，"共同但有区别"的原则依然是一个沉重的话题，只是不敢放弃努力而已。

因为，放弃努力就意味着放弃了最后的希望。只要还有一线希望，这个世界就不会放弃努力。虽然，发达国家不肯为他们的过去承担责任，但仍来参加会议，这可能就是希望之所在吧。等到别无选择的那一天，人们就不会再固执己见了。也许，最终意愿的达成还需要召开若干次世界大会，但是，地球变暖的脚步会因之放缓吗？从那只"蝴蝶"想到那只"青蛙"，再想到冬天飞临青海湖边的那几只天鹅，对我们这些普通的世界公民而言，除了祝福和祈愿，惟一所能做的就是"简单生活"了。也许当全世界的每一个人都开始"简单生活"的时候，我们就不再需要召开气候变化大会了。因为，我们每个人既是那只"青蛙"，那几只"天鹅"，也是那"蝴蝶"。

气候变化是一个全球性的热点话题，也是一个有专业含量的话题。但作者没有抽象地论述这个话题，而是从身边熟视无睹的细微变化着手，而后展开论点进行深入而形象地评论，既给人以审美的愉悦，又让人有理性的思考。

二、论述形象生动

评论要写得深入浅出，就必须注意它的形象生动。当然，评论主要靠逻辑的力量说服读者，但是如果在论述抽象道理的过程中，适当穿插一些活的形象，使评论不仅有很强的逻辑性，又富有形象性，就可以把道理讲活，把抽象的道理讲得生动具体，把深奥的哲理讲得浅显易懂，从而加强评论对读者的吸引力和说服力。例如，毛泽东同志为延安《解放日报》写的社论《论军队生产自给，兼论整风和生产两大运动的重要性》在论述军队生产自给的重要性时说："军队的生产自给，在我们的条件下，形式上是落后的、倒退的，实质上是进步的，具有重大历史意义的。……大家看，国民党的军队面黄肌瘦，解放区的军队身强力壮。大家看，我们自己，在没有生产自给的时候，何等困难，一经生产自给，何等舒服。现在，让站在我们面前的两个部队，例如说两个连，去选择两种办法中的一种：或者由上面全部供给生活资料；或者不给它或少给它，让它全部、大部、半部或小部地生产自给。哪一种结果要好些？哪一种它们愿意接受些呢？"[①]

在这里，毛泽东同志把抽象的道理转化成站在我们面前身强力壮和面黄肌瘦的两个部队这样的活的具体形象来说明生产自给的重要性，读者可触可摸，就容易理解和接受了。

生动性，主要是指形象性。如何适当地运用形象化的手法，形象具体地说明深刻的抽象道理，这是对新闻评论写作的一个不可缺少的要求。

徐铸成先生曾主持《文汇报》笔政多年，是著名的报刊政论家。他于1938年4月23日发表在上海《文汇报》的社论《胜利不会动摇》，分析了台儿庄大捷以后的抗日形势，最后一段说：爬山既到了山巅，就不必有能不能过山的顾虑了！下山之路，虽不免有荆棘，比之一步一蹶的上山路，究竟平坦很多，康庄大道，已在不远的山下，大家更不必旁瞬，静随着先锋勇士，披荆斩棘，向前迈进。我们相信这一股伟力，是任何魔手所不能挡住的。

军事评论一般不容易写得具体生动。这一段对于战局的分析，准确、敏锐、深刻、透彻，写得生动，很有鼓舞力量。前提是作者对于冲突双方的情况了如指掌，对军事形势的观察洞若观火。

张季鸾在1939年12月12日发表了抗战评论《"灭亡"的平和与奴隶的"平和"》。文中针对日本人宣传的所谓中国要"平和"，指出日本人期待中国是灭亡的平和，是奴隶的"平和"，是以消灭中国的主权为作战目标的。他用

---

① 《毛泽东选集》，第三卷，1106页，北京，人民出版社，1991。

了病人发烧抵抗病菌来比喻中国当时的抗战。病人只有忍受痛苦，根除病菌才能获取真正的健康，而不是被细菌击倒获取虚假的平和。所以国人必须坚强善战，脱出灭亡或奴隶的平和，只有打倒侵略者，才能有真正的和平。

以病人比喻，一个人，得了传染病，高度发烧，苦痛不堪。然而这发烧，并不是病，而是抵抗病菌，与病菌战斗。中国今天的抗战就是这样。我们虽然万分苦痛，但并不要怕，只要保住心脏，而能吸收营养，增加抵抗力，这病菌是会消除的，我们所求者，是病除烧退的，生命健全之平和。而敌人所期待者，是我们陷入死亡状态之"平和"。一个病人为病菌所打倒，到临危之时，就不发烧了，呼吸一断，四肢不动，也可以说是"平和"了。敌人今天的作战目标，就是企图达到这样的境界。敌报近来不常说，"要建设新支那"吗，要抚育"新支那之更生"，这就是说：要完全消灭独立自主的中国国家，而更生出来一片广大的敌人的殖民地，征服地。这块大地虽名称依旧，而已经不是有主权的国家。敌人愿如何，便如何，敌人自由支配着，中国人绝对服从着，在敌人看，这样才是平和，而中国却是百分之百的亡国了。

大凡著名的新闻评论家，都是深入浅出的高手，能够把复杂的事物作简单的说明，把抽象的道理用生动的形象来说明，都有一种化繁为简的非凡本领。邹韬奋、张季鸾、徐铸成、李普曼、梁厚甫等都是这样的新闻评论家。李普曼能把复杂的事物综合整理，使普通读者也能够理解。他曾说过："必须对所论述的内容完全精通，这样就能以非常简明易懂的方式加以表达。"这是值得我们借鉴的。

三、语言准确清新

新闻评论的语言，首先要清新自然，通俗易懂，不要艰深晦涩和矫揉造作，要十分明确、直白畅快地把评论的内容准确地表达出来。其次要生动活泼，具体形象，使读者、听众喜闻乐见；反对空话、套话和生硬死板的八股腔。要注意学习人民群众中富于表现力的语言，注意恰当地运用古人语言中有生命力的成分以及人民群众喜爱和熟悉的成语、典故、谚语、俗语等。

评论是一种发表意见的文体，不论是传达精神还是反映意见和呼声，都要做到一是一、二是二，直白畅快且毫不吞吞吐吐地准确表达。事实上，评论中常有不准确的语言出现，有些是政策性的，有些是常识性的。有些词句概念混淆，有些相近，有些相反。而评论作者在遣词造句时，随心所欲，乱用词语，造成语言上的不准确，如党纪与政纪、法律与纪律、违法与犯罪、逮捕与拘留、罪犯与疑犯、伏法与服刑、强奸与通奸、国外与海外、侨胞与台胞、"中外合资"与"中港合资"以及广东、福建、浙江等地与台资的合作有人错误地称为"中外合资"等。不准确的语言严重影响着评论论点的准确性和论证的周密性，有时还会造成不应有的恶劣影响。

清新自然是以准确为前提的，就是要求在准确的前提下，直白畅快、通俗浅近地说出来，切忌矫揉造作、故弄玄虚，而且尽量做到生动具体，用富有生命力的群众性语言来表达。例如，邹韬奋 1936 年 6 月 18 日在《生活日报》上发表的评论《工作的大小》开头一段就很生动具体。

工作有没有大小的分别？就一般的观念说，工作似乎是有大小的分别。我们很容易想到大人物做大事，寻常人做小事。这种观念里面，也许含有个人的虚荣心的成分，虽则没有人肯这样坦白地承认。但是有的人要想做大事，不满意于做小事，不一定出于个人的虚荣心，也许是出于很好的动机，希望由此对于社会有较大的贡献；依他看起来，大事的贡献较大，小事的贡献较小，因为要对社会有较大的贡献，所以不愿做小事，只想做大事。这个动机当然是可嘉的。我们当然希望社会上人人都有较大的贡献。于是对于能够有较大贡献于社会的人们，特别欢迎。

评论接着指出对工作的大小、贡献的大小如何理解？在抗日战争中，不抵抗的大将还不如尽职的小卒贡献大。然后又一转折：抗敌的大将贡献总是比小卒的贡献大。作者借此又进一步分析，军队里既不能没有大将，更不能没有千万的小卒，他们同是有贡献于国家和民族的。工作的大小，贡献的大小，本质上没有区别，关键是他们为了什么而工作。评论逐步说明了一个深刻的道理：在统一的目标下，各种工作只有分工的不同，而没有大小、高低的区别。评论结尾说：宜于做大将的材料，我们赞成他做大将，宜于做小卒的材料，我们也赞成他做小卒。从本质上看来都没有什么大小高低之分，我们所要问的只是他们为着什么做。

这篇评论自始至终没有讲什么空洞的大道理，也没有给什么思想扣帽子、贴标签，好像和读者讨论问题，又好像在朋友之间平等地促膝谈心，语言自然清新、通俗易懂，白话之中蕴含着深刻的哲理。

评论的语言要尖锐、泼辣、鲜明，是就态度来说的，但为了准确，说话要留有余地，不要授人以柄，这也是要注意的。新闻评论虽说是党和政府的喉舌，但评论员毕竟不是党和政府的发言人，评论员的话应该比政府发言人的话生动活泼一些，"民间"一些。因此，有些话就不宜说得太死、太满、绝对化，留有余地是比较主动的。李德民在《新闻评论探索》一书中把这种情况称为"评论的开脱"，也未尝不可。他举了下面这样一个例子。

1989 年 3 月 1 日，《人民日报》发表署名评论《知识与金钱》，评论的"由头"是：浙江省一位品学兼优的大学生刊登征婚广告后，收到一位姑娘的来信："读书苦，读书忙，读书有啥用场？像你握着笔杆的，不如讨饭，像你这种全世界顶背时的背时鬼，纯粹给大学生闹笑话。文化当不了饭吃，理想当不了钱花。现在的姑娘都吃人民币，像你这种有笔杆没有人民币的，只有娶个 50 岁的老太婆。如果你今后娶老婆，劝你的儿女不要上大学，读到小学五年级够了，现在都有计算机，劝他卖甲鱼，那他就成亿元户了。"根据这封信，评论发表了一番议论。可是，评论发表以后，如果一旦有消息说，这封信原属子虚乌有，那么，这篇评论就成了胡说八道。这种根据子虚乌有的新闻由头撰写的评论，事后露馅的教训不少。前几年，人们根据浙江一条"卖猪搭鼠"的新闻撰写了数篇评论，登在一些报刊上。"卖猪搭鼠"的新闻既有思想性，又有趣味性，说的是一位农民到生猪收购站卖猪，在大肥猪的尾巴上挂上一只小老鼠。收购站的干部问他为什么这样做？他说，国家卖给俺们农民的东西都搞搭配，我们农民卖给国家的东西也得搭配。事后证明，"卖猪搭鼠"的新闻是虚构的，这样，有关评论也就毫无价值了，评论员十分尴尬。那么，《知识与金钱》中提到的姑娘写的那封信如果也是虚构的，怎么办呢？评论员留了一手，在文章中加上了这样几句话："我们不知道是否真有这样一位姑娘写出这样一封用语刻薄的来信，也许是哪位男士杜撰出来的。不管怎样……"下面接着议论开来。加上的几句话，就是开脱。万一新闻事实由头失实，加了这几句话，也不至于影响评论本身的道理，或许这更有利于准确地说明问题。

一般来说，评论尤其是一些解释型评论不必费心为自己开脱，论点鲜明，论据准确，一是一，二是二，敢说敢当，不怕麻烦，不怕打官司。但是，说话留有余地，不要授人以柄，不能认为这是一种被动地为自己开脱而"留一手"，这往往也是必要的"一手"，因为说话留有余地，也是坚持实事求是，防止新闻失实和防止评论说过头话的题中应有之义。

四、情理交融

新闻评论不仅要以理服人，还要以情动人，不仅要在道理上说服读者，还要在感情上打动读者。因此，新闻评论不仅不排斥感情因素，而且要求情在理中，情理交融。一个评论作者对他所评论的事物，总会有一定的情感，或爱或憎，或褒或贬，都会有自然的流露。这就要求评论作品不仅要有真知灼见，还要有真情实感。作者先要为评论的内容所感动，然后才能感动读者并引起读者感情上的共鸣，才能与读者的感情交流。这样，评论的话人家就容易接受，说的道理人家就容易理解，提的措施办法人家也就容易照着去办。

我们以获第 21 届中国新闻奖的《再多的眼泪也汇不成美丽的江湖》为例。

再多的眼泪也汇不成美丽的江湖[①]

江城武汉城区 50 年近百个湖泊被填占消失，至今仅剩 38 个。最近媒体报道的这则消息，让人心疼。

调查显示，江城湖泊被"蚕食"是个渐进过程，有填湖造地、围湖养鱼等历史原因，也有因城市发展"牺牲"水域的无奈之举，更有甚者则是因利益驱动而非法填湖。

反正湖泊是消失了。武汉市水务局湖泊保护处副处长周承甫的话值得深思："武汉市近几十年来没有一个湖泊是因为自然原因消失的。"

"江汉朝宗"之地武汉，是个地道的水城，全市水域面积超过 70%，不仅有长江、汉江交汇，还有着诸多大大小小的湖泊。湖北有"千湖之省"之号，武汉有"百湖之城"之名。

这些美丽的湖泊，是千万年来自然造化给武汉的恩赐。武汉市湖泊的美丽和灵性，仅从名字中，就能看出与湖共生的"江湖"武汉，是个多美的地方：

东湖、西湖、南湖、北湖、西北湖……这些以方位命名的湖泊，提醒我们武汉四处有湖；

青菱湖、野芷湖、莲花湖、鲩子湖、官莲湖、鸭儿湖、竹子湖……这些充满水乡气息的名字，说明当年这是个水美鱼肥的所在；

塔子湖、机器荡子、车墩湖、牛栏海、磨子口、幺教湖、龙王沟、王龙湖……这些充满个性的名字，记载着一个城市发展的记忆；

四美塘、月牙湖、金银湖、状元湖、涨渡湖、竹叶海、龙阳湖、笔砚湖、墨水湖……这些名字更是充满诗意。

千百年来，湖泊滋养着武汉三镇的百姓，带给武汉人美丽入画的诗意生活，武汉人也淡妆浓抹着这个湖泊遍布的家园。"五百年前一荒洲，五百年后楼外楼"，"十里帆樯依市立，万家灯火彻宵明"，成为名镇汉口的生活写照。

武汉的湖泊，更是给这座千年文化名城，留下无数美好的记忆。在今天

---

① 王四新：《再多的眼泪也汇不成美丽的江湖》，载《工人日报》，2010-07-02。

汉阳龟山西侧的月湖之上，有着著名的"琴台"遗址。大夫俞伯牙与樵夫钟子期两人演绎出弹琴遇知音、摔琴谢知音的千古佳话，一曲"高山流水"不知醉倒多少文人雅士……

然而，时光无情。人多起来了，三镇水泥森林崛起，大量的湖泊消失了。

在繁华的表象背后，潜藏着诸多隐患。城市变得拥挤，绿地减少了，水面减少了，气温反常了，城市水系失去了湖塘的调节变得越来越脆弱，大雨下得集中一点，低洼处立即积水成河，连电车冲进积水中也几乎没顶……这是大自然在警告。

地球上，人的领地越来越大，自然的领地越来越小。终于，我们发现，地球上物种越来越少了，能喝的越来越少，能呼吸的越来越浑浊，能吃的越来越少了，转基因食物在争议声中，已经悄悄走进超市。

在人烟稀少的高原，许多面积不大的海子被人看做圣湖，受人顶礼膜拜和呵护。可是在人口密集的都市，功利淹没了良知，短视淹没了理性，那些消失的湖泊成为人类暴殄恩物的不光彩记录。

让人叹惋的是，蚕食湖泊并不仅仅是武汉一个地方的"专利"。不少城市在发展中都巧妙地打着湖泊的主意。前不久，云南大理填埋洱海情人湖、建设高档别墅区的新闻，就引来一片指责之声。

保护我们的湖泊，保护我们的山林，保护我们的美好家园——这已经成为刻不容缓的现实课题。因为，每一分钟都有贪婪的眼睛盯着我们的湖泊。

在武汉市武昌的中心，有一个东湖，水面达到33平方公里，是杭州西湖面积的5倍以上，是我国最大的城中湖，一年四季碧波荡漾。在东湖风景区中心的磨山之巅，有一座朱碑亭，上面有朱德同志的诗句："东湖暂让西湖好，将来更比西湖强"。

不知再过100年，今天面积是西湖5倍的东湖，能否安然？

珍惜拥有的幸福，尊重无声的水域，是人类的觉醒，也是人类面对自然必须坚守的底线。

因为，如果所有的湖泊都消失了，无论怎么哭泣，我们的眼泪也汇不成美丽的江河湖泊。

此文从最新新闻事实入手，饱含感情，以散文化文字，审视一个城市湖泊的快速消失。

在写作风格上文章一改新闻评论的严肃面孔，叙述和议论交融，感性和理性共存，文字跳跃，文风清新，让人眼睛一亮。文章没有板着面孔说理，而是将现代理念和人文关怀注入到感性的文字中，笔端饱含感情，很能打动人。

写好评论不容易，把评论写得情理兼备尤其像此类命题作文写得情理兼备更不容易。本文为成功评论写作，提供了这样的注脚：如果作者不把写评论当成一种被动完成的任务，而是先把它吃透，有了真知灼见，又有了真情实感，想方设法把文章做好，写出自己的情感来，评论就不会是枯燥无味的东西了。

五、行文朴素精练

新闻评论的朴素，就是在说理论述的时候，力求平易自然，把作者的观点和意见准确地表达出来。内容实事求是，语言质朴畅达。这里既有写作态度、思想感情的问题，也有语言文字的问题。所谓精练，就是要用恰当的篇幅，把评论的内容和感情精粹、准确而生动地表现出来。

新闻评论的朴素和精练是相辅相成、互为因果的。有深刻思想内容的文章，不一定非要用华丽的辞藻来表现，更不需要冗长、烦琐的论证；而说理精辟的文章，往往更能表现真切、朴素的思想感情。朴素和华美，是两种不同的文章风格，而新闻评论文章一般应以朴素见长。内容真实深刻，语言平实质朴，明净畅达，篇幅短小精悍，这样的文章往往更有说服力和感染力。

清代桐城派大家刘大櫆在《论文偶记》中说："文贵简。凡文笔老则简，辞切则简，理当则简，味淡则简，气蕴则简，神远而含藏不尽则简。故简为文章尽境。"古人有许多文章是精练简洁而又含蕴深远的典范，如韩愈《杂说》、刘禹锡《陋室铭》、王安石《读孟尝君传》等。王安石的《读孟尝君传》，全文字数不多，但观点鲜明集中，文字精练、简洁而有力。

世皆称孟尝君能得士，士以故归之，而卒赖其力，以脱于虎豹之秦。嗟乎！孟尝君特鸡鸣狗盗之雄耳，岂足言得士！不然，擅齐之强，得一士焉，宜可以南面而制秦，尚何取鸡鸣狗盗之力哉！夫鸡鸣狗盗之出其门，此士之所以不至也。

这是一篇读后感，当然是评论文字。本文先叙述一个世人的看法，都认为孟尝君能得士，依靠会学鸡叫会学狗盗的门客的帮助，得以逃出函谷关。但作者的观点是，孟尝君只不过是那些鸡鸣狗盗之徒的首领罢了，怎么能说是"能得士"呢？全文很短小却有四个层次。第二句批驳第一句，第三句批驳第一句的后半句，第四句集中驳"士以故归之"。结尾处又余味无穷。清代沈德潜评说是"语语转，笔笔炼，千秋绝调"。刘大槐说是"寥寥数言，而文势如悬崖断壁"。这篇文章结构严谨，具有很强的逻辑力量。

　　评论的朴素精练，指的是内容要精彩，语言文字很简洁，不说废话，更不能以文害意。并不是说越短越好，而是说该短则短，该长则长，尽量用短小的篇幅表现更多的内容。例如，1982年得奖的两篇社论，其中的一篇是2月7日福建日报社论《有些案件为什么长期处理不下去?》，全文不到200字。因为是配合当天新闻报道而发的，用不着去重复已经见报的事实。另一篇是10月18日人民日报社论《回答一个问题——翻两番为什么是能够实现的》，全文虽然有4000字，但由于是回答广大读者普遍关注的大问题，说理透彻，读来仍不觉长。

　　我们不断提倡新闻写作要"短些，短些，再短些"，这应该既包括消息、通讯等文体，更应包括社论、评论员文章、短评等文体。当前的情况是，一般化、公式化、不着边际、枯燥无味的长文章不见减少，简洁精练、朴素自然、读来很有味道的短文章较为少见，这是应该引起新闻评论界注意的。这里，引用一篇短文《有话也要短》作为本章的结束语。

　　文好不必长篇，纸短也能情长。即便是学术论文，一篇短文获殊荣者也不罕见。美国物理学家彭齐阿斯和威尔逊撰写的题为《在4080兆赫处天线附加温度》的论文，全文只有600来字，却创造性地提出了宇宙背景辐射的科学论点，对大爆炸宇宙学提供了奠基性实验支持。这两位物理学家因此而分享了1973年度诺贝尔物理学奖。俗话说："有话则长，无话则短。"我们不妨把它改一下："有话也要短，无话则不言。"这不但是笔者的希望，更是改革开放时代的迫切要求。[1]

　　思考和练习

　　1. 从信息取舍的角度来看，新闻标题可以分为哪几种类型? 在制作时有哪些具体的要求?

　　2. 新闻评论有哪些常用的开头形式和结构形式? 试举例说明。

　　3. 结合具体的评论作品来谈谈梁启超、邵飘萍、黄远生、胡适、张季鸾等评论名家的作品的风格特点。

---

　　[1]　载《光明日报》，1992-05-08。

第八章　社　论

社论是报刊编辑部最重要的指导性言论，在广播、电视等媒体称为"本台评论"。它集中地反映了政党、政府、团体、媒体编辑部对当前重大事件和迫切问题的立场、观点和主张，是影响并引导社会舆论的有力的评论形式。

第一节　社论的特殊性

一、社论的定义

什么是社论？英文《韦氏大词典》的解释是："社论是一个报纸或杂志表明其总主笔或领导人意见之文章。"美国出版的《有效社论写作》一书中认为："社论是一个报纸或杂志对于某一问题所发表的意见……它是一种经过深思熟虑的观点或政策的披露。这种观点或政策，发自此一出版品言论方面的主持者。"美国史本沙尔所著《社论写作》一书的观点是："社论是一种事实与意见的精确、合理而有系统的表白，为了娱乐，并影响公众，也为了解释新闻，使一般读者能够了解其重要性。"以上意见说明一个共同点，即社论不是代表个人的，而是代表该出版品的总主笔或言论方面的主持者的，社论是代表编辑部的重要的言论。史本沙尔的意见更认识到社论是意见与事实结合的精确、合理而有系统的言论，它不仅可以解释新闻，使读者愉悦，还要影响公众。美国老一辈的新闻学者约斯特在其《新闻学原理》一书中曾表示这样的意见：新闻是报纸的身体，它表现了报纸的形状和形式，而社论版则是报纸的灵魂，要是没有了灵魂，身体就等于一具失去活力的躯壳。曾经主编英国《曼彻斯特卫报》达 57 年之久的老资格的报人斯科特认为，社论是表达报纸立场的基本手段，是报纸存在的基本理由。

1955 年出版的苏联大百科全书第 32 卷中有一则关于社论的解释："社论是定期出版物（报纸、杂志）中的最重要的论文。社论是编辑部的文章，它反映编辑部对某个问题的观点。社论是指导性论文，它指出方向，表示报纸的方针。在党和苏维埃报刊的实践中，社论作为宣传共产党的政策、开展批评和自我批评、提高革命警惕性和动员群众主动创造精神的工具之一，具有重要的意义。"这个解释基本代表了社会主义新闻事业对社论的理解，明确地表明了社论是报刊最重要的论文，是代表编辑部具有指导性的论文。我国著名的社会活动家、老报人张友渔早在抗战时期就说过："社论者，代表报社之意见，对于时事，有所解释、批评及主张，以期指导读者之评论也。"担任《人民日报》总编辑多年的邓拓在 1955 年写的《关于报纸的社论》一文中更明确地认为"社论是表明报纸政治面目的旗帜，报纸必须有了社论才具有完全的政治价值。"1996 年 3 月新华出版社出版的《中国新闻出版大词典》对社论的界定为："代表报社、杂志社或通讯社编辑部就某一重大问题发表的言论。政党机关报的社论代表主办该机关报的党的领导机关的意见。"

归结起来，可以这样说，社论是代表报刊编辑部就某一重大事件和重大问题发表的权威性评论。作为党报，它的社论同时在一定程度上代表同级党委的意见，直接传达党的主张和意见。它的权威性，既来自于报刊社编辑部，更来自于该报刊所从属的政党和政治团体的权威性。具体地说，社论是报纸的旗帜，是新闻评论中最重要的文章，是代表编辑部的具有指导性、权威性的评论，是针对当前重大事件、重大典型或迫切重要的问题而发表的言论。因而，社论具有鲜明的针对性、政策性和政治性，是其他评论文体所不能代替的。

二、社论的地位

从上述所引的各种论述中可以看出，不论是西方国家的新闻界，还是社会主义新闻事业，都十分重视社论的地位和作用，甚至可以这么认为，社论在新闻评论中是最重要的。

特别是我国的党报，作为执政党中国共产党指导和推动工作的重要阵地，社论的影响力尤为巨大。在我国党报上，社论当之无愧地占据着作为评论的最高等级和最高规格的特殊地位，等而次之的则有编辑部文章、本报评论员文章、本报特约评论员文章、编者按等媒体内部专门的新闻评论。

由于社论具有重要的地位和作用，无产阶级革命导师在他们的革命活动中，总有相当一部分时间和精力在从事政论写作。他们写下的大量社论和政论作品，已经成为我们今天学习、继承马克思主义新闻观和马克思主义政论传统的宝贵财富。

新中国成立初期，陈云、薄一波等领导同志都曾亲自为《人民日报》撰写社论，对实际工作起了良好的指导作用。1950 年 3 月，中共中央曾发出指示通报全党，要求各级党委及政府负责同志经常为报纸撰写社论或论文。这个指示写道："《人民日报》3 月 10 日社论《为什么要统一国家财政经济工作》(陈云作)，3 月 22 日社论《税收在国家工作中的作用》(薄一波作)及 2 月 6 日社论《学会管理企业》(李立三作),解决了当前财政经济工作中的重大问题。各级党委和各级政府及财经机关的党组织应领导党员干部和全体人员加以学习。各级党委及政府各部门的负责同志,应当学习陈云、薄一波、李立三等同志的这种工作方法,对于自己所负担的工作,亲自动手在报纸上写这种能够透彻解决问题的社论。"指示还规定:"社论要对情况加以分析,并提出问题,解决问题,指示大家努力的目标,动员群众去完成一定的任务。如此,则可给我们的工作以极大的推动,又可使各地党报每周即可登出一篇这样有力的论文或社论,使报纸也有了生气,使我们的工作能为全党干部和全体人民所了解和拥护……"。

三、社论的现状

综观当今国内的报纸,不难发现,许多报纸不是每天都有社论,即使是《人民日报》也是如此。据笔者统计,2013年该报全年刊发的社论也仅有23篇,平均每个月还达不到2篇。还有许多报纸甚至长时间不登社论,只有当发生重大事件,一般来说往往是些政治性的事件的时候,才会刊发社论。更多的报纸是全文转载《人民日报》社论。许多地方报纸在显著位置全文转载《人民日报》的重要社论,这种现象在全世界比较少见,"其重要原因不仅在于它代表了中共机关报的立场及对所论述的重大问题的认识和看法,而且在于它体现了党中央的路线、方针、政策和一个时期工作的指导方针。"[1]

胡乔木同志在1991年9月7日同《人民日报》负责人的一次谈话时说:"报纸应该每天有社论。这对于统一全党的思想非常重要。现在还没有充分发挥中央机关报的作用。需要培养一支队伍。以前社会都是,由毛主席、周总理、少奇同志审批、修改、定稿。这个问题有机会要向中央提出来,中央不支持,做不好。全世界报纸没有一家报纸不是每天发社论的,甚至一天不止一篇。延安解放日报、人民日报五十年代基本上每天发表社论。"[2]

胡乔木看到的这个问题至今尚未解决,而且今后较长时期也难以有大的改变。在我们的新闻机构谱系中,各级党委的报纸都是机关报,是党委的喉舌,党报的社论必须忠实代表其所服务的党委的观点,必须无条件地与党委保持高度一致,其内容和形式带有浓厚的"政论本位"的色彩,报社要完全做到这一点,不是一件容易的事,单是发稿程序就非常复杂,一级一级批阅,报社要是每天都发社论,党委领导、报社负责人、版面编辑的工作量及其过

① 邵华泽:《同研究生谈新闻评论》,北京,人民日报出版社,1999。
② 《胡乔木传》编写组,《胡乔木谈新闻出版》,403页,北京,人民出版社,1999。

程中的互动难度不可想象。加上长期以来，媒体和公众都觉得只有发生重大政治性事件时才需要配发社论，因而对平常日子里一篇社论也不发就习以为常了。

我们党报社论所存在的另一普遍问题是，四平八稳，不痛不痒，真正应验了钱锺书曾说过的一句妙语："不料你的见识竟平庸到可以做社论"。读者看社论，往往就只瞄一眼标题，正文一般是不太会去看的。许多党报社论都是应景式的为某一中心工作、某一重要事件摇鼓呐喊，永远以训导口吻居高临下地教育社会大众，抽象地说一些冠冕堂皇的大道理，没有触及具体问题，缺乏实事求是的分析。正如知名评论人李文凯所说的："社论这一文体，多年来形成了高高在上不知所云的印象。一些有过经历的师长，对于'社论'这一概念，甚至有强烈的反感，因为它一度就是政治的高音喇叭。总而言之，它或者与真实的生活毫无根据关系，或者给真实的生活蒙上阴影。"①

党委机关报社论的上述窘境，在都市类报纸兴起后有了比较大的改观。媒体人分析这种变化时，直观地归因于都市类报纸的"不知天高地厚"，"它们一开始去拣其他媒体看不上眼的菜叶子，那些社会的民生的底层的边缘的新闻，但并不止步于此。从边缘而主流，从单一而丰满，都市报多数都涌现出了强烈的自尊心与使命感。倘若以一种人格化的情绪予以描摹，这种自尊心与使命感也不妨比喻成'王侯将相宁有种乎'与'位卑未敢忘忧国'的抱负和情怀。在它们看来，社论，本不该是什么高贵玄妙的皇家特权，只要是称之为'报社'的，都可以有自家之论。而之所以应该有各自的社论，乃因为关注各有侧重，言说本该多元。"②综观国内都市报社论，影响很大的媒体有《南方都市报》、《南方周末》、《新京报》、《中国青年报》、《东方早报》、《潇湘晨报》等。更值得一提的是，其中有些都市报彻底摒弃了党委机关报社论长期以来的"唯我独尊"，完全以一种平等、平和、平民的姿态敞开版面、敞开心扉，与读者交流分享。例如，《南方都市报》对于所不能尽晓的知识与事实，在社论版开设了"批评与回应"栏目，热忱欢迎读者指教。《新京报》在社论（来信）版开设"社论批评"栏目，衷心期待读者的挑刺。

即使在极重视社论的美国新闻界，社论的状况也并非尽如人意。曾在美联社奈特—里德报团任记者和编辑的资深报人理查德·奥泼尔撰文指出社论的重要性。

---

① 李文凯、李海华：《南方的立场》，广州，南方日报出版社，2010。
② 李文凯、李海华：《南方的立场》，广州，南方日报出版社，2010。

社论版应当成为服务于社区利益的强大工具，但如今的许多报纸没能很好地利用民主制度赋予他们的这一特权地位。

几年前，这种特权使用的失败表现为出版者或编辑滥用特权优待朋友而惩罚敌人。

如今，这种失败常常是一种怯懦。我看到地方报纸的版面上充斥着有关联合国或国会的冗长乏味的社论，充斥着机构代言人枯燥沉闷的书信，还有少数辛迪加撰稿人的专栏版专栏文章。

我认为，一个优秀的社论版面应该有一个议程。编辑应在每年年初将这一议程登出来。议程应当说明：这些是我们所确信的。这些是我们应该加以解决的问题。我们将在一年里陆续就这些问题进行评论。然后，报纸就要去做。

我们的读者以为报纸自有其议程。他们认为这是一个内部秘密议程。是的，大多数优秀编辑是有自己的社论议程的。既然我们信奉通过自己的劳动使好事在社区发生，那么，为何不登一个议程呢？

同样，我们需要通过社论或编者鼓励对其进行评论而招优秀的读者来信作者。我们应该培养他们，通过出色的编辑来润色他们的文章。我们也应该发展当地专栏作家，特别是要考虑那些与报纸观点不一致的既有思想又善表达的人。

应当鼓励并支持我们的社论撰稿人在当地及地区事务问题上采取有争议的立场。因为在当地事务上，我们有望施加一些自己的影响。就当地议题进行强有力的评论比评论联合国更冒险，但这些评论会带来回声和反应。

理查德·奥泼尔的意见涉及社论的滥用特权，不贴近地方实际，议程没有公开登出来，发展本土来稿队伍，特别是持有不同观点的来稿队伍不够等问题。

第二节　社论的写作

写社论，是媒体人至高无上的荣誉。知名媒体人胡舒立回忆自己写社论的经历时这样写道：1992 年到了《中华工商时报》，9 月赶上纪念创刊三周年，准备出一期 24 版的报纸，这在当时的中国是仅见的篇幅。我就自告奋勇地说："让我写社评行不行？"大家就让我写。我写了篇社论，题目叫"不同寻常的时刻"。当时就觉得很过瘾。现在回想起来，那篇文章还明显带有党报社论味儿，不过，我确实是喜欢写。这是我的内心偏好。我把社论看得十分神圣，又认为自己少有机会去接触，心里痒痒的。

精心写作社论，这不仅是社论作者应有的态度，而且要把这种精神贯穿于社论写作的全过程，包括选题、制题、写作、修改等环节。

一、选题要集思广益、共同研究

因为社论是代表编辑部而不代表个人的意见，因此针对什么样的事件和问题，选定什么样的论题范围以及表达什么样的中心论点，都应该集体讨论商议。从这个意义上讲，社论不仅是一种文体，也是一种写作制度。集体讨论是社论写作的基本做法。

在新记《大公报》初期，有"三驾马车"之称的总编辑张季鸾、总经理胡政之和社长吴鼎昌互有约定："由 3 人组成社评委员会，研究时事问题，商榷意见，决定主张，文字虽分任撰述，而张先生则负责整理修改之责，意见有不同时，以多数决之，三人各个不同时，从张先生。"[1]后来，《大公报》还成立了人数更多、更为制度化的社评委员会。

《人民日报》一些重要社论的产生过程也体现了这一要求。人民日报社一般的做法是，报纸编辑部事先研究和审定社论选题的内容纲要，并将它送给党中央有关领导同志审阅，经审阅同意后，由社论作者写成初稿打印几份在编辑部讨论修改，如需要再请社外专家审阅。最后交总编辑定稿，必要时再送中央负责同志定稿。整个过程贯穿着集思广益、集体研究、认真负责的精神。例如，1990 年《人民日报》庆祝"五一"国际劳动节的社论，原来拟定的标题是《依靠人民群众，实现稳定团结》，经编辑部讨论修改后，送中央领导同志审阅前，先送社长高狄审阅。高狄指出，这篇社论中心观点不突出，社论主要应讲依靠工人阶级，工人阶级要发挥主人翁精神，关心国家大事，把企业办好，把生产搞好。现在这篇社论的毛病就是太散了，又是"依靠"，又是"稳定"，与"五一"劳动节扣得不紧，离工人不是很近。于是经过修改，把主题放到依靠工人阶级上，标题也就换成了《全心全意依靠工人阶级》。社论的重点就突出了，主题也就鲜明引人了。

《新京报》评论部原主编孟波介绍该报社论选题产生的过程大致如下。首先，每天下午 17:15 召开新闻版组选题会，评论部人员参与，在各版准备第二天刊出的新闻中粗选社论选题目标。接着，18:30 召开社论会，在上述选题目标和各社论委员通过阅读当日各报新闻事先准备的（每人准备三个）选题目标中，按照重大性、象征性、关注度、关切度的标准一个一个筛选，最终选定这四个标准最大交集的二至三个社论选题。然后根据选题涉及的知识领

---

① 周雨：《大公报史》，139 页，南京，江苏古籍出版社，1993。

域，再确定是由本报评论员撰写，还是在一个逐渐形成并稳定下来的社外特约评论员队伍中选择谁来完成。

选题对社论写作来说非常重要。下面就细介绍一个案例，通过具体的一篇社论作品及其产生过程，直观地了解社论选题的一般机制。

2008 年 2 月 27 日，国家审计署公布了全国公路超期收费的报告，翌日出版的《南方都市报》、《新京报》、《北京青年报》不约而同地针对这一新闻题材刊发了社论，标题分别为：《贪婪的公路收费让政府蒙羞》、《公路收费乱象不能再持续下去了》、《公路收费：与民争利到几时？》。

公路收费：与民争利到几时？①

李星文

国家审计署昨日公布了《收费公路审计调查结果》，公路违规收费的问题再次大白于公众面前。部分省市公路运营调查结果显示，辽宁、湖北等 16 个省（市）在 100 条（段）公路上违规设置收费站 158 个，至 2005 年底违规收取通行费 149 亿元。

近年来，高速公路超期收费的问题屡屡成为社会关注的热点，北京市人大代表李淑媛紧盯京石高速公路收费问题，知名律师李劲松和郝劲松联名向交通部和审计署提出关于公路收费的建议书，舆论也一直在呼吁公路公司公开收支账目，不要让公众在糊涂当中无休止地交费。从国家审计署昨日公布的调查结果来看，乱象环生的公路收费大致有三宗罪状：

一是逃避责任，反辅为主。修路属于基础设施建设，是地方政府不可推卸的责任。但鉴于修路投入巨大，国家在 1984 年出台政策，提出以非收费公路为主，适当"贷款修路"，建成后"收费还贷"，以弥补政府投资的不足。然而，有了这把"尚方宝剑"以后，尤其是在近十几年间，地方政府纷纷把贷款当作修路的主要资金来源，形成了收费公路为主，非收费公路为辅的局面，大大增加了公众的负担。

二是超期收费，与民争利。本该由政府提供的公共产品反由公众买了单，而且这个买单的过程被不断拉长。投资 33.8 亿元的济南至青岛高速公路，经测算收回投资并有合理回报的收费年限为 12.65 年，但批准的收费年限为 30 年，按 2005 年收费水平测算，将增加社会负担 275 亿元。有些地方做得更过，广东省在核定 47 条政府还贷公路的收费期限时，将 29 亿元财政

---

① 载《北京青年报》，2008-02-28。

资金也算成了需通过收费偿还的"债务"。

三是改头换面，长期盘剥。本来是政府收费还贷公路，收费几年以后就已还清贷款，却偷偷转化为"经营性收费公路"，大规模延长了收费年限。事实上，其中有很多是毫无道理地由"非盈利"突然转变成"经营性"的，审计署调查的 106 个公路经营权转让项目中，地方政府越权和违规审批经营权转让项目 64 个，占转让项目数的 60％。

公路收费当中有这么多猫腻，公众的利益每天都受到侵犯，为什么就是不能终结这种现象？分析起来有两方面的原因：一是公众对违规收费习焉不察，即使有所察觉，也保持着一种集体无意识的冷漠。如果这种利益侵害是针对某个个体的，而且达到了相当的数目，那么在当今这个公民意识逐渐觉醒、法律武器普遍得到运用的社会中，这个个体一定会奋起抗争，讨个说法。但公路乱收费恰恰是针对无数个个体，具体到每辆车的收费也没有高到难以承受，对于个体来说，较真意味着为不大的金额去对抗一个强大的机构，赔上无数时间精力，却并无多大胜算。于是你也默认了，我也顺从了，一个庞大的群体被无声地宰割着，而违规收费者赚得盆满钵满。另一个原因是由于地方政府对收费者强力支持，维权的困难太大。有人大代表十几年来一直关注一条高速公路的收费问题，但来来回回只是得到政府部门一些语焉不详甚至自相矛盾的回应。也有公民为此发起了公益诉讼，认为某段京石高速公路不应在还完贷款后继续收取通行费，将该路经营者告上法院，要求其返还通行费 5 元。但法院认为，该公司收取通行费有政府许可的依据，驳回了原告的诉讼请求。这样的结果真是令人徒呼奈何。

近来，各地财政收入大幅增加，很多地方政府摆脱了资金捉襟见肘的窘境，应该是终止侵害、让利于民的时候了。而那些已然掌握了违规收费证据和相关法律知识的人们，也不妨通过各种有效渠道主张自己的权利。人们应该有信心，解决问题的那一天终将到来。

这些媒体均非常重视社论，社论写作的实力也都很强，经常出现这种社论选题不谋而合的情况。为何会经常发生选题上的"英雄所见略同"？且听这些报纸的评论部负责人或评论员的详细介绍。

1.《南方都市报》评论部主任李文凯

我们评论部每天要等新闻部报题之后再来讨论选题目，目的是能够兼顾第二天见报的重大新闻事件。而作为社论选题，我们侧重的是公共性、重大性、相关性。这也就意味着，有全国关注度的新闻、中央部委的政策意见以及广东本地的重要议题，是我们社论选题的重点。对于这样的选题，我们的编辑和评论员会提交上来进行讨论，从发言的价值、发言的角度、发言的难度几个层面来分析写作社论的可能性，予以甄别取舍。一般来说，会摒弃舆论已经展开充分讨论的选题、本报近期已经做出社论发言而又没有选择到新角度的选题以及明显敏感触及新闻禁令和政治禁令的选题。最后的选题结果，或者是一个众望所归的结果，也许是一个无可奈何的选择，并不见得每一个社论选题都有深思熟虑、意味深长的指向。我一向有一个感慨，建立在新闻寡淡之上的言论兴盛是一种伪兴盛。时下的新闻只怕还没有走出寡淡的低谷。

以上介绍的是我们日常社论选题的经验。具体到那天的选题而言，评论员与编辑提出了两个基本点选题：一个是全国性的，就是审计署公布了全国公路超期收费的报告；另一个是本地性质的，广东省委组织部一副部长在谈思想解放问题时，表示思想解放不能只停留于经济领域，而是政治、社会、文化全面开花。由于汪洋同志在广东掀起解放思想大讨论，这似乎也算是一个颇有信号意味的表态。但在我们的讨论之下，觉得以此发言，还是容易牵强附会，不如更着眼于具体事件的发言。但即便是公路违规收费的选题，我们其实也并不觉得满意，类似的选题及相关发言，我们在一个月前已经发表过一篇社论，不过当时的背景是广东省"两会"代表提案。但我们要说的意见，已经在那篇中表达得比较充分了。再写，难免要重复。这是评论员的担忧。但在其他选题明显匮乏的状态下，我主张即便重复也无妨，公共事务的发言，原本就是一而再再而三的重申与坚持，不可能始终出现新鲜可喜的角度。这是定下这个选题为翌日见报社论的过程，坦白来说，其背景其实是，当天并没有其他更值得一说的议题。我想《新京报》与《北京青年报》，大体也是这样一番挑选与判断之后，才做出了相同的选择。

2.《新京报》评论部主编王爱军

《新京报》社论选题的流程是：下午 3：30 部门开会，由各位编辑报题，然后根据当日新闻的价值讨论决定社论选题。

2 月 27 日，部门开会时，编辑报题大约有：①郑州市花费 160 万重奖招商引资有功之人。②民政部承认雪灾救灾预案不充分。③安徽高考方案将进行听证。④华为员工跳楼。⑤甘肃省委书记强卫说"上网要成为官员的习惯"。⑥广东许霆案。⑦审计署公布公路收费乱象……

接下来是讨论。当日新闻的确很淡，这种"淡"已非一日，每日找评论话题成为编辑们最头痛的事情。最后我们认为："官员上网"论述太多，难有新意，放弃。安徽高考地域性太强，候补。华为事件不典型，新闻背景不清，发社论分量不够。招商引资、许霆案适合在3版作来论刊发。于是，收费公路乱象（第一选题）和民政部雪灾预案（第二选题）就被最终选定。我们一般会定两个社论选题，以便如果稿件质量不高的话可以更换，但会有先后之别，第一选题是必评题目，哪怕文章不适合以社论发表，也要在第二栏目"观察家"发表，以体现《新京报》评论"大事必评"的原则。

选"雪灾预案不完备"作为社论，道理是显然的，一是当时雪灾刚过，反思雪灾成为必要，而且民政部有表态，论证起来不犯禁忌。

选"公路乱象"的理由，我们也知道，这个问题已说过多次，再谈的确新意不够，但是，审计署公开的结果还是让人大吃一惊：问题如此严重！我一直认为，新闻评论的意义，除了先进价值观的"增量传播"外，还有一个就是再推事件的发展。许多事件是需要耐性的。于是，我们在约稿时，特别讲明，对这个问题的评论，要有"递进"，不一定要过多地讲公路乱收费现象的危害性，这已经谈得太多了。我们就从披露的事实，发出"不能再拖下去"这样口语化却有力量的呼吁。

可惜，当晚写的稿件实在太差，几番修改，我仍不满意，最后只好舍弃，但更遗憾的是，另外一篇备用社论的约稿质量也不好。于是，作为必评题目，只好求助《南方都市报》（他们有时也会求助我们）。然后，根据我们讨论初定的"多呼吁少论证"的方向，对文章内容和标题进行了一定的删改，当然也使它更适合北京的"舆论空间"。

3.《北京青年报》评论员李星文

潘多拉先生当天下午5:00出席了例行的大编前会，文化、体育不感兴趣，财经、国际难以介入，在要闻和国内新闻中淘换到了两个备选题目：一是审计署公布了公路收费调查报告，二是河南郑州招商引资的官员。前者是这些天"素"得要死的时政新闻中相对有力度的一条，后者是潘多拉多年以来孜孜以求的教训官员事业的又一教材。前者题材重大，后者让潘老师见猎心喜。

当天的值班评论员是我，与潘多拉就这两个题目展开了讨论。对于商业上的一些花招，对于确有政绩的官员分得明面上的奖励，我觉得没什么大不了的，不像潘老师那么敏感和敏锐，找不出太好的下笔角度。审计署的事儿还略知一二，一是这个单位干起活儿来比较扎实，他们揪了谁的小辫子，那谁一般也无话可说；二是公路违规收费这件事情实在是"人神共愤"，因此我们二人迅速达成共识，要在顽固堡垒上动他几锹土。①

从上述同一题材的社论其选题的过程，可以看出作为代表媒体观点的最重要的评论，每家媒体对选题都非常慎重。这种貌似巧合的情况，恰恰说明一些极为重视社论的媒体在社论选题机制方面已经很成熟。从最初所有的报题到最终确定一个选题，包括编辑和评论员在内的新闻人群体对不同新闻之间的价值进行比较和判断，单个的评论作者内在的价值倾向和写作兴奋点，一家报纸长期以来发表社论所坚持的原则，都在起作用。

《财经》杂志知名社论栏目"财经观察"亦然，虽都署"胡舒立"的名，但不是纯个人栏目，"从确定选题到最后的发稿，有一套严格的程序"，"是许多人智慧的结晶"。"最初，绝大部分是我自己干，最近一两年，许多都是请记者或我们的经济学家起草后，我再来修改"，"我得到了《财经》当时的首席经济学家沈明高、学术顾问汪丁丁、首席研究员陆磊等多位专家的智力支持；《财经》当时的助理主编、研究部主管编辑叶伟强等同事都给予了我很多专业上的帮助。法律、财税、农业等问题，也不全是我日常知识积累的重点，我之所以能迅速进入某一领域，也得益于相关的专业记者或主管编辑。"②

美国报纸的社论，其撰写也需要集体讨论，不过可能没有上面这么多的程序。康拉德·芬克的专著《冲击力：新闻评论写作教程》中有一段描写美国《亚特兰大日报》社论委员会选题的情景："每天上午 9 点，在所有成员看完当天的晨报以及《纽约时报》或（有时候）《华尔街日报》之后，编委会就开会……讨论那些认为报纸应该加以评论的主题。编辑委员会成员根据新闻报道内容及个人兴趣分配论题……每次会议上，编委会成员都提出他们计划的论题。然后对每个论题进行讨论。有些论题激不起多少反响，而有些则犹如投下一颗原子弹。有的选题还要投票才能确定。"《亚特兰大日报》社论撰稿人苏珊·拉赛蒂在自己写的一篇从事社论工作的感悟文章中说："每天早晨，我们 5 人组成的编辑委员会开会敲定在特定议题上要采取的立场。如果是我要评论的议题的话，我会得到同事意见的指导，通常是一致的意见。当我在写一篇需要大量调查研究的长篇社论时，我通常从社论版编辑吉姆·乌特恩那里得到关于朝哪个方向努力的指导。"她还道出了一个"内幕"："然而，编委会有一个惯例，就是乌特恩不得要求任何人写他或她不赞成的社论。这使得从老练记者向社论撰稿人的转化更为容易。例如，我们最近写了一篇社

---

① 马少华、刘洪珍：《新闻评论案例教程》，北京，中国人民大学，2010。
② 胡舒立：《舒立观察中国十年之真问题》，广州，中山大学出版社，2010。

论，关于家庭学校以及一条要求家庭学校教师（通常是母亲们）拥有大学学位的立法建议。我通常是写教育社论的。但是因为我不喜欢整个家庭学校的概念，所以我不必去写这篇社论。编辑委员会的另外一位成员写了社论，因为委员会大多数人赞成家庭学校。"

康拉德·芬克在《冲击力》一书中也谈到了社论选题来源的另一路径，他说，在寻找社论所论议题时，没什么比阅读、聊天、走路、思考更重要。同你遇到的每一个人交谈。在超市结账口排队时，是不是有一段闲暇时光？同你旁边的人聊聊吧。同收银员聊聊吧。听听他们如何谈论食品的价格、工作、交通及税收等话题。他们所说的也就是你的许多读者所想的……不要有了一个半拉子想法就急急忙忙去敲键盘。要仔细考虑，认真研究。

二、要明确社论写作的基本要求

社论是针对当前重大事件和迫切问题选题立论的，要回答广大受众普遍关注和急需回答的问题，因此社论是面向各行各业各个阶层广大受众的。这是社论写作的立足点和出发点。一般的社论往往通过实际问题讲道理，很少从纯理论问题入手。往往从本地的实际情况出发讲道理，而不会去讲其他地区别人的事情。往往以眼前的新闻事件或新闻问题作为由头然后引申到一定的理论高度，以体现其新闻性。当然既可以谈大问题，也可以谈小问题，从小问题中看出大道理。无论从哪个角度去讨论，基本的要求是要挖掘得深，提出创见。有人提出社论写作的基本要求是：快、稳、深、重。快，是新闻性、针对性的体现。稳，指的是立论和结论都要正确、公允、冷静客观，不要草率，也不要冲动，更不要感情用事。深，就是要求社论在评人论事时，尽量要说得有深度，并非泛泛空论，人云亦云，要有创见。重，指的是社论的内容要充实，意义要丰富，分量要重，做到掷地有声、入木三分，才能引起受众的注意，在这个意义上更能理解"社论是重型武器"这句话。

《中国青年报》知名时评家曹林对社论写作的体会是："我觉得社论写作应该具备以下几点要素。首先，要有高度，要站在比一般评论更高一点的位置，站得高，才能看到更全面的价值。然后，要有独到的见解，见识不能平庸，不能为了观点的安全和迎合多数人的立场，而磨平社论判断的独立和独到。最为重要的是，社论要有一种感染人的气场，这种气场，不仅是有感染力的语句营造出来的气势和气氛，还要有一种能将读者融入这篇文章的强大气场。"对写好一篇社论，曹林的感悟是："我写社论，一般都要求自己先进入社论的观点所需要的情感中。比如，有关地震灾难的社论，需要一种悲悯情怀，我写作前就要求自己必须充分进入那种情感。比如抨击丑闻的社论，需要一种激浊扬清的激情，我会在写作前将自己的情感调整进那种激情中。只有写作者自己先进入那种情感，写出来的社论才会有那种能感染读者、将读者拉进文章中的大气场、大情怀。自己没有被感染，没有进入那种事件的气场中，怎么会感染别人呢？社论与一般评论不一样，读者读一般评论读的多是观点，而读社论还期待寻找到某种情感共鸣，也就是有某种情感期待和态度期待，这样的阅读期待需要社论作者首先得有情感融入。""社论的气场，不单纯是靠煽情的文字堆砌出来的，它需要有对当事人同情的理解、对事件理性的认知和对民生疾苦深刻的关怀。"①

这里涉及社论写作中如何处理好激情与理智的关系问题。社论读起来是更有激情好还是更有理智好？在美国普利策新闻奖评选历史上，对于社论风格的看法也出现过反复，从1917年起，社论奖几度空缺，新闻界一些专业人士认为，这是由于社论写作"缺乏激情"，他们批评一些社论"像拧干了水分的海绵一样枯燥"。知名新闻学专家展江认为："这种批评有其合理性，但也不能矫枉过正。因为每个人对写作中的激情都有自己个人的评判标准。如果只用那些增加心跳和升高血压的词句来调动读者的情绪，使读者忽喜忽悲，尽管能活跃文风，但也可能形成党派色彩，而这是与普利策的新闻精神根本相悖的，这就会导致失去读者和远离真理。因此，相对来说，更理性的、少一些激情的社论更有生命力。"

这里列举一篇《财经》杂志刊发的署名社论《何必讳言"不救市"》，此文当时在社会上曾造成很大的轰动，引起各种争议。作者和刊物都得面对和承受。但现在看来，特别是经历2015年股市的巨幅震荡，不禁让人感慨，这篇社论的观点和表述都是理性的、冷静的、立得住的。

何必讳言"不救市"②

胡舒立

股市并不总是让人激情澎湃，现实很冰冷。3月27日，上证综指跌破3500点，距去年10月逾6100点的高位跌幅近半。于是，我们频繁地听到要求政府救市的热切呼吁。当前，市场上救市建议五花八门，既包括一些证券市场发展建设的题中应有之义，又有一些旨在托高指数、伤害制度的短期行为，性质迥异甚至互相矛盾。其核心则在于强调政府必须救市，有责任也很

① 曹林：《时评写作十讲》，上海，复旦大学出版社，2013。
② 载《财经》，2008(7)。

有必要，可谓求救声声急。

或许因为由此带来的舆论压力，我们看到了监管层令人费解的表现：3月13日"两会"期间，沪综指跌破4000点当日，中国证监会一位高层人士先是坦然表示，监管层不会扮演"救市角色"；次日却又紧急否认，坚称从未说过"不救市"，并指责"记者瞎写"。那么，政府对市场究竟救还是不救？直到今天，人们仍然没有听到监管部门清晰、果敢的回答。

其实，以监管者的严肃身份，何必讳言"政府不救市"至此？这只能使人深以为憾！

股市自有沉浮，政府不应救，不能救，亦不必救。这本是市场经济的基本常识，也是市场监管者理当践行的基本准则。道理非常简单：政府既无法定职责，亦无认知水平来调控作为价格信号的股指，与千万投资者博弈无异于螳臂挡车。如果说，在中国年轻的资本市场，市场基本制度建设重任在肩，管理层选择市场低迷时期推出一些改革政策可以理解；但据此而在主观上竟存以政策救市之想，则错谬之至。至于为了救市而搞短期行为，伤害制度之本，公然给市场以"政府救市"提示，更是断不可为。

回首中国资本市场近20年的发展道路，政府出于各种压力，过往亦不乏"救市主"行为，但与之相伴的只是一连串败绩。沉痛的教训早已证明，中国"国情"并未使市场运行背离基本规则。监管者的责任在于信守"三公"原则，维护市场秩序，不是也不可能是保证投资者只赚不赔。这已经成为当今理性市场参与者的共识。当前，股指下滑，救市之声再起，倘监管层在非理性诉求面前躲躲闪闪，讳言"不救市"，只能给不明就里的众多新入市公众投资者徒留侥幸心理和幻想空间，给最高决策者造成无端压力，是一种不负责任之举。

"救市论"甚嚣尘上，充分显示了利益冲突和思想混乱。颇有人以近期美联储针对次贷危机的一系列举措，旁证"救市有理"。这不是误解便是曲解。

应当看到，美联储和西方各大央行的确针对信贷紧缩采取了一系列不同寻常的举措，其中，拍卖2000亿美元国债，不断拓宽贴现窗口之举，更有明显的援助色彩。但是，其一，这些举措主要是为了缓解系统性的流动性风险，而非针对股指涨跌，有关决策人士事前事后均曾明言"政府不救市"；其二，这些行动自有其利率、期限等约束条件，并非"免费的午餐"；其三，这些行动至今仍被指责"靠华尔街太近"，颇存争议。对这类行动，有些媒体冠之以"救市"已是轻率，倘市场专业人士乃至监管者悬想其"救市主"动机，夸大其效果，就是纯粹的指鹿为马了。

　　监管者当前承受救市之压，还与其尚未彻底摆脱"政策市"的角色错位有关。随着近年来股市"非理性繁荣"加剧，监管层表现出对指数特别的关照，对市场存"慢牛"之想，一度有意以政策人为"调控"供求节奏。今天"慢牛不成反变熊"，凸显"政策市"的尴尬结果。然而，以新的错误去补救旧的错误，只能离真理更远。经验表明，百般呵护非但不能令市场中的上下其手者满足，反而会成为监管者终将无力背负的"十字架"。

　　2008年3月最后一周，市场上关于管理层可能出台"利好"政策的传言满天飞。纷乱的说法中，较多指向"开展信用交易试点"、严控"再融资"和"国有上市公司限售股份流通"。3月28日（周五）股指大幅回升与此直接相关。我们希望，这种显示以密集政策托市的传言不会成为事实。此外还需指出，三项选择中的第一项，是市场建设的基本措施，选择恰当时机推出可行之策。但严控"再融资"，其实是以行政手法限制股票供给，显然有悖市场原则。至于控制国有上市公司限售股份流通，则明显破坏市场契约，损害市场公平，后果难以补救——回想当初以数千亿元国有资产之"对价"，方使得原定"暂不流通"之非流通股获得流通权，倘现在仅因股指下跌即出台限制其流通权利之下策，今后将以何等代价再度"赎身"？

　　当前，"救市说"肆无忌惮，传言四起，相当一部分引领者其实都是浸淫市场多年的老手，对于所谓救市的后果心知肚明。其之所以用"亿万股民利益"和"影响宏观经济运行"要挟救市，热衷传言，无非是企图在行情短期波动中渔一己之私利。管理层对此应洞悉，广大投资者亦当高度警觉、冷静待之。

　　社论写作中也有一些需要注意的地方，比如社论作者不宜以自己主观的偏好与情感来选题立论，而必须依据客观的需要与读者的需要来写作，而且是集体讨论以后再来执笔。要始终记住，社论是代表编辑部的，不是作者署名文章。又如社论中一般不搞辩论，不打笔墨官司。社论虽然要求具有一定的理论色彩，但不宜在社论中讨论学术问题，即使具有新闻性的学术问题，也不宜讨论，因为社论始终面向着广大的受众。社论也不宜评论法律禁止公开评论的事项。法律一方面保障言论自由，同时也限制媒介滥用这种自由。无论东方或西方，所有国家都有禁止公开评论的事项。例如，尚在法院审理过程中的案件，涉及公民隐私与公共利益无关的案件，不宜公开审判的案件，涉及未成年人的案件，都不能公开评论。至于鼓吹、煽动阴谋推翻政府或叛国的言论更为各国法律所禁止。联合国《公民及政治权利国际公约》第19

条明文规定，言论自由这项权利的行使"带有特殊的义务和责任"，依法要受到"为尊重他人权利或名誉"以及"为保障国家安全或公共秩序或者公共卫生或道德"所必需的限制。第 20 条规定，"任何鼓吹战争的宣传"，"任何鼓吹民族、种族或宗教仇恨，构成煽动歧视、敌视或暴力的主张"，均应依法予以禁止。以上这些需要注意的各点，不仅适用于社论写作，也适用于各种体裁的评论写作。

在极为重视社论的美国新闻界，更多的是强调站在公众的立场上立论，摒弃党派色彩和人身攻击。基于此，美国新闻界针对社论撰稿人逐渐形成并制定了具有行业约束力的道德准则，"以便激发美国社论版的良知和提高它的质量"。准则大致包括：社论撰写人应基于客观的事实评论。勿误导读者。社论撰写人应勿为个人利益撰写社论。社论撰写人应知自己并非无错，要让他人发表不同意见。社论撰写人发现错误要立即改正。社论撰写人应本其良心，写出集体的意见。社论撰写人应坚持最高的职业标准。

1975 年 10 月 10 日，美国全国社论撰稿人大会通过《基本准则声明》，具体内容如下。

社论写作远不是一种别的生财之道。它是一个投身于公众利益和公众服务的职业。从业者的首要职责是提供信息，并引导读者做出理智的判断——这对民主制度的健康运作至关重要。所以，社论撰稿人必须出于对自身的人格完美和对职业的恪尽职守之追求而遵从以下戒规。

1. 社论撰稿人应当诚实，全面地提供事实。把社论的基础建立在只具部分真实性的报道之上是一种欺骗。绝不能明知故犯地误导读者，提供虚假情况，或者歪曲任何一个人的模样。不能放过任何可能引起严重后果的错误而不加以纠正。

2. 社论撰稿人应当以证据的力量以及对公众利益的深入思考为基础，来从所述事实中得出公正结论。

3. 社论撰稿人决不可利用自己的影响力来谋求任何形式的私利。不能接受贵重礼品、免费旅行以及其他能（或可能）给人格完整造成损害的好处。撰稿人应当随时对实际的或表面上的利益冲突保持警觉，其中包括可能源自以下几方面的利益冲突：金融证券，第二职业，出任政治、公民及其他组织公职或参与其中。对有关问题进行及时、公开的披露能最大限度地消除嫌疑。编辑应努力使报业辛迪加遵循这些准则。为了进一步增强社论版的可信度，撰稿人还应当促进其所代表的机构对实际的或表面上的利益冲突的规模。

4. 社论撰稿人应当意识到，如果一些别的什么人也被给予言论自由的机会，那其他公众会更为赞赏《第一修正案》的价值。所以，应当给予不同观点表白自己的机会，忠实地编辑以真实地反映各种见解。批评的对象——不管这种批评是一封信、一篇社论、一幅卡通还是一署名专栏文章——尤其应当拥有作出回应的机会。编辑应当坚持报业辛迪加必须固守这些准则。

5. 社论撰稿人应当经常检查自己的结论。撰稿人应乐于接受新信息、修正结论。当自己的观点有实质性变化时，必须让读者明白。

6. 社论撰稿人应当有勇气树立牢固的信念，决不写任何有悖自己良知的东西。许多社论版上的文章并非出自一人之手，而健全的集体判断只能通过健全的个人判断来取得。应当尊重经过深思熟虑的个人意见。

7. 社论撰稿人应当始终不渝地履行自己保守隐私的承诺。但做出这样的承诺，只能是出于满足公众获取信息需求的目的。

8. 社论撰稿人应阻止那些由外部供稿机构提供、而以本报名义刊发的社论。如果没有公开这类社论的来源，那你的职业道德就有问题了。当那个供稿机构在为某种特殊利益服务而你却无动于衷时，那就尤其应该受到谴责。

9. 社论撰稿人应当倡导深思熟虑的新闻批评，特别是业内批评，并促进本声明确立的规范标准的遵守执行。

三、语言要简练、通俗、生动

邵华泽在《同研究生谈新闻评论》一书中谈到发生在著名记者、作家萧乾身上的一件事：1935年8月，当时正在天津《大公报》工作的萧乾接受了总编辑张季鸾让他写一篇关于开学时勉励师生的社评（即社论）任务。结果写出来的稿子没通过，不能用。萧乾从张季鸾办公室拿退稿时问："张先生，学着写社评应该看些什么书？"张季鸾沉吟了一会儿道："佛经"。张季鸾之所以向萧乾推荐"佛经"，主要可能是让其学习文字的简练浓缩和生动形象。语言简洁、生动是社论写作对文字的第一要求，固然写好一篇社论的关键是要有新见解，但是简练的、生动的语言毕竟是新观点的外衣和载体，必须做到用最简洁生动的词句让读者在最短的时间明白你所要表达的内容。特别是对我国的党报来说，社论的读者本来就不多，如果语言上再矫揉造作、故弄玄虚、云里雾里，其宣传效果就可想而知了。

社论写作还要注意如何准确地运用人民群众中的朴素生动的语言来写作，做到通俗易懂、平易近人。这就需要社论作者具有较高的语言文字修养，具有对人民群众高度负责的精神，做到一丝不苟地精心修改。修改时先看它在理论上是否正确，道理是否说清楚了，是否合乎政策，有没有泄密情形。再看逻辑上是否严密，论证的方法是否得当，语言运用上是否规范，是否准确、鲜明、通俗、生动等。例如,《人民日报》于 1951 年 6 月 6 日发表的重要社论《正确地使用祖国的语言,为语言的纯洁和健康而斗争!》的写作,先由总编辑邓拓写成初稿,经中央有关领导同志认真修改,最后由毛泽东同志阅批后定稿。初稿中有一句:"我们的语言经历过几千年的演变和考验,一般地说来,是丰富的、精炼的。"这句话的毛病在"几"字。语言由来已久,语言的出现和发展是一个缓慢的过程,何止几千年。于是毛泽东将"几千年"改成"多少年"就比较准确了。还有一句"代表中国文化最高成就的伟大思想家毛泽东同志和近代中国的伟大作家鲁迅先生,是使用这种活泼、丰富、优美的语言的典范",在审稿时,毛泽东同志删除了两个名字前的所有附加语,改后不只是去掉了吹捧拔高之词,文风也因此变得更加平实了。

社论面向各方面读者发表意见,应注意把一些专门性的业务问题从它们同广大群众的密切关系上加以阐明,以引起读者的兴趣和关注,使读者感到可亲。这里便涉及社论的口气问题,也就是说要以与读者平等谈心的口气来写作社论。报刊社论是严肃的政论文体,从文章风格上来讲,一般要求庄重得体,但不等于说是干巴枯燥、动辄训人的。例如,人民日报社每年要为国家预决算一事发表社论,公认这是比较难写的文章。但是 1956 年 6 月 16 日人民日报社论《读 1956 年国家预算报告》(胡乔木执笔)就别具一格,打破了老一套。当时第一届全国人大三次会议正在召开,国务院副总理李先念作了《关于 1955 年国家决算和 1956 年国家预算的报告》,社论是配合报告发表的,是一篇解释型社论。这篇社论的长处一是不说教,二是善于概括。不说教,没官腔,作者把自己摆到群众之中,同读者谈心,使读者有平等感、亲近感。如果一味的宣传腔,一出来别人就不爱听,也就失去了宣传效果。现举这篇社论的第二段为例,可以帮助人们理解社论怎样写才算是口气平和,语调婉转,态度谦虚,与读者平等谈心。

每年的国家预算报告都不免要罗列一大堆数字,对于一般读者恐怕会有枯燥之感。但是这些数字固然是不可少的,而且在它的背后,实在有关系国计民生的重大意义在。国家每年从人民取多少钱,怎样取法,又用在什么地方,为什么这里多用,那里少用,用了以后究竟发生什么效果,这些问题,只要把预算报告细看一遍,都知道一个大概。在解放以前,人民是不可能知道这些的,尤其不可能知道得这样确实、完全和清楚。我们的政府现在每年向人民作一次这样忠实详尽的报告,这是我们国家的民主生活中的一件大事。而且由于财政决定于经济,所以在每年的预算报告中,不但讲到财政收支,还讲到国家建设事业的总的情况和方针,同人民的关系更为广泛。今年的预算报告不到两万字，读者花一个钟头的时间读一下是完全值得的。

社论写得生动不全靠文字技巧，不体现在词语的华丽上。有时，为了论证一个观点，引一些确凿的事例或数据，也可以增加文章的生动性。例如，1989年12月24日《人民日报》刊发了一篇关于经济政策的社论，其中举了北京市的一个例子。"今年以来，一些地方传来个体户减少的消息，但是北京市由于继续坚定地执行关于个体经济的政策，个体工商户不但没有减少，还增加了，到11月底止，比去年增加了1.7万户，营业额也有较大增加。"社论由此得出结论："可见，要解除群众的疑虑，继续调动广大群众发展社会主义商品经济的积极性，最重要的是各级领导机关，领导干部必须切实按党和国家的政策办事。"这种文字叙述朴实无华，读起来却毫无干巴枯燥之感。

社论的篇幅不宜过长，《人民日报》有一段时期曾要求最好是1500字左右。"如果《人民日报》社论一写就三四千字，占那么一大块，起码版面不好看，别的报纸转载也很困难，人家要花那么一大块版面来转载你的社论。评论太长，也没多少人看。评论越简短，在评选中国新闻奖时，得奖概率就越高。一个很重大的问题，一个大家都关心的论点，你要通过千把字将它讲清楚，这就不能穿插，而要一气呵成。舍什么，取什么，从哪里切入，都需要相当的驾驭文字的能力。"①著名财经类杂志《财经》的社论栏目"财经观察"，每篇约1700字。有些人对作者胡舒立说，"看《财经》杂志，首先就读'财经观察'；如果没有时间看别的，就只看'财经观察'。"作者分析其中原因，认为"也可能因为这个栏目篇幅比较短，比较易读，大家都能看懂。"②

这里再举一篇非常短的社论例子。1982年2月7日，《福建日报》对刊登的两则处理走私案件的新闻配发了题为《有些案件为什么长期处理不下去？》的短社论，全文包括标点在内也只有165个字，该文如下。

今天本报又公布了两个重要的案件。坏人受到揭露处理，这很好。

有些问题群众看得很清楚，干部也有很多议论，问题的性质已经非常明白，但就是处理不下去，而且长期处理不下去，为什么？

一是因为自己屁股有屎；

二是派性作怪；

三是软弱无能。

还有什么？也许还有其他原因，但主要是这三条。

---

① 邵华泽：《同研究生谈新闻评论》，北京，人民日报出版社，1999。
② 胡舒立：《舒立观察中国十年之真问题》，广州，中山大学出版社，2010。

你这个单位的问题长期处理不下去，是什么原因，算哪一条，不妨想一想。

文风的简洁明快，也是美国新闻界对社论的最基本的要求，普利策奖评委会就把"简洁明快的文风，本着道义的精神，公正的理性，以及作者以自己认为正确的方向去引导舆论的力量"作为评奖的标准。有现代报纸"社论之父"之称的英国小说家笛福，就善于以动人和有说服力的文笔议论各种问题。

第三节　社论中的"奇特"样式

传统的、常见的社论类型不再赘述，许多教材都有详细分析。这里列举几种与众不同的样式，以开阔社论写作的视野，丰富笔法和技巧。

一、消息体

这样的写法非常少见，最有代表性的文章是获得 1949 年普利策社论奖的《想想吧，10 亿！》[①]，该文的作者是《波士顿先驱报》总编辑约翰·克赖德。全文如下。

[**伊利诺伊州杜鲁门总统专列 9 月 30 日电**]杜鲁门总统昨天在塔尔萨体育场向听众讲了一件意义非同小可的事情。他说，在俄克拉荷马州的历史上，农作物产值首次突破 10 亿美元。有人欢呼，更有人喝彩。"想想吧"，他接着说，"10 亿美元"。

当然，这位民主党候选人让极为自豪的俄克拉荷马人再体验一次对本州的自豪感。而事实上，他所提到的 10 亿美元按照 1939 年的美元购买力计算，应当是大约 6 亿美元。

但是，此事的有趣之处在于，总统闭口不谈"通货膨胀"，那是他最喜欢的话题之一。在这次塔尔萨演说中，告诉俄克拉荷马人他们取得了这样的收成是十足地讨好和巴结。

然而，他很快就把事情弄糟了，因为他说，这极高的生产纪录在很大程度上归功于由已故总统罗斯福制定、由他延续下来的农业政策。他不让俄克拉荷马人相信，是他们完成了某种伟业。

但更糟的是，他没有解释这样的原因：生产收益如此巨大，它至少有一部分是由于通货膨胀导致美元贬值。他也没有说俄克拉荷马人不得不为他们

---

① 载《波士顿先驱报》，1948-10-01。

从东部购买的东西支付大大多于他们的普通农作物产值的钱。他也没有谈及他为了让工会领袖为所欲为做了些什么，就像他们在这个地区所说的那样。根基很深的工会领袖们独享着工资比率的控制权。

10亿美元的大话是这位嗓音洪亮的反通货膨胀总统夸奖通货膨胀的奇谈怪论。这是有案可查的最离奇的大话之一。

这篇社论的写法确实特别，堪称社论中的"奇葩"。全文读下来，感觉它更像一篇消息，有电头，有导语，结构也类似"倒金字塔"式，又很短，语言的风格亦为夹叙夹议式或是以叙述为主，只是结尾一段"图穷匕首现"，集中而鲜明地表达了作者反对杜鲁门总统的观点。

二、散文体

当美国人1921年11月11日在阿灵顿国家公墓隆重安葬一位在第一次世界大战中阵亡的无名战士时，《纽约论坛报》的社论撰稿人弗兰克·迈克尔·奥布赖恩抓住了这一题材，撰写了一篇题为《无名战士》①的社论稿件，这篇社论与美联社记者柯克·辛普森的一篇著名报道交相辉映，分别获得了1922年普利策社论奖和报道奖。这篇社论的感染力在于高境界的思想性和描写的多面性，它比今天美国报纸的大部分社论更加动人、更有文采。奥布赖恩也因此成为历史上最受欢迎的普利策奖得主之一。全文如下。

发生在阿灵顿国家公墓之事是一个象征，一种玄秘和一种颂扬。它仅仅在肉体的意义上才是一个葬礼。它毋宁说是对军人职责和荣誉的崇拜。这名为他的国家而牺牲的人是一个象征，一个比任何我们知道其姓名和业绩的人更加完美的象征。事实上，他代表的不仅是那些身份不明的死者，因为我们不能够在精神上将他们与姓名写在墓碑上的战争英雄截然分开。他体现了彻底的无私精神，为我们景仰。

在所有的死者纪念碑中，这一个将长存不朽。只要人们崇敬生活中更美好的东西，这个无名英雄的坟墓就依然是一座圣迹。物换星移，价值观却不会改变。没有哪个历史学家会改变这名战士的美德和缺点。他具有一种帝王们追求的不朽性。滴水能够穿石，但是岁月抹不去对这个无名战士的回忆。

人性的一个常见弱点便是喜欢提出此生不能回答的问题。也许被无名战士的事迹所感染的每一个人都想知道，在灿烂的阳光下，今天这个仪式的主人公是谁。来自佩诺布斯科特湾的伐木工？来自太平洋沿岸的果农？来自得

---

① 载《纽约先驱报》，1921-11-11。

克萨斯州的油井钻探工？来自康涅狄格州的机械工？将锄头丢弃在密苏里州玉米地里生锈的小伙子？来自赫尔斯基钦的码头装卸工？也许是个从烟草地里走出，又再次歇息在弗吉尼亚烟叶中的年轻人。军方告知的只有一句话：他在战斗中牺牲。内心里吐出的只有一句话：有个女人爱恋他。没有人知道比这更多的了。对于这种玄机，正像对于宇宙之谜一样，智者想探个究竟，但是他们却不得而知。

他的梦想和志向是什么？像成百万普通人想的一样，和平的生活和诚实的奋斗，获得大多数人一努力便能获得的小小成功；在生命终结时与他的父辈同居山冈上。今天，为了表达敬意，当代最伟大的战士、来自其他大陆的著名政治家、他自己国家的总统、高级法官和国会议员以及许多像他那样曾经为国家而战斗的人来到他的长眠之地。在他的灵柩旁将聚集美国所见过的最为卓越的一群人。命运像为他预留的不是乡村山冈边那种狭小的坟墓，而是这样一座陵墓，它像拉美西斯墓那样历久，像拿破仑墓那样激动人心。

今天这场葬礼是一个宏大的宗教仪式。若非出于信仰，无名尸骨的升华是不可能的。假如人类害怕死神会拉出一块黑幕，而在黑幕后面除了黑暗别无他物的话，那么军人的职责和荣誉以及胜利的源泉何在？因此，所有在心中希望之火不灭的人完全可以相信，尽管这名战士对于我们是一个玄秘，但是我们对于他不是一个玄秘。他们可以相信，今天在阿灵顿守灵的不仅仅是数千名活人，而且有出征的无数个营的官兵。"他虽死犹生"——人们信守这一诺言，即使世上万物不复存在。

如果我们不相信在天文学家不能标出、数学家不能说出其疆界的天外无限体中，无名战士和所有为我们崇敬的光荣的死者在冥冥之中正俯视着我们这个小小的星球的话，那么今天这个令人感动的仪式只是一种嘲弄。当中午来临、人们开始默祷时，在裸露着脑袋站立着的人中，将很少有人不相信，观看在阿灵顿举行的仪式的不仅仅是人的肉眼。也许只有在这种精神状态中我们才能够崇敬无名战士和那些像他一样为共和国而牺牲的人。

无名者，但不是无知者！

三、书信体

1922 年，普利策社论奖授予了美国地方小报《恩波里亚新闻报》主编兼发行人威廉·艾伦·怀特在该报发表的《致一个忧虑的朋友》[①]。这篇社论是在当时特殊的背景下写出来的。这一年，堪萨斯州铁路工人举行罢工，这些工

[①] 载《恩波里亚新闻报》，1922-07-22。

人还要求商人们打出标语声援他们罢工。试图压制罢工的州长多利·艾伦下令撤掉这些标语牌。作为州长的一个朋友，怀特告诉州长：这项命令违反了宪法第一修正案，他本人也打算亮出一个标语牌。恼羞成怒的州长威胁怀特："如果你这么做，我就逮捕你。"怀特毫不畏惧："来逮捕我吧，我们将为这件事对簿公堂"。于是，他在报社办公室立了一块与州长查禁的同样大小的标语牌。这件事迅速成为当时全国性的新闻。这时，恰好怀特的一位密友给怀特写了一封激烈而真诚的抗议信。怀特随即回函。随后，他意识到其复函无疑是对所有反对他立场的人的回答。他便将这封回信见诸报端。

你告诉我说，法律高于言论自由。我的回答是，你既不可能有明智的法律，也不可能将明智的法律付诸实施，除非人们的智慧能够自由的表达。但是如果存在自由，愚蠢将由于自身的毒害而灭亡，而智慧将生存下来。这就是人类历史。它是人与上帝亲密关系的见证。你说言论自由不适用于紧迫之时，而我的回答用的是令人悲哀的大实话：只有在紧迫之时言论自由才处于危险之中。在平时，没有人对它发生疑问，因为人们不需要它。反过来也一样。只有当自由的言论被压制时，才有人需要它；而当有人需要它时，它对于正义而言是至关重要的。

和平是美好的。但是如果你使用武力，不让人们进行自由的讨论，而又对和平发生兴趣——这就是说，合乎礼仪的、有秩序的言论自由——那么你对正义的兴趣是很有限的。没有正义的和平是暴政，无论你怎样费尽心机地为它裹上糖衣。今天，本州面临高压的危险大于面临暴政的危险。是的，暴力是高压的产物。无论谁为正义辩护，都有助于维持和平；无论谁践踏对和平的祈愿，哪怕以和平的名义温和的进行，那也只能伤害和平，扼杀上帝在我们获得成年资格时培植于人们心中的美好东西。当这种东西被杀死的时候，人面兽心的人将济济一堂，弹冠相庆。

所以我说，亲爱的朋友，将忧虑驱逐出你的心中。我国将生存下去，本州将繁荣起来。有序的生活将向前推进，只要人们能够畅所欲言——通过声音，通过明信片，通过信件或通过报刊。理性从来不会背弃人类。只有武力和高压一直在世界上制造着毁灭。

在这篇短小精悍的书信体文章中，作者字斟句酌，用心良苦，少有形容词，只用动词，风格清新，娓娓道来，极富说服力和感染力，罢工不久就结束了，州长也撤销了对怀特的起诉。

四、特写体

特写原本并不是新闻评论的范畴，而是新闻报道的一种体裁，指的是以文艺手法写所报道的人物，再现场景和气氛，使之有强烈的感染力，但要求完全符合事实，不容许虚构。特写体社论带有明显的特写色彩，有许多细节的描写、渲染。《纽约时报》荣获 1926 年普利策社论奖的《百愁公寓》就是这样的典范①。该报一年一度每年编录一个本市最需要帮助者的名单，号召人们在圣诞节期间为其提供帮助，为此，每年要刊发一篇社论，社论撰稿人面临的难题是如何出新，避免老生常谈。当时，年逾七旬的作者爱德华·金斯伯里新闻敏感不减当年，以细腻、简洁的笔触，描绘了所见所闻，反映了一群生活在纽约这个繁华大都市最底层人物的生活的艰辛悲苦，表达了媒体人的深切同情和关心。全文如下。

　　昏暗、褪色的墙壁，高低不平、一踩就陷、吱嘎作响的地板。摇摇晃晃、黑咕隆咚的楼梯。每一个房门都敞开着。沿这些走廊行走，进入一个房间。这里有一个 5 岁的病孩，是被他母亲遗弃的，营养不良，濒于饿死，小小年纪就无人照管，而且可怕地与世隔绝。"难得说话"。怪事，不是吗？许多孩子从不"喁喁作声"，像你的宝宝一样。他们已经老了。也许还满脑子长久而无希望的念头。在这个廉价公寓里有许多别的"小孩"。这里有一个刚 3 岁。从未见过他父亲。母亲对他又踢又骂。他体虚又"弱智"。他如此受到娇惯和溺爱，这是多么可恶！孩子们玩吗？绝无此事，他们天生就是遭罪的命。

　　在 24 号房间，10 岁的罗斯是女管家。父亲住在医院。母亲得了风湿病，脚跛了。罗斯干所有的活。如果罗斯出自狄更斯的笔下，你就会喜爱她。在这里，在 24 号房间，她照管着母亲。在 20 号房间，白发人为黑发人辛劳，祖母照料着 3 个失去母亲的孙女。一个勇敢的老妇人。但是这个身患风湿病和心脏不好的古稀老人再也不能出去干活了。她和她照管的孩子未来如何？想想吧，她已是病入膏肓了。一所很有趣的公寓，不是吗，先生？真是"一个古怪的地方"，是吗，夫人？进入第 23 号房间，做玩具娃娃的西蒙还活着，如果你能说这是一种活法的话。但是手工做的玩具"不见了"。西蒙 80 岁，老伴年纪也差不多。两人眼睛几乎都失明了。要不然他们还要钉纽扣，为他们自己和两个小女孩——他们的孙女挣点活命钱。女孩们不愿去孤儿院。有些孩子也是这样。

　　你得看看 47 号房间里那对 65 岁的孪生姐妹。说真的，因为要过节了，她们还比往日做得好一些，每个月挣 10 美元。而平时每月平均挣 6 美元。

---

　　① 载《纽约时报》，1925-12-14。

房租还是有点高，两姐妹同住这么久了，愿意这样下去。在某房间，但是你不需要带路。一旦你到了百愁公寓，你就会走访里面每一间令人悲哀的小屋。如果你的心是肉长的，你就会尽你的最大努力给它的居住者带来希望和安慰，给他们带来圣诞节和基督。

我饥肠辘辘，你给我肉吃；我口渴，你给我饮料；我是个生人，你收留我。

我赤身裸体，你给我衣穿；我有病，你来照顾我；我进了班房，你探视我。

五、寄语体

许多报纸会在一些有特别意义的日子发表社论，寄托希望的话语。例如，《南方周末》从 1997 年开始，每年都在新年第一期报纸的头版刊发新年寄语、新年献词，表达祝福、希望，或进行剖白、抒怀，就像 2014 年新年寄语中所说的，"每当新年，我们都在这里为你祝福，也在这里向你剖白。剖白是为了沟通，沟通是为了理解，理解是为了共识，共识是为了同行。"以下是该报历年来寄语的标题：《一九九七年主编寄语》、《让无力者有力 让悲观者前行》(1998)；《总有一种力量让我们泪流满面》(1999)；《我们从来没有放弃，因为我们爱得深沉》(2000)；《愿新年的阳光照亮你的梦想》(2001)；《走在中国的大地上》(2002)；《"全面小康"与"公正社会"》(2003)；《这梦想，不休不止》(2004)；《站在民意的泥土上》(2005)；《一句真话能比整个世界的分量还重》(2006)；《从今天起，我们更要彼此珍惜》(2007)；《愿自由开放的旗帜高高飘扬》(2008)；《没有一个冬天不可逾越》(2009)；《这是你所拥有的时间 这是你能决定的生活》(2010)；《丈量春天的距离》(2011)；《像一束光簇拥另一束光》(2012)；《我们比任何时候都更接近梦想》(2013)；《我们是南方周末，我们三十而立》(2014)；《你对美好的向往关乎国家的方向》(2015)；《在巨变的时代相依前行》(2016)。从这些新年寄语的标题中，我们可以看出这张"诞生于上世纪八十年代那个激情燃烧的岁月，见证了当代中国的一次精彩跨越"，也使改革开放的精神从一开始就融入到报纸的定位之中。这里特录其中影响最大、经常被提及的一篇——《总有一种力量让我们泪流满面》[1]。

这是新年的第一天，这是我们与你见面的第 777 次。祝愿阳光打在你的脸上。

---

① 载《南方周末》，1999-01-02。

阳光打在你的脸上，温暖留在我们心里。这是冬天里平常的一天。北方的树叶已经落尽，南方的树叶还留在枝上，人们在大街上懒洋洋地走着，或者急匆匆地跑着，每个人都怀着自己的希望，每个人都握紧自己的心事。

本世纪最后的日历正在一页页减去，没有什么可以把人轻易打动，除了真实。人们有理想但也有幻象，人们得到过安慰也蒙受过羞辱，人们曾经不再相信别人也不再相信自己。好在岁月让我们深知"真"的宝贵——真实、真情、真理，它让我们离开凌空蹈虚的乌托邦险境，认清了虚伪和欺骗。尽管，"真实"有时让人难堪，但直面真实的民族是成熟的民族，直面真实的人群是坚强的人群。

没有什么可以轻易把人打动，除了正义的号角。当你面对蒙冤无助的弱者，当你面对专横跋扈的恶人，当你面对足以影响人们一生的社会不公，你就明白正义需要多少代价，正义需要多少勇气。

没有什么可以轻易把人打动，除了内心的爱。没有什么可以轻易把人打动，除了前进的脚步……

这是新年的第一天，就像平常一样，我们与你再次见面，为逝去的一年而感怀，为新来的一年作准备。祝愿阳光打在你的脸上。

阳光打在你的脸上，温暖留在我们心里。有一种力量，正从你的指间悄悄袭来，有一种关怀，正从你的眼中轻轻放出。在这个时刻，我们无言以对，惟有祝福；让无力者有力，让悲观者前行，让往前走的继续走，让幸福的人儿更幸福；而我们则不停为你加油。

我们不停为你加油。因为你的希望就是我们的希望，因为你的苦难就是我们的苦难。我们看着你举起锄头，我们看着你挥舞镰刀，我们看着你挥汗如雨，我们看着你谷满粮仓。我们看着你流离失所，我们看着你痛哭流涕，我们看着你中流击水，我们看着你重建家园。我们看着你无奈下岗，我们看着你咬紧牙关，我们看着你风雨度过。我们看着你笑逐颜开……我们看着你，我们不停为你加油，因为我们就是你们的一部分。

总有一种力量它让我们泪流满面，总有一种力量它让我们抖擞精神，总有一种力量它驱使我们不断寻求"正义、爱心、良知"。这种力量来自于你，来自于你们中间的每一个人。

所以，在这样的时候，在这新年的第一天，我们要向你，向你身边的每一个人，说一声，"新年好"！祝愿阳光打在你的脸上。

因为有你，才有我们。

阳光打在你的脸上，温暖留在我们心里。为什么我们总是眼含着泪水，因为我们爱得深沉；为什么我们总是精神抖擞，因为我们爱得深沉；为什么我们总在不断寻求，因为我们爱得深沉；爱这个国家，还有她的人民，他们善良，他们正直，他们懂得互相关怀。

思考和练习

1. 平时读报看不看社论？如不看，说出理由。如看，最喜欢读哪家报纸的社论？这家报纸的社论有什么特点？

2. 就最近的某一新闻事件或舆论焦点，找出《人民日报》所发的社论与某一都市报所发的社论，作全面的比较，分析党报社论、都市报社论的优劣。

3. 就自己感兴趣的某个新闻话题，与同学先展开讨论，然后大家分别代表报社写一篇社论，再互相对习作进行点评。

4. 对国内报纸的社论，你有哪些很不满意的地方？假如将来自己当报纸的总编辑，你会如何提高社论的质量？

5. 尽可能多的读一些西方大报的社论，体会其切入的角度、论述的逻辑、文字的风格等。

第九章 时 评

第一节 时评的特征

时评是近年来勃兴的一种最热闹、最广泛的新闻评论文体。翻开报章，浏览网页，铺天盖地扑面而来的便是一篇篇鲜活的时评。可以说，无时评不成报，无时评不成网。

时评，又称时事评论或新闻时评，简言之，就是对时事的评论，对新近发生的新闻及新闻中的事实或新闻中所体现的乃至隐藏的问题发表见解，或从中归纳整理出新的结论或观点，是传播者借助大众传播工具或载体对刚刚发生或发现的新闻中的事实、现象、问题在第一时间表达自己意愿的一种有理性、有思想、有知识的一种论说形式。

正因为时评是对时事的评论，所以从文体上讲，广义的时评外延也更大，除了通常意义上的时评外，还包括了社论、专栏等。譬如，何雪峰编选的《思想的张力》（第三辑），就涵盖了社论、专栏、宏论三大块。郭光东选编的《2010 中国时评年选》则包括了大量个人署名的时事评论文章和部分社论。

在所有的新闻评论文体中，时评被认为是与公民关系最为直接、最为公民所喜爱的一种文体，人们甚至誉之为公民表达文体。这是由时评的内容贴近社会生活、题材广泛和时评的大众视觉、公民写作等特质所决定的。时评关注社会生活，紧扣时代脉搏，针对当下发生的焦点、热点问题，做出快速反应，及时解析，当即批评，在依托新闻事实的基础上，深开掘、精加工，发现那些具有普遍意义的、新颖而有价值的东西，洞幽烛微，言人未言，引领大众视听，可谓做到了"神速麻利快"兼"刺激麻辣烫"。特别是在一个多元、开放的时代以及自由、正常的社会，"人人都需要表达，当遭遇不平时需要表达，当看到丑恶侵犯公益时需要表达，当感觉公共道德受到恶俗的玷污时需要表达，当听到不同观点大行其道时需要表达。所以，人人都是时评家，时评成为一种公民表达和影响时事的实用文体。"[1]

时评作为一种实用文体，其基本特征有时效性、针对性、准确性、说理

---

① 曹林：《时评写作十讲》，40 页，上海，复旦大学出版社，2011。

性、思想性、战斗性等。

第一，时效性。这是时评的第一特性。新闻时效性越强，时评关注度越高。"文章合为时而著"，这个"时"，首先就是"时效性"，对党报评论而言，争夺"眼球"就是争取舆论引导力，巧妙借力热点事件展开有独到角度的讨论，比刻意避开热点、自搞一套更能取得事半功倍的传播效果。《人民日报》评论版加强对热点新闻现象的关注，评论山西长治污染事件的《环保"最后防线"如何不失守》、评论地下水污染的《用法治向地下水污染宣战》、评论欧洲马肉风波的《食品安全呼唤"全球治理"》等，都是对新发生的新闻现象的剖析，时效性都很强。新华社的许多"新华时评"也大多是随新闻事件或新闻报道而随时播发的，有的甚至还会早于新闻报道播发，以抢占舆论引导的制高点。《嘉兴日报》对其开创的"嘉兴时评"的要求是在新闻一线"第一时间发表评论"。时评是针对新近发生的问题或事实所作的评论，兼有新闻和评论的双重特点，至于"新近"究竟是多长时间，也只能相对而言了。现在时评界更多的是一窝蜂地对当天发生的新闻仓促作评，就时效性来讲，是最强了。但由于未经深思熟虑，往往在观点上、论证上打折扣。有人建议时评不妨把评论的对象按一周内发生的新闻作为上限为妥，其实也未必一定要设此上限，只要时评人觉得对一则新闻、一件事情，别人的评论还没有说到点子上，还有可以加以评论的空间，就算过去了一段时间，仍然可以继续发表评论。

我们现在看到的许多报章、网站上的时评，是与当天发生的新闻事件同时配写发表的，这样的时评举不胜举。还有一种情况是，一些重要纪念日的周年当天，也会发表时评。例如，1989年11月9日，柏林墙轰然倒塌，世界格局发生重大变化。时隔20周年后，南方都市报以《期待一个没有墙的世界》为题发表了一篇社论，再评这一影响世界历史进程的重大事件。这同样体现了时评的时效性。

期待一个没有墙的世界①

最后的时刻来得比人们想象的更快。20年前的今天，东德中央政治局委员沙伯夫斯基宣读了一份简短的新闻稿，宣布每位公民都有权拥有护照。东德民众连夜涌向柏林墙。这堵矗立了28年零91天的"反法西斯防卫墙"，顷刻间已不复存在，世界进入一个新的时代。

被冷战一分为二的德国重归统一，无数家庭得以团聚，德国民众开始学

---

① 载《南方都市报》，2009-11-09。

习面对一个更加多元的社会，与在不同的环境中成长起来的国民共同发展。一个在二战之后千疮百孔的民族，在抚平历史创口的道路上，得到了一个飞跃的机会，重获国际社会的尊敬。

柏林墙的倒塌改变了世界的面貌。同时发生的东欧剧变、随之而来的苏联解体，宣告了冷战时代的终结。意识形态至上的时代结束了，二元对立的时代结束了，劳民伤财的军事争霸结束了，陌生人之间的互相仇恨结束了。经济发展替代了政治对抗，全球化共识得到普遍的承认。

毫无疑问，中国人是这一变化的参与者及受益者。自上世纪90年代以来，世界的多元对话渐多，全球资本流动自由，为中国深化市场经济提供了良好的舞台。新一代的中国人，在相对而言更加轻松、更加包容的国际环境中成长起来，核武器的威胁越来越少，互联网的交流越来越多，比冷战时代的父辈有了更加广阔的发展空间，正在成长为世界公民。

墙是人类文明中最值得反思的创造。在近代以前，人们普遍认为墙是用来保护文明成果的东西，可谓没有墙就没有文明。从15世纪开始的大海航时代，开始了最早的拆墙行动。大约19世纪中期，人类日渐认识到，正是墙阻碍了文明的发展，开放和对话成为至今方兴未艾的文明共识。文明程度越高的社会，墙建得越少。

毋庸讳言，在世界各个角落，在文明的诸多领域，在很多人的心中，都还有无数的墙没有推倒，甚至还在大力建设中。那堵用砖块、水泥和钢筋筑成的柏林墙倒塌了，但是德国人仍然要为清扫心中厚厚的阴霾而挣扎。只要他们还没有厘清历史，还在分辨东德人和西德人，只要西德人还在说东德人好吃懒做、东德人还在说西德人贪得无厌，这堵墙就依然矗立在他们心中。

尽管阶级斗争已经结束了，但是"斗人哲学"的阴影并没有散尽，由此造成的社会隔膜和阶层歧视同样是一堵厚厚的墙，需要中国人进一步去推倒。即便这堵墙已经残缺不堪，仍有无数的墙在阻碍我们通向前进的道路。当区分敌人和朋友、城市与乡村、西方和东方、"左派"与"右派"、"80后"与"90后"、男人和女人、网上与线下、智者与脑残……的时候，我们都得格外小心，因为每一次区分，都潜在着建墙的危险。

不放过任何一个细小的努力，推翻所有不该有的墙——无论是虚拟的，还是实体的，无论是政治的，还是心灵的——就是我们对柏林墙倒塌最好的纪念，因为它们都是柏林墙。

推翻柏林墙，不仅需要顷刻间的激情，更需要持久的行动；不仅需要愤怒，更需要理性；不仅需要铁锤，更需要思想；不仅需要德国人，更需要包括中国人在内的全世界公民。

一个没有墙的世界，也许是过于美好的幻想，但是我们仍然充满着期待。

这样一个著名事件，已有无数的专家学者、媒体人评论过，如何评出新意，评出带有我们特色且为国人所理解的看法，考验着写稿者。题目"期待一个没有墙的世界"起得就非同一般，鲁迅先生在《碰壁之后》一文中就曾这样感慨："中国各处是壁，然而无形，像'鬼打墙'一般，使你随时能'碰'，能打这墙的，能碰而不感到痛苦的，是胜利者。"时评作者从"墙"引发出了许多联想，引申出"'斗人哲学'的阴影并没有散尽，由此造成的社会隔膜和阶层歧视同样是一堵厚厚的墙，需要中国人进一步去推倒。即便这堵墙已经残缺不堪，仍有无数的墙在阻碍我们通向前进的道路。"作者认为，在我们这样一个墙壁林立的社会，应该"推翻所有不该有的墙——无论是虚拟的，还是实体的，无论是政治的，还是心灵的——就是我们对柏林墙倒塌最好的纪念，因为它们都是柏林墙。"通读全篇，一气呵成，立意高远，心有戚戚，把过去了20年的新闻事件仍然写得具有很强的现实意义。

有的时评所评的是还没有发生的新闻事件，《参考消息》2014年9月16日在《海峡时评》栏目曾全文转载前一天刊发的社论《阿里巴巴IPO对台湾的启示》。实际上，阿里巴巴18日才在纽约启动公开募股，只不过这一事件大家认为已经是不会有大变化了，就视同为已经发生了，一样开评。

第二，针对性。如果一篇时评仅有时效性，没有针对性，那不能称其为时评，充其量只不过是对新近发生的新闻的评述。所谓针对性，就是冲着什么来评来论的？要对什么现象而写？要解决什么问题？希望读者能从中得到什么等，这些都应当有的放矢。新华社对"新华时评"的要求是"缘事而发"、"抓住新闻事件，紧扣时代脉搏"、"针对性强"。人民日报对"人民时评"的要求是"紧密关注事实"，"让评论与新闻如影随形"。这些都是说时评要见事见物，不能无的放矢、无病呻吟，更不能放空枪、打乱炮。

2014年，以习近平总书记为核心的新一届党中央高举反腐大旗，发起了近数十年来规模最大、影响最大的反腐败运动，不仅老虎苍蝇一起打，而且严格执行八项规定，全国的政风有很大改变，深得民心。但各地在执行中出现了些矫枉过正的问题，一些地方给单位员工发粽子、月饼的领导都处理了，弄得许多单位连员工逢年过节的一些福利都不敢发。

正在这个时候，《人民日报》于9月8日在其客户端发表了一篇题为《反腐不应该反职工福利》的时评，一时成为微信、微博、QQ争相转发的好文，成为纸媒和网络竞相转载的佳作，成为街谈巷议的中心话题。

反腐不应该反职工福利①

中央"打虎灭蝇"，腐败分子纷纷落网，效果显著。然而，欢欣鼓舞之时，人们却发现，一些执行者在借反腐之名拿掉老百姓应有的职工福利。

这绝不是中央反腐倡廉的本意。

反腐败，反的是三公消费，反的是个别官员的权钱色交易、任人唯亲、买官卖官、欺上瞒下，反的是个别垄断性企业存在的高收入、高消费、高福利的灰色腐败，反的是个别单位假借"职工福利"之名侵吞国家资产、串通起来寻租、分肥的腐败行为。对这些形形色色、或隐或现的腐败行为"零容忍"，老百姓拍手称快。

但中央的八项规定，反的绝不是职工的正常福利。一年就那么几个节假日，单位这时慰问基层员工，发一点福利，全体员工捧着节日福利喜气洋洋，这是多么体贴民心的好事，和腐败有多大关联？

然而现在的情形是，一些单位中秋节的二斤简装月饼没了，甚至妇女节女职工的体检也没了。还有群众反映，因为单位领导干部要节俭过春节，基层职工特别是低收入群体的年终福利，也被"名正言顺"地不发了。职工积极性可想而知了。这岂不是歪曲了中央的反腐本意？

原因何在？

很简单，歪嘴和尚吹喇叭——经念歪了，是一些执行者故意而为之。这些人中不乏邪门武功的高手，面对中央反腐倡廉"降蛇十八掌"的刚猛掌风，他们想用"乾坤大挪移"借力打力，卸力于百姓。这样做，既可以让自己少受伤或不受伤，还可以通过拿掉职工正常福利的方式维持自己的心理平衡。更有甚者，有人想以此举诱发人们不满情绪，进而迟滞中央反腐步履。还有一种情形是，一些执行者不敢担当，沉迷于形式主义，为了乌纱帽从众而行，从不考虑群众的诉求，缺少郑板桥"当官不为民做主，不如回家卖红薯"的正人情怀。

反腐倡廉，贪官的感觉应是"高天滚滚寒流急"，百姓的感觉却应是"大地微微暖气吹"，只能如此。在保持"官不聊生"的同时，还应逐渐提高中低层员工的工资，保持职工正常福利的稳定，实现收入、福利的货币化、透明

---

① 载《人民日报》客户端，2014-09-08。

化和稳定化。职工的正常福利如果得以稳定、透明化，腐败官员反而更没有机会搭职工福利的便车，将很难再利用职权给自己规定超标超高福利。

人们坚决支持中央反腐倡廉，但反对一些执行者借反腐之名拿掉职工应有福利的做法。反腐的最终目的之一，其实就是为了增进公众福利。服务于基层职工、低收入者的各种正常福利，在反腐过程中不仅不应缩减，发放的范围和数额还应根据实际情况有所扩大。应警惕"歪嘴和尚"运用太极推手卸力打力、以其人之道反施他人之身的"太极手法"，进一步采取措施，纠偏稳正，确保反腐倡廉的大力实施和顺利进行。

这篇时评从写作手法上讲，并没有多少特别高明之处，但是在当时那种特定的社会环境下，大家读了无不觉得解渴过瘾，就是因为它具有鲜明强烈的针对性，这篇时评堪称及时雨，正本清源，振聋发聩。

大河网在此基础上，发表了《对热议〈反腐不应该反职工福利〉的冷剖析》一文，提出了在发福利上是否可以有更好的做法的问题，颇值得一读。当然对这篇时评的观点，读者未必都赞同，见仁见智。显而易见，发东西有发东西的好，发钞票有发钞票的好。但作者在文中确实提供了一种新的更加符合现代人习惯的发福利的思路，"福利可以有，但应改革"的结论同样让人信服。

第三，准确性。这是时评有生命力的一个基石，不仅包括所评事实要真实，还包括对其背后的是非、利害的判断也要准确。它要求时评作者辨真伪、明是非、知利害，否则，写出的时评就经不起读者推敲，经不起时间检验。

资深媒体人刘健在谈到评论写作价值判断次序时这样说：一事当前，先问真假，再断是非，再说利害。曹林认为这一非常精辟的概括可以说是基本涵盖了评论中最普遍也最重要的判断。问真假，做的是事实判断；断是非，做的是是非判断；说利害，做的是利害判断。

所谓事实判断，是指对事实自身做出的判断。例如，事实是什么样的，不是什么样的，事情可能会朝着什么方向发展，事情发生的原因背景是什么，这件事情与另外一件事情之间有什么关系等，均属于事实判断。2009 年 5 月，杭州发生了飙车撞死白领的事件，一时成为全国舆论关注的焦点。到 7 月庭审时，许多人感觉站在法庭上受审的那个被告与案发时在媒体上看到的不是一人。在一片声讨的浪潮中，时评家曹林举出很多理由证明"被告席上不是替身而是其本人"（2009 年 7 月 23 日《中国青年报》）。

后来的事态发展证明了这个判断完全正确，作者也非常自豪地认为这是一次成功的事实判断。

是非判断在时评中非常频繁，是非在字面上很简单也很好理解，但在面对一件具体的事件时，所做的是非判断往往因人而异，有时观点还是相反的。譬如，对阿里巴巴上市这个全球最大的IPO事件，对中国互联网业的代表人物马云的评价，徐迅雷在《杭州日报》发表的文章与聂圣哲在新浪微博发表的时评迥然不同。

阿里上市，有梦皆有可能①

徐迅雷

马丁·路德·金如果活到今天，一定会对来自中国杭州的企业家马云的梦想致敬。

北京时间9月19日凌晨6时13分，阿里巴巴集团正式宣布，其IPO发行价为68美元，结果是开盘价92.7美元，收盘价93.89美元，涨幅超过38.07%；市值达2314亿美元，成为仅次于谷歌的全球第二大互联网公司。

马云，这位缔造阿里巴巴神话的特立独行者，他自己所持有的股权，价值超过200亿美元——立马成了中国新首富。

钟声悠扬，带着梦想。当初马云在香港上市的梦想没有实现，并不意味着失意，更不意味着失败。条条大路通"上市"——阿里上市，就是马云领导的这家现代公司"有梦皆有可能"的明证。

马云不是外星人，他来自中国，来自杭州，来自美丽的天堂。马云的梦想，不仅照亮现实，也照亮历史。并不遥远的1999年，依然青涩的马云，在陋室里来回走动着，向阿里巴巴另外17个创始人发表演讲，畅谈他的创业梦想和上市梦想。那个时刻，听者似乎并非个个都相信"所有梦想都开花"。然而，历史真是"上帝的神秘作坊"，飞速发展的互联网时代，为马云领导的电子商务"芝麻开门"——这里面蕴藏着的巨大宝藏，上帝见了都要瞪大眼睛。

我们要做一个由中国人打造的世界性公司！那些年，马云吹的不是牛，而是梦想。杭州是一个造梦的地方，也是个能够梦想成真的地方，做"杭州佬"挺好。马云曾说："杭州扶持着我，扶持着阿里巴巴度过了最困难的时期，阿里巴巴将永远是杭州的阿里巴巴。"在马云身上，典型地体现了杭州企

_____

① 载《杭州日报》，2014-09-22。

业家精神——有钱塘江"弄潮儿"的闯劲，有不达目的誓不罢休的"杭铁头"韧劲。

永不放弃，才是马云！深看马云，我们可以看得非常清楚明白：脸上能呈现的表情叫气色，脸上没呈现的表情叫气魄；脑袋测得出的东西叫智商，脑袋测不出的东西叫智慧；背后摸得到的硬度叫脊椎，背后摸不到的硬度叫脊梁；脚下走不到的距离叫幻想，脚下走得到的距离叫梦想！正是这种气魄、智慧、脊梁与梦想，构成了一种非一般的企业家精神、企业家品格。

人，可以白手起家，但不可以"手无寸铁"——没有一技之长；人，可以"手无寸铁"，但不可以没有梦想——技艺总归可以学习而得。有梦皆有可能，无梦只能昏睡。感谢马云！今日的马云，不仅是杭州企业家的标杆，已然是世界级企业家的标杆。感谢阿里巴巴！如今的阿里巴巴集团，不仅是杭州企业的标杆，更是世界级企业的标杆。

最后，把法国文豪罗曼·罗兰一段激情洋溢的话送给马云，送给马云的团队，送给所有为梦想而奋斗的人："伟大的心灵俨如崇高的山峰——风吹袭它，云遮住它，但你在那儿比在别处呼吸更畅更爽。那里空气清新，涤尽心灵的污秽；而当云开雾散时，你俯临全人类！"

作为阿里巴巴总部所在地，作为马云生于斯长于斯的家乡，杭州为拥有这样的公司和这样的追梦人感到无比骄傲和自豪，杭州日报《西湖评论》专版的此篇时评以饱含深情的笔触，歌颂和祝福这家伟大的企业和这位传奇的人物。

作为德胜管理体系的创立者，聂圣哲常有惊人之论。他于 9 月 24 日在新浪微博发表了自己的评论《我为什么对"马云现象"如此警惕？》，公开站出来说："阿里是有公害的公司"，"马云是有公害的'榜样'"。尽管文中的许多观点有待商榷，但在舆论一律的情况下，多一种声音，多一个思维的向度，也未尝不是一件好事。

利害判断是时评中经常要做的判断，即一件事的发生，对谁最有利，又对谁最有害，利害应该如何看待。阿里巴巴在纽约证交所上市是当时为全世界所聚焦的重大事件，对此事的利害分析，时评人自不会放过。

阿里巴巴上市 谁得意谁失意?①

卜晓明

阿里巴巴赴美 IPO，为美国股市端上资本盛宴。这场宴席的滋味如何？美国《时代》刊文，试图理清局内外的得意者和失意人。

【得意】

马云

作为阿里巴巴创始人，马云不需要这场上市为自己背书。从普通教师到电子商务帝国掌门人，马云在中国已成标杆式人物。美国彭博新闻社 8 月数据显示，马云净资产达 218 亿美元，跃居中国首富。马云持有阿里巴巴将近 9% 股份。IPO 后即使股价大涨，对他而言也只是锦上添花。他的真正胜利在于，阿里巴巴 IPO 架构非同常规，使其股票的购买者无法成为真正股东，马云的权力在 IPO 后不会稀释。

孙正义

凭借对阿里巴巴的投资，日本技术和电信巨头软银公司创始人兼首席执行官孙正义财富净值接近 200 亿美元，跃居日本首富。

这次明智的投资发生在 2000 年。技术泡沫吹到最大时，孙正义向阿里巴巴投资 2000 万美元，鼓励马云坚持。在不到 15 年间，孙正义的 2000 万美元变成 550 亿美元。这是他获称"日本比尔·盖茨"的原因之一。

软银和斯普林特

软银持有阿里巴巴三分之一股份。持股阿里巴巴可以帮助软银吸引一些想间接沾光阿里巴巴的投资者，同时分散投资风险。软银是日本手机市场的主要玩家，触角伸向全球数以百计技术和媒体企业。

软银持有电信企业斯普林特 70% 股份。阿里巴巴上市后，软银将获大把现金做强斯普林特。

Shoprunner

阿里巴巴在美国的各项投资中，对电商服务企业 ShopRunner 的 2000 万美元投资最为吸睛。围绕阿里巴巴今后如何拿 ShopRunner 做文章，资本市场充满期许。

美国《时代》周刊援引分析师的话说，如果阿里巴巴把它做成美国版天猫商城，可能将威胁美国亚马逊公司的"江湖地位"。

----

① 载《新华网》，2014-09-20。

【失意】

雅虎

美国雅虎公司持有阿里巴巴五分之一股份,原本可坐享资本盛宴。但根据协议,雅虎必须在 IPO 时卖出所持阿里巴巴股份的 27％。这意味在雅虎股票的投资者眼中,雅虎将在相当大程度上失去阿里巴巴这个"护身符"。

接下来,雅虎管理层将面临如何明智地支配所套现金的压力,例如今后将怎样实施并购。雅虎收购史并无值得称道之处。正如美国《纽约时报》所说,雅虎首席执行官玛丽萨·迈耶将看到"投资者如何给她实际运营的企业估价"。

纳斯达克

纳斯纳克交易所原本是科技股的弄潮地。不料,美国脸谱公司两年前IPO 时,纳斯达克当着全世界的面掉了链子。所以,阿里巴巴绕过纳斯达克,在纽约证券交易所上市,合乎情理。

路透社报道:"鉴于纳斯达克两年前搞砸脸谱上市,阿里巴巴高管对纳斯达克应对他们 200 多亿美元 IPO 的能力心存担忧。"

腾讯

从在线广告到电子支付,腾讯控股有限公司在许多领域是阿里巴巴的对手。腾讯市值大约 1500 亿美元,一直是市值最大的中国技术股。但 19 日起,腾讯将把这个"老大"位置让给阿里巴巴。

《时代》杂志说,实际上,随着阿里巴巴 IPO 临近,腾讯等中国概念股因遭到冷遇而股价走软。

百度

运营着中国最大搜索引擎,百度一直是最受美国投资者宠爱的中国概念股。商业内幕网报道,对冲基金今年的股票仓位中,百度在得到加仓的中国概念股中排名第一。

不过,《时代》杂志认为,鉴于阿里巴巴是更狠角色,百度的受宠局面可能受到威胁。

作者实际上是把《时代》所刊发的一篇对阿里巴巴在美国上市之事的评论文章,转述了过来,其中的利害判断十分明晰。

第四,说理性。时评初起之时,甚至在中兴的今天,仍不少见到这样的时评,先叙述一下由头,再谴责几句,或者罗列出几种观点,即仓促搁笔,使时评一下子就失去了它应有的力量。这就是缺乏说理性所致。要增加时评文章的说理性，就需要在写作时不妨多用摆事实、讲道理、多对比等手法，让读者心诚悦服。时评的写作需要"以事实为依据，以道理为准绳"。这"道理"自然应该包含法律、法规、政策、纪律、道德等为社会所普遍公认的律则和价值标准，这应该成为时评写作的一个基本原则。因此，时评的写作要晓之以理，以理服人。

2010 年，中国国务院新闻办运作国家形象片准备在美国有线电视新闻网播放，以扩大中国在国际社会的正向影响，给西方世界留下更加美好的形象。这件事在一般人看来是好事情，传播中国的正能量、好声音。但是这样做的实际效果如何，很少人去思考。资深媒体人安替提出了自己的看法，提醒人们《谨记 CNN 远不只是放国家形象广告》（2010 年 8 月 5 日《东方早报》）。

这篇时评的立论说出了不同的观点。这个观点的论述也是有难度的，必须有一些事实作为支撑，作者用了一半的篇幅在前面试图说明我们想在外国的电视台播放国家形象广告，是可以理解的，确实也会有一些效果。应该说，这也是实事求是的态度，读者也完全可以理解作者这样写的苦衷。但作者真正想表达的在后面，如果接下来只是一味重复强调这样的宣传效果值得商榷，显然难以说服人，作者于是摆了几个事实：CNN 更多的是播放新闻，宣传片难以抵消对中国负面报道的影响，商务部的《Made in China》广告难以冲抵大量中国产品质量问题的报道的负面影响，宣传片的影响可能超不过新闻的影响，国家的整体形象通过公关广告较难完成长期的任务。这些事实充分证明对通过宣传片来提高国家整体形象的设想应有更全面、更客观的认识。

美国国家形象宣传片何时来中国①

高永峰

17 日一早开始，一则 60 秒的中国国家形象宣传片在纽约时报广场户外大屏幕播放。接下来 4 周，从每天早 6 点至深夜 2 点的 20 小时内，这则宣传片每小时播放 15 次，总计播放将近万次。另外，浓缩为 30 秒的中国国家形象宣传片"人物篇"也于 17 日起，通过 CNN 的各个频道向全球播放，它在今后四周内将播放数百次。

中国首部宣传片选择美国，并以屏幕广告和电视广告的方式播出，似乎表明了中美两国在独特的竞合关系中各自微妙的角色差异。不排除通过纽

---

① 载《中国青年报》，2011-01-02。

约、CNN 这样的国际化传播渠道，扩大在更广的国际舞台上宣传自己的可能性，但意在塑造和提升中国繁荣发展、民主进步、文明开放、和平和谐的国家形象的声音的目标受众，还是美国及美国民众。

需要向别国展示自己形象的何止一个中国。既然中国注重国家形象的宣传，美国何尝不需要国家形象宣传？既然这方面"后知后觉"的中国的国家形象宣传片都已漂洋过海，美国的国家形象宣传片何时也登陆中国？根据此前媒体公布的宣传片内容规划及拍摄中的元素选择，中国试图展现给美国及美国民众的内容，从"中国制造"到"中国文化"、"中国人物"等，不一而足，有点恨不得把心窝子都掏出来让老美看。相比之下，美国对国家宣传似乎并不上心，甚至太随意。

比如，刚结束的上海世博会，会期长达 183 天，各国无不把在世博会上的精彩亮相当成推销本国的重要窗口，极尽宣传之能事。而不算大也不算小的美国馆，既无科技展品也无城市风光片，连个馆章也懒得造，而以两部宣传美国社区合作精神的短片"应付差事"，让冲着美国尖端成果去的观众大跌眼镜。

要知道，在宣传方面，美国可是"老师"，中国在美国播放宣传片，也是对美国政治文化入乡随俗的必然。这种政治文化的渊源可追溯到美国长期以来的游说政治、后院政治上。在选举政治氛围下成长起来的老美，很吃政客宣传、"包装"这一套，传媒深悟引导公众好恶之道，更使宣传技艺成为一种耐人孜孜以求的学问。既然如此，这回"老师"的表现为何没有"学生"到位？

可能的解释是，美国不需要国家形象宣传片！因为美国的"身影"无处不在，麦当劳、可口可乐、迪斯尼、好莱坞、NBA、航空母舰、硅谷、微软、谷歌、耐克、波音、航天飞机、美国大兵……名单还可以开很长很长。每天打开电视，就看到美国又在折腾某个"邪恶国家"；登录电脑，看到某家中国企业因为在美国纳斯达克上市而涨红了脸；豪言摆平世界；路过洋快餐店来一杯，狠狠地吸着来自西雅图的味道，然后，在电影院的美国大片里流着自己的泪……总之，你见或不见我，烦或不烦我，我就在那里！这样一个形影不离的美国，还需要搞国家形象宣传吗？

再回到上海世博会美国馆，两部貌似"应付差事"的短片却表现出咄咄逼人的气势，以及居高临下的腔调，它印证了"一流企业卖观念"的说法。没有超强国力做后盾，谁敢来这一套，谁会吃这一套？

现在中国的综合国力提高很快，但"中国制造"远没有成为"中国创造"，没有架设起品牌输出的高速公路，附着在中国产品上的中国影响力跟出口产品的数量不成正比，跟中国产品的利润率倒成正比。在美国开始玩"巧实力"的时候，我们的"软实力"依然在路上，还没有形成与综合国力相称的"软实力"输出能力。特别是在有助于塑造国家形象的传媒产业和文化产业中，我们依然任重而道远。这就是为什么，是我们要去美国而不是美国要来中国进行国家形象宣传的原因之一。

宣传很重要，谁向谁宣传更重要，搞清楚为什么谁要向谁宣传更更重要。最好的国家形象宣传片绝不是一则 60 秒的屏幕广告，而是你向世界提供的能够说服并影响世人的生活模式和发展理念。

这篇时评标题和正文都巧妙地运用了对比的手法，在中美做法的各种对比中，让读者认识到，宣传固然重要，但宣传片的作用是有限的，更能够决定一个国家的形象的是生活模式和发展理念。

第五，思想性。真正决定一篇时评价值的是时评所蕴含的思想，作者要站在较高的位置去认识和解决问题，把人们的思想提高到新的高度。

下面这篇曾获 1962 年普利策国际报道奖的社会评论《关于苏联问题》，作者是美国国家级智囊人物、著名的自由派专栏作家沃尔特·李普曼。

有些人相信，如果总统能更冷酷无情一些，并且毫无顾忌地运用美国的力量，在古巴武力对抗的企图将会成功。我认为他们错了。我认为，在古巴的冒险行动根本不可能成功。像我们这样的自由社会，一个蓄意破坏我们的誓约、原则、我们的条约和法律的政策是注定要失败的。一个自由开放的社会要成功地策划一个巨大的阴谋不大可能。美国就像其他任何政府一样，必须雇佣秘密的代理人。但美利坚合众国无法成功地实施庞大的密谋。保密是不可能的，每个有关的人，从总统自己开始，要做到足够残酷无情和毫无顾忌是不可能的。美国的良心是一个现实存在，它会造成犹豫不决和缺乏效率，即使它不能阻止一项非美政策。在古巴事件上我们之所以显得无能，根本原因在于它超出了我们的天性，就像一头奶牛想飞上天或一条鱼企图行走一样。

……我们必须通过发展和实施我们自己的原则来发现我们的力量，而不是抛弃它们。在别人告诉我这是怯懦之前，我愿意说明为什么我相信这一点，特别是在仔细长时间地聆听赫鲁晓夫先生的讲话之后，我十分肯定，只有我们停止陶醉在间谍活动之中，并且坦诚地面对自我，认真地对待我们的原则，我们才可能对赫鲁晓夫先生做出回答。

……我们能对他说什么呢，我们这些相信人类意志某种自由的人，我们这些相信人类有能力通过人类的发现、人类的智慧和勇气来影响历史进程的人？……

从这种分析中我们斗胆得出结论：我们在那么多场合处于守势的理由就在于，十年来我们一直在做恰恰是赫鲁晓夫先生希望我们做的事情，我们在漫长而失败的努力中使用金钱和武力来稳定本国政府①……

从古巴、老挝、亚拉巴马州传来的坏消息，对于总统的国外旅行当然是一个令人沮丧的前奏。但是我们不必夸大。虽然我们遭遇的挫折伤害了我们和我们的盟国与朋友，但我认为在巴黎和维也纳，它们都不会对总统将要处理的那些基本问题在这方面或那方面产生任何实质性的影响。

在巴黎，问题将是西方联盟应该用什么方式组织起来。在维也纳，问题则在于这两大集团之间的关系应该如何把握。总统将要与之会谈的两个人都是首先依据国力来盘算对策的现实主义者。几乎没有一个美国的公众人物是同等程度上的现实主义者。至少他们不会大声说出来。戴高乐将军和赫鲁晓夫先生相信，他们自己对于不同的大国能做出恰当的估计。在他们的思考中，他们很少被其它东西所影响。赫鲁晓夫先生当然是一个大宣传家，但是他的政策是建立在对一个国家冷静客观的估计基础上的。

巴黎和维也纳会谈的语言将不得不采用权力政治的语言——当涉及各国真正关键的利益时，它们是根据自身的能力来决定其如何行事的。

说到那些在巴黎和维也纳会议中共同的东西，我意识到了某种失策。的确有些人认为，如果总统在与戴高乐将军会谈后不直接与赫鲁晓夫先生会谈，那会更策略一些。我就是持有这种看法的人中之一员。但是既已作了这样的安排——我听到了戴高乐将军的祝福——如果意识到不仅总统将要与这两个现实主义者会谈，而且他们的现实主义盘算都基于同样的事实基础，那么这一点是有用的。美国军力至高无上的地位从1945年一直持续到1955年以后不久，如今已被一种均势所取代，这就是事实。这是我们时代的中心事件，对整个国际关系具有深远而广泛的影响。

当总统会见戴高乐将军时，他会发现他见到的是一个具有天才洞察力的人；此人敏锐地察觉到了全世界力量对比的变化。这种认识是他怀疑北大西洋公约组织结构和战略有效性的根源。这种认识是他对美国担任欧洲保护者

---

① 载《纽约先驱论坛报》，1961-05-09。选入本书时有删减。

和世界领袖角色缺乏信心的根源，这一点不容忽视。这种信心的缺乏是他要求就世界事务进行密切而持续磋商的根源。这也是他坚持一种不切实际的政策——法国拥有独立核力量——的根源。

希望有人能恢复美国建立在战后核垄断上的那种至高无上的权威是徒劳的。联合国、北大西洋公约组织、中央条约组织、东南亚条约组织——这些建立在旧权威之上的巨大的政治架构被动摇了。就是这一动摇构成了我们外交的一大部分主题。在赫鲁晓夫那里，总统将会遇到这样一个人，他深刻地觉察到了一种均势这个现实，他的政策由此决定。如果我没有错得太厉害的话，赫鲁晓夫先生对苏联实力的自信也伴随着对美国实力相当程度的尊重。

有些人担心，我们在古巴和老挝的挫败让人低估美国的实力或决心，对此我不敢苟同。美国可以在一个下午就攻下哈瓦那，束缚我们的并不是对苏联导弹的恐惧，而是对我们会在整个西半球和自由世界所造成的政治灾难的认识，他对这些是再清楚不过的。……我们不可能发起战争，因为我们在1961年不像在1950年那样拥有对核武器的垄断，而它作为最后的手段将是决定性的。

就我所理解，苏联的新信条——所有国际交易都必须三方参与的，而且要经过一致同意——最终建立在同一事实基础上，即一种均势。当两个国家之间存在均势时，每个国家都拥有否决权。除非他们都同意，否则什么也做不成。赫鲁晓夫先生把这条原则贯彻到了极致。这样一来他们就会同意遵从第三者的判断。这事实上正是我们想要的东西。赫鲁晓夫先生比他自己的原则所要求的更为热烈和更加不可调和。在任何情况下，同赫鲁晓夫打交道时决定性的因素都在于，他坚持完完全全地承认新的均势，连同这种均势俱来的全部结果。[①]

《关于苏联问题》的写作背景是1941年，44岁的约翰·肯尼迪作为美国新一代元首入主白宫后，国际上发生了一系列重大事件，其中屡被关注的是另一位政治明星苏联国家元首赫鲁晓夫提出了与资本主义世界和平共处的构想并与西方展开全球性的角逐。李普曼凭着自己敏锐的政治嗅觉和深刻的思想远见，就赫鲁晓夫的政治哲学、美国雇佣军人入侵古巴、老挝爆发内战、美国与北大西洋公约组织的关系中法国的作用、肯尼迪即将与戴高乐的会谈和在维也纳与赫鲁晓夫的会谈等事件发表了他的见解，告诉世人他对时局走

---

① 载《纽约先驱论坛报》，1961-05-25。选入本书时有删减。

向的看法。李普曼敏锐地观察到"第二次世界大战"后的世界军事格局已从美国独享核垄断权变成了二分天下，由此提出了均势（balance of power）战略这一影响世界的思想洞见。

第六，战斗性。这是时评与生俱来的传统，来自于媒体监督政府的功能，来自于近代中国资产阶级报刊论战的特色，甚至来自于时评初创时曾经有过的别名"短批评"（1896 年 6 月 26 日创刊于上海的《苏报》）和"批评"（1907年 4 月 2 日创刊于上海的《神州日报》）等。正是因为时评包含批评甚至批判的意味和功能，就总免不了要批评、批判甚至骂人。骂什么人？当然骂贪渎腐败者，骂为富不仁者，骂一切有违社会公平正义者。

中国的官本位思想由来已久、根深蒂固，随着 GDP 的快速增长和政府财政的巨量累积，各地官员大张旗鼓大拆大建，大搞政绩工程、形象工程。据媒体 2014 年 10 月 15 日报道，在开展党的群众路线教育实践活动期间，全国叫停 633 个"政绩工程"、"形象工程"。大拆大建、工程浪费的不正之风得到纠正。早在 2010 年，知名学者张鸣教授针某地官员因为一个奇特的原因拆掉在建的关公庙这一事件写了一篇时评《官大乎，神大乎？》（《新闻晨报》，2010 年 10 月 13 日）。

作者没有拘泥于官员拆关公庙这一直接的新闻源，而是由此生发开去，对官员中的不良作风，如上香迷信、崇拜权力、大兴土木进行了批评。全文虽然没有非常犀利的语言和排山倒海的气势，但对现实社会的尖锐批评在绵里藏针的风格中仍可见一斑。

第二节　时评的历史与现状

时评不是近年才出现的，也不是早在中国新闻评论有史之初就存在的。时评的起落变迁，恰恰是新闻评论规律在我国新闻界起落变迁的表现。

专家学者比较一致的看法是，在中国近现代报业史上，第一次"时评热"是由 1904 年在上海创办的《时报》掀起而横空出世的，一直持续到晚清。第二次"时评热"出现在 20 世纪 40 年代，以《大公报》"星期社评"、《观察》为代表。第三次"时评热"则是从 2000 年前后开始，以《中国青年报》为代表，至今方兴未艾。

在中国报史上，在一个很长时期内的所谓报刊言论，都是洋洋洒洒的长篇政论，比如《万国公报》上的文章《中西时势论》、《强国利民略论》；梁启超发表在《时务报》、《清议报》上的《变法通议》、《少年中国说》。读者看了这些带有"论"或"说"的题目，即可知道这样的"高论"不是时评。讲中国新闻评论的人把那个时代概括为"政论本位时代"。

1904年，《时报》创刊，这种状况有了大改观。胡适于1921年《时报》创办17载之时应约写了一篇《十七年的回顾》，对《时报》在中国新闻史上的重要意义给予了极高的评价："《时报》的短评在当日是一种创体……用简短的词句，用冷隽明利的口吻，几乎逐句分段，使读者一目了然，不消费工夫去点句分段，不消费工夫去地思考索。""《时报》创出这种制度之后，十几年之中，全国的日报都跟着变了，全国看报的人也不知不觉的变了。"郭步陶《评论作法》（《申报函授学校讲义》之五）说："时评二字，本是时报先用起，后来因为冷血先生（时报的主笔）的时评出名，各报也有相沿而用的，实在仍就是各报自己所撰的评论。"这是"时评"这个概念由专称到文体泛称的过程。

戈公振《中国报学史》说："同、光间之报纸，因受八股盛行之影响，仅视社论为例文……时报创刊后，曾于社论外，别立时评一栏，分别论断，报其机枢，与今之模棱两可，不亲眼边际，截然不同，故能风靡一时。"这是社论与时评出现的先后次序。

此后，梁启超在1909年的《国风报叙例》中明确界定了"时评"的功能，它与其他文体的区别："凡论说所论，则事之应举措者也；凡时评所评，则事之已举措者也"。这个区别，大致就是今日报纸社论、评论员文章与时评的区别。

这个界限实际上后来也消失了——社论本身也时评化了。从后来的一些新闻实践和徐宝璜的归纳来看，社论就应该是报社自己组织写的时评。他在《新闻学》中说："社论须以当日或昨日本报所登之新闻为材料而讨论之，此理甚明。例如访员报告省议会为兴某种建筑，特拨一款，此新闻也。社论编辑以此为材料而讨论本省能否添此担任，某种建筑是否为必要，听拨之款项是否敷用，抑或有余，此社论也。访员与社论编辑职务上之分别，即在一则供给新闻，一则对于新闻加以批评耳。新闻既为多数阅者所注意之最近事实，故详言之，社论第一须以事实为材料，第二须以多数阅者所注意之事实为材料，第三须以最近之事实为材料。由此可见，彼于社论中因发牢骚而无端谩骂他人者，或以四书五经上之句子为题而发挥讲道德谈仁义之空论者，或以类似《西学原出中国考》、《中国宜亟图富强论》之题，而做极浮泛油滑之策论者，均属不当，因其非以事实为材料也。"此定义，否定了早期报纸以"论说"作为社论的做法，直接以时评作为社论之本。

清末民国时期，社会剧烈动荡，革命风起云涌，面对各种利益调整和利益博弈，人们的"言说"需求几何级倍增，评论、时评适逢其时。从最早宣传资产阶级改良主义思想的《循环日报》，到康梁维新派的《万国公报》、《时务报》，再到资产阶级革命派的《中国日报》、《民报》，再到无产阶级革命兴起后的《新青年》、《每周评论》乃至延安《解放日报》和重庆《新华日报》等，均高度重视评论（政论），康有为、梁启超、陈独秀、毛泽东等人都极其重视报刊评论甚至亲自撰写评论。特别是到了 20 世纪三四十年代，《大公报》开设"星期论文"栏目，《观察》杂志创办，文化精英乃至军政要员忧国忧民，踊跃发言发声。

20 世纪上半叶的中国报刊上，时评界群星璀璨，涌现了梁启超、黄远生、邵飘萍、陈布雷、邵力子、张季鸾、邹韬奋等大家。当年时评之繁荣，不仅专业报人热衷写时评，就连一些知名人士、作家也写得很好，比如教育家陶行知就曾在 30 年代初为上海著名的《申报》开栏撰写一百多篇时评。胡适曾在 1922 年至 1923 年 4 月为《努力》周报主持新闻评论栏目，共写了 67 篇新闻评论。还有后来成为法学家的张友渔，也曾于 20 年代中期在当时国内知名的《世界日报》上做时评撰稿人。夏衍曾有一作品集，书名就叫《时评与通讯》……这种各界名流纷纷主撰时评的景观，在 20 世纪上半叶十分引人注目。他们丰富了时评文体，为我们留下了丰富的新闻评论遗产。在党报实践中，也有时评的传统：《胡乔木文集》中就有一些标明是"新华社时评"的文章，比如 1949 年 2 月 27 日的《孙科原形毕露》、1949 年 10 月 15 日的《庆祝解放广州和歼灭白崇禧主力》。

改革开放以来，自上而下解放思想、拨乱反正，言论方面起着先锋作用的首推杂文。那个时代人们对报刊言论寄望更多的是其对思想观念的冲击，而不是其新闻性。

进入 21 世纪，随着国家经济的快速发展和社会的不断进步，新闻媒体在一个逐渐市场化和开放化的环境里成长，有观念的风云激荡，有利益的剧烈调整，人们必然产生"言说"的冲动。人们觉得常规的"用事实说话"的新闻形式远远"不过瘾"了，更希望直抒胸臆，更期盼透过新闻现象寻觅背后的缘由趋势。于是，时评应运而生、兴旺发达，"时评热"成为一种重要的社会现象、媒体现象，"时评的复兴"成为我们这个时代新闻传播界的一个耀眼的特征，甚至可以说是我们这个时代的一个重要事件。顾洞清、李龙两位媒体圈资深专家曾就此专题，撰写出版了《中国时评：社会良知的呐喊》一书。这个时期，即便是党报、国家通讯社也开始隆重推出时评。2001 年的 5 月，新华社改变了多年只提供纯客观新闻的"传统"，推出了"新华时评"发稿栏目，开始向媒体和社会提供直抒胸臆的"国家通讯社观点"。2005年4月《人民日报》在已有"今日谈"、"人民论坛"及其他各专业版的专栏评论的基础上，又开设了与人民网联动的"人民时评"专栏。2007年3月5日，曾经不为许多人所知的地市党报《嘉兴日报》，以向全国招聘人才组建新闻评论部为契机，推出了以"第一时间发布新闻，第一时间发表评论"为宗旨的"嘉兴时评"及评论专版。另一值得关注的情况是，社论时评化趋势在当代市场化的中国报界已经越来越普遍。2000年4月17日，《北京青年报》自复刊以来破天荒地在第二版开设了言论专栏"今日社评"。这个社评就是时评，由数名本报评论员操笔，评当时报上的新闻，但这显然不是现在主流报纸社论的规格，实际上这种"今日社评"之外，还有高规格的社论，只不过就比以前更不常出现了，实则是借"今日社评"而放弃了那种对于市场化的报纸来说已经没有多少实际意义的传统社论。《经济观察报》每期在头版第一栏的位置专门放"社评"，就是针对一条新闻而写的时评，且不署名，明显代表报社观点。同是新型报纸的《21世纪经济报道》则每期一版下方为社评，这也是时评，这种非常市场化的报纸，更不发主流报纸那样的严肃"社论"了。

当然，领风气之先、成一时之盛的国内一些有影响的平民化、都市类报纸也推出了时评版，其中最受欢迎的当推《中国青年报》、《南方都市报》和《新京报》三家。

《中国青年报》的李方、马少华1999年创办了"青年话题"版，其创刊号给自己的定位是：作公民表达的广场，倾听不同观点，倡导"大嘴小嘴都说话"。在版面上，编辑只体现最低限度的技术性功能。一直以来，该版始终保持着这种"草根声音"的特色，保留着"百姓说话"栏目，倾听最民间的声音；保留着"不同观点"栏目，倾听着与主流和定论不同的声音；保留着"校园来信"栏目，倾听着来自校园最原汁原味的声音。正是这种草根性，"青年话题"至今仍有广泛的社会美誉度和影响力。该版被业界称为评论界的黄埔军校，许多当年的作者，后来跳槽成为各大知名媒体评论版的主编，也有不少专家学者和公共知识分子因经常在版面上发文章，而为公众所熟知并成名。

《南方都市报》的评论版是2002年创办的，代表了当今时评的一个高度，其特色是尖锐、大气、使命感、上档次，走的是一条与"中青评论"截然不同的精英表达的路子，业界美其名曰"南都体"。它将时评理念定位于在大转型的时代关注这个转型的国家和社会，在后来的不断改版中，南都时评形成了以社论、街谈、个论为主打产品，以宏论、来信、来论、推荐栏目为补充的多层次构架。它在组织体制上也借鉴了国外报纸评论版的操作模式，建立了社论委员会。南都评论部主任李文凯在谈及"南都评论"的追求时作如是说："公民写作的时代，为数不少的人都有表达的欲望，也具备一定的表达能力，但这其中的许多发言，多是以知识的碎片为工具，论证的角度、过程与结论，也因此往往难有独特价值。与此相对，那些具有系统经济学、法学、政治学、社会学、历史学、哲学等知识背景的研究人员与知识分子，以及具备丰富阅历感知的经验主义媒体人，则能够有完整的知识架构与成体系的评价工具，这其中高度关注时事的人，便是我们需要的作者对象。"

《新京报》是一张"混血"型报纸，2003 年由"南都人"北上与在知识界、教育界、学术界有着广泛影响的《光明日报》合作创办。该报非常重视评论，当年 11 月 11 日，甫一创刊的新京报，即模仿海外一些报刊常用的社论版和社论对页版的样式，开设了包括时评在内的言论版。《新京报》在地域、文化、优势上南北融合，形成了注重专业判断及崇尚客观理性的评论风格。由于与学者、学院、学界一直保持着深厚的关系，"新京评论"具备了与众不同的品质：观点独到，思想犀利，有深度，有建设性，有人文情怀。《新京报》的时评虽然强调专家表达和专业判断，但并不唯专家马首是瞻，而是主张分层次表达。该报评论主编王爱军说："时评是分层次的，我将其称为时评的梯形结构。最下边的最大的部门是'公民表达'。上面第二层可以叫'评论写作'，特点是它可以把观点表达出来，可以自圆其说，但未必非常准确、全面。第三层就是'精英论述'，就是专家学者会将一个观点表达得非常全面和准确。第四层就是'权威评论'，作者既有学者的学术研究，也有对中国当前现实的深入了解，有些观点可能会进入政府决策。相应的，《新京报》的评论版设置囊括了这四个层次的内容：公民表达、写手表达、专家表达和来自政府官员或智囊人士的权威评论。"

这里再简要介绍一下作为全国市场化最为成功的党报《广州日报》。该报一直重视时评，并不断对评论版进行改版，曾提出"做'好看'的党报评论"的口号。"好看的党报评论"，既力求克服传统党报评论拒人千里之外的毛病，又修正了近些年国内时评界存在的单纯以肤浅或偏激取悦读者等问题，从而让党报评论更好地发挥激浊扬清、引导舆论、助推社会进步的功能，顺应新闻纸向观点纸转化的大趋势。广报时评通过理性观照现实，追求有思想的精彩，让时评肩负起了"差异化竞争"的使命，践行"观点营销"这一更高级的报纸经营模式。该报大量的时评文章以善意理性、建设性而非单纯破坏性、颠覆性的出发点，为推动现实问题的解决提出真知灼见，提供"正能量"的"好看"。例如，其刊发的《勿让侥幸心态毁了一个行业》、《政府集中供养孤儿并非上上之策》、《十面"霾"伏，亟须从吐槽走向行动》、《面对问题"二代" 多些"健康围观"》等，无不体现着党报评论工作者助推时代进步的强烈使命感。该报时评同时强调提供富有见地的想法，追求"深邃的思想"。《一次巨赔判决胜过千次事后抽查》、《警惕高房价成为城镇化的阻力》等文，均在朝着这一方向努力。

当前我国的改革已经进入深水区，既展现了改革的巨大成就，也暴露了改革中的诸多偏差之处，亟须破题，进行顶层设计，从根本上解决。社会已经出现了日益庞大的农民工群体、私企老板群体、外企白领群体、"蚁族"、"海归"、"屌丝"……这些大量出现的新的群体，有其自身强烈的利益诉求，迫切希望发出自己的声音。与此同时，对社会上涌现的种种新的思想动向，也亟须加以引导，提出建议，进而推动社会进步，"时评热"因此持续升温。从广东孙志刚事件、云南"躲猫猫"事件、陕西华南虎照片风波、山西"黑砖窑"事件，到石家庄三鹿奶粉事件、郭美美事件、"我爸是李刚"事件……时评对社会正义所起到的推动作用有目共睹。时评不再限于报刊、广播、电视等传统媒体，也为网络、微博、微信、新闻客户端等新兴电子媒体所青睐，翻开报纸，打开电视，点开网页，时评四面开花、蔚然成风。一时间呈现出包括时评在内的以新闻评论为主要特征的"观点市场"的兴旺发达，展现出舆论多元、观点杂陈、百家争鸣的繁荣景象。这些时评积极监督公共权力的运作，扩展了民众参与和评判公共事务的渠道。

可喜的是，近些年涌现了一大批有思想的时评家和有思想的时评佳作，每年国内都会汇编出版年度时评佳作文集，洋洋大观。但同时也要看到，当前国内时评界还存在一些明显的短板：其一，板起脸孔说大话。一些谈到涉及党委政府中心工作的评论，亲和度、针对性和可读性欠缺。《人民日报》评论部主任卢新宁在一次演讲中所提到了"某字牌"批评和"要字牌"言论。"某字牌"批评是批评一个事件总是说"某地"、"某人"，"要字牌"言论是指文章总像领导下指示一样说"要怎么怎么样"。其二，穿越基本的价值底线。2008年2月东亚四强赛期间，有过一篇引起波澜的以"很搞"、"雄起"、"弄他"等猥亵言辞调侃重庆的体育评论，虽然可读性似乎挺强，但对一个城市的品质作出不严谨的用语，且文中充斥着低俗暧昧字眼，负面影响较大。其三，可读性有余，说服力不够。文章以宣泄情绪为主，没有明确或成熟的论点，论证过程不充分，不能以理服人。一些短评类栏目，极尽聊侃之能事，叙事多过点评，最终作者自己也形成不了一个观点就匆匆收尾。其四，落入俗套。

角度和观点均无突破，人云亦云。有的"习惯性反弹琵琶"，如《北大才子养猪有何不可》等，看似别出心裁，实则落入窠臼。其五，就事论事，未能触及问题实质，或拘泥个案，不能从类似现象中发现规律性。时评写手文化素养参差不齐，一些人把时评写得像怨妇骂街，很多只停留在就事论事的层次，不能洞悉现象背后的本质，作品缺乏厚重感和纵深感，显得很单薄，有较高思想价值的不多见。其六，建设性和参考价值不足。不少评论以质疑和抨击为主调，开不出"药方"。

毋庸讳言，现在时评文章很多是缺乏思想的吃喝拉撒、一地鸡毛式的平庸之作、粗制滥"作"。针对这种现象，知名时评人叶匡政专门写了一篇妙趣横生的文章予以剖析抨击。

时评正在成为一种脑残的文体①

叶匡政

不知猴年马月，报纸不约而同地开始青睐上了时评。不论芝麻点大的新闻，还是荒诞不经的话题，只要被时评盯上了，立马起了蝴蝶效应，一传十，十传百，下个时辰可能就成了所谓的社会热点。比如前些日子关于老师送礼、宋丹丹上不上春晚等这些争论，都属于这类不靠谱的时评惹出的风流韵事，把一个鸡毛蒜皮的小事愣是给拨高到某个无聊的境界，弄得媒体上到处都在唠叨，似乎不说出一个子丑寅卯来，它们绝不善罢甘休。

这类时评来得快，去得也快，等你勉为其难刚想瞅它两眼时，它们却像海潮般退得无影无踪了。于是日子就变成了一个热点，接着一个热点，除了留给读者满头的雾水，和一两声百无聊赖的叹息，其实啥也未曾剩下。只是浪费了那些印新闻的好纸，白白地被这类面目可憎的文字糟蹋了一回。好在读者们对这类文字都选择性失明，根本没心思瞧它，所以人们也就任它自生自灭去了。

这类时评还有一个特征，就是味如嚼蜡，不仅语言枯燥，观点亦是人云亦云，只不过张嘴说了点能放在台面上的瞎话。他们似乎学了点屠龙术，拿的却是一把水果刀，逮了几只蜥蜴就以为是真龙了，脸上是露出了不屑的表情，文字中的媚骨却处处可见。他们自以为是思想者或请命者，其实神经比很多网民都要脆弱得多，喉咙也早已丧失了呐喊的功能。他们有点像红颜薄命的林黛玉，腹中明明只有点花谢花飞的幽怨情怀，摆出的却是心系社稷苍

---

① 载《南方周末》，2008-11-20。

生的道学家的谱儿。明明是能够载舟的大江大水，时评家只学会了用它来煮粥。

这类时评家看起来像是会咬人的狼狗，实际上骨子里都是些巴儿狗。他们把鲁迅常常挂在嘴边，却连一点讽刺、夸张、反讽、幽默的劲儿也没学会，倒成了鲁迅笔下那只"比主人更厉害的狗"，或"脖子挂着一个小铃铎，作为知识阶级的徽章"的山羊，装出了一副爱憎分明样子，其实只是一群圆滑世故、见怪不怪、假情假意的文字老油条。他们非常清楚什么能说，什么不能说；什么当说，什么不当说。他们写作的目的，似乎就是为了让民众忽略那些利益攸关的大事，领着人们忘记那些主流话语中被省略掉的内容。黑夜给了时评家一双黑色的眼睛，他们只用它来翻翻白眼。低头写作是需要勇气的，同样抬头呐喊也要有底气，可惜的是这两样气他们全没沾上。于是，他们成为了这个时代的时评家，一笔好字被电脑废了，一手好文章给时评废了。

假如媒体明天曝光说，某个女人长得难看，时评家们后天一定会跳出来大发议论，所使用的脑残逻辑无非以下 12 种：1. 邻居家的女人长得更难看，你为何不曝光？2. 她虽然有点难看，但她善良纯真；3. 请拿出具体的整容意见来，让我们共同努力让她变得好看点；4. 还是有进步的，比去年长得好看多了；5. 这是极少数人想歪曲真相，是别有用心的煽动，究竟有何居心？6. 心理阴暗，连女人长得难看也要曝光；7. 她是伟大的中国女性，你站在谁的立场上说话？再难看我们也不能嫌弃；8. 这是极少数的，绝大多数中国女人长得都很美丽；9. 这是谣言，我负责任地说，她长得很好看，希望媒体能客观报道；10. 她还处在初级发育阶段，长大一点会美丽绝伦；11. 要有点历史眼光，她长得非常有中国特色，你没有欣赏眼光；12. 没有一个人是长得十全十美的，大家无权说三道四。到此为止，一轮时评热潮结束，大家很快地又扑向了下一个热点。如此这番又来一轮，一年年就这么过去了，思想依旧在原地踏步。

时评，如今不仅成为了一种脑残文体，而且塑造着一种脑残逻辑。读者面前堆满了文字，却依然找不到任何思想的出路。

作者在文中对当下时评种种现象的嬉笑怒骂，相信很多人也都深有同感。当下评论版很多，评论文章很多，但能够吸引你看下去，看后有所收获的实在太少。许多文章写法上很八股、很程式化，评论的角度有偏颇，立论的观点站不住脚，呈现出的的确是如作者所说的不仅是油头滑脑的文风，更是缺乏廓清模糊认识和重新看待事物的思想。对这种思想严重缺钙的时评症状，叶匡政并没有分析原因。可能也不只是时评人自身的问题，还有时代的因素。

第三节　时评的写作

关于时评的写作，一些专题论文有详细的论述，有的教科书也有简要的涉猎，总的感觉是大同小异。基本要求有以下几个方面：一是观点集中。时评属于小文章，忌面面俱到，选准切入点进行深入剖析，才能出奇制胜，文内表述内容的逻辑关系也才能更清楚。二是多搜材料。选用最精的上等材料，吸收最精彩的观点，在此基础上加以发挥，自然能胜人一筹。三是要有文采。"言之无文，行而不远"，能用艺术语言表达，就不要用书面语言表达。要善于化繁为简，用形象比喻解读复杂道理。这样文章就增加了信息量和可读性。四是题目特别。题好文一半，题目不能吸引眼球，文章再好也没人看。

时评还应该简洁明快、短小精悍，一般控制在 1000 字左右，避免太长，这适合人的阅读习惯。这样的写作是需要一点枕戈待旦、倚马可待的真功夫的。有时，时评写得越短越需要水平。1907 年 1 月 18 日《时报》为美国公使向清政府要求招收华工去美洲巴拿马开掘运河的事件配发了一篇时评，全文如下。

巴拿马河工不可往，往者非病即死。美人招巴拿马河工尤不可往，往者非病死即受虐。

此其理由，国人知之，政府知之。然而美公使仍向政府请求不已，何也？必政府未尝拒之也。

政府固尝闻议拒矣，然而奸民辈能立合同，回国招工，何也？必政府拒之而未尝决绝也。

谓政府不知而政府岂真聋聩？谓政府不理，而政府竟无心肝？无以名之，名之曰：非真爱民。

固吾不责奸民，而惟责政府。

通篇仅一百余字，却写得环环相扣、层层逼近、有声有色、直击要害，只觉一针见血、入木三分，即便今天读来仍感到振聋发聩、醍醐灌顶。

其实，对时评写作的方法、技巧可以概括归纳出几十种，但看了这些总还是觉得"丈二和尚，摸不着头脑"，干巴巴，很枯燥，没印象。所以，不如直接原汁原味地把一些时评名家总结的自己多少年来写作时评的体会文章附在下面，作为时评写作学习的第一手资料，或许看了这些经验之谈，收获会更大。从这些体会中，你可以知道怎样才能把时评写好，写作时评是应避免什么以及真正要写好时评最关键之处在哪儿。

一、李方：评论的境界

童大焕先生与我做同事三个多月了。大焕人极勤奋，工作也扎实，是无可挑剔的合作者。傍晚的时候，大焕跟我说，打算写一篇评论，有感于有关方面禁止国脚世界杯期间在报纸上开专栏，大焕认为此举侵犯了国脚的正当权利。我隐约觉得不妥，但当时急着回家，匆匆跟大焕说了一句："大焕，我觉得你最近写东西太快了，这样未必好。"打算明天上班再跟大焕详细说我的看法。

晚饭后正在散步，手机响了，是大焕打过来的，他还在办公室。原来他误解了我的意思，以为我是暗示他最近在中青报上发表文章太多，抢了读者的版面。我说你误会了，无非咱们俩都是喜欢写评论的人，想跟你谈文论道一番。就拿今天你想写的这个题目来说吧，我敢肯定你在大道理上是对的，因为言论自由是公民的宪法权利，国脚也是公民。但问题是，事情不能只讲一方面的道理。你想啊，国脚踢世界杯期间，哪还有时间和精力在报纸上开专栏？又想踢好球，又想开好专栏，这是不现实的。因此我那句话的真实意思，是怕你只往一个地方讲死理。大焕听了也就释然。我们约好明天一起吃晚饭，聊聊评论文章的写法。不过，既然我对此有些感受，也不妨先写出来。

除了太烂的文章，符合见报标准的评论，我以为大致有四个境界：一、把众所周知的道理讲清楚；二、讲出别人想不到的道理；三、权威；四、有情怀。

第一个境界是把众所周知的道理讲清楚。这样的文章是评论版上最常见的类型。当发生一件事，或者是某种潮流、思潮，作者有感于心，形成文字，讲属于大众第一反应的那种道理，扮演大众代言人的角色……

这类文章是最多的，竞争也最激烈，因为大家都在同一个层面上讲道理，很难说谁更高明。至于取舍的标准，大致有两条。一条是看谁的文字功夫更过硬，一条是看谁更带着感情来讲道理……

这个境界的文章，由于所讲的道理众所周知，因此有真情实感特别重要。但是，追求真情实感也可能产生一个问题，就是我刚才电话里跟大焕讲的，容易一根筋认死理，只管把一个道理讲通了算，却忽略了现实之复杂多变，在平衡感上容易产生缺陷，甚至流于高蹈。比如禁止国脚开专栏这个话题，只想到这侵犯了言论自由，却没意识到国脚入选国家队，实际上等于签订了一份合同，尽管这份合同里没有关于限制言论自由的明确条款，但国脚既已签约，就等于承认在特定情况下，放弃自己某些方面的权利。世界杯属于"特定情况"，停止写专栏就是在这种"特定情况"下放弃部分言论自由的权利。可以打个比方，你加入国安局，那么你所享受的言论自由就要比普通公民少得多；如果你坚持平等的言论自由权，那么你必须退出国安局。国脚之于世界杯，也是一样的道理。远者不论，爱尔兰队的灵魂人物基恩，最近就因为发表不适当言论，被开除出国家队。

尽管这类文章存在某些缺陷，但它们是评论的塔基，也是社会良知和公众态度的晴雨表，你永远都必须面对，否则也谈不上其他三个境界。

第二个境界是讲出别人想不到的道理。无论"发前人所未见"也好，"剑走偏锋"也好，它追求的是思维的乐趣，而在道义感上比第一类稍逊。已故的朱海军是这一境界典型的实践者。朱在世时饱受攻击，但故世之后，他那些独特的思考和论断至今仍为我们所追忆。有人就说，不在于他是否正确，而在于他独辟蹊径的精神给我们鼓舞和启发。

作为报纸评论版，这个境界的文章不能没有，否则如泥塑木胎缺乏活气；但也不能太多，否则就显得太另类，也不庄重。我理想的状态，十篇文章里只要有两篇这样的也就甚好，不能再多，否则绝对会脱离群众。

我本人基本属于这个境界的作者。有人评价朱海军凡事都要"反着来"，我倒未必非"反着来"不可，但坚决不肯"正着来"。也就是，当我思考一件事的时候，首先会琢磨别人会怎么想。……那么我肯定就不再说这些话了。我会想想，还有没有别的道理可讲。要是有，我就写出来。正所谓"凡事存在必有其合理性"，多半我都能找出些道理来。由于这个缘故，我的文章在一般读者看来，大都具有启发意义，但无疑在道义的力度上要差很多，因为我放弃了"第一判断"或曰本能的判断。应该承认，本能的东西往往是最有力量的。我因此具有某种"智者"的色彩，但给人的感觉有时是面目模糊，缺乏"一以贯之"的东西。

这个境界基本上属于聪明人，追求的是文字的乐趣。它不是大众的，因此也永远不会成为主流。但如果没有这种东西，想来世界也相当无趣。如果拿我和大焕比较的话，大焕比我具有更好的成为主流的潜质。

第三个境界是权威。我常想，如果自己的评论文章能够"权威"，我宁愿放弃第二种境界。但我知道，可能我永远都无法"权威"，倒不是剑走偏锋的思维习惯问题，而是受制于两个方面：一、组合材料的能力；二、逻辑和方法。

我曾经表达过这个意思：评论文章的高低，关键在于你掌握的信息量，因为世界上的"道理"是很少的，不过那么些条而已。再一个，"道理"是需要信息量来支撑的，也就是我们常说的"举例子"。但是，若仅仅停留在举例子的层次，也就是一般的议论而已，无法达到权威。所谓权威，首先是你得比别人知道得多，而且你还得把你知道的合理地组合起来。前些时候有人在青年话题版发表文章，谈到国内评论界没有专栏作家的遗憾。在他看来，专栏作家往往代表权威的声音。比如美国大楼被炸，观众看完新闻后，马上会想到去看看专栏作家们怎么说。专栏作家不是纽约市长，更不是美国总统，他凭什么权威？就凭他比一般人知道得多。可能他有"人脉"或者"内线"，或者他关注这一问题很多年，手上掌握大量资料。总之是，由于他比一般人知道得多，所以他的观点被认为值得信赖。我之无法"权威"，实际上也等于我问自己：你能不能成为专栏作家？如果能，你能成为哪个领域的专栏作家？很遗憾，答案全都是否定的，因为我在任何领域都不敢说我比一般人知道得多。我是个挺杂的人，在第二个境界上这是优势，但到了第三境界就变成劣势了。

……

权威的另一要义是必须有良好的逻辑和方法。没有专业训练，很难达到这个要求。以论坛人物而论，莫之许最接近这个要求，但他的问题出在信息渠道上，太过民间化，离"权威"就远了。只有好的逻辑和方法，才能够把掌握的信息有效地组合起来，进而形成权威结论。以我本人来说，这方面欠缺甚大。本质上，我是个经验主义者。而经验主义，做到海外马悲鸣那个份上也就到头了。即使马悲鸣，我也看不出他还有多大的发展前景。

……

第四个境界，也是评论的最后一个境界，叫做情怀。王国维说"有境界自成高格"，而我则以为评论是"有情怀自成高格"。

别的东西可以学，惟独情怀学不来。鲁迅可以"哀其不幸，怒其不争"，后来者再学，固然也可以"哀"、"怒"得形似，但其间微妙的分寸感，就很难把握了。就说"哀"、"怒"，绝非平白地"哀"过来"怒"过来，怒则发冲冠，哀则泪如雨，到头来怒还是怒，哀还是哀，两根线拧不成一股绳。只有鲁迅，那种让你难以言说的混合，才真正当得起情怀二字。

也不是说情怀惟鲁迅独有，之后再无。实乃情怀有一大敌，名曰世故。

人能登上顶峰而不世故，难矣，中国人犹难。我看评论亦如此。

二、彭远文：给时评作者提五个最基本的要求

上期评中评预告了"也许我会批评国内时评界"，因为"实在是有些看不过眼了"。拖了好几天，先向诸位道歉。究竟要不要写？坦率地说，也不是没有过犹豫，毕竟自己就是干这一行的，以后恐怕也还得在这行混饭吃。所以拖了几天对我来说是好事，可以让我冷静下来。不过下面我在举例的时候仍然会指名道姓，一方面我们不是经常批评新闻报道中的"某官员"、"有关部门"吗？不能涉及自己就用另外一套标准；另一方面这些人都是我很敬重的时评作者，但在这篇文章，我想以批评来表达我的敬重。如有说得不对的地方，请指正。

此前对批评时评影响较大的是叶匡政的《时评正在成为一种脑残的文体》，用语很直白，反对和支持的声音都不少。我对此是基本认同的，但叶文主要是以揭示现象为主，而分析原因比较少。我自己偶尔也写时评，同时还是编辑，也算阅时评无数，以此为基础，谈几点写时评的要求。我以为，这是最基本的。

一、明辨新闻事实

如果你的评论是基于虚假的事实，那就没有任何意义。不要完全听信媒体报道，很多媒体是不靠谱的，很多媒体人的职业素质是值得怀疑的。众所周知的是黄静案，最后发现事实未必像先前想象的那样；我还想提的是彭宇案，最开始不管是纸媒还是电视媒体，平衡报道都做得很差：以影响最大的南京某电视栏目的节目来说，老太太一家发言的时长不到十分之一，尤其是其中一个段落，彭宇说了很长时间，轮到老太太一方，居然连一句话都没有说完就被硬生生切掉了。当时我感慨，给我同样的素材，我可以编出一个指向完全相反的片子，这个一点都不夸张。

至于"张孟苏"，当初也是骗倒了一大堆时评人，骗局穿帮之后，居然有时评人说"不管张孟苏的事件是否虚构，都不重要，重要的是教育弊端确实存在"，难怪有人说"时评作者不要沦为耍嘴皮的诡辩家"。最近的一例是北外女生被退学。作为时评人，要有分辨的能力，这是基本功，不要说"我怎么知道这是假新闻"，可供参考的指标很多，比如该媒体的公信力如何，该篇报道的质量怎样，等等。

二、多收集相关资料

光辨别新闻的真假只是第一步，还需要多查找背景资料。比如这次茅于轼的"廉租房论"，原新闻只有一句话："廉租房应该是没有厕所的，只有公

共厕所，这样的房子有钱人才不喜欢"。但是茅于轼为什么会这么说？他所说的廉租房的对象是现有政策规定的具有城镇户口的贫民，还是包括了农民工在内？这些信息在新闻中都是没有的，需要自己去找。

很多人完全基于这句话就开始大发评论，批评茅于轼没注意到寻租才是最关键的原因，茅于轼歧视穷人（实际上我认为单就这句话茅于轼也没错，但这涉及知识储备和生活经验的分歧，这里就不展开了）。茅于轼怎么会不懂得寻租最重要？又怎么会歧视穷人？——如果对茅于轼以往的言论和行为有所了解。比如刘洪波老师说茅于轼提出了一个新概念："争取农民工住廉租房，多大的建议，茅先生为何未说出重点，而去谈论厕所不要有，并身受舆论的炮火？是不是茅先生没有意识到他的廉租房不同于政策上的廉租房，从而忽视了一个重大的建议？"其实这哪里是新概念啊，这是茅于轼的老生常谈，而且，这不能怪茅于轼没说清楚（正如前面所说，这是访谈里面的其中一句而已，而非专论），而要怪评论者资料收集工作做得不够。

而张鸣老师基于对穷人和茅于轼的了解，说"那些攻击茅于轼的伪穷人立场"，我更赞成张鸣老师的看法。我认识的时评人莫之许，水平不可谓不高，但据他说，写评论之前一般也会花两个小时收集相关资料，我想这是值得学习的。

三、不要简化批评对象

很多评论喜欢骂批评对象愚蠢、愚昧，说某件事如何荒唐，如果这些话不是意气之语，如果不是因为前面提到的两个原因，那就是作者根本未能洞察事件背后的合理性。摄影记者卡帕有句大家耳熟能详的话："如果你拍得不够好，是因为你靠得不够近"，换成写时评，或可说："如果你觉得不可思议，是因为你了解得不够多"……

之所以会简单化、矮化批评对象，在我看来一是因为偷懒；二是太过放纵自己的情绪。这样一来，等于人为把对手的水平降低，批评起来固然方便了，但"自己树靶子自己打"有什么意义呢？

四、不要急于"学以致用"

经常看到很多评论使用不恰当的分析工具，明显可以看出，作者是先知道了某个概念，太过急于"学以致用"……

何清涟很早写过一篇《经济学理论与"屠龙术"》，批评经济学学者不搞脚踏实地的调查，只是坐在书斋纯粹靠理论发言。何清涟的批评完全适合时评人，且不说很多时评人连屠龙术还只是皮毛，远远不如何清涟批评的经济学学者。不知道是巧合还是经济学是显学，这种情况在经济评论中比较常见，很多经济评论连语气都把张五常学了个十足，但其经济学功底实在不敢恭维。所谓"厚积薄发"，这是急不得的。

五、不熟悉的领域不要写

翻开报纸评论版，到处都是那么几个熟面孔，不仅量大，而且关注的领域也广，简直无所不通，让人惊讶。在我看来，要写好时评，首先是要熟悉，要么有专业知识，要么有生活阅历。临时抱佛脚的准备工作做得再足，也无法填补专业知识和生活阅历的短板，何况很多人还基本不做准备工作。所以很多评论仔细一读，还真是"卑之无甚高论"，而最可怕的不在于言常人之所言（虽然有其价值，但毕竟价值不大），而是很可能犯错。

比如张鸣老师曾经写过一篇《中国观众看比赛时别乱嘘》，说奥运篮球比赛运动员罚球时中国观众的嘘声很不文明，其实如果经常看 NBA，就知道这是常态，甚至可以说是篮球文化之一种。不仅仅是中国人这么做，说起来我们还是向美国人学的，即使硬要说不文明，至少也应该提到这个背景。张鸣老师这次少有的失手，很明显是因为贸然闯入不熟悉的领域。张鸣老师已是相当慎重的了，大多数评论都是关于教育与政治的。其他"万金油式"的时评作者太多，不提也罢。这点我也要自省，隔一天写一篇评中评太频繁了，虽然更多的只是综合众多评论者的意见，但也难免说错话。

其实这五点并不是那么界线分明，而是互有交集，这么写只是为了行文方便。写出来希望与其他时评人、时评编辑共勉。现在时评很热，但同时又是泥沙俱下，从业者不自重，读者放弃的那一天也就不会远了。①

三、李方：写好时政评论真的很不容易

今天看了将近三百封来稿，也答复了很多。其中有几封信的答复完全一样，寄往曹林、殷国安等先生处。他们所写都是时政评论，针对某一政策，或者是官场改革题材。我回信告诉他们，来文不拟采用。我的理由是，时政评论其实是门槛很高的一种评论文体，你必须比一般公众知道得多，比如你能透露些内幕消息，或者你就此对相关人士进行过专题采访；否则，如果你跟读者知道的完全一样多，你的评论实际上是很难令人信服的。而我遇到的多数情况是，作者只是根据已经见报的新闻进行评论；甚至，仅仅根据一篇文章或者消息。我的意思是说，当你无法占有更多的信息时，你也就很难产生比一般读者高明的观点。这个判断的根据是，当今读者每天阅读大量信

---

① 节选自彭远文：《给时评作者提五个最基本的要求》，凤凰网评论专稿，2009-03-27。

息，人们对于同一件事的判断，大致不会产生太大偏差，特别是那些指向性很明确的事件。你完全不必说那些大家都可能想到的话。

美国报业的新闻评论很发达，特别是时政评论，甚至形成一个行业。因此，也形成了很多的行业规范和规矩。就拿时政评论来说，一般认为，你必须提供"附加值"，也就是向读者提供更多的信息。如果无法提供"附加值"，则评论文章一般被认为是没有意义的。堆砌华丽辞藻，被认为和干巴巴讲大道理同属一个档次，连续来上两三篇，估计就该换人了。所谓"附加值"，一般有两个来源。

第一个是与高层或者业内人士的紧密接触，也就是说，你得进那个圈子。能够达到这个要求的，一般有两种人。第一种是资深记者，他们在长期的新闻采访生涯中，建立起广泛的人脉关系，并且非常注意维持这种通道的畅通，以至于可以在任何时候都抓起电话：赖斯女士吗（对不起，我不知道她叫什么名，否则应该直呼其名或者昵称，总之你们必须达到这种关系。称赖斯女士的，一看就是新警察），你对萨达姆昨天发表公开信这件事怎么看？第二种人则是政界退役人士，比如前总统的演讲撰稿人。他们就是吃这碗饭的，撰写时政评论相当于发挥余热，当然这也是个报酬优厚的职业。"昨天的酒会上，鲍威尔走过来坐在我身边……"瞧瞧，这是什么成色，你能不读下去吗？当然，并不是所有时政评论员都有这个谱儿，于是就有了第二条路：关上你的电脑，到大街上听听民众怎么说。许多评论员诚实地说：我首先是个记者。

不论"附加值"来自高层，还是哪怕来自底层，总之，你必须提供给读者正规报道以外的某些信息。时政评论写作，本质上讲拼的还是独家信息。

时政评论的理想境界，应该是"言出必中"，就像李普曼那样。但是我们现在写时政评论的时评家，能不脱靶也就谢天谢地了。不脱靶的诀窍，就是说那些不着边际的大话，讲那些尽人皆知的大道理。可是，如果你无法提供"附加值"，又有什么意义呢（我认为低水平的启蒙已经结束了）？

当然，还有另外一种意义上的"附加值"，那就是基于某种专业知识的合理的逻辑推理。比如说，由于太懂原子弹了，所以爱因斯坦可以发表非常犀利的政治评论。更常见的例子来自经济学家，他们未必知道更多的内幕，但他们可以根据经济学理论（往往就是人性论，比如"理性人"假设）做出八九不离十的判断。由于这个缘故，难免会出现一些酸溜溜的说法：现在是经济学家通吃的年代。在这方面，曹林先生表现出比较好的潜质。所以我曾说：将来，也许我等皆当避此人一头地。然而遗憾的是，最近曹林先生似乎放弃了这个长项，完全搅和到经验主义的泥潭里去了。我曾经给他写信：玩经验主义，这辈子你玩得过鄢烈山、刘洪波吗？其实我也是经验主义的路数，但我知道我的局限所在。华语写手里边，大概马悲鸣是把经验主义玩到头了，那又如何？读他的文章，有时候真替他着急，总觉得有一口气没喘上来。

如果高层人脉和理论修养两者都不具备，想写时政评论倒也并非死路一条。请你暂时关上电脑，到大街上跟与这个政策相关的人聊聊天。你同样可以提供一些读者希望知道的东西，并且以此创出自己独特的视角和风格。实在不行，我可以教你一个最偷懒的办法：编一个人物，然后你跟他对话。但是，留神穿帮，如果你不是已经活成人精的那种人的话。有一个作者，一上午给我传了五篇稿子。我回信给他：你以为像你这么勤奋就能写出来吗？撞大运也没这么撞的。与其临渊羡鱼，不如退而结网。

不是吗，不如退而结网。我收到的评论稿件里边，很少有提供现场信息的。只有一次，作者专门采访了几十个医学院学生，并作了统计说明。可惜那是一篇谈论安乐死的，与时政评论无关。

……

当然，我不是反对作者们对时事发表意见和看法（那是你们的权利，也是我作为言论编辑的工作责任），我只是讲，写好时政评论真的是很不容易的，如果你想比大多数人做得好，而不总是老生常谈的话。①

思考和练习

1. 试以几篇时评作品为例，具体分析时评的特征。
2. 国内哪些媒体的时评版面、栏目办得好？好在哪里？
3. 课外阅读知名时评家的时评作品及写作感悟，谈谈自己的认识。

---

① 节选自李方：《写好时政评论真的很不容易》。

第十章　新闻述评

第一节　何谓新闻述评？

··

　　新闻报道和新闻评论是新闻写作最基本的体裁，前者以叙述的方式传播事实性信息，后者以议论的方式传播意见性的信息。这两种体裁在功能上也各有侧重。一般说来，前者主要承担告知功能，告知读者这个世界发生了什么；后者以客观事实或现象为出发点，进一步对事实或现象进行解读、分析、观察，揭示事实的本质及所蕴含的意义，阐明作者对事实或问题的观点、看法，不仅给读者以"知"，而且给读者以"观点"和感悟。

　　如果读者想在最短的时间里，既想了解事实以及相关的信息，又想了解事实的实质，或者他人及媒体相关的态度，即既想了解"知"又想有所悟，那么最简便的办法就是阅读一种融新闻和评论于一体的、新闻领域中的交叉文体——述评。

　　述评是以夹叙夹议的方式反映并评析较为重要的事件、形势或问题为主的一种新闻体裁，又称新闻述评、述评新闻或记者述评。其特点是夹叙夹议，是新闻报道与评论相结合的产物，它既有新闻报道的特性，又有评论的特性。它以事实报道为评论的依据，以评论和观点驾驭新闻事实，把述和评两者有机地结合了起来。具体表现为：既及时报道新闻事实，反映现实生活的发展变化，又注重直接揭示其本质、意义和趋向，集新闻与评论的职能于一身。记者述评多为记者采写，虽不代表编辑部的意见，但比个人署名的评论更有分量，属于深层次报道的一种重要的形式。

　　由于述评有叙述，即有大量的事实性的信息，因此它与一般重演绎、推理的社论和评论不同。由于有评论，因此它与一般的消息、通讯又不同，一般的消息与通讯虽然有时也提供意见性的信息，但大多以客观的形式，借助观察家、有关人士等来间接表态。当然，述评结合并不是说行文的比重要相等。有的以评论为主，譬如切口小、比较专业的述评，则可抓住一个新闻事件或某一问题的一个侧面来进行评介；有的以叙述为主，基本上是综合新闻材料，只是给以画龙点睛的点评。总之，不论述、评的比例怎样，叙述事实往往是血和肉，而评论才是骨骼和灵魂。

　　我们不妨读读新华社 2001 年 8 月 13 日播发的一则新闻述评：《小泉参

拜靖国神社，狼子野心昭然若揭》，以此来加深对新闻述评这一体裁的感性认识。

中国日报网站消息：日本当地时间 8 月 13 日下午 4:30（北京时间下午 3:30），日本首相小泉纯一郎参拜了象征日本军国主义精神的靖国神社。先前有右翼历史教科书事件，今天又参拜靖国神社，我们不得不问，日本首相小泉纯一郎到底想干什么？他将亚洲其他国家人民的感情置于何种位置？法新社记者发表分析文章指出，自小泉当选首相以来，日本政府表现出的右翼倾向已经引起了包括中国在内的亚洲各国的警惕。为了参拜靖国神社，日本小泉政府可谓做足了表面文章。起初，小泉坚持在日本二战战败纪念日 8 月 15 日参拜靖国神社，但碍于亚洲各国的严正抗议，他又表示将重新认真考虑计划。而仔细考虑的结果却是：将参拜时间提前。他还美其名曰，此举是为了平息中国、韩国等亚洲国家的愤怒。但无论提前还是推迟参拜时间，无论以个人还是首相身份前往，都改变不了参拜靖国神社行为的本质，都会引起亚洲人民的愤怒。在小泉参拜靖国神社前，中国国际问题研究所的一位中日关系专家就指出："这一行为必将点燃中国政府和中国人民的愤怒之火。如果小泉参拜靖国神社，中日关系将面临近年来最严重的危机。"小泉是战后第三位参拜靖国神社的日本首相。中曾根康弘和桥本龙太郎分别于 1985 年和 1996 年，以首相身份正式参拜过靖国神社。靖国神社供奉着东条英机等甲级战犯的灵位。对曾经饱受军国主义铁蹄践踏的中国人民来说，参拜与否不仅能反映出日本政府对那场侵略战争是否有悔过之心，还能测试出小泉纯一郎在日本军国主义问题上的立场。作为鹰派民主主义者的小泉上台后，亚洲各国普遍担心他可能会在日本再次唤醒丑恶的军国主义精神。香港中文大学的一位政治评论家说，中国人民无法信任日本政府，因为它迟迟没有就侵略战争作出道歉。还有人指出，小泉执意参拜靖国神社是为了拉右翼分子的选票。而这又意味着什么？到底有多少选票值得他如此费尽心思，甘愿冒着惹恼整个亚洲的危险来参拜靖国神社？

这篇文章是记者针对小泉参拜靖国神社这件事而写的评论，它分析这一事件的后果与实质，表达了自己的立场。开头用叙述的方式道出新闻由头，由此提出两个问题：小泉参拜靖国神社的实质是什么？后果是什么？而后并没有停留在抽象的议论上，而是以综述的形式，通过法新社、中日问题研究专家之口来间接表态，同时还有自己的正面表态，一针见血地指出参拜与否不仅能反映出日本政府对那场侵略战争是否有悔过之心，还能测试出小泉纯一郎在日本军国主义问题上的立场。文章既有鲜明的立场，同时又有小泉参拜的详细过程以及他前两任参拜的前科；文章糅进了诸多事实性信息，而建立在众多事实性信息基础上的结论——"军国主义在日本阴魂不散"，则更有说服力。

文中有叙有评、述评结合、夹叙夹议的特点非常明显。可以看出，它既叙述新闻事实和有关材料，以作为议论的对象、由头、背景和根据，又对新闻事实作出精当的评析，以阐述见解，揭示底蕴，分析议论作为写作宗旨。这种文体即被称为述评，它兼有新闻评论和新闻报道的共同特点。虽然实际上有些侧重于报道，有些侧重于评论，但它基本的特点是以叙述新闻事实为基础，以评论为中心线索，也可以说是以叙述为基础的评论，以评论为核心的新闻。从篇幅看，叙述往往多于评论，但它的重点在于评论，目的是为了评论，所以说是以评论为核心的新闻，也有人称之为混合型评论。

第二节 现阶段新闻述评呈现的新特点

述评实际上并不是一种新文体，它的历史可以追溯到五四时期。例如，《每周评论》的"国内大事述评"、"国外大事述评"以及《湘江评论》的"东方大事述评"、"西方大事述评"等，采用的就是这一形式。抗日战争和解放战争时期，出现过针对某一战区或某一重大战役而写作的述评，延安的《解放日报》就经常发表这样的述评，毛泽东同志也曾为新华社写过不少述评。这些述评用马克思主义观点来分析当时形势，展望战争前景，给广大人民以巨大的精神鼓舞。

抗美援朝战争中，新华社也播发了大量鼓动性很强的述评，在当时的环境下起到了重要的作用。"文化大革命"期间，述评写作一度受到削弱。改革开放以来，随着全党工作重心的转移和新闻报道的正常化，容量大、针对性强、兼有两种体裁优势的新闻述评很快就焕发出勃勃生机，现在成了报纸、通讯社、广播电台和电视台的常规甚至重型武器，同时它的内容和形式也有了较大的变化，具体说来，主要体现在下列几个方面。

第一，在广泛运用中，述评的内涵、外延得到了丰富和扩大。鉴于述评体裁的"两栖性"，从一开始，它的归属问题就引起过争论，有人将述评归到新闻评论，有人将述评归到新闻报道。虽然在理论探讨时有分歧，可在实际运用中，其内涵和外延已悄然扩大。倘若在搜索引擎中输入"述评"这个关键词，那么，在该词条下搜索出的文章远不是狭义或传统的述评体裁。我们根据新闻报道和新闻评论的基本特征，并结合各家媒体的实际操作，发现可以将述评分为两支比较合理。一支以述为主。这类述评坚持以叙述新闻事实为主，围绕新闻事实本身作若干分析、议论，评价新闻事件的性质或揭示事件的内涵与发展趋向。这类文章主要对重大事件发生的原因、事件同各有关要素的内在联系、事件产生的后果及影响、事件的预测等进行具体分析。另一支则趋向于以评为主，虽然也记叙一些新闻事实，却往往以新闻事实为例证，侧重于阐述观点、见解。这类文章可以说是比较道地的"新闻述评"或"述评"。

新闻报道的述评不必采取正面表态，不必明确表示赞同、反对或持保留、中立的立场，而是侧重通过事实的逻辑来客观分析事件的发生与发展，揭示事件与各种因素的内在联系等手法，表明作者对事件的立场观点。因而，它是一种寓观点、立场于客观的事实分析研究之中的评论，是一种客观形式的评论。主要的形式有新闻综述、新闻分析、述评新闻以及各报网络版推出的各种观察类的栏目，如"经济观察"、"国际观察"、"人民观察"等。人民网"人民观察"栏目开题的话就是："分析新闻的产生背景，预测事件的发展趋势。"这类述评虽然对事实的叙述比较多，但它叙述事实一般不像新闻通讯那样详尽，而是写得比较概括、扼要。议论不一定很多，且大多凭借他人之口。

第二，在述评写作的内容上，国际关系、具体工作、思想动态等，这些仍是新华社和《人民日报》等媒体述评取材的主要方面，但开口小、专业化较强的金融、证券、IT 等领域的述评已成为一些新型财经媒体的新宠。且后者更显示出述评这一体裁的魅力，更能彰显个人新鲜的、深刻的、独到的见解，对读者更具启发意义。

以《第一财经日报》、《21 世纪经济报道》、《经济观察家》等为代表的新财经媒体，其基本定位与传统的财经媒体的不同在于，其目标读者是与经济、市场紧密相关的参与者、操作者、管理者和研究者。其处理新闻与信息的方式更财经化，更注重其中涵盖着的利益、机会、趋势和方法，在注重故事、背景、观点三要素的同时，更敢于叙述或提供自己的判断、分析与观测，由于主张富有情感和价值判断的表述方式，更容易让读者获得阅读快感，增强吸引力。也由于作者在报道中有叙述、有判断、有论证，便于读者理解和消化报道内容，因此新闻述评这类深层次的新闻文体非常被这类媒体看好。这类文章常常在就政府出台的某项经济政策、经济生活中发生的某个事件进行理性的分析和预测的同时，又输入通过自己采访而获得的大量的事实性信息和意见性信息，使读者阅读后既有观念上的收获，又能获得一定量的事实性信息。

2003 年 1 月 6 日，也就是上海开通磁悬浮列车的第六天，《经济观察报》刊载了一篇题为《磁悬浮能否左右京沪高速铁路》的新闻述评。文章标题虽然没有直接表明作者的态度，但却以一种疑问的方式吸引着读者，让读者在阅读中去了解作者对这一新闻事实的判断。从正文来看，作者用较多的笔墨表达了对中国出现磁悬浮列车的理解，把磁悬浮技术在中国的应用比喻为"童话"。接着，引出磁悬浮技术引入中国对中国铁路事业如对京沪高速铁路设计方案的影响，由此带出了中国铁道业内人士对目前中国使用磁悬浮技术的争议。作者把他们归为两派：一派是主张运用磁悬浮技术的，叫磁悬浮派；第二派主张运用轮轨技术，叫轮轨派。文章通过引用专家的话，表明作者的态度：毫无疑问，磁悬浮是个好宝贝，但好东西不一定马上就可以堆积成"童话"，它需要金钱，需要时间，更需要耐心。作者进而对目前因争议而延误京沪高速铁路建设提出质疑：现在是该认真思考一下，在中国大陆，在北京和上海之间，到底需要一个 3000 亿的童话，还是需要一个开放、实用，但速度稍慢的现实故事？作者注意运用故事化的叙事方式，通过比喻及精练的场景描述和类比等手段，饶有兴趣地交代新闻事实并表述自己的观点。其目的在于充分表达作者对这一新闻事实的价值判断，以影响读者。

这类新闻述评的写作，对编辑、记者的综合素质要求较高。记者前期准备时间较长，他们要熟悉所采访的领域，要有高超的采访技巧，同时还要具有较高的文字表达能力和写作手法。很难设想，如果不熟悉所要采访的领域，他们能形成成熟的、为读者所接受的观点；也很难设想，如果仅仅有了成熟的观点而没有很好的表达能力，他们能运用故事化的表述、情感化的渗透，来获得读者的阅读兴趣。

第三，新闻述评更注重第一手材料的运用，更注重利用自己采访来的事实来为评论提供"附加值"，甚至有些述评引用的资料本身就是首次披露的新闻。换句话来说，也就是在写作中更注重采访了。

在我们传统的新闻评论写作中，评论是不需要采访的，它是在写字台上而不是在路途中写成的，似乎只要对报刊上已经发表的新闻事实再挖掘一下，在思想上拎一拎、提一提，概括出个一二三，或者是在素材积累到一定程度后，由作者大脑"加工"出来的就是新闻评论了。同时，在评论中对问题的分析、判断和论证，也大多运用书面的材料，且大多是二手或他人报道过的。而对报纸的议题进行分析时，也停留在对消息版的内容加以评论，未能给读者具有"附加值"的报道。

　　而这点在西方却不是如此。西方的一些社论撰稿人和专栏评论家，非常强调要以坚实的采访活动作为评论写作基础，特别是在选择了一个具体的议题后。以获得 1998 年美国报纸主编协会最佳社论写作奖作品《南方破碎的心》的作者贝利·汤姆森而言，获奖社论可以说不是用手写出的，而是通过整整一个夏天驾驶一辆蓝色的卡车跑出来的。作为亚拉巴马州的公民，他想表达一个心声：由于州政府的领导无方，使得拥有悠久历史和丰富资源的亚拉巴马明显落后于其他的州，症结何在？而其他州又是如何解决一些严重的社会问题的呢？为此，他利用一个夏天的时间，跑了四个州十几个地区，采访各方面的人士，到各种机构去调研，经过实地考察，不仅指出了该州所面临的一系列问题，而且提供了一些解决问题的可行办法。这篇社论不仅为报纸赢得了声誉，也为自己赢得了荣誉。

　　而对于获得 1991 年普利策述评新闻奖——《占有和伤害》的作者玛利亚·汉森来说，也正是长达两年深入发掘的调查性报道使她获得了这个奖项。事情的起因是这样的，要闻版报道了珍妮·玻赛尔的悲惨故事。33 岁的珍妮·玻赛尔从弗吉尼亚来到莱克星顿以躲避虐待她的丈夫，但最终没能逃出魔爪，在家中被闯入的丈夫打死了，胸前中了三弹，背后中了一弹。愤怒的汉森很想写一篇配合现场新闻报道的评论，但坐在电脑前，汉森却无法完成它。表达正义的愤恨并且号召采取行动——很自然，谁来行动，怎么行动，她觉得自己并不清楚。她不想只用空洞的议论去完成它。于是关上了电脑，出发了，就像一个新闻记者要做的那样。到东西南北各个州，访问被殴打的妇女，同被殴打的女子会面，阅读所有能找到的有关家庭暴力的资料。经过 7 个月断断续续的调查、直面的访谈以及对法庭非公开记录的文件的查看，她开始写作了，将调查所得的材料都充实到 13 个多月所写的 30 篇社论中去了。文章使整个社会产生了深刻的变化：肯塔基州的家庭暴力记录和听证都向公众公开；法官和检察官接受了处理虐妻问题的专门训练；州检察长就家庭暴力案在全州范围内通报；一个计算机系统建立了起来，对全州的施虐者进行记录；虐妻问题成为全州各种族中的一个政治议题；相关的新立法通过了。

　　值得欣慰的是，在我们国家，深入务实的采访作风已在我们记者身上体现出来，一些年轻的记者在写述评时，时刻不忘自己的记者身份，而不再像传统的新闻评论撰稿人一样，只偏重于案头的准备工作。

第三节　新闻述评的分类

由于述评的撰写者大多是一线的记者，所以述评的内容涉及社会的方方面面。按领域来分，可分为政治、经济、军事、外交、文化等，按内容来分，可分为工作述评、事件述评、思想述评、形势述评。述评的种类很多，我们只分析目前运用得比较广泛的几类。

一、形势述评

所谓形势，是指事物发展的状况。形势述评就是对事物发展状况的分析、研究与预测。而从广义上理解，一切有助于受众认清形势的都可成为形势述评的对象。根据区域的不同，形势述评可分成国际、国内形势述评；而根据类别划分，又可分为政治、经济、军事、外交等形势述评。它的内容所及，大至全局的形势，小至某个特定地区或某一条战线在一个时期、一定阶段的形势。这类述评的特点是着眼于形势的变化和转折，着眼于公众普遍关心或需要引起群众注意的问题和动向，概括全貌，指明发展趋势，帮助读者开阔视野，提高认识。形势述评具有全面性、权威性，能够及时引导舆论的特点和作用。为充分了解形势述评，读者可以阅读 2016 年 1 月 16 日《经济观察报》上的一篇述评《香港为何一再强调"超级联系人"》。

"香港走向衰落"这种论调近几年经常听到，这篇述评就是回答这个问题的。记者首先对"超级联系人"的概念作了解释，接着回顾了香港作为"超级联系人"的历史渊源以及改革开放后香港所受的冲击。作者认为看香港是否走向衰落要考察三个方面的数据，即香港物流、资金流、客流是否明显下滑。作者用大量的材料论证了这三方面的数据不降反升，因此他认为香港不但没有衰落反而有继续提升的可能，未来的香港将有机会承担全新的功能，在"一带一路"的大格局中，成为中国资本与产业走出国门的中转站以及人民币国际化的试水池与桥头堡。因此，随着中国经济的转型升级，香港作为"超级联系人"的角色将被赋予新的内涵。

国际形势的述评写作，应及时向国内外的读者分析国际上的事件、动态及国际局势的发展和演变，解释中国共产党和中国政府处理国际关系的方针和政策，宣传中国对各种国际问题的观点和原则立场。对于一些具体的国际事件或国际问题，必须纵览全局，放在世界大背景之下来剖析、判断，要求作者有丰富的历史知识和国际知识。

二、事件述评

这类述评是指记者对国内外发生的重要事件或某些影响较大的突发事件如政权的更迭、人事的变动、战争的爆发等，进行分析和解释，揭示事态的性质、意义和走向。这类述评，特别是新华社和《人民日报》等媒体对一系列国际事件的述评，国际舆论往往把它们看成是代表我们国家和政府的观点和态度。例如，2003 年 3 月 20 日，伊拉克战争爆发，对于这次战争，国内的广播、电视、报纸、网络做足了文章，能够提供深度分析的报纸对这场战争更是进行了全方位的报道，其中既能提供观点又能提供背景的新闻述评更是大显身手。

人民网的"纵论天下"专栏汇集了各报由特邀评论员和熟稔国际报道的记者撰写的大量关于这场战争的新闻分析和述评。《伊拉克战争：美国想得到什么？》、《美国下一个目标会是谁？》分析这场战争的真实目的，指出美国在打阿富汗时就已将伊拉克作为下一个打击目标，美国发动这场战争早有预谋。《法国、德国、土耳其为何重新走近美国》、《对伊战争：土耳其缘何敢对美国说"不"》分析战争中几个国家与美国的微妙关系。《战争深刻影响中东地区格局》、《伊拉克战争将影响美国与拉美关系》、《全球外交战又在酝酿新一轮高潮》、《战后重建上日程　美英立场显分歧》、《联合国如何在伊战爆发后发挥作用》通过对各国在战争中的一些举动，来分析、预测今后的美欧关系、跨大西洋联盟的关系、欧盟内部的关系等一系列错综复杂的关系的走向和未来趋势。再如中国新闻网的国际频道，开设了热点评说，将各家媒体上相关的国际时事述评汇集起来，如《远水难解近渴：加拿大解决不了欧洲难民问题》(2016 年 1 月 26《人民日报》海外版)，《5 年后，突尼斯缘何再现危机？》(2016 年 1 月 26 日新华网)，《美国暴雪天气带将出现较大经济损失　恐逾 8 亿美元》(2016 年 1 月 25 日中国新闻网)，《专家分析冬季风暴：大气环境作怪　全球升温成元凶》(2016 年 1 月 24 日《人民日报》海外版)，《2016 年叙利亚问题重回和谈　打破僵局在此一举？》(2016 年 1 月 23 日《人民日报》海外版)。

三、经济述评

经济述评指对经济生活和经济工作中的一些经济现象、问题和经济事件进行分析、解释和预测。经济述评所涉及的面非常广泛。经济生活包括国家和社会的各种经济活动，经济工作包括工农业生产、财政金融、贸易交通、旅游服务、证券、IT 等。评论可以促使客观存在的实际问题得以尽快解决，以推进经济有效、平稳、健康地发展。

其中一种在计划经济时代不太可能出现的形式在经济类的媒体得到广泛运用，那就是经济走势述评。我们将那些已经发生的或正在发生的或即将发生的经济变化称为经济走势。从不同的角度和深刻的层面上对经济走势进行分析、判断，从而提出建设性意见，做出科学预测的述评称之为经济走势述评。市场经济与计划经济的一个显著不同在于，在市场经济条件下有一只看不见的手在起作用，经济运行中的变数极多，读者已不满足局域的、由报表式的数字显示出的成就，而是迫切地需要了解经济新闻各种数字背后渗透的法制和市场理性。企业的决策者和政府部门需要从大量互不相关的数字、现象、问题中准确把握经济形势的变化情况和成因。而这个重任就理所当然地落在了经济媒体的身上。

不论是以《经济日报》、《市场报》为代表的偏重权威性和指导性的泛经济型媒体，还是以三大证券媒体和《证券周刊》，也包括专注于指导一些大领域的《金融时报》和更加专业的《中国期货》等为代表的证券型经济类媒体，还是以更关注经济时务，比如《经济学消息报》（已停刊）为代表的专业型经济类媒体，都采纳这种述评。这种述评在分析经济事件或经济问题时极具独特性和前瞻性。例如，2016年1月23日《经济观察报》的经济述评《经济L型，民间投资呢？》就是这种类型的文章。

经济L型，民间投资呢？

向前进

2015年，民间投资占全部投资的比重和2014年一样，还是64.2％。虽然比一些专家期望中的70％还有距离，但在投资增速整体放缓的大趋势下，已经很不容易。我们更关心的是，在经济L型成为基本认知的情况下，民间投资会扮演怎样的角色？

回望2015，民间投资划出了一道向下的曲线，这反映了投资整体不振的现实，并没有可惊讶之处。从细节来看，却又有值得细究的地方。拉长时间序列，我们发现，过去两年民间投资划出的增速轨迹，和全部投资增速曲线，几乎一直保持了平行状态。常规而言，民间投资增速要高出全部投资增速2—3个百分点，比国有投资增速更快——2014年民间投资增速比国有投资增速高出6.8％。但2015年，情况起了变化。民间投资和全部投资增长，这两条曲线大部分时间扭结在一起，也就是说，民间投资增速大致与全部投资增速持平。全年来看，国有投资增速更是超过了民间投资。

这是一个值得关注的信号。稳增长的关键是稳投资，我们一直期望，民间投资能够扮演更积极的角色。过去两年中，各地政府全力推动政府与社会资本合作项目（PPP）。统计数据显示，2015年年底，中国各地推出的PPP项目达到6650个，计划总投资为8.7万亿元。财政部先后两批公布示范项目，涉及市政、水务、交通、医疗、教育、文化、养老、科技等众多领域。为了保证民间投资者的合法权益，进一步引导预期，有关部门不断加快相关立法进程，一系列配套法规陆续发布，如此力度之下，为何民间投资仍然增长乏力？

我们觉得，如果认为这是一个消极的信号，恐怕也未必。所谓"魔鬼在细节中"，读懂这个信号，对于宏观数据还需要做更细致深入的分析和整理。或者说，我们还要问问，哪些领域的投资增长在放缓，甚至在缩减，民间投资看重的又是哪些领域。

就此而言，一个合理的解释是，民间投资正在发生结构性变化。中国经济处在去产能的关键时期，因而从传统产业论，可选择的投资领域的确不多。统计数据显示，在有色金属挖掘、冶炼和相关制造业领域，民间投资是大幅度缩减的，这和钢铁、煤炭和有色等产业去产能压力比较大，应该是息息相关的。而这些领域是过往投资规模都比较大，对于投资的拉动作用也更大的领域。当相关行业出现—20%的投资增长时，整体投资数据自然不会好看。

把视野拉开一些，应该看到，民间投资不乏相对的"洼地"。比如对文化、体育和娱乐业的投资。从整体来看，上述领域2015年的投资增速是11.3%，对比之下，可提升的空间应该更多。就拿体育产业来说，据国家体育总局统计，2015年，体育产业增加值将达到4000亿。据测算，若要实现国务院"46号文"提出的2025年5万亿的目标，体育产业产值每年的增速将达到近30%。这意味着多大的投资机会？中国电影也是如此。一个数据对比可见：2014年中国电影投资增长率是36%，而2015年仅前三季度就达50%。

对于PPP项目，或许也不用悲观。目前来看，一些民企既有极大兴趣，也有不少顾虑，主要体现在商业利益和权益保障方面。这大概也是前期PPP项目落地进度比较慢的原因。但是从统计数据来看，相关领域的民间投资增长并不慢，只是碍于基数比较低，对投资大局的贡献不如预期那么高。比如说，2015年，对卫生和社会工作的民间投资，增长了53.3%，但绝对量不过2165亿元，相对于35.4万亿的民间投资而言，微小如水滴。不过这或许也正是可以乐观的地方。2015年，民间投资在电力、热力生产和供应业，水利、环境和公共设施管理业的投资，分别达到了 37.7％ 和 29.2％。这要比全部固定资产投资的增速高出 20％ 左右。

我们以为，去产能、去杠杆，对于民间投资来说也是一个"战场"转移的过程。在这个过程中，一部分无效投资很可能会最终沉淀，新的机会也会在各种碰撞和不适应中浮出水面。短期来看，投资增速仍可能在低位徘徊，民间投资的增长曲线也不会发生太大的偏转。不过这可能正是一个蓄势的过程，如果从已经初见端倪的变化来看，民间投资给出的信号是积极的。如果进一步打破垄断，给民间投资以更大的腾挪空间，让企业家成为资源配置的主导者，假以时日，这种高速增长必然改变民间投资自身的结构，进而为中国经济引擎以旧换新奠定基础。

第四节　新闻述评的写作

由于新闻述评兼有新闻报道和新闻评论的特点，因此它的写作从选材、立意到着手写作都有其自身的规律。我们以新华网 2015 年 6 月 26 日发表的述评为例。

中国对毒品零容忍

6 月 26 日是国际禁毒日。176 年前的今天，中国人为了禁毒，在广东进行的历时 23 天的虎门销烟刚刚结束，而这也成为西方发动第一次鸦片战争的借口，给中国带来了百年近代屈辱史。

……

去年，中国共破获毒品犯罪案件 14.59 万起，抓获毒品犯罪嫌疑人 16.89 万名，缴获各类毒品合计 68.95 吨。

这一系列数字虽然说明了中国对毒品犯罪打击严厉，却也侧证了涉毒行为在中国形势依然严峻。

另一组数字更触目惊心地验证着毒品猖獗的事实。截至 2014 年底，中国累计发现、登记吸毒人员 295.5 万名，实际吸毒人数超过 1400 万。

法学界认为，继续坚持依法从严惩处毒品犯罪的指导思想，充分发挥死刑的威慑作用，十分有必要。

用剥夺行为人生命权的方式惩处毒品犯罪，印证了中国对毒品零容忍的信念。而这种兼具遏止与惩罚性质的打击，在中国并非内外有别。一视同仁，方能拒毒品于国门之外。

2009 年 12 月，英国公民阿克毛因走私毒品数量巨大，在新疆乌鲁木齐市被注射执行死刑。这是新中国成立以来，被判处并执行死刑的首位欧洲公民。

有英国民调显示，多数英国人认同中国对毒贩执行死刑。

诸如毒品犯罪这样的全人类公害，在世界上许多国家都属于重罪。资料显示，目前世界上有 33 个国家和地区对涉毒案件的最高刑罚是死刑。

世界上众多国家视毒品为洪水猛兽，对吸毒、贩毒、制毒等犯罪行为不遗余力地打击，因为毒品伤害的不仅是人的健康。

维也纳麻醉药品委员会是联合国毒品和犯罪问题办公室的主要机构，其会员国去年 3 月在一份部长级联合声明中指出，世界毒品问题损害可持续发展、政治稳定和民主制度，包括损害消除贫穷的工作，并危及国家安全和法治。贩毒吸毒对数以万计的人们及其家庭的健康、尊严和希望构成重大威胁，并造成人的生命损失。

如今，中国每年因吸毒造成的直接经济损失达 5000 亿元。因吸毒引发的侵财性违法犯罪案件多发，自杀自残、伤害他人、毒驾、袭警抗法等极端行为时有发生。

从近代百年耻辱中站起来的中国对毒品有切身之痛，难忘西方列强借鸦片贸易用坚船利炮叩开中国大门，导致清政府丧权辱国、中华儿女背负"东亚病夫"之号经年。

新中国成立后，曾一度禁绝了毒品在中国内地的存在。如今，随着中国开放程度越来越深入，人员物资交流往来越来越频仍，毒品又一次严重威胁中国。而当前毒品犯罪往往与恐怖主义密切相连，中国肩负国际道义与责任，果决地大力斩断"毒手"。

刚刚过去的一年是中国禁毒史上具有里程碑意义的一年。去年 6 月，中共中央政治局常委会议专题听取了禁毒工作汇报，中共中央总书记习近平主持会议并发表重要讲话，对加强和改进禁毒工作提出了明确要求……

之后，中共中央、国务院印发了《关于加强禁毒工作的意见》，要求各地区各有关部门把禁毒工作纳入国家安全战略和平安中国、法治中国建设的重要内容，不断创新禁毒工作体制机制，进一步完善毒品问题治理体系，深入推进禁毒人民战争，坚决遏制毒品问题发展蔓延。

中国为遏制毒品问题发展，从禁毒宣传教育、禁吸戒毒、打击毒品犯罪、易制毒化学品管制、禁毒国际合作、禁毒基础建设、禁毒情报收集等多个方面立体化地治理毒品问题。

中国虽然对毒品犯罪零容忍，但对普通吸毒人员却以人为本、关怀救助。《中国禁毒报告2015》介绍，截至去年年底，中国强制隔离戒毒新收戒26.4万余人次，社区戒毒社区康复新报到12.4万余名，累计收治病残吸毒人员9000余人次，维持治疗门诊在治吸毒人员18.7万余名。

中国治理毒品问题最重视的还是预防教育，而这就不得不提去年多名演员、歌手、编剧等公众人物涉毒被捕，一时间成为最好的禁毒宣传题材。一批有着各种光环的"明星"因涉毒被依法惩治，让公众从毒品危害、法律法规、政府决心等各方面去认知毒品，自觉远离毒品。

述评的选题一般是宏阔的、复杂的、长周期的对象，就像禁毒，是复杂而长期的工作。

述评写作要占有丰富的材料，注意从微观和宏观联结上拓展论述或开掘深度，站在一定高度上分析事件和问题的实质和发展趋向。

在这篇述评文中作者开篇就使用一个历史资料，从176年前的虎门销烟写起，然后将思路拉回到现实中，使用一组禁毒和吸毒的数据来说明形势的严峻，这是面上的数据。而后由一个英国贩毒者被处死的典型事件，将视野拓展到国际33个国家和地区的死刑规定及维也纳麻醉药品委员会的申明，然后再以国内因吸毒造成的损失数据进行佐证。最后又收到政府去年采取的措施、收戒的数据以及关怀救助、禁毒宣传教育的具体措施上，有力说明了中国高效、严格、务实地解决毒品问题，做到对毒品的零容忍。

新闻述评的取材面是较为广阔的，它不仅要取材个别的事实，而且还可以"大跨度"和"超时空"地调度和运用新闻事实或新闻素材。述评写作既要有点上的典型材料，又要有面上的概括材料，既有现实材料做基础，又有历史材料做背景，只有对这些材料作出概括和提炼，才能使个别的孤立事件具有一种普遍的意义，使文章的论点更加有力。

夹叙夹议，述评结合，这是由述评这种文体的特点决定的，它要求观点与材料、叙述与议论有机结合，融叙、议、享、理于一身。

我们知道，写述评需要大量的事实材料，但对这些事实材料还要善于运用。而重要的方法就是夹叙夹议、就事说理、以虚带实，就是一边叙述事实，一边议论，使材料和观点结合紧密，使材料有力地证明论点，而不是事理两张皮。

夹叙夹议一般有三种情况：一是缘事论理，就实论虚。这是述评写作的基本方法，即有一个由头，作者借题发挥，据此生发出议题，向读者揭示事物的本质和意义，指明方向。《小泉参拜靖国神社，狼子野心昭然若揭》，就是如此。常常是在举出一件或几件事实之后，再谈看法，或通过对事实的分析证明自己的观点。二是提出论点，以虚带实，先议论，后叙述事实。也就是作者先提出观点，再叙述事实加以证明。有许多事实本身包含着某种道理，通过对事实的客观叙述，可以起到证明的作用。《中国对毒品零容忍》采用的就是这种表达手法。文章在第二自然段提出中心论点，后面用具体的材料佐证。当然在用具体材料论证的过程中又采取边叙边议的表达手法。三是边叙边议，叙议结合。无论是对新闻事件或新闻人物，坚持以叙述事实为基础，以评论为中心线索，叙述的事实和据以作出的评价，并不是孤立地进行，而是紧密地结合，然后划分出几个小段落，标以小标题，力求在材料与观点的结合上夹叙夹议、边叙边议地既交代事实本身，又能较为透彻地说清道理。

当然，写作的方法是多种多样、不拘一格的。述评的事实要扎实，说理要透彻，在此基础上可以尽量写得生动、可读。例如，20世纪90年代中期一家报纸上发表了一篇《鬼子进庄了》的文章。文章先引用电影《地道战》中的一句台词"鬼子进庄了"，然后列举商场出售的进口电池和街道上飞驰的进口汽车。于是，文章提出了"为什么要让鬼子进庄"和"为什么鬼子能进庄"的问题，进而引到开放引进及其管理的层面上来分析，有理有据，又有趣、可读。

思考和练习

1. 结合具体的作品分析新闻述评与深度报道的区别。
2. 新闻述评的选题特点和写作要求有哪些？

第十一章　新闻评论的其他体裁

新闻评论体裁的分类，众说纷纭，由于分类标准不同，中外学者观点不一。

美国有一种分法，把新闻评论分为广义和狭义的两种。狭义的指社论、短评、专栏评论等；广义的把政治性漫画、民意调查和读者来信都包括进去。这种分法可能过于宽泛了。狭义的尚可认同，广义的就不十分确切了。政治性漫画、民意调查和读者来信等，虽然也是有观点、有意见的，有它的政治性和新闻性，但仍不是新闻评论。

王民在《新闻评论写作》一书中，把新闻评论分为 8 种类型：解说型、辩论型、启发型、研判型、劝导型、褒贬型、纪念型、建议型。这是从评论的作用角度来划分的，但并不是很科学。因为每一篇评论往往有多种作用，每一篇评论起码应有解说性、研判性和启发性，而评论的目的在劝导、褒贬、建议等方面也往往是同时进行的。

林大椿的《新闻评论学》把新闻评论分为军事评论、国际评论、政治评论、社会评论、文教评论、经济评论等。这有点类同于新闻报道按专业报道来划分，即以评论的对象和内容为标准，有多少种专业和行业，就有多少种报道和评论。

如果从评论与新闻报道的关系分类，实际上是三大类：一是配评，即配合新闻报道或新闻事件而发表的评论。二是混合型评论，指那些夹叙夹议，以叙述为基础，以评论为中心线索的述评，或称评论式报道，或称报道式评论。三是独立式评论，就是独立地就某个问题或事件发表的评论。

按照我们的观点，也按照我国新闻界的习惯，从有利于分析研究其中的写作规律以及有利于学习评论写作的角度，主要是根据文章表达方式、作者身份和发表时的郑重程度的不同，一般地把新闻评论分为五种体裁。

社论，包括专论、代论、来论、编辑部文章等。评论员文章，包括本报评论员文章、特约评论员文章、观察家评论等。短评，包括署名和不署名的短评在内。编者按语，包括编者按、编后和文中按语等。专栏评论，包括新闻性专栏、思想性专栏评论等。

关于社论，前章已作详细论述。下面，一一详述新闻评论的其他体裁。

第一节　评论员文章

评论员文章是一种在规格和权威性方面介乎社论与短评之间的评论形式，是一种中型评论，文章一般在千字左右。在内容和写作特点上，它同社论之间没有严格的界限，必要时，评论员文章可以升格为社论发表，社论也可以降格为评论员文章发表，所以它也可以归入社论一类。形式上它虽然并不像社论那样直接代表编辑部或同级党委的意见，但它反映编辑部的观点和意见，具有一定的权威性。

一、评论员文章的特点

评论员文章，既非个人署名的一般性文章，又不代表整个编辑部，有比较大的灵活性，写作上可以自由些。例如，采用社论的形式讲话，须讲得更全面一些，那么采用评论员文章的形式讲话，就可以多讲几句；如果是社论，可能言重了，用评论员文章来讲话，就比较得体。

评论员文章可以不像社论那样全面地论述某一重大问题或重大决策，而是就某一问题或选择一个问题的某一侧面发表意见，文章选择的角度可以小些，分析可以更深入和具体些。同时评论员文章常可以围绕一个大题目连续发表，但用连续社论的形式却不多。

例如，《人民日报》1984 年 4 月到 10 月间，围绕"就是要否定'文化大革命'"的问题，连续发表了十篇本报评论员文章，每篇文章都是配合当天发表的新闻报道而发的。在 1992 年中国新闻评论新的一轮高潮中，《深圳特区报》在首先刊发邓小平南方视察纪实性报道《东方风来满眼春》(1992 年 3 月 26 日)以后，为配合这个重大的新闻事件，该报连续发表了 8 篇评论员文章，开了这一年系列评论之先河。从 2013 年 12 月 26 日到 2014 年 1 月 3 日，《人民日报》连发《小康不小康　关键看老乡》、《确保人民群众舌尖上的安全》、《中国人的饭碗要端在自己的手上》、《高度关注"明天谁来种地"》4 篇评论员文章论述"三农"问题。2015 年 1 月初，《人民日报》连续发表 5 篇评论员文章论述改革问题，它们分别为：《改革要有政治定力—— 一论在新起点上乘势而上》(2015 年 1 月 4 日)、《 严把改革质量关——二论在新起点上乘势而上》(2015 年 1 月 5 日)、《改革离不开法治思维——三论在新起点上乘势而上》(2015 年 1 月 6 日)、《从人民中汲取改革智慧——四论在新起点上乘势而上》(2015 年 1 月 7 日)、《 改革就得落地生根——五论在新起点上乘势而上》(2015

年 1 月 8 日）。

作为评论国际方面新闻事件的评论员文章，主要评论国际事务中既重大而又较具体的事件或问题，它常常是代表党和政府发表对外政策、方针和表示态度的一种重要的评论形式，比之评论国内问题方面的评论员文章更具有权威性。据说国外政界和舆论界非常重视中国的这类评论，往往借此作为取得我国政府对国际问题反应的渠道之一。在 20 世纪五六十年代，这类评论常取"观察家评论"这种形式。20 世纪 50 年代中期曾就"波匈事件"，发表过影响很大的《论无产阶级专政的历史经验》、《再论无产阶级专政的历史经验》，60 年代初期发表的九评《苏共中央公开信》，也影响很大。这些文章洋洋数千言，讨论的问题十分重大，具有很高的权威性。当然，20 世纪 80 年代以后，评论国际事务方面的观察家评论和编辑部文章，几乎没有了。

近年来，评论员文章越来越受到人们的重视，也出现了不少好文章。过去动辄数千字的评论员文章逐渐演变成长则一千字左右，短则七八百字的文章，文风也出现了可喜的变化。

二、评论员文章的形式

评论员文章的形式可以说是不拘一格的。除了"观察家评论"目前已很少见而暂不论之外，基本上是三种：不署名的本报评论员文章、署名的本报评论员文章、本报特约评论员文章。

1. 本报评论员文章

不署作者个人姓名的本报评论员文章，这是目前报刊上最常见的一种形式。上述有关评论员文章的特点主要是就这一类评论而说的。本报评论员文章，以体现本报编辑部的立场、观点和态度为主旨，通常情况下不署名。

至于署有评论员个人姓名的文章，国外报刊中是比较常见的，在我国内地却是 20 世纪 80 年代中期以后才出现的新情况。尤其是《中国青年报》，自 1986 年 6 月开始发表署真实姓名的本报评论员文章，如《不能拒绝的批评》（11 月 7 日）一文即署评论员米博华的姓名。近年来，《经济日报》出现了较多的此类评论员文章，如该报 1996 年 3 月 26 日头版发表《改革需要大胆探索》一文，即署名本报评论员詹国枢。

关于评论员文章是否要署名，当然不能一概而论，新闻界也有不同的意见。有的不署名有其必要，它既有"官方色彩"又不完全代表"官方"，有比较大的灵活性和自由度。有的署上真实姓名也值得赞许。《人民日报》对此曾有过酝酿。社会上也有些人提出："为什么中国没有李普曼?"它同不署名的评论员文章的区别在于，明白地标上评论作者的真实姓名，公之于世，在某种意义上说，会有助于增加评论员的事业心和责任感，鼓励他们写出有真知灼见的评论，写出自己的风格，使评论更具风采，从而使新闻评论更好地反映时代的特色。

2. 本报特约评论员文章

特约评论员文章，是由评论员文章而来的，这是一种"超重型评论员文章"。评论员文章冠以"特约"二字，用以加重文章作者的身份，给人一种"来头不小"的感觉。本报特约评论员规格比本报评论员文章要高一些，主要约请在党政领导机关或理论学术机构负责的干部、专家以及学有专长的有关人士撰写。

特约评论员文章不像评论员文章那样选择一个侧面，论其一点，而是多侧面、系统地就一些重大思想、理论张政策方面的问题展开，比较讲究论证的系统性和严密性，有比较强的思想性和理论性。

例如，2015 年 8 月，在中国人民抗日战争暨世界反法西斯战争胜利 70 周年之际，全国人大常委会作出决定，习近平主席签署特赦令，决定依法对部分服刑罪犯予以特赦。截至 2015 年年底，这次特赦工作圆满结束。全国共特赦释放符合法定条件的罪犯 31527 名。在现行宪法颁行 33 周年后第一次实行特赦，是实施宪法制度的一项重大举措，对于树立宪法权威具有重要意义。为此，新华社发表特约评论员文章《依法执政的创新范例——写在依法对部分服刑罪犯特赦工作圆满结束之际》（2016 年 1 月 25 日）来论述这一重大举措的意义。文章有较强的专业性和理论性，如果不是法律界的专家，一般的媒体评论员是很难驾驭的。

又如新华社特约评论员文章《打好结构性改革攻坚战》（2015 年 12 月 24 日），论述的问题是要在适度扩大总需求的同时，着力加强供给结构性改革。再如新华社特约评论员文章《牢牢把握经济发展大逻辑》（2015 年 12 月 23 日）论述的是在经济下行、产能过剩、风险上升等挑战无可回避的形势下，如何抓住新常态下经济社会发展的要害和关键。这些文章都有着重要的指导性和专业性。

特约评论员文章始于党的十一届三中全会前后，在实践是检验真理的唯一标准的讨论中，在平反冤假错案、拨乱反正中，发挥过很大的作用。最早用特约评论员文章名义发表的是《光明日报》1978 年 5 月 11 日《实践是检验真理的唯一标准》一文。1977 年 2 月 7 日，《人民日报》、《红旗》杂志、《解放军报》联合发表了一篇社论，题目为《学好文件抓好纲》。这篇社论的核心就是"两个凡是"思想。为了反对"两个凡是"，首先要在理论上澄清检验真理的标准究竟是什么?《人民日报》1978 年 3 月 26 日曾发表过一篇短文《标准只有一个》,明确指出标准就是社会实践,虽然作为"思想评论"文章,也有不少影响,但毕竟影响不大。《光明日报》特约评论员文章《实践是检验真理的唯一标准》的发表,却引起了极大的反响,引发了一场关于真理标准问题的全国性大讨论,极大地推动了解放思想、拨乱反正的深入发展。这说明新闻评论以评论新闻为特征,但也不妨碍在特殊情况下阐述一些现实理论问题,而以新闻评论形式发表的评论与以思想评论形式发表的评论,其影响是不一样的。

　　但是,这种文章后来越做越长,令人生畏,《解放军报》多年前曾发表了一篇批评作家白桦及其剧作《苦恋》的特约评论员文章,由于未能充分说理,以致影响了特约评论员文章的声誉,此后,在较长时期中几乎没有再出现过。1996 年 12 月 18 日《人民日报》特约评论员文章《正确认识当前股票市场》的发表,给当时的股票市场以极大的震动,令人耳目一新。由于它的权威性引起了国内外舆论的极大关注,以致中国证监会发言人就此发表了《规范市场行为,保护投资者利益》的谈话,目的在于正确地引导舆论。

第二节　短　评

　　短评是一种篇幅短小、内容单一、分析扼要、使用灵活的评论形式。它可以独立撰写,也可以配合新闻报道就现实生活和实际工作中的某一个方面的问题,代表编辑部发言。

　　与社论相比,短评属于"轻骑兵",表现在题目、评论范围、篇幅、规格等方面,都更加轻便灵活。

一、短评的特点

　　短评,首先要写得简短精练。顾名思义,短评就是短小的评论。过去的短评有长到 1000 字的,近年来的短评一般在 500 字左右,不会超过 600 字。文章短小而要求把道理讲明白,意思说完整,因此,短评的内容要集中、单一,一篇评论只说一个观点、一个问题,在复杂事物诸多方面,只选择其中某一个问题,因此它的特点之一是"评其一点,不及其余"。由于短评的特点和篇幅的原因,它无法承担重大题材的评论任务,即使一般性的题材,短评也不可能全面地去评论。而选择一点,还有继续展开的余地。这些特点是短评区别于社论的地方,也是短评比社论更加自由灵活的优势所在。

短评一般配合新闻报道发表，对报道有一定的依附性。要尽量以报道为依托，以报道的客观事实作为立论的由头和论据，这一方面可以使新闻报道锦上添花，画龙点睛，同时也使评论本身有了现成的新鲜又典型的事实作为立论的依托和依据，有助于就实论虚、说理分析，使评论的内容和主题集中深刻。短评的新闻性也更强一些，依托新闻报道，更有利于提出新颖独到的见解，有新的角度、新的表达方式。短评在分析说理的过程中，比社论更生动活泼，讲求开门见山，不要"穿靴戴帽"，力戒空话、套话，在表达方式和表达方法方面更加多样。

配发的短评与普通的短评有什么区别呢？配发的短评代表编辑部立场。配发短评写作不必单独叙事，因为所要评论的新闻事件就在其附近的位置，这样就可以省掉些叙述的文字。

短评有署名的和不署名的两种形式。不署名的短评，挂短评的栏目，不署作者的姓名，代表编辑部，这种形式由来已久。署名的短评，兴起于 20 世纪 50 年代中期，它不挂短评的栏目，由作者个人署名，一般写得比较活泼，引人注目。它有时借鉴一些杂文的笔法，又不同于副刊的杂文。它不只是有感而发，紧扣着新闻事件去议论，引证也有一定限度，不是漫无边际地如杂文那样说开去。20 世纪 80 年代以来，由于专栏评论的兴起，署名短评大都纳入各种专栏评论，单独发表的已很少见。

不署名的短评，是目前报刊、广播、电视评论中常见的形式，但近年起色不大，不仅数量日益减少，且佳作也少。这一方面是专栏评论的兴起；另一方面是本报评论员文章的增多，搞评论工作的同志也常常忽视这种评论形式。由于篇幅短小而又不署作者个人姓名，如果不刻意经营、精心写作，很难写出有特色的短评。再加本报不署名评论员文章和不署名短评之间的界线很难划定，短评与署名专栏评论之间的界限也很难划定，因此写出来的短评，有时候稍长一点就可以以本报评论员文章发表，有时也可以以个人署名的专栏评论发表。有人担心，如果短评不形成自己的个性，这种形式很有可能被其他评论形式所淹没。

二、短评的写作

短评大多是配评，配评是很值得研究的。配发评论，可以为一篇新闻配一篇评论，也可以为几篇新闻共同配一篇评论；可以为一整篇新闻配一篇评论，也可以针对新闻中的一个事件、一个观点甚至于一句话配一篇评论；可以先有新闻再配评论，也可以与新闻同步配评论，甚至于先有评论的观点再"碰"新闻事实。短评一般与新闻同时出现，但也允许有先有后。并不是所有的新闻事实和新闻报道都值得配评论，值得配发评论的只是少数。因此，在写作短评的时候，首先要解决的是哪些新闻值得配发短评的问题，即评论价值问题。

一般来说，新闻事实的评论价值不能脱离新闻价值而存在。新闻值得配评论，首先应是有较高新闻价值的，但是有些新闻价值很高的新闻，观点鲜明，读者一看就清楚明了，也就没有必要再去配评论。因此，必须同时看它有没有评论价值。所谓评论价值，是指有较高新闻价值的新闻中蕴含着值得阐明的重要、新鲜的观点，触及社会生活中迫切需要解决的矛盾，蕴含着有启示性、解惑性的新鲜的思想和观点。有些带方向性、倾向性的新闻，有些批评性的新闻，有些对比性的新闻（或者是由对比性新闻而引发出的思想观点，或者先有评论观点而正好"碰"到了对比性新闻，甚至于编辑部有目的事先组织的对比性新闻报道）等，往往具有较高的评论价值。

配写短评切忌就事论事或空发议论。大凡成功的短评是据事论理，应当是既配合报道，又深化报道；既依托报道，又超越报道，以达到依托个别指导一般的目的。这是配写短评的重要原则和方法。

怎样为有评论价值的新闻配上一篇好的短评，这是短评写作中的大学问。一篇短评一般 500 字左右，不超过 600 字。在这么短的篇幅中只能说一个思想一个观点，而这个思想或观点也是从这篇所配的报道中挖掘出来的，而论证这个思想或观点的论据材料也是这篇报道中的新闻事实，或者说短评要充分运用这篇报道中的新闻事实作为论据材料，要尽量依托报道。但是短评既然要挖掘新闻报道所蕴含的具有启示性、解惑性的思想和观点，评论的目的就不应该是就事论事，而是为了依托个别指导一般。因此，它在论证的方法上就是据事论理，既要依托报道，又要超越报道。

所谓据事论理，指的是在正确阐明蕴含在新闻事实中的重要的、鲜明的，有启示性、解惑性的思想和观点时，尽量挖得深一点、看得高一些，远一些。只有据事论理，才能透过现象揭示出事物的本质。2014 年 5 月 25 日《人民日报》在要闻 2 版刊发通讯《下山溪村下山记》，聚焦"中国扶贫第一村"——福鼎市磻溪镇赤溪村，30 年来，从"输血"到"造血"，从"扶智"到"扶志"，赤溪村实现了从穷山村到美丽乡村的华丽转身的故事。同时，《人民日报》为此配发了短评《扶贫要因地制宜》，短评说：

中国地域广大，面临的问题各不相同，扶贫的方式方法理应因地制宜，因人而异。正如一位基层干部所说，如果老百姓渴了急需饮水，你却给他吃红烧肉，他就不觉得你为他着想；如果老百姓饿了想吃饭，你却给他穿华丽衣服，他也未必会领你的情。

"挂"在高山上的下山溪村，根本问题在于自然条件过于恶劣，一方水土养不活一方人。在这种情况下，再多的投入，都无法从根本上改变贫困面貌。

上世纪90年代以来，宁德市从实际出发，对550多个生存条件极端恶劣的偏僻高山村和海上"连家船民"实施"造福工程"，整村搬迁到生产生活条件较好的地方重新安置，既"输血"又"造血"；既扶贫，又扶志。30万名贫困山民和"连家船民"，从穷山恶水中来到了生活条件更为适宜的地区，从茅草屋、破渔船搬进了砖瓦房，从根本上告别贫困。

我国扶贫成就举世公认，但仍有1亿多人没有摆脱贫困，新时期的扶贫开发工作任重道远。在新一轮扶贫开发中，坚持什么样的态度，采取什么样的方法，"中国扶贫第一村"的变迁或许具有重要的借鉴意义。

再如2014年11月25日《人民日报》在头版头条刊发通讯《绿动天津》并配发评论《用法治思维留住绿水青山》，短评说：

建设生态文明已是社会共识，难的是如何落到实处。"绿色天津"的可贵之处就在于，始终强调用法治方式为生态建设保驾护航，从划定生态用地红线，到严惩污染环境犯罪，坚守淘汰污染的底线，激发制度建设的"乘法"，才是"绿色天津"的奥秘所在。

新修订的《环境保护法》将于明年起施行，在十八届四中全会描绘法治中国蓝图下，这不仅是依法治国的题中之意，也是运用法治方式推进生态文明建设的良好契机。"法律是治国之重器，良法是善治之前提"，同样的道理也适用于环境保护，正因此，"绿色天津"的探索也能给人们更多启示。

上述两篇配发短评都能在立足新闻报道的基础上，联系相关的大背景，挖掘新闻事实所蕴含的价值，对报道主题进行提炼升华和补充深化。

我们所说的看得高一点、远一点，当然不是离题万里，东拉西扯，而是围绕主题，适当地扩大评论范围。依托和超越是辩证的统一，报道所提供的新闻事实是短评立论的基础，报道所蕴含的新鲜的思想和观点是短评立论的依据，评论所要阐明的思想和观点又是从报道的事实中引申出来的。新闻报道的事实往往成为短评立论的由头，借此水到渠成自然地引发议论。这里所说的看远一点，主要是在自然地引发议论的过程中，尽可能从大局着眼，从远处考虑，把从新闻报道中引发出的思想和观点，放在一个较大的范围内来考虑，放在一般的普遍的情况下来考虑，这样可能更有利于深化新闻报道的思想，也有利于发挥短评依托个别指导一般的作用。

第三节　编者按语

∙∙

编者按语是一种依附于新闻报道或文稿的画龙点睛式的、简短的新闻评论。这是一种最简短、最轻便的评论形式，通常只有两三百字，甚至只有一句话。它是报纸、广播、电视等新闻媒介的编者对新闻稿件或一般文章所加的评介、批注、建议或说明性文字。

就性质和内容来说，编者按语大致有这样两类：一类是说明性按语。编者对新闻或文稿加说明或提示的文字，它的目的在于帮助读者理解新闻材料，说明有关情况，交代一些背景，介绍作者的身份，表明刊载或转载的目的等，以引起读者的阅读兴趣和重视，帮助其理解新闻或文稿。

1997 年 3 月 16 日到 20 日，《参考消息》分五次连续转载美国《外交》3 月至 4 月期的文章《即将到来的中美冲突》的内容摘要。编者在写了一篇按语的同时还转载了美国《外交》的原编者按，这便是一篇说明性按语。

原编者按：理查德·伯恩斯坦现为《纽约时报》书评员，以前曾是《时代》周刊首任驻北京分社负责人。罗斯·芒罗曾是多伦多《环球邮报》驻北京分社社长……本文是根据他们新近出版的《即将到来的中美冲突》一书的内容撰写的。①

《人民日报》2009 年 12 月 16 日刊发《郑州开封黑诊所暗访记》（整治黑诊所·探访篇）时配发了以下编者按。

目前打击非法行医行动正深入开展，各地积极整顿黑诊所。非法行医情况到底有多严重？打击黑诊所成效如何？对于"野火烧不尽"的游医，怎样才能根治？对此，本报记者展开调查。本版将推出系列报道，今日是第一篇。

同一天的《中国青年报》为《山西煤矿变局进行时　兼并整合能否孕育新一轮经济腾飞》配了以下编者按。

中国经济复苏趋势已经确立。尽管"曙光已现"这个词，曾在金融危机中的全球多个角落出现，但首先让它得以印证的，只有中国。接下来的问题是，中国经济已形成的复苏趋势能否持续？更长远的问题是，国际金融危机倒逼下，中国经济结构调整的内在瓶颈如何突破？中央经济工作会议刚刚结束，又值国家一揽子经济刺激方案实施一周年，我们选取了山西、晋江、义

---

① 选入本书时有删减。

乌等中国经济发展的标志性地区，解剖麻雀，试图展现国际金融危机背景下，中国经济如何率先走上"复苏之路"，并能在未来保持可持续发展。

以上两篇都是说明性的编者按，交代了报道的相关背景、报道动机以及系列报道所要涉及的内容。媒体在开设专栏或系列报道的首篇文章时，常常配发这种类型的编者按。

另一类是政论性按语。它的主要职能是：或提纲挈领、简明扼要地点明新闻报道或文章的中心思想，提示事物的意义，便于读者领会，或依托新闻报道或文章及时地传达党和政府有关的最新指示精神，交代或重申有关问题的政策界限，或赞扬先进、批评错误，明辨是非、提出建议。这种作用类似于短评，但编者按语一般要依附于新闻报道或文章，不能单独发表。

根据按语位置和形式的不同，可将其分为三类：文前按语、文中按语和编后。

一、文前按语

文前按语即平常所说的编者按，也称题下按语、编者的话，在广播、电视中也称之为编前话。在三种按语形式中，它的地位最为重要，它的编排位置也最为显著。文前按语的行文要求提纲挈领、言简意赅，使用论断性语言直接鲜明地提出论断，不必重复所依附的新闻材料，也无须展开论证。在写法上，它不如编后那样自由灵活，也不如编后那样可以适当议论，甚至借题发挥。文前按语还有明显的特点，就是它与编后不同，既不宜署名，也不必拟定标题。

二、文中按语

在形式上，文中按语类似于我国古代的点评，或者说在某种程度上它受到了金圣叹评点《水浒传》、《西厢记》及毛崇岗评点《三国演义》的影响。文中按语也是我国革命报刊的传统。新中国成立前，延安《解放日报》、《晋绥日报》经常运用这种形式。

文中按语与新闻报道既有配合关系，又有渗透关系，插入文中，附在某句话、某一小段文字后面。有感即发，有疑即注，有错即批，直截了当，灵活醒目，于字里行间表明编辑部的立场、观点和态度。这种按语依附在新闻稿件的字里行间，随时进行褒贬评点，以增强新闻报道的思想性和鲜明性。近年来，文中按语很少出现了。

三、编　后

编后又称编后小议、编者后记、编者附记、编余、新闻点睛、编辑点评，在广播、电视中常常称为编后的话，等等。它是编者按语的一种常用的表现形式，是编者对新闻稿件有感而发的一点抒情、议论、联想的文字。它依附新闻稿件，旨在深化稿件的主题或报道思想。

编后与文前按语和文中按语的主要区别表现在：编后一般附在文尾，可以加标题，也可以署名。编后在写法上接近随感、短评，可以抒情，也可以议论，必要时也可以作些论证，还可以借题发挥。编后的表现形式比文前按语活泼，可以用议论笔法，也可以用散文笔调，还可以用诗歌或对话的形式。编后的适用对象比较灵活，除了新闻和来信外，照片、图表也能配写编后。

《经济日报》1996 年 3 月 23 日在刊发《换种记》之后，编辑点评的标题是《可贵的道歉》并署上了编辑的姓名蒋祖钢。

可贵的道歉

蒋祖钢

工作中出现差错是难免的，重要的是如何对待这些差错。《换种记》讲了一个生动的故事，给了我们不少启示。当兴山县种子公司发现卖出的一批种子不合格时，便面临两种选择：第一种方案是文过饰非，推脱责任；第二种方案则是主动承担责任，承担责任的后果，很可能是丢了面子又赔了票子，但农民将避免重大损失。兴山县种子公司勇敢地选择了第二种方案。他们挨家挨户寻找买主，一家家赔礼道歉，换回种子。在这道歉声中，我们看到了兴山种子公司一心为农民着想的无私精神，也看到了兴山县委、县政府对农民的利益高度负责的态度。为这声"道歉"，我们真诚地向兴山县种子公司，向兴山县委、县政府以及所有参与追回劣种的同志表示崇高的敬意。

该文位于文尾，代表了编辑部的观点和态度，当然是编后的话，但文章有标题、有作者，头尾完整，可以独立成篇，在写作上已接近于短评。下面再看《重庆日报》的一篇编后。

2012 年 3 月 27 日重庆日报编辑完《涪陵：微企助推，15 个贫困村一年"摘帽"》、《村民无奈，栽种龙眼十年"无果"》两条新闻后，让我们既欣慰又心痛。欣慰的是涪陵区根据当地的实际情况，在 15 个贫困村重点扶持发展微型企业，使当地群众收入大幅增加，仅用一年时间就实现了 15 个贫困村整村脱贫，让村民走上了致富之路。心痛的是，同样是在涪陵，种了千亩龙眼却十年未获丰收，村民不仅没有从"致富树"中致富，不少人现在还挣扎在贫困线上。我们不禁要问：当年决定种植龙眼的时候，当地有关部门做过调查研究吗？是否属政绩工程？这些年来龙眼不结果，村民还在受穷，当地政府了解吗？过问过吗？有想过解决的办法吗？我们希望尽快看到当地政府能拿出切实可行的办法，帮助村民真正走上脱贫致富之路。

该篇编后将两篇稿件进行整合编辑，体现了编辑工作的创造性特点。在表扬当地政府扶贫有方的同时，连用 5 个反问句，严厉批评当地政府的不作为和乱作为，督促他们尽快解决问题，体现了媒体"社会公器"的作用。

在新闻评论的各种体裁中，只有编者按语不是独立的评论文体。它总是依附报道或有关文字材料发表见解，当然依附报道又不应拘泥于报道，要善于依托个别典型来指导一般，不是就事论事，而应当有的放矢，由此及彼，提出一些发人深省的问题。写法上没有固定的模式，有话则说，无话不说，要说就要一针见血，说在点子上。

文前按语一定要缘事而发，点到即止，切忌把它写成内容提要或材料概述。编后只是对新闻稿件的一点联想和发挥，一定要有感而发，切不可隔靴搔痒或画蛇添足。

第四节　专栏评论

在评论中，那些一般有固定栏目名称、定期刊发的、作者个人署名的新闻评论统称为专栏评论。

一、专栏评论的兴起和发展

在我国，专栏评论是 20 世纪 70 年代末 80 年代初随着新闻改革的客观形势而重新兴起的一种评论形式。较早出现于报端并有一定影响的专栏评论是《人民日报》创办的"今日谈"。1980 年 1 月 2 日，《人民日报》一版的右下角出现了一个新的专栏"今日谈"，刊载了王朴(当时《人民日报》评论部几位同志的集体笔名)写的三篇短文《"锄头柄"与"栋梁材"》、《岂可削足适履》、《集腋可以成裘》。这三篇短文，以其来自生活的选题和清新活泼的文风，立即受到读者的广泛赞誉，在新闻界内部也引起了热烈反响。

"锄头柄"与"栋梁材"

杉树叶尖带刺，鸟儿是不往上落巢的。一次我却意外地发现一只筑在杉树上的鸟巢。原来这是一位县委书记放上去的。当时他看到幼杉林太密，长不起来，就建议当地社员砍掉一些。社员们舍不得，因为"多一根锄头柄也好呀"！县委书记没有强求，让他们先间伐几株试一试。为了对比，就在用来试验的一株树上放了鸟巢，作为标志。待到我们去看时，带鸟巢的那一小片杉树已"鹤立鸡群"，社员们心服口服，感慨地说"当初要了锄头柄，结果丢了栋梁材"。要农民砍掉"锄头柄"以保全"栋梁材"，他们一时舍不得。要把已经上马的项目调下来，甚至关停少数企业，我们有些同志也舍不得，结果造成损失。现在调整国民经济，正是为了避免这类失算的事，以赢得最显著的经济效果。下是为了更好地上，局部下是为了全局上，我们应该懂得这个道理，会算这笔大账。

　　这篇短文小中见大，娓娓道来，既有针对性，又有趣味性。

　　20 世纪 80 年代后期到 90 年代中期，这种广受欢迎的言论专栏在各地报刊中如雨后春笋般纷纷出现，如《辽宁日报》有"每事议"、"求是篇"，《北京日报》有"文明小议"，《四川日报》有"巴蜀小议"，《羊城晚报》有"街头巷尾"，《新民晚报》有"未晚谈"，《钱江晚报》有"闻涛集"，《杭州日报》有"吴山晨话"，《金华日报》有"婺江论坛"，《温州日报》有"群言堂"等。可以说，专栏评论作为重新兴起的一种新闻评论形式，给报刊评论增添了新的光彩，深受人们的喜爱。《人民日报》的"人民论坛"、"今日谈"，《光明日报》的"光明论坛"，《法制日报》的"每周快评"，《文汇报》的"文汇时评"，《今晚报》的"今晚谈"，《新民晚报》的"岂有此理　竟有此事"，《湖北日报》的"三楚放谈"都曾被评为中国新闻奖的名专栏。

　　据不完全统计，《人民日报》创办的"今日谈"专栏，每天发稿 1～2 篇，从 1980 年年初至今，虽有三十多年的历史，但历久弥新，依然很受读者的喜爱。其作者群覆盖领导干部、专家学者、平民百姓等各个社会阶层，涉及的内容都是民众感兴趣的话题。日本《朝日新闻》驻北京记者，曾以《中国报纸上的〈今日谈〉——〈人民日报〉上的人民心声》为题作过介绍。他称"今日谈"是"观察当今中国社会的一个窗口"[1]。

　　这一时期的专栏评论主要在党报上繁荣发展，按形式品种来分有两种：一是专栏小言论，影响比较大的有《人民日报》的"今日谈"、《羊城晚报》的"街头巷尾"，《新民晚报》的"未晚谈"，每篇三五百字，以小见大。二是论坛

---

　　① 秦珪、胡文龙等：《新闻评论写作经验选编》，71 页，北京，中国人民大学出版社，1989。

评论，影响比较大的有《人民日报》的"人民论坛"，《光明日报》的"光明论坛"等，每篇一二千字，有一定的容量和分量，而且以思想评论居多。这两种类型的专栏评论的作者有的是群言型的，面向社会大众开放，有的是个人开设的，如"未晚谈"、"街头巷尾"分别是《新民晚报》老总赵超构和《羊城晚报》副总编辑许实执笔的，这两个杂文时评类栏目，颇有五六十年代知名评论专栏《燕山夜话》的精髓，具有很强的现实针对性、思想性和文化性，在当时影响很大。

但这一时期的专栏评论和社论、评论员文章一样，基本上属于新闻工作者的职业写作，或者属于一个知识者群体，其主要功能还是从政府治理的角度建言献策，发挥着上情下达和释疑解惑的作用。正如《人民日报》评论部主任米博华在谈到如何办好一个名专栏时就说的那样，人民论坛的专栏评论就是《人民日报》社论的重要补充，对国家的改革、发展、稳定要有建设性的意见。

20 世纪 90 年代末期后，中国言论空间发生了一个重要的变化，《南方都市报》和《新京报》等新锐媒体都开办了言论版，公众的言论空间得到了拓展，专栏评论成为提升报纸品质、打造报纸风格特征的重头武器。例如，2002 年 3 月《新京报》的"来论"版推出了"马上评论"、"视点栏目"、"观点交锋"、"第三只眼"等专栏评论；2003 年 4 月南都也开办了"法的精神"、"中国观察"、"经济人"、"美国来信"、"虚拟与现实"、"媒体思想"、"知道分子"等专栏。

下面就将这两大纸媒的评论版版样呈现出来。2016 年 1 月 5 日《新京报》社论·来信版见图 11-1，1 月 9 日的时事评论版见图 11-2。《南方都市报》2014 年 6 月 19 日的个论版见图 11-3，2016 年 1 月 19 日的个论＋众论版见图 11-4，2016 年 1 月 24 日的历史评论版见图 11-5。

我们发现以这两家评论版面为代表的评论专栏有以下几个特点。

第一，只有社论和南都的短评是由本报编辑和评论员代表编辑部立场撰写的，而其他所有的专栏评论几乎都是非职业化写作。

第二，专栏评论为社会不同阶层提供言论表达的空间，鼓励观点的多元化。"街谈"、"议论风生"等栏目为普通民众提供了平台。"观察家"、"法的精神"、"经济人"、"知道分子"、"春秋小议"设有"史论天下"、"民国纪事"、"浮世阅史"、"史鉴散照"、"人文精神"等专版和专栏为学者和专家提供了平台。而"一家之言"、"声音"、"微言大义"代表了民间的声音。

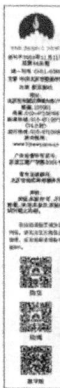

图 11-1　2016 年 1 月 5 日《新京报》社论·来信版

图 11-2　2016 年 1 月 9 日的《新京报》时评版

图 11-3　2014 年 6 月 19 日《南方都市报》个论版

图 11-4　2016 年 1 月 19 日《南方都市报》个论大众版

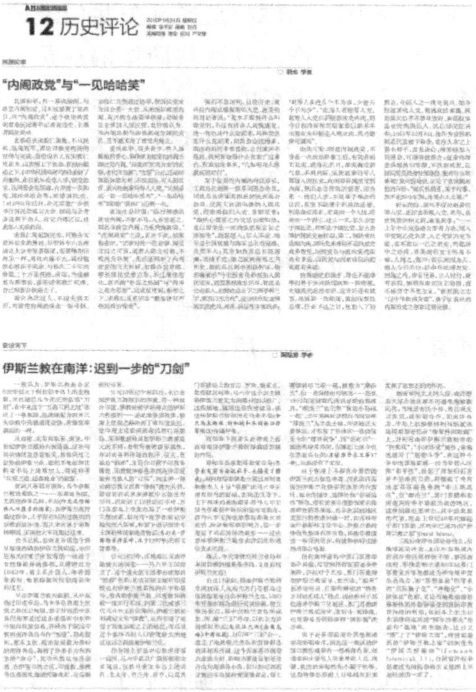
12 历史评论

“内阁政党”与“一见哈哈笑”

伊斯兰教在南洋：迟到一步的“刀剑”

图 11-5　2016 年 1 月 24 日《南方都市报》历史评论版

第三，专家学者撑起了专栏评论的半壁江山。专栏评论的作者囊括了国内外知名专家学者与公共知识分子，这些人在政治、经济、文化、教育、法律等领域颇有建树，如宪政学家蔡定剑、历史学家袁伟时、经济学者党国英、旅加学者陶短房、旅美学者徐贲、时评家鄢烈山、学者徐友渔等。

这些专家学者用精英视角和专业语言为受众解读时事和舆论热点，像上述版面上的评论事件有沙特与伊朗断交、偷巧克力女孩跳楼自杀引发群体性事件、孕妇在北医三院经抢救无效死亡等。对于这些事件，评论名家们能结合自身的专业背景，对时事进行深入评析，让公众在纷纭复杂的事件中厘清头绪，给读者提供认识和思考有关问题的方法，帮助公众从盲信或幻想中解脱出来而代之以理性思考。

除了对事件的专业解读，专家学者们还结合自己的专业和国际留学背景介绍发达国家先进的社会治理理念和方法。例如，徐贲的《允许分歧，但不要仇恨》，以旧金山大主教柯迪亮应否参加反对同性婚姻的“婚姻大游行”为由头，向受众论述西方社会普遍认可的公共伦理：“在好的公共生活里，语言仇恨（包括语言的刻薄、侮辱、辱骂）是违反公共伦理的，这一伦理的出发点是每个人的人格尊严与平等。作为政治共同体的成员，不同的人在具体问题上会有不同的立场，一个国家不可能是同一政治立场的共同体，但必须是一个公共话语伦理的共同体。好的公共伦理必须是由大多数人共同维护的，若能如此，与遵守公共伦理的人为伍，在公众眼里是一种善行和荣誉，反之则是一种过失或耻辱。"

与 20 世纪八九十年代注重宣传功能相比，这一时期的专栏评论更注重对权力的监督和公众的启蒙与引导，特别是一些名家评论，对于提高公众素养、促进社会进步具有很大的推动作用。

二、专栏评论分类及其特点

按照不同的分类标准，专栏评论可分为不同的类型。按作者构成分类，可分为群言式专栏评论、集体式专栏评论、个人专栏评论；按评论体裁分类，可分为专栏小言论、专栏时评、论坛评论和专栏随笔等；按评析内容分类，可分为专栏思想评论、专栏经济评论、专栏法制评论、专栏体育评论、专栏教育评论、专栏娱乐评论、专栏国际评论等。

专栏评论具有以下几个特点。

专栏评论具有一定的稳定性。这表现在它具有相对固定的版面呈现形式，版面位置与篇幅稳定，这在一定程度上也是为了获取读者对于该专栏的认同，并逐步培育读者的阅读忠诚。同时它的评述范围与受众对象有所侧重，再者它的论述的语言有持续、连贯的风格。

专栏评论具有较强的开放性。这表现在专栏对外开放，作者自由投稿；选题开放，公众可以自己选择；观点开放，大家可以各抒己见。

专栏评论具有公众性。社论、评论员文章以及编辑部所发的短评是由编辑或评论员执笔，代表媒体立场，但专栏评论不代表编辑部，其作者是公众，选题是公众所关注的，观点多代表公众立场，体现出一定的独立性。

专栏评论具有强烈的个人化特点。个人化可以说是专栏文章最大的特点，专栏评论的题材、风格及影响力的大小都与其作者紧紧地联系在一起。首先，在形式上，专栏评论一般都有作者署名。专栏文章传递的是专栏作家个人的观点与见解、个人的听闻与经历。专栏作家进行写作时可以选择自己擅长和喜爱的话题和表达方式。实际上，个人化正是专栏与社论相比所具有的独到优势。专栏作家的写作正因为个人化而具有灵活的特质，他们可以以亲身经历或趣闻轶事来吸引读者关注某个枯燥严肃的话题。

自 20 世纪 80 年代评论复兴以来，国内不少专栏评论作者也形成了独特的评论风格。例如，徐贲对于美国与中国的经济文化联系，有着独到的见解。他把关注点更多地放在问题的解读上，并不崇尚批判，而是充分利用自己的地缘优势，为读者整合更多西方的一手背景资料。他的评论方式更像学者在做研究，虽然不够生动活泼，但是文章所给出的信息量完全能让读者吃透作者所评述的论点。杂文时评家鄢烈山最大的特色，就是其强烈的社会批判性，对丑恶毫不留情，对权力毫不妥协。读鄢烈山的评论，能从他的文字中读到一种愤怒和悲悯，对强者作恶的愤怒，对弱者受辱的悲悯，并能被他的情怀所感染。鄢烈山的犀利文风直戳要害，让人肃然起敬。财经评论者叶檀专业性较强，对政治史和经济史有较深的研究，其经济评论就是建立在这样的专业基础上的。她能用直白的、大众能听得懂的语言将高深的经济学理论表达出来，擅长将经济学艰深的概念转化为报章语言，这是许多专家难以做到的，并且观点的逻辑比较严密，每个论点都有翔实的数据支撑。

思考和练习

1. 结合具体案例考察评论员文章与社论的区别。
2. 结合具体案例具体分析编者按的类型和功能。
3. 考察 20 世纪 80 年代以来专栏评论的发展演变。

第十二章　广播电视评论

第一节　广播电视评论的特殊性

    广播电视节目的生成与发展，是与人们的需要、社会经济的发展以及科学技术水平的提高分不开的，也与党和政府在宣传和舆论引导上的需要息息相关。它们是互相依存、互相渗透的关系。节目就是为了使广播电视的发展不断适应人与社会的发展需要，且也与科学技术的发展同步。

    广播电视节目的设置和调整，总的是为了使大众传播的功能得到充分发挥，是为了满足受众期望从大众传播媒介得到各种需求的愿望。例如，人们为了满足生存的需求，借助大众媒介传递的信息认识生活环境，传播生产经验和科技知识，也借助新闻报道及时了解和掌握瞬息万变的国内外重大政治、军事、经济、文化的形势及其变动情况，以便采取适当的对策，调整自己的行为方向。人类的发展和社会的进步不仅需要科学，也需要艺术和道德。人们不仅需要指导和教育，也需要表现，需要展示自己的才华和能力，需要参与和奉献，需要有崇高的理想并愿为之奋斗。为此，大众传播媒介包括报刊和广播电视等在内，在传播过程中，要考虑到使人的理性世界也使人的情感世界得到和谐地发展，使人们的创造性才能得到不断地发挥，这就决定了大众传媒不仅要有新闻类节目、知识教育类节目，而且也要有各种文艺性节目、娱乐性节目以及需要受众直接参与的节目和服务性节目等。

    由于民族和地域的不同、文化的差异、生活质量的区别、价值取向以及审美情趣的不同，各地各类广播电视台节目的设置和栏目的多少必然有着千差万别。但是有一点是共同的，即新闻类节目是所有广播电视最基本的和最主要的节目类别。新闻性节目在广播电视节目系统中居于首要位置。

    新闻性节目一直是广播电视事业发展的先导，它伴随着广播电视的产生而产生，伴随着广播电视事业的发展而发展，是广播电视传播赖以生存的基础。广播电视事业的发展史表明，在西方，资本主义国家的广播电视大多是以传播新闻为契机，吸引受众，招徕广告，然后是服务公众。例如，1920 年 11 月 2 日，美国威斯汀豪斯公司的电台 KDKA 以广播总统竞选情况及其票数的消息而开始营业。美国人 1923 年在上海开办的我国第一家商业电台，也是以新闻和文艺节目开头，作为招徕手段，然后是播送广告，推销商品。中央人民广播电台的前身延安新华广播电台，最早也是播送新闻、中间插播音乐，后来才逐步增加其他节目。新中国成立后，国家新闻总署明确规定"发布新闻、传达政令"是广播的首要任务。因为在广播电视节目系统中，虽然在时段上，新闻性节目在节目总量中所占的比例只是少数，但政治性和指导性最强，信息量最大，最受广大群众关注和欢迎的是新闻性节目，广播电视的告知功能、指导功能和教育功能等，主要是通过新闻性节目来实现的。

新闻性节目主要由两大部分组成：一类是新闻报道，包括消息、通讯、新闻调查及一些专题性、综合性节目；另一类就是新闻评论。同报刊一样，广播电视新闻是对事实的报道，它的生命在于真实。而新闻评论是对事实的议论分析和评价，直接发表观点和意见，它的力量在于真理。

评论是广播电视台直接发言的主要手段之一，也是公众判断广播电视台的政治面貌和衡量广播电视台的政治态度和思想水准的主要标尺之一。邓拓说，社论是报纸的旗帜，是表明这张报纸倾向性的重要根据之一，这同样适用于广播电视评论。因此，我们可以说，没有评论的报纸，是一张不完全的报纸；没有评论的广播电视，也是不完全的广播电视。

广播电视新闻评论有其自身的特殊性。广播评论靠听觉接受，电视评论虽有画面的元素，但主要的信息特别是观点，仍非通过静态的文字而是通过动态的语音传播的。广播电视评论节目所具有的动态的、不可逆的"一次性"传播特征，使得受众不可能像阅读报纸评论那样对一段文字、一个句子乃至一个词语反复琢磨。它要求接受与理解在瞬间完成，因此对评论语言提出了特殊的要求。

美国哥伦比亚大学教授罗伯特·赫利尔特在《电视广播和新媒体写作》中提出"为耳朵和眼睛而写"，强调广播电视评论的写作者要选择那些可以"看到"和听清的词汇。林大椿在《新闻评论学》中概括广播电视评论的语言特点：是说话，不是文章；是听的，不是看的；是活的，不是死的。他还列举了一些广播电视评论口语化的注意事项：照说话的惯例用字造句。能浅近处，力求浅近。决不能为省力少写一个必需的字。少用易于引起误解的文字或成语。多用声音响亮的字，如"忧愁"不如"发愁"，"立时"不如"马上"，"立着"

不如"站着"，"始终"不如"早晚"。避免用同音字。避免使用古怪生涩的字句。

1947 年 6 月 10 日，新华社语言广播部在一份工作总结中谈到"编辑的几点经验"。其中专门有一节"关于口语化"，提到以下五点：①尽量用单句。文字广播稿中复杂句要改成两句或两句以上的简单句，句子的构造要中国化。倒装句和长句不但不易听懂，而且易把意思听错。②用容易听懂而且念出来响亮的词，避免用听起来容易混淆的词，如"指斥"易与"支持"混淆。③简语只能适当地用，如"阎军""歼敌"等用在某些地方会听不清。④避免用单字作词，如"但"、"曾"、"仅"、"虽"应用"但是"、"曾经"、"仅仅"、"虽然"等。⑤一般听众易懂的成语、口语可以用。

何日丹在《电视文字语言写作》一书中把电视语言文字的具体写作要求概括为：字要响——遣词用句要清楚响亮；词要双——多用双声词；句要短——少用多层次的从句、倒装句；数宜简。这当然是电视文稿写作的一般性要求。电视评论则包含报纸评论所没有的叙述性内容，在这方面有着与电视报道相同的规律。此外，由于评论文稿比报道文稿往往要更多地使用抽象概念，它还要使用报道文稿中一般不宜使用的判断和推理，因此，电视评论语言稿比起报纸评论和电视报道文稿在写作方面除了上述要求之外，它应该有更多的交流感，即"当面说话"的感觉。在整个电视评论节目之中由主持人对着镜头"说出"的评论，就是"当面说话"。

所以，在广播电视评论的文稿中，许多书面词汇必须转换成口语。例如，"诸多"要改成"很多"，"具备"要改成"有着"，"称为"应改为"叫作"，"无意"应改为"不想"，"尤为"要改成"特别"，"来临"要改为"到了"，"获悉"应改成"了解到"，"不可替代"则应改为"代替不了"，"驻足"应改为"停下脚步"。

广播电视评论形态经过多年的发展，现在已经丰富多彩。当然，对于那些多个主体通过"现场交谈"实现的评论，是不存在"口语化"的问题的。广播电视评论口语化，一般只针对那些在电视评论中通过"旁白"和主持人"口播"的途径发表出来的评论文字。

北京电视台评论节目"今日话题"是一个以调查性报道为基础的电视评论节目。该栏目总制片人在一期节目文稿的终审稿之后，附了一封写给一位主笔的信，现节录如下：

在你修改基础上又作了修改。改动较多，也是为了与你有更多的磨合交流，以便你更快地了解我们。

演播室修改原则其实就一条：一切从"听"的逻辑出发。因此：（1）考虑电视观众无文字依凭的理解难度，节目主题务求集中、醒目，纲举目张；同时要有一定力量，保持评论的锐度和吸引力。（2）考虑电视观众的耐心，语句可简短，篇幅尽量控制，可说可不说的话一定不说，一定程度上可舍弃文字的逻辑，不说"因为"，直接说"所以"；同时充分考虑主持人现场说话的色彩和张力。（3）首演要求两点：一为破题；一为勾起收视欲望。因此作了相应增加和提炼。（4）尾演感觉概念多了些，语意层次多了些，也略显平和，市民听了不大易懂，官员商人听了也觉难受。因此扣题作了较大改动，亦将你的意思基本包括进去。（5）中间段落（正常情况下往往是两段，本节目内容层次略单薄，调查感不够）一般有两种作用：一是节目行进中不得不发的议论；一是带有评论意味地推进层次或情节发展。本文稍作表达上的修订。

旁白中你的改动我赞同，演二之后的那部分内容有些跑题，似乎编导本想发展出一个层次，却又没有内容支撑；但有些有用信息我将其移入上一部分了。

还有一点应该注意：旁白中不应含评论性的语言。因为我们在节目中定义了两个说话的角色：一是主持人，一是记者。前者是评论者和整个节目在播出时的导视者；后者则是在采访状态中的事实叙述者。两者说话不在一个时空、一个层次，因此应注意区别。

节目中"在电力紧张的情况下，节流固然是一种措施，但在一片拉闸限电的声浪中，我们是否也应该回头思考另外一种节约的思路"。一段显然属于评论，可改一种方式进行表达。

"今日话题"的主笔在修改文稿中积累了一些涉及口语化的对比的素材。在这些对比素材中可以发现，评论文本的口语化不仅包括词语方面，还包括在语句的结构方面。例如，口语化的句子，总是短句子，主谓宾的语法结构并不完整，多用插入语。而人们在纸媒体中已经习惯了的凝练有力的文字，在电视评论中则往往应该改成从容舒缓的句子，这样才能给观众一个反应时间，不至于一下子抓不住。

原文：童谣是孩子成长期一种重要的教育形式，具备任何动画、玩具所不可替代的滋养心灵的作用。

改成：童谣是孩子成长期一种重要的教育形式，有着任何动画和玩具代替不了的滋养心灵的作用。

原文：童谣既富于哲理，又浅显易懂，贴近学生，在清脆的诵读声中，道德教育、养成教育融入其中，深受学生们喜爱。

改成：在清脆的诵读声中，对孩子们的道德教育和养成教育不知不觉地就实现了，所以深受学生们喜爱。

原文：我们不妨先来看看 1 月 14 日我们"说礼"节目播出节目的《从微笑和祝福开始》的一个小片断。

改成：我们不妨先来看看 1 月 14 日我们"说礼"节目的一个小片断。那一期节目叫做《从微笑和祝福开始》。

原文：前几天，陈阿姨又给我们打来电话，说一定让我们的记者再到她们小区去看一看，那么，您也不妨跟着我们的记者回访一下。

改成：前几天，陈阿姨又给我们打来电话，说一定让我们的记者再到她们小区去看一看。看什么呢？您不妨也跟着我们记者的镜头一起去回访一下。

下面是一期关于"复原乳"节目的第一个演播室口播内容的原稿与修改稿的对照。

（原稿）

日前，国务院办公厅发出《关于加强液态奶生产经营管理的通知》，自 2005 年 10 月 15 日起，在巴氏杀菌乳生产中不允许添加复原乳，凡在灭菌乳、酸牛乳等产品生产加工过程中使用复原乳的，不论数量多少，生产企业必须在其产品包装主要展示面上醒目标注"复原乳"。

让我们来了解一下"复原乳"这个关键词，所谓"复原乳"，就是用奶粉再液化后形成的液态奶。专家在比较"复原乳"与纯鲜牛奶中发现，在经过两次超高温处理后，复原乳营养成分损失较大，而纯鲜牛奶中的营养成分基本保存。然而长期以来，"复原乳"的成本低，利润惊人，许多厂家将"复原乳"当做纯鲜牛奶来蒙蔽消费者。而国务院的这一纸通知，将使乳品企业一直躲躲藏藏的复原乳现形于市。那么，10 月 15 日就是国务院通知执行的期限，市场上复原乳是否真正现身了呢？让我们去看看记者的调查。

（修改稿）

今天我们说说咱每天要喝的牛奶。前两天，国务院办公厅有一个关于牛奶生产经营管理的通知，要求从今年 10 月 15 日起，凡在灭菌乳、酸牛乳等产品生产加工过程中使用复原乳的，不论数量多少，生产企业必须在包装的主要展示面上醒目标注"复原乳"。什么叫复原乳呢？就是用奶粉加水勾兑还原成的牛奶。专家通过比较发现，在经过两次超高温处理后，复原奶营养成分损失较大，而纯鲜牛奶中的营养成分基本保存。这一点您不见得知道。可长期以来，许多厂家就是拿"复原乳"当纯鲜牛奶卖，为什么呢？因为复原乳的成本低，利润大。而国务院的这个通知，就是要求复原乳老老实实把自己本来的性质亮出来，让消费者明明白白地消费。那么，10月15日到了，市场上复原乳是否真正现身了呢？让我们去看看记者的调查。

第一个演播室的原稿只是叙述新闻、交代问题、提出问题。原稿在这些方面是没有问题的。但是，原稿的语言问题在于太"消息化"、太"硬"，不适于评论节目主持人面对特定对象的"虚拟交流感"，主持人说话的情感和节奏"缓和"不下来，与虚拟交流对象的距离也拉不近。

下面是《帮助孩子走进集体游戏》一稿最后一个演播室口播内容的原稿、修改稿和终稿的对比。

（原稿）

现在一些学校主动在课间开展了集体游戏活动，还有的学校利用体育课专门教授孩子玩传统游戏的方法，这是非常难能可贵的，对孩子们来说，是非常积极的教育和引导。但是，话又说回来，想让"跳皮筋"等传统集体游戏真正进入到孩子们的生活中去，需要学校老师和家长给孩子示范，需要宽松的大环境给孩子创造玩的条件。很难想象当孩子们每天疲于应付各种各样的作业时，还会有多少时间痛痛快快来玩；很难想象已经让课业负担压得喘不过气来的孩子们，单纯靠一堂"跳皮筋"的体育课，就能露出发自内心深处的笑脸。

（主笔修改稿）

做游戏是人类的天性，更是孩子的天性。在我的记忆中，那些充满欢笑的健康的户外游戏，总是和灿烂的阳光融合在一起，总是和虫叫、鸟鸣、春风的声音融合在一起。它们是美的、快乐的，因为它们是大家一起玩的，是一个人的快乐与一群人的快乐相互激发出的快乐。没有那样玩过、乐过的孩子，真是令人同情；没有那样玩过、乐过的人生，可能是一种缺憾。如今，当我们看到成人们耐下心来手把手地重新教会孩子们自己童年的游戏的时候，这样一种传承，这样一种关怀，不能不令人感动。真的，我们可能已经给了孩子太多的东西，但却差点忘了那些他们不曾体验到的快乐。

（总制片人终审稿）

　　集体游戏是人类的天性，更是孩子的天性。在我的记忆中，那些充满欢笑的健康的户外游戏，总是伴随着灿烂的阳光，总是和蛙鸣鸟叫、风的声音、云的颜色融合在一起。它们是美的、快乐的，而且是一个人与一群人相互合作激发出的共同快乐。没有那样玩过、乐过的童年，的确是有缺憾的童年。也许，今天的父母已经尽其所能，把自己从没有享受过的物质条件、从没有消受过的贴身关怀一股脑地都塞给了现在的孩子们，却唯独忘记了给予他们自己曾经体验过的那些童年快乐。这样的缺憾，难道不该让我们每一个成年人认真地检讨和反思吗？

　　上述文稿中，原稿只是运用了一般性的陈述语言，修改稿和终稿则针对孩子这样一个特殊的对象，增添了活泼、生动的语言色彩和形象。

　　下面是一篇反映青少年科普节活动的文稿的第一、第二和最后一个演播室内容的原稿与终稿的比较，可以体现电视评论文字在交流性和节奏方面的特殊要求。

（原稿）

　　假如某一天您乘坐飞机去火星的话，那么这个旅程将耗时 7 年之久。但是，在刚刚闭幕的科技周上，美国亚利桑那州立大学通过一场展览，将火星带到了北京。火星探索及火星曾有水的证实被列为 2004 年世界最重要科学发现之首，把这种世界顶尖的学术研究引入到科技周的展览中，恐怕还是头一回。在展览中通过点击电脑，实时索取火星图像，就可以让大家在第一时间看到火星上的情况。而 6 项可以亲自参与的活动，更能让孩子们在游戏的同时寓教于乐。

（总制片人终审稿）

　　假如将来某一天您能够乘坐航天飞机去火星的话，那么这个旅程将耗时 7 年之久。但是，在刚刚闭幕的科技周上，美国亚利桑那州立大学的科学家们却通过一场特殊的展览，让你在瞬间之内就可以直接看到火星上的情况，观察那些火星曾经有水的证据，从而亲身体验这项 2004 年世界最重要的科学发现。

　　这真是让参观者们大饱了眼福；尤其是孩子们，能够在科普展览中亲自体验和操作这种世界顶尖的科技成果，你想想，他们能不兴奋吗？而兴奋之外，他们获得的又是什么呢？咱们不妨先来看看这神奇的展览到底是怎么回事。

（总制片人终审稿意见）

原首演层次芜杂，只罗列信息，缺少提炼，没有抓得住观众的东西。因此，吸引人的事实、明确而单一的问题、吸引收视的悬念，这三个要素在首演中务必要清晰，有逻辑，不可敷衍。

（原稿）

您看，这就是在本届科技周上通过点击之后取得的最新的火星表面的图片（插入火星图片）。无论是小朋友还是成年人，"遨游火星"对任何参观者来说都会是一次充满乐趣的学习体验。科技周作为一场科普的盛宴，不仅把最新的科技进步的成果展现在公众面前，更重要的是让大家也参与到当中来，用深入浅出的方式，通过科普活动使青少年了解科学、热爱科学。科学的原理加上动手的实践，深深地吸引着孩子们，把科学知识和生活实际联系起来，让孩子在动手制作的过程中了解深奥的科学原理，寓教于乐，真正用孩子们乐于接受的方式增加他们的知识，提高他们探索科学知识的兴趣。

（总制片人终审稿）

是啊，科学普及的意义在哪？其实最重要的，就是一种形象而且亲身的感受。您看（主持人操作电脑后插入火星图片），这就是在本届科技周上通过电脑取得的最新的火星表面的图片。重要的是，这图片是参观者通过亲手操作而获得的。

在这个过程里，操作者获得的是什么感受？我想，感受的就是科学的力量和魅力，尤其是孩子们，他们最容易在科学的神奇中感受到震撼，进而就会崇拜和热爱科学，最终投入到科学的实践中去。历史上许许多多造福于人类的科学大家不都是这样，在少年时期一个偶然的机会里被科学所征服，从一个顽童变成一个科学追求者的吗？来听听我们身边孩子们的故事吧，谁敢说，他们将来就不会成为科学大师呢？

（总制片人终审稿意见）

第二个演播室过于刻板和套路化，而且缺少交流感，观众怎么听得进去？

（原稿）

如今大家都知道"科学技术是第一生产力"，但是科技只有被公众掌握和运用了，才会真正演变为生产力。在这个过程中，科普教育将发挥重要的桥梁和媒介作用。因此，不仅科技周这样的活动要搞，因为可以通过这一周的传统典型的节日型的活动来焕发公众对科学的一种兴趣。

但实际上科普活动不单单是一周的活动就能够完全取代的，本次科技周上，孩子们对互动科普活动的热情，就给我们目前的科普教育提示了一个思路，科普还应该需要长期的经常的更广泛参与的活动来组织，要用一系列日常的科普活动来进行保证，这样才能让我们的青少年在科学普及中提高自己的素质。

（主笔修改稿）

人类的发现和发明真是美好的东西，它们像灯塔一样照亮了文明进步的道路，使我们享受今天的生活。在今天，当然用不着我们再像牛顿那样发现万有引力定律，像爱迪生那样发明灯泡，像贝尔那样发明电话了。但是发明的种子还藏在我们的脑子里呢，发明的土壤，还存在于广大的世界之中。特别值得珍惜的，它们存在于正在成长的孩子们中间，存在于最普遍的人民群众之中。如果让这些种子枯萎，这片田地荒芜，那么，进步就将会停滞。这就看出科普的意义来了：它是用来唤醒和滋润深藏在普通人中间的发现和发明的种子，用这个法子，保持和传递着我们整个人类发现和发明的能力。

本次科技周上，孩子们对互动科普活动的热情，就告诉我们：科普，不只是简单的知识灌输，它真是一种启蒙，一种美好的唤醒和滋润，是种子的发芽，是梦想的伸展。这是特别珍贵的。

（总制片人的终审稿）

（从屏幕转回）人们在生活中的发现和发明真是美好的东西，虽然有时候他们很小很简单，但积累到一起，也许就能改变世界。今天，当然用不着我们再像牛顿那样发现万有引力定律，像爱迪生那样发明灯泡，像贝尔那样发明电话了。

但是发明的种子还藏在我们的脑子里呢，有些今天看来不起眼的小小发现，也许有一天就能引发我们现在根本想象不到的变化。所以，科普的意义就在于此，它唤醒的是人们对科学的感知和热情，鼓动人们不断去发现和发明。有了这种参与的热情，人类的进步就不会停止。

（总制片人终审稿意见）

尾演的意思非常好，而且有激情，但是长了；这时候是最容易失去观众的时候，并且要表达的意思其实并不复杂，我们为什么要把它说得复杂、烦琐了呢？

至于在新闻直播间评论员对新闻的现场评论，多为评论员现场发挥，则更是典型的口语风格了。样例可以参看 2016 年 1 月 16 日凤凰卫视正点播报节目，知名评论员何亮亮与主持人胡一虎说新闻、评新闻的实录。

第二节 广播评论的特征和形式

广播评论是新闻评论与无线电广播结合的产物，是广播电台对当下社会生活中发生的重大新闻事件、问题或倾向做出的分析判断。在汽车交通工具日益普及的今天，广播评论已成为广播新闻不可或缺的重要组成部分，甚至发展为广播媒体抢占舆论制高点和广播台之间相互进行市场竞争的主战场。

无线电广播是 20 世纪 20 年代以后才有的，先有新闻，后有评论。在我国，广播评论成为新闻广播的有机部分，成为广播的基本体裁，是 20 世纪 70 年代末期才开始的事情。

一、广播评论的特征

广播是有声语言，传播面广，传播速度快，听众面广，而又转瞬即逝，不易保存，选择性又强，所以广播评论是它的巨大优势和不易克服的劣势的统一。这就决定了广播评论特有的长处和短处，有它自己的个性特征。

广播评论到底有哪些个性特征呢？这个问题，见仁见智。恽逸群同志在1947 年的一次谈话中认为广播新闻的主要风格特点是三个字：'短、浅、软'。他说："广播应有自己的风格，这个风格的主要特点是'短、浅、软'。短，大家都晓得了；浅就是通俗，使人一听就懂；软就是轻松、风趣，使听众在文化娱乐中不知不觉地接受你的观点。"

这里讲的虽然是整个广播的风格，主要指广播新闻的风格，但理所当然也应包括新闻评论的风格。虽然这些话当时主要是针对延安广播电台说的，但时至今日，仍不失为中肯的见解。短，就是短小精悍；浅，就是浅显明快；软，就是轻松、风趣，包含了亲切风趣和形式活泼两个方面。下面分别加以阐述。

(一)短小精悍

比之于报刊评论，广播评论的篇幅要求更加短小。文章篇幅短小但要言之有物，精练而内容丰富，这两方面的要求融合在一起，体现了内容与形式的统一。恽逸群同志关于广播风格特征的谈话，并不是一般的即兴话语，而是广泛比较研究的结果。他比较和研究了广播和报纸的传播特点，认为广播应该有更多"以短为主要特点的新闻、评论"。他指出国民党广播电台的宣传从来就是拙劣的，"每天除了放唱片，就是读报，使人听了腻得慌"。而抗日战争之后的我国香港地区的广播电台则节目活泼、清新、多样，进入了广大市民的生活。正是在广泛比较研究的基础上，他针对"陕北台的新闻少，更没有自己的具有广播特色的评论"的状况，强调新闻和评论是广播的灵魂，建议人民广播根据广播自身的传播特点，在广播新闻和广播评论方面"创出新路子"。

"以短为主要特点"，既指广播体裁的风格特征，也指广播评论的主要个性特征。因为广播评论首先要符合广播的风格，然后又要具有政论性体裁的个性特征。广播评论要求篇幅短小精悍，固然与节目时间有关，与听众的接受有关，但主要是由它的政治性内容决定的。

广播评论的政论性内容，由于它的概括性和抽象性，一般需要听众聚精会神，才能听得明白，理解得透彻。文章长了，超过了多数听众专注收听的时间和承受能力，势必影响听众的理解和接受，所以非短不可。但是，形式短小并不是目的，短要有内容，短而精练，才不致削弱广播评论的政论性内容，如浙江人民广播电台 1996 年 12 月 31 日在"全省新闻联播"中播出的一篇评论。

调整粮食品种结构势在必行

听众朋友，今年我省的粮食生产获得了大丰收，一些同志又有了"粮食多了"的说法。实际上，粮食并不多。浙江省近几年粮食生产能力在 280 亿斤到 300 亿斤之间①，而每年市场的需求就有 340 亿斤。可见，讲粮食多是没有根据的。问题是粮食品种结构不合理，市场需要的粮食不足，市场滞销的粮食有余，我省每年都要多出 10 亿斤早稻。浙江的粮食生产怎样再上新台阶？看来，根据市场需要，对粮食生产进行结构性调整，已成了当务之急。

有专家指出，目前的粮食生产，普遍存在以下问题：一是生产成本高，比较效益低，二是居民消费口味高，粮食生产品质低，三是种粮投入高，科技含量低。显而易见，粮食生产要发挥效益，只有选择市场畅销的粮食品种，根据当地实际情况投入生产，以此作为突破口，才能从根本上解决粮食生产中比较效益低和科技含量低的问题。

粮食生产中，早稻是难点，难就难在品质不高，农民和居民都不爱吃。不种早稻吧，粮食总量不足，种了早稻吧，卖不出去。省粮食局局长陈加元

① 斤为旧单位，1 斤＝0.5 千克，下同。

认为，调整粮食品种结构势在必行，主要措施是扩种优质早稻，发展饲料粮和工业用粮。现在的关键是要转变观念，对粮食生产要有个切合实际的分析。正如省委常委、副省长刘锡荣在上虞和种粮大户座谈时说的，浙江劳动力价格贵，种粮成本高，而粮食收购又是全国一道价，从这个角度讲，我们无法和外省竞争，只有通过优质优价，种粮才有效益。今年的"世界粮食日"，我省首次在全省推广种植的一批优质早稻米在杭州武林广场出售，消费者排起了长队。由这点我们不难看出调整粮食品种结构的前途是光明的。

1996年粮食大丰收，于是又有了"粮食多了"的议论，加以比较效益差，一些地方又滋长了不想多种早稻的念头。浙江粮食是不是多了？1997年，浙江粮食怎么再上新台阶？在党中央再三强调要重视农业、重视农民、重视农村的"三农"问题的大背景下，在浙江省连续几年的"种粮千里行"宣传报道总的指导思想中，抓住调整粮食品种结构这样一个关键性问题立论，具有很强的针对性和现实意义，突出了评论的指导性、内容的针对性。作者先后到湖州、余杭等地作了实地采访调查，又走访了粮食方面的专家行家，较好地触及了浙江粮食生产的难点、热点问题，及时地提出了出路在于调整粮食品种结构，回答了这个较敏感的问题。文章仅有六百余字，却较好地提出了如何解决这一重大问题的办法，因此它基本上达到了短小而又精练的要求。从报刊评论角度来看这篇广播评论，可能认为它的说理性不够，深度不够，但这正是关于广播评论"浅"的特点所要讨论的问题。

再如中央人民广播电台播出的题为《野蛮装卸何时休》的新闻评论，全文只有718字，却在当时产生了强烈的社会反响。此文抓住了北京东郊火车站在装卸电冰箱时，因工作人员野蛮装卸行为损坏三百多台电冰箱，造成了巨大的经济损失和不良的社会影响这个典型事例展开评论，切口只是野蛮装卸这一司空见惯的小事件，但能够让听众看到铁路系统存在的工作作风问题，触发了听众的深刻思考。

(二)浅显通俗

浅，就是浅显通俗、明快，让人一听就懂。广播评论，不仅要求短而有物，还要求短而易知。篇幅短小而内容精练的广播评论，不一定便于政论性内容的听知，可能内容越精练越增加听知的困难，所以广播评论要解决的问题，在一篇短文中删除枝蔓，突出最主要的问题，讲清非讲不可的道理；化繁为简，用浅显通俗的语言讲清深奥抽象的道理。实际上，"浅"与"短"是一个问题的两面，是矛盾的统一，是内容和形式的统一。

短，着眼于适应广播传播的特点，适应多数听众专注收听广播的耐性和承受能力；浅，则偏重于照顾多数听众的接受能力，既适应广播的特点，又不至于削弱评论政论性的内容，两者的目的都是为了增强广播评论的政论性内容的听知效果。听众中间，接受能力差别很大，对浅的要求也不相同。广播评论的听众以成年人为主，虽然不能完全以广播新闻的标准为标准，但到底浅显到什么程度呢？一位美国学者认为，广播新闻应浅显到使处于半收听状态的、具有九岁孩子那样接受能力的听众能够听明白。这个意见是值得重视的。广播评论应力求使那部分文化水平不高、接受能力较低的成年听众以及虽然文化水平较高、理解能力较强但却是处于半收听状态的听众，都能一听就懂，能听懂它的政论性内容。当然，"浅"不仅指语言通俗化、口语化，更不是浅薄和庸俗，而主要指的是深入浅出地处理政治性内容，也就是设法把比较概括、抽象的道理讲明白，使人一听就懂。例如，《调整粮食品种结构势在必行》一文，并没有在什么是"品种结构"，为什么"势在必行？"什么叫"调整？""为什么'早稻'品种不好？"等概念上做文章，而是针对听众的接受能力，直截了当地回答问题，开门见山地提出"听众朋友，今年我省的粮食生产获得了大丰收，一些同志又有了'粮食多了'的说法。实际上，粮食并不多。""市场需要的粮食不足，市场滞销的粮食有余，我省每年都要多出 10 亿斤早稻。""粮食生产中，早稻是难点，难就难在品质不高，农民和居民都不爱吃。不种早稻吧，粮食总量不足，种了早稻吧，卖不出去。"这些话，道理讲得明白易懂，浅显通俗，口语化特征明显，符合浙江农民的说话习惯，又没有用方言土语。除了个别词汇如"滞销"等书面语之外，应该说作者是下了功夫的。

（三）风趣活泼

"软"，按照恽逸群的理解，指的是"轻松、风趣"，是有直接针对性的，即他所谓的"娱乐性的内容太少，宣传味太浓，太生硬，太不冷静，不够含蓄，有时厉声厉色、旁若无人"的倾向；目的是"使听众在文化娱乐之中不知不觉地接受你的观点"。这在当时，主要指的是广播整个节目结构比例、节目编排和广播内容的表达方式等，而对于广播新闻和广播评论节目来说更应如此。"软"，主要是从形式和表现方面说的，绝不是说要削弱广播的党性原则和广播评论的政治性内容。

毛泽东同志在 1957 年的一次谈话中曾说：报上的文章短些，短些，再短些。不要太硬，太硬了人家不爱看，可以把软和硬两者统一起来。文章写得通俗、亲切，由小讲到大，由近讲到远，引人入胜，这就很好。

毛泽东同志对"软"有保留，但并不一概反对；他主张文章软硬结合，既坚持原则，注意思想内容，也讲究宣传艺术和写作技巧，把文章写得通俗、亲切、引人入胜，使受众乐于接受。怎样才能使广播评论性的内容，写得通俗、亲切，听起来生动、具体、轻松、风趣，使听众乐于接受，这是"软"的确切要求。

要使广播评论听起来风趣、亲切，形式的生动、活泼也是必要的。由小讲到大，由近讲到远，题目要具体，论题要集中，表现方法要自由灵活，形式要多姿多彩，这样，听起来就轻松、自然。决不要一说政治性的内容，就疾言厉色，动辄训人。所以，"软"并不是指要削弱广播评论的政治性和它的深刻内容，而主要指宣传的艺术和写作的技巧。

如今广播新闻已不限于播新闻一种，说新闻、聊新闻在中央台、地方台都非常多，广播语言样式的多样化以及语言表达的轻松幽默已成为节目播出追求的至高境界，广播评论可以多采用群众喜闻乐见的方言土语、俗话谚语。

"短、浅、软"作为广播评论的个性特征，是与报刊、通讯社评论比较相对来说的，是就新闻评论与广播结合的角度来说的，也是在新闻评论的共有特点的基础上，专门就广播评论个性特点来说的。"短、浅、软"作为广播评论的个性特征，它们之间又是相互依存、相辅相成的。文章短小精悍、浅显通俗，适应无线电广播传输的特点，适应听众的收听耐力和承受能力，可以为多数听众创造适宜的收听条件。文章写得轻松风趣、引人入胜，可以激发听众的收听兴趣，有利于提高收听耐力和承受能力。总之，目的在于提高广播评论在听众中的听知效果。

二、广播评论的新形式

广播评论的具体形式，不少脱胎于报刊评论。例如，本台评论、本台评论员文章、本台短评、编后和记者述评等，都直接沿袭报刊评论的名称和分类标准。但广播评论在自己的实践中，也陆续创造了一些独特的评论形式，如广播谈话、口头评论、广播对话以及带音响的评论等。

(一)广播谈话

这种评论，名称不一，也可称"广播漫谈"、"广播杂谈"等，是目前广播评论中最常用，发展也最成熟的一种评论形式。在广播领域，谈话体既可用来发表意见，阐述主张，也可用来报道事实，描述人物。广播谈话，其实不过是谈话体文章中的一种，是用谈话的方法阐述对于事物的看法。

广播谈话是谈话体应用于广播评论领域的产物。谈话体是一种"为听而写"的文体，是相对于"为读而写"的书面体的文章体式。广播谈话是说、听双方地位平等地评论，谈话体是它的基础或母体，说、听双方平等是它的本质属性。两者紧密结合，是这种评论形式生命力的源泉。广播谈话的说、听双方的平等谈话，毕竟不是日常谈话的直接交流，而是在广播条件下的谈话，即它与听众之间的思想交流、感情沟通是通过无线电波或导线进行的，只能是间接的交流，中间既存在着一定的时间差异和空间距离，又脱离了具体的语言环境。换句话说，广播谈话中的交流是以某种方式和载体为中介的间接交流，而我们又要把它想象成是面对着听众直接交流，把估计到的听众可能的反映表现在作品之中，并借以启发听众，激发情感，促发他们的联想和思考，引起他们的共鸣，进而改变听众被动收听的状态。我们把这种交流称之为"类交流"，即类似于直接的交流。类交流是广播谈话的根本性特点，也是广播谈话区别于其他广播评论的主要界限。我们在写作和播讲广播谈话这种评论形式时，都应注意这一点。

在写作广播谈话文稿的时候，首先要注意面向听众的广泛性，尤其要面向基层的广大听众，并与他们建立起平等的关系，促进说、听双方的思想交流，如中央人民广播电台获奖的谈话体评论《以女排为榜样，创造第一流的工作》开头一段。

亲爱的听众，昨天晚上，当您在荧光屏前看到五星红旗在日本大阪体育馆升起，当您从收音机里听到我国的国歌在天空中回响的时候，一定兴奋得欢呼跳跃，激动得热泪盈眶吧？我国女子排球队的同志们打出了中国人民的志气，为祖国争了光，为人民立了功，每一个有一颗爱国之心的中国人，怎能不为她们欢呼，向她们喝彩呢？可是亲爱的听众，在激动、欢呼之余，您是不是想过：这是女排在向我们挑战，在向全国各条战线的同志们挑战呢！女排向我们挑战，我们怎么办？这是我们每一个工人、农民、革命军人、知识分子、国家干部、青年学生需要认真思考并用实际行动来回答的问题。

这段话通过热情的称呼和两个设问，一方面可以引起处于半收听状态的听众的注意，调动听众收听广播的注意力，紧接着用一个疑问句式，提出评论的论题，直接把听众引进了讨论和交流的话题之内，使听众进入思考状态，与广播者一起思考，"您"是同意评论作者的观点，还是不同意评论者的观点？实际上"每一个有一颗爱国之心的中国人"的思考结果，一定会心悦诚服地接受评论者的观点。这样，说者和听者在认识上很快产生最大限度的共鸣，进行了思想的交流，进而增强了广播谈话的感染力和说服力。

在报刊评论中，作者运用理论论据和事实论据，运用恰当的论证方法，有力地证明评论者要阐明的观点、意见或反驳某种观点、意见，但很少考虑到受众可能作出的某种反应。广播谈话这种评论，恰恰要十分注意听众在收听中可能产生的反应，并且要紧紧抓住听众可能产生的反应，循循善诱，调动听众直接参与到评论过程中，变被动收听为主动收听。

报刊评论不仅要以理服人，也要以情动人。梁启超就说过，他写文章"笔端常带感情"。广播谈话是直接面向听众（实际是"类交流"），是借助于有声语言这个情感的第一载体诉诸听众的听觉，因此它不仅要求情感更加炽热一些、直接一些，还要求须与听众进行直接的情感沟通。所以，广播谈话既要求与听众建立起思想的直接交流，又要求与听众建立起感情的直接交流，如浙江人民广播电台获奖的评论《以实际行动报答大树的恩情》（1988 年 8 月 8 日）。

各位听众，您一定常到西子湖吧，一定忘不了那一棵棵垂到水面的杨柳，伸向蓝天的梧桐，和那永远也看不尽的桃红柳绿。正是我们的大树，不仅装点了杭州这座千年古都，使她成为闻名世界的人间天堂；更令人难忘的是，这些遮天蔽日的满湖绿树，千百年来带给了我们杭州人民世代的荫凉，无限深情。然而，今天，七号台风一夜之间横扫浙北，席卷杭城。在给我省人民生命财产造成严重损失的同时，把我们心爱的大树也一株一株地连根拔起。顷刻，十里西湖，树倒花败，苏、白两堤，面目全非。面对这意料不到的突然袭击，我们看了怎么不痛心！听了怎么不难过？！

各位听众，我们生在杭州，谁离得开西湖，谁离得开大树？有多少美满的家庭在大树下缔结良缘；也许您头天清晨还在那儿打拳散步，头天傍晚还在那儿谈情说爱……那么现在请您再到西子湖畔看一看吧……

各位听众，难道我们就这样眼睁睁地看着大树死去吗？请您想一想，城市一旦失去了绿色的生命，人类一旦失去了大树的庇护，我们自己还剩下什么呢？我们呼吁。杭州市民赶快走出家门，一齐动手，抢救我们的大树，以实际行动报答大树的恩情！

当年的七号台风在浙江沿海登陆，横扫浙北，席卷杭州，刮倒了西子湖畔几乎所有的大树，令杭州市民痛心疾首。评论作者首先以自己对大树的深厚感情，与听众谈心似地把自己的情感体验变为与听众共同的情感体验，时而有理智的召唤，时而有道德的呼唤，把文章写得入情入理、情深理透。此文播出后，在杭州市民中引起强烈反响，台风一过，众多市民纷纷走到西子湖畔，自发地投入抢救西湖大树的活动。因为有了感情交流，听众才会觉得与评论者的思想感情一致，心悦诚服地接受你的观点，响应你的呼唤，并采取相应的行动。由于是平等地谈心，听众感到自己受到了尊重，从而更乐于接受你的意见。

广播谈话这种既要求有直接的思想交流和情感交流，又要设定评论者与听众之间是平等的谈话的特点，决定了广播谈话在选择论题时对选择范围是有所能有所不能的。评论的选题范围无论是报刊评论还是广播评论应该是一致的，但广播谈话的论题选择，由于要适应它的特殊性，实际是在评论选择性基础上的再选择。例如，《实践是检验真理的唯一标准》这样的论题，一般适合报刊评论，不大适合广播评论，即使是一些重大题材适合做广播评论，但内容的选择和表现形式的选择，也具有与报刊评论不同的特点。因为广播评论不容易像报刊评论那样铺开来写，也不能浓缩古今，在一篇评论中表述许多论点，它往往要抓住与现实、与人民日常生活紧密联系的一点，容易与听众思想交流和感情交流的角度来展开谈话。因此，《人民日报》用一篇社论或评论员文章讲述的一个重大问题，广播谈话往往要分成若干小篇章，连续地论述它，还要求每一个篇章具有相对的独立性。例如，1985年春天，围绕中央一号文件的宣传贯彻，中央人民广播电台就先后播出8篇评论。这也是化整为零、化繁为简论述重大问题的一次有益尝试。

为了有利于把评论者和听众之间的相互关系真正建立在平等的基础上，尤其是要克服抽象道理听知的困难，需要调动各种有利于听知的论说手段，除了上述要注意思想的交流、感情的交流之外，还要采取一些适合于谈话体的论证方法，如还原法、类型概括法以及语言的通俗化、口语化等。论说文同样要具有论点、论据和论证三要素，但广播谈话的论证过程要求更直截了当，简单明了，使文章的论证过程，或者说作者的思路更接近于听众的思路，引导听众的思路跟着评论者的思路，一起来思考，一步步地由浅入深，由小到大，由近到远，由此及彼，从局部到整体地认识事物，理解其中的道理。例如，陕北广播电台在1948年10月播发的一篇评论《驳斥国民党中央社对长春问题的造谣》用的就是这种方法。结论水到渠成，通俗浅显，既雄辩又具体地揭示了历史发展的必然性，无论是广大人民群众，还是国民党军政人员，都是易于理解和接受的。

一般的评论文章，开头讲究开门见山、直截了当地进入正题，但广播谈话在这个总前提下，还需要有亲切的称呼，以至必要的复述。行文既要简洁明了，但有时又少不了必要的重复以至于注解，目的也在于听众一听就懂，是为了提高评论的听知效果，如1994年浙江广播电视新闻获奖的一篇评论《局部服从全局》（泰顺广播站）的开头部分。

运用事实为由头，引发必要的议论，这是与报刊评论共同的，但广播谈话在运用由头时更具体更接近群众一些，复述的成分大一些，更能与听众平等地谈话。复述中列举的几个小事件，在当地听众是熟悉的，这样也利于评论者与听众一起提出议论来，如中央人民广播电台有一篇评论中的一段话说："为了使经济联合更加健康地向前发展，我们需要十分注意宏观经济效果，加强计划指导。宏是宽宏的宏，观是微观的观。所谓宏观经济效果，就是……"这里的"宏是宏观的宏，观是微观的观"，并非单纯的字面注解，也包含着内容的解释，是全文的有机组成部分。这样的例子可以在广播谈话这类评论中找到很多，但这是广播评论所独有的，报刊评论很难找到这样的例子。这说明广播评论如果忽视听众的听知效果，忽视"为听而写"的特殊要求，就很难让多数听众听明白。

(二)口头评论

口头评论，指由评论员自己播讲的评论，是与由播音员播讲的评论相对应的评论形式。

广播评论运用有声语言表情达意，以说、听为传授手段，就传播方式说，其实都可以称为口头评论。在广播实践中，新闻评论历来有两种播出方式，或由播音员播讲，或由评论员直接播讲。由播音员播讲是广播评论最常用的方法，只是近年才慢慢出现了由记者或编辑充当评论员直接播讲，这种形式或称"记者述评"，或称"口头述评"。西方的广播评论，较多采用评论员自己播讲的方式，我国正在兴起的采用评论员自己播讲的方式，或许若干年后将成为一种主要的方式也未可知。目前，"口头评论"是一个专用概念，仅仅指由评论员自己播讲的一种评论方式。

口头评论，既是播出方式，也是评论形式。它由评论员(记者或编辑)个人署名，自己播讲，既是评论作者，又是播音者。为了区别由播音员播讲的本台评论，在播出时往往先由播音员介绍一下背景，介绍评论员或记者，然后由某某出场播讲，如中央人民广播电台播出的《军民共建文明村》的文前介绍部分。

各位听众，从1981年下半年开始，本台曾经几次报道过军民共建文明村的消息。现在这个活动已经在许多地区普遍开展起来。从1月13日起，中共河北省保定地委和保定驻军联合召开了军民共建精神文明现场会……现在请听本台记者刘长乐就开展这场活动，从河北保定发回来的口头述评(出录音)。

浙江人民广播电台1995度获奖评论《"打假"如何成了"假打"》(1995年11月18日播出)的开头部分也能体现这一特点。

听众朋友，假冒伪劣现象作为经济生活中的一颗"毒瘤"，正越来越引起举国上下的重视。各地都在采取有力措施，决心剔除这颗"毒瘤"。可是在我省一些地方，"打假"行动却是有名无实，成了"假打"。那么，原因何在呢？下面请听记者涓涓撰写的述评《"打假"为何成了"假打"》（出录音）。

"口头评论"或记者直接出面播讲的"记者述评"的优势表现在：评论员个人署名，便于处理某些以本台评论名义不易处理好的论题，也有利于缩短评论员与听众之间的距离。评论员或记者自己播讲，有利于改善广播评论的文风，把文字表达方式与播讲方式结合起来，使评论更适应广播的特点。播讲风格多样化，有利于广播论坛的进一步活跃，促进广播评论在反映社会生活、引导舆论、宣传政策和密切媒介与受众之间发挥更好的作用。当然，"口头评论"不能代替播音员直接播讲及社论、本台评论、短评等，凡是代表电台编辑部的，反映党中央声音和代表政府发言的评论形式，只有由播音员播讲，才能收到它应有的听知效果。因此，"口头评论"或"记者述评"，也是有所能有所不能的。

近年来，随着广播竞争的白热化，许多广播台在新闻及相关的新闻评论节目中聘请了拥有较高业界知名度和较大社会影响的评论人物作为本台特约评论员，以提升本台的新闻评论水平。例如，曹景行、张召忠等经常在许多广播台的新闻评论节目中听到他们的声音，这种类型的口头评论，多是录播式的。

（三）广播对话

这是近年来兴起的一种由节目主持人组织和串联的一种评论形式，形式多样，包括对话、讨论、问答等。它由节目主持人设置题目，往往就社会上的一些热点、难点问题或人们日常生活中比较关注的问题，组织有关专家、行家或普通听众，或用对话式，或用问答式，或用讨论式展开评论。例如，陕西广播电视台 2015 年 8 月 27 日在"今日点击"栏目播出的广播评论《警惕网络诈骗》，采用的就是对话式评论。该评论由主持人组织连串，记者、法学专家、听众一起展开讨论，重点突出的是专家的评论。

警惕网络诈骗

张先生接到了某银行客服号码发来的积分兑奖短信，银行卡上的 4920 块钱就被盗走；杜女士的银行卡、手机、身份证都在，却被他人登录了自己的支付宝账户，转走了 12 万……这些是近期发生在我省的真实案件，为什么网络诈骗会屡屡得逞？网络金融立法还有哪些方面亟待完善？广大听众又该如何提高防范意识？让我们走进今天的《观点面对面》，与法学专家和记者一起展开探讨。

主持人：好，首先我们来认识一下今天做客直播室的嘉宾，西北政法大学民商法学院副教授陈凌云，《今日点击》记者王晔军。通过节目我们了解到，这个特大的网络诈骗团伙半年时间作案就60多起，上当受骗者几乎遍布全国各地。晔军，在对这起案件的侦破进行采访的过程中，你有什么样的感受？

记者王晔军：采访时感受还是比较多的，首先我觉得我们个人对手机或者对电脑不是很熟悉的话，像网上银行这些东西最好还是不要用，因为现在的诈骗手段是防不胜防的，这是最大的感受。另外，现在诈骗的案例这么多，我认为运营商，包括银行，都应该给用户想些办法，出一些避免上当受骗的主意。

主持人：我们的两位听众有话要说，一起来听一下。

听众：现在是网络时代，要注册什么用户名啊，或者要在网上支付钱等很多事都要提供个人信息，而且多半是按照提示一步一步来，不过每次但凡涉及一些特别重要的个人信息，比如身份证号、取款密码我都会非常慎重，尤其是它要求你身份证号和取款密码一起提供肯定是其中有诈，我觉得大家一定要吸取节目中受害者的教训。

听众：现在的骗子，真是让人防不胜防，还打什么真情牌、温馨牌、回忆牌，冒充同学啊，冒充学校啊，甚至冒充婚外情的揭露者，这种信息发过去，真是让人招架不住，我们家有一位长辈就被骗过，说实话我也不知道自己能不能招架住。

主持人：刚才这两位听众面对网络金融诈骗的辨识度可能不一样，但客观地说，这类犯罪的迷惑性还是非常大的，陈老师，您在生活中有没有和骗子"过过招"？骗子屡屡得逞，是利用了大众的什么心理？

陈老师：我经常收到类似的诈骗短信，有一位朋友曾经被骗过。当时这位朋友在法国，某日其家人在QQ上发现有留言，说他在法国遭遇车祸，急需5万元，请打入某账户。家人随后无法联系他，就立即汇款，后来他联系家人时，家人发现其安然无恙，才发觉被骗。

主要是现在互联网发展非常迅速，网络生活和人们的现实生活几乎已经实现了无缝对接，我们生活中很多非常便捷的事情几乎都源自于互联网，比如像手机银行、网银等，这些确实给人们提供了便利。但是人们在享受了便利之后，往往忘记了居安思危，所以归根结底一点就是人们本身自我的防范意识比较低，再加上容易轻信，因此就容易上当受骗。

主持人：我们节目中关注的案件叫"冒充金融系统网络诈骗"，想请教一下陈老师，犯罪分子为什么能将"金融和网络"这两个领域结合起来骗取这么多人的钱财？从犯罪角度看，这类案件具有什么样的特点？

陈老师："网络"和"金融"两个领域结合起来，在当下时代是顺其自然的。首先，金融追求的是效率和效益，而"网络"恰好具有便捷性、快速性的特征。相当于网络为金融的发展提供了快速干道。很多人被骗的原因除了受害人贪小便宜外，更多的是本身缺少自身的保护意识。现今网络社会和现实社会基本上实现了无缝对接，人们的生活时时刻刻充斥着网络的角色，如手机银行、网上炒股等，足不出户即可完成资产管理，省却了在银行抽号排队等待的成本，非常方便。

此类犯罪行为的特点比较突出：第一，低成本。犯罪嫌疑人仅仅需要一台能够上网的电脑，即可以实施诈骗行为。其所付出的仅仅是上网的费用和电脑的使用费。在某些场合下，上网还是免费的。第二，犯罪年龄年轻化。这与年轻人钟情、熟悉网络及计算机技术有直接关系。第三，利益指向明确。其实施诈骗行为目的就是为了获得大额财产。第四，犯罪行为不受时间和空间的限制。我在中国被骗，骗我的人可能在美国。此类案件的管辖问题较难解决。

主持人：据了解，与发达国家相比，我们的网络金融立法还是比较滞后的，陈老师，您觉得我们的差距主要体现在哪里，未来该如何完善？

陈老师：这类犯罪行为实际上是以网络为工具而实施的诈骗行为。我国《刑法》明确规定了诈骗罪，但是没有规定网络金融犯罪，应当说网络金融犯罪是一类犯罪行为，并非罪名。网络金融诈骗主要是对个人信息及财产权的侵害。因此完善网络金融立法的主要内容是强化个人金融信息的保护。2013年我国已经颁布了《电信和互联网个人信息保护》，内容主要涉及电信商和互联网服务商对保护消费者个人信息方面的义务，如禁止非法收集、利用以及转让个人信息等。这涉及电信商和互联网服务商的保密义务和保护义务。从立法层面而言，应当强化个人信息的保护力度。例如，强调个人信息的范围，以便普通民众能够了解到哪些个人信息可以受到保护，以提高对个人信息的敏感度。同时应加强司法方面的立法，如上所述，对于网络金融诈骗犯罪的管辖等。总而言之，网络金融立法应当是全面的，由实体到程序整体推进。

主持人：再来听听下面这位听众的见解。

听众：现在的网络支付越来越方便了，在很多店铺购物，可以通过绑定银行卡直接给店主转账，团购可以这样操作，但我觉得太方便了，方便的让人有点不安，直接输个密码再确认一下就可以了，这肯定给犯罪分子可乘之机，我觉得这方面还是要把便捷性和安全性兼顾起来。

主持人：这位听众的问题也是我们每个人关心的，无论网络诈骗如何升级，其目的只有一个，那就是骗取用户在线金融账户中的钱财，那如何兼顾便捷性和安全性，如何捍卫我们的在线金融安全，陈老师，您给些建议吧。

陈老师：网络金融时代，我们个人要提高个人信息的保护意识和力度。例如，身份证的管理，身份证本身的信息量和它的意义是不容忽视的。日常生活中，我们轻易地将身份证的复印件交给别人而不作任何标记，这是非常危险的行为，至少应当标记"再复印无效"或者"本次复印仅用于某某事件"，并标注上时间，这样防止他人利用身份证从事非法行为。其次，一旦涉及钱财问题时，必须提高警惕性和个人注意力。特别是当对方具有相当高的专业知识和技能时，我们并不知悉专业词汇的含义，此时应当询问专业词汇的意思，以免作出错误决定。同时专业人员负有告知义务，要及时、准确、客观地告知金融风险，否则就要承担相应的法律责任。涉及密码问题，设定的密码安全系数高，同时要经常更换，另外在输入密码时，应当考虑计算机的安全系数以及网络安全系数，甚至是周围客观环境的状况，以免被别人偷看、偷录。

近年来，通信网络诈骗犯罪以其智能化、专业化、组织化的手段，严重侵害了人民群众的财产安全，成为当前社会最为关注的治安问题之一，而受害者往往要面对立案难、侦查难、索赔难的困境。我们呼吁司法机关应简化立案程序，降低受害人的维权成本，加大打击力度；同时政府应尽快立法明确互联网平台的连带责任，相关部门也应该尽快落实、完善网络审查制度。最后，我们还是得再次提醒广大听众提高防范意识，守住自己的钱袋子！

在上述对话中，主持人起到了提问、引导、补充等作用，谈话嘉宾则做分析、解释、议论，这样的评论，与听众在思想和情感上保持一定程度的联系或沟通，仿佛直接面对着听众，说服他们接受某种主张，回答其疑难，或者与他们商讨问题，这就是进行所谓的"类交流"。"类交流"是相对于日常谈话的直接交流来说的，是这类评论区别于其他广播评论的主要特征。

有时，节目主持人（有些就是记者）既是论题的组织者，又是评论员。例如，1994 年浙江省广播电视好新闻评奖中的一篇获奖评论《发得快与找老外》（萧山电台），就是采用对话式评论的一次尝试。该文先以记者身份与一个叫张力的人（文中简称甲、乙）设置题目。

甲：哎，张力，最近我市兴办中外合资企业的势头越来越旺，各地都在纷纷寻找外商，说是："企业发得快就要找老外。"我们就在今天的"大家谈"栏目，说说这个话题好吗？

乙：好啊，兴办中外合资企业，利用外国人的资金和技术来开发本地的劳动力等资源，的确能够创造出可观的经济效益。

甲：对啊，不过事情也并不都像我们想象的那样称心如愿。昨天我在一个镇采访，这个镇的五金制造厂厂长就叫苦不迭。

乙：为什么呢？

话题就此展开，记者与评论员把最近采访得来的有关这个方面的各种情况进行分析和评论，然后又采访了这个市的副市长（出录音），请市长参与这个话题的讨论并以其中的一句话作为本评论的结束语："已经办的中外合资企业，就要千方百计管好。要积极创造条件，让中外各自的优势得到充分发挥，这样才能达到快速发展的目的。"

虽然按严格的广播评论来要求，上文并不是十分成功的，但这种对话的形式却是一次尝试，是应该肯定的。因为它设置的论题针对性很强，是社会公众关注的热点和难点问题，评论及时地提出了在兴办中外合资企业时要正确处理好"发得快与找老外"的辩证关系，从而使评论有较强的指导性和哲理性，同时运用对话形式说理，充分发挥了广播的特长，使听众产生亲切感，使评论具有较好的可听性，增强了听知效果。

自从近年把热线电话传播直接引入广播电台以后，普通听众在家里，只要拨通电话，就可以直接与节目主持人或远在京沪等地的专家学者、影视明星直接对话，直接参与交谈或讨论。这种交谈是双向的而不是"我说你听"式的单向传播。这种交流虽然原则上仍属于类交流，但时间和空间的距离大大缩短了。听众直接参与广播，也使广播真正介入了生活，贴近了听众。当然，直播节目不限于评论性的节目，更多的可能是专题性节目。在大量的直播的专题类节目中，办得好不好的关键性因素有两个：一个是设置的议题确实是社会的热点和难点问题，是人们日常生活中迫切需要回答的问题。二是节目主持人的学识、素养和能力，能否恰当地组织、引导和控制论题。为了解决以上两个难题，目前许多电台都在这类节目中设置了"导播"这样一个把关人，以帮助主持人更好地设置议题和节目播出过程的组织、引导及控制。

（四）带音响的评论

在我国新闻广播中，音响直到 20 世纪 80 年代后期才进入评论领域。它是录音报道在评论中的运用。严格地说，迄今还不能把带音响的评论称为一种评论形式，而只是音响在评论中的运用。尽管有时称为"录音评论"，或称为"录音述评"，但广播评论与录音报道不同，录音报道已经十分成熟，优秀作品迭出，而"录音评论"仍在尝试阶段。一个重要的原因，即音响不是评论内容的必要构成要素，对音响的要求也不一样。实际上，它与广播谈话、口头评论等的区别只有一条，那就是有没有运用来自评论客体的音响。

来自客体的音响可以进入评论领域，这应该是不成问题的。外界的许多事物和事件，在它发生、发展过程中，都伴随着某种音响。音响是事物或事件的组成部分，也在一定程度上反映着事物的性质或事件发展中的某种本质，恰当运用音响，等于增加了一种说理手段。但只有当音响能够为说理服务的时候，它才有存在的价值。评论需要从音响中提炼出或挖掘出的，也不是事物或事件的过程和场景，而是事物的本质、意义、影响等观念性的内容。因此，在评论中运用音响，这音响就应该成为评论内容的有机组成部分，而不是可有可无的附加物。

音响在广播评论中，可以起类似事实所起的作用，它可以直接支持论点，强化事实的论证能力。恰当地运用评论客体的音响，可以丰富广播评论的表现手段，增强它的听知效果。不过，一定要注意到音响本身的局限性以及音响运用于评论领域的特殊性，如随意采用，可能反而会削弱评论的效果。

广播评论中的音响运用，主要有以下几种类型：环境音响，即现场采录的用以表现环境特征、交代环境背景的自然界和人类社会的各种音响；现场谈话，即记者在采访现场的提问和采访对象的说话；后期解说；资料音响等。

音响在广播评论中的作用也是各种各样，有的是充当由头，引出话题，如广播评论《请你说声对不起》的开头部分。

音响：车水马龙的大街上汽车行驶声、自行车的铃声、嘈杂的人声、自行车摔倒的声音和两个人的口角声及不文明的字眼。

主持人：听众朋友，你们好！大家也许猜出来了，这是在车水马龙的路边发生的一件不愉快的事。

那么，这场马路风波是怎么引起来的呢？据说啊，是一个人骑自行车不小心碰到了另外一个人。听众朋友，您可能会说，就为这点小事吵架，太不可思议了。对，是不可思议。不过啊，只要稍微留点心，您就会发现，在我们的日常生活中，像这类因为一点儿小事而引起的争吵，可太多了。

有时它可以提供论据，佐证论点，如广播评论《大磁盘为什么走俏》中的音响部分。

一位经理的话：其实，我们中盘小盘并不缺，主要是现在上边的规定，不让大吃大喝。可有些单位既想吃喝，又怕违反规定，可用大盘子装呢，装得再多也算一盘。这样呢，他们也好交代，我们呢也合算，所以呢，我们就多买了些大盘。

有时它参与议论，烘托主题，如广播评论《不该忘却的纪念》针对建庙风盛行和抗战遗址受冷落的事实，被访人物同期声如下。

现在生活条件好了，就弄开了修庙塑神，把革命烈士给忘了，这就是忘本。不少人只知道修庙塑神，神仙没有给咱们打天下，今天的好日子，是那些烈士们用鲜血和生命换来的。人们好像忘记了这些。

音响在广播评论中的表现优势主要在于：增强论述的客观性，赋予其事实胜于雄辩的效果。增强论述的可信性和权威性，赋予其无可怀疑的说服力。增强论述的现场感和交流感，赋予其比语言叙述更好的感染力。

第三节　电视评论的特点和形式

电视起步很晚，电视评论起步更晚。在我国内地，直到 1958 年才建起第一座电视台——北京电视台（中央电视台的前身）。电视台建起以后，先有新闻，后有评论。真正的电视评论，在我国内地是 20 世纪 80 年代以后的事情。

电视评论的体裁和形式，既受报刊、通讯社评论的影响，更多的则是受广播评论的影响。本台评论员、编后、口播评论等体裁和名称，基本上是沿袭或套用广播评论的形式和名称。但 20 世纪 90 年代以来，电视新闻传播事业发展神速，电视新闻在内容质量的提高和形式多样化方面，令人瞩目。电视评论在实践中，也不断显现出它自己的独特个性和颇具生命力的独特形式，正逐步走向成熟。中央电视台以及一些地方电视台不断强化评论的地位和作用。真正高举评论大旗，做到评论立台并产生广泛影响的，当属凤凰卫视，其当下在播评论节目有"总编辑时间"、"时事亮亮点"、"新闻今日谈"、"寰宇大战略"、"震海听风录"、"时事辩论会"、"中国战法"、"一虎一席谈"、"凤凰全球连线"、"问答神州"、"有报天天读"、"环球人物周刊"、"今日看世界"、"今日视点"、"周末龙门阵"、"媒体大摄汇"、"军情观察室"等。知名评论员有吕宁思、何亮亮、阮次山、杜平、马鼎盛、邱震海、石齐平、王鲁湘、朱文晖、郑浩、马家辉、李炜等。可以说，凤凰评论节目的影响力超过了其一般的新闻节目，凤凰评论员的影响力也超过了其一般的新闻主持人。我们看凤凰卫视的一些新闻节目，要么是评论员与主持人同座一台，同时出镜，要么是评论员与主持人里外连线，一呼一应。人们看凤凰卫视，既是看其及时独家的新闻报道，更是听其深刻独到的评论解读。新闻与评论可谓各得其所、相得益彰。从量上讲，凤凰的评论节目数已超过资讯类节目数（"凤凰早班车"、"华闻大直播"、"凤凰正点播报"、"凤凰气象站"、"时事直通车"、"时事特区"、"凤凰子夜快车"、"凤凰焦点关注"、"资讯快递"、"周末子夜播报"、"周末正午播报"、"凤凰午间特快"、"全媒体大开讲"等），从质上讲，更是不言自明。

一、电视评论的特点

电视评论是新闻评论在电视新闻节目中的运用和发展。与电视新闻一样，电视评论的突出特点是集图像、声音、文字、色彩之美，使用多种符号传播信息。

电视与广播一样，是以无线电通信技术为其物质条件的。20世纪三四十年代是电视的成型时代。1936年，英国广播公司在伦敦建立了全世界第一个公众电视发射台，于11月2日开始电视节目的定期播出。法国于1938年，美国、苏联于1939年也都开始了电视实验播出。美国无线电公司于1940年首先试制成功彩色电视机。1945年，美国全国广播公司首次正式播出彩色电视节目。日本于1960年，法国、苏联、英国等都于1967年正式播放彩色电视节目。中国于1958年5月1日，北京电视台试播电视节目，9月2日正式开播。10月1日，上海电视台建成开播。中国于1973年开办了彩色电视节目。虽然起步很晚，但中国的电视传播事业的发展速度可以说是世界上罕见的。

无线电广播可以使不识字的听众也能听得懂；电视机也如同收音机一样，主要是以一种廉价而方便的方式向人们提供资讯和娱乐，因而拥有并吸引了大批听众和观众。电视新闻能使观众看到一如实际发生的事件，而给人以强烈的印象。党和国家的领导人，特别是在需要宣传某种主张，贯彻某项重大举措和社会发生某种危机的时候，很快发现了通过无线电广播或电视可以直接向人民讲话的好处，而不必等报纸来报道他们的声音。广播电视已经成为当前最重要的大众传播媒介之一。广播电视事业的飞速发展，使辽阔的世界成了一个"地球村"。

电视评论是电视新闻节目中的有机组成部分，首先要考虑电视新闻传播的特点，只有适应于电视新闻传播的特点，才能收到较好的传播效果。电视评论除了与广播评论共有的特点之外，还具有一些独特的地方，主要包括如下几个方面。

1. 视听结合，效果良好

电视评论可以听，可以看，既作用于人的听觉，又作用于人的视觉，双通道传递信息。视与听是人类接受外界信息的主要途径。据心理学家研究，人对外界的感受，60％来自视觉，视觉在人类的感官中是最重要的，通过我们的眼睛，可以比通过耳朵更能了解和熟悉周围的环境。从记忆效果看，听到的信息能记住 20％，看到的信息能记住 30％，边看边听，耳目并用，就能记住 50％。当然记忆的持久性有长有短，而人对于记忆本身是有选择性的，情况比较复杂。但耳目并用的记忆效果比之于单用耳朵或单用眼睛的效果要好，这是确定无疑的。记忆是理解的前提和基础，也是确定无疑的。因此，电视评论在写作和制作中，就可以既发挥广播评论的长处，又可以运用图像语言，同时辅之以文字解释，以提高收视率。

2. 声画并茂，形象逼真

电视评论透过电视荧屏，为人们提供了声画并茂、视听结合的"观察世界的窗口"。可看可听、真切具体、形象逼真、有现场感的综合传播，既顺应人的生理特点，又可使电视评论比之于广播评论，更贴近生活，贴近群众，使受众的感觉更真实、更亲近，且有具体的美感。它的感染力和说服力也更强。当然，电视传播有它不易克服的弱点，比如反映的表面性。电视所拍摄的画面往往是看得见、摸得着的，而人物内心活动和事物的内在规律，不容易用画面来表现。又如它反映的不可再现性，这与广播内容的稍纵即逝有点类似，不少重要场景，时过境迁，电视就无法到现场拍摄，这些对于电视评论来说确实有不利的一面。但随着科学技术的发展和表现方法的改进及形式的变化，扬长避短，这些问题是慢慢可以解决的。

3. 渗透力大，受众面广

当前，电视机已走进千家万户，电视评论的直观性、生动性，无时不在影响着广大的电视观众。与广播评论相比，电视评论的观众和听众，除了自觉地收听电视评论节目以外，更多的情况是处在不自觉的收听之中。电视频道的多选择性和声画并茂的荧屏美感，客观上促使广大电视受众在不注意的情况下"无意识"地收听收看了电视评论内容。这种潜移默化的力量，无形中更增加了电视评论的渗透力和受众面。这种优势是任何报刊评论、广播评论都难以望其项背的。

二、电视评论的形式

电视评论的体裁和形式是很多的，这里仅选择其中比较独特的一些形式，介绍如下。

1. 口播评论

口播评论是由播音员在荧屏上口头播讲的各类新闻评论稿件。这些评论稿件包括本台撰写的本台评论和广播电台、报刊、通讯社提供的评论文字稿等，它们的体裁形式和写作要求与广播评论没有根本的区别。但电视的口播评论，除了声音外，还有自己的形象特点。首先，播音员的活动图像出现在荧屏上，播讲评论时不仅有直观的服饰和发式等，还伴有面部表情、手势等非语言传播符号。其次，口播评论还往往配有背景画面和活动图像、照片、字幕、图表以及漫画、速写等背景材料。虽说是口播评论，实际上也是声画结合、图文并茂的。以下是凤凰卫视知名口播评论节目"总编辑时间"2016 年 1 月 11 日的实录。吕宁思分别就反腐、军队改革、沙特与伊朗断交、一带一路、A 股暴跌等多个新闻话题发表自己的看法，都是在每个新闻事件的新闻视频播出后进行评论，信息量非常大，口播风格也很突出。

吕宁思：中央纪委监察部 10 号深夜发表文章《继续探讨巡视与从严治党的关系》。

这篇文章开篇就强调说，中央巡视组代表党中央去巡视，那是政治巡视，而不是业务巡视。巡视的不是那个地方，那个单位，那家企业，而是那个地方的党组织和党员干部，这就是巡视的政治定位。那么文章问到什么是政治巡视呢，就是说要从政治上看问题，聚焦全面从严治党，党风廉政建设和选人用人等，巡视监督不是对被巡视单位的日常业务工作进行检查，这些都是由专门的部门来管的。中央巡视组的巡视报告，都集中反映被巡视党组织在坚持党的领导，加强党的建设等方面的情况。文章又说，巡视结果证明，一旦在坚持党的领导、落实中央精神方面不坚定、不坚决，或者说一套做一套，贯彻一半放一半，必然导致在发展方向、选人用人等方面跑偏，影响制约各项事业的顺利推进。

这篇文章认为，政治巡视是一个逐步探索的过程，巡视工作要紧紧围绕坚持党的领导这个根本来开展，虽然各个地方的具体情况各有不同，但是坚持党的领导，贯彻中央精神不能有任何例外，巡视要把焦点对准党组织的政治责任，对准党员领导干部应当肩负的政治职责，发挥利剑作用，确保从严治党真正落到实处。

吕宁思：军队改革雷厉风行，10 天前公布了建立几大军种之后，今天又公布了军委总部机关的 15 个职能部门，取代原来的军委四总部。原来的总参谋部、总政治部、总后勤部、总装备部，分别成为隶属于军委机关中的联合参谋部、政治工作部、后勤保障部，还有装备发展部。在 15 个军委机关的职能部门当中，军委办公厅排在首位，这是军委主席和军委委员的秘书机构，随着军委机关的调整组建，军委总管、战区主战、军种主建的新型军队架构的上层建筑已经成形成，整个军队的体系也是十分清晰了……

吕宁思：香港《南华早报》网站 11 号刊登了察哈尔学会的学者张敬伟的文章，讨论中国"一带一路"经略世界的得与失。

《"一带一路"牵手阿拉伯的得与失》这篇文章的作者认为，阿拉伯世界并不太平，中国在这一地区虽然没有地缘政治利益，却有斩不断的经贸联系，首先中东是中国主要的能源供给地，也是中国"一带一路"战略的重要节点。参与这一地区的和平重建，是中国面临的现实使命，阿拉伯世界从大乱到大治，符合中阿双方的利益。据统计，中国已经成为 9 个阿拉伯国家的最大贸易伙伴，阿拉伯国家已经成为中国重要的原油供应地和工程承包及海外投资市场，这为双方共建"一带一路"打下了坚实的基础。由于这两年全球能源价格暴跌，中东主要产油国面临经济发展的迟滞，财政收入的减少等严重的挑战，那么中国经济新常态也加剧了中国产能过剩和需求的减少，在此情势之下，"一带一路"战略为中阿经贸关系转型升级，提供了契机。

中国产能和技术对于改善阿拉伯国家单一的石油经济，具有促进作用，优化阿拉伯国家的产业结构，比买阿拉伯世界多少石油意义更大。此外呢，伴随着人民币国际化进程的加速，人民币在阿拉伯国家也越来越受到欢迎。另一方面困扰中阿合作和"一带一路"战略的不利因素也有三个。第一是中东地区的动乱因素和伊斯兰国制造的恐怖袭击，使得中国的"一带一路"战略和好，不能够在整个的阿拉伯世界发挥作用。第二是美俄在叙利亚和整个中东的地缘政治博弈战，也使得中国在这一地区的经贸活动受限。中国这个客观的第三方角色，一不小心就会被俄罗斯和西方世界误读了。第三是中阿经贸合作，尤其是在产能项目合作上还要磨合，由于中阿存在着文化和生活方式的不同，也会影响双方的经贸合作，比如中国和沙特的高铁合作项目，最终是无果而终，也就是一个例证。

吕宁思：1 月 11 日星期一，A 股再次上演暴跌。其实呢已经不令人惊讶了。换言之呢，他应该是在经济战略观察家们的意料之中，应该在大多数投资者的意料之中。我们的专业机构在向股民解释每天的股市行情时总会找出一些技术层面的原因，而且无非是那几个原因。比如说，先把罪过甩到美股上面，这是周边市场风声鹤唳，致使我们的 A 股再难以独善其身。其次呢，是人民币大幅贬值，热钱流出超过预期，压制了股市的反弹。第三是减持新规效果仍待观察，对注册制的顾虑也没有消减。第四是上周杀跌势头过猛，空头短期惯性较强。其实最重要的东西，没有拿出来谈，也是最抽象的东西。就是市场上的悲观情绪是如何产生的。我们常说信心是黄金，中国经济从高增长转为新常态，是大家都知道的东西。经济减缓，大家并不惊讶，GDP 的减速并不是灾难。问题就在于，如何有效地控制让它软着陆……①

2. 电视谈话

电视谈话由广播谈话演化而来，评论员、节目主持人、记者、编辑等电视新闻工作者出现在荧屏上并伴有身势语，向观众讲述和评价新闻事实，发表意见和观点。讲述和评价时，也可以配有各种背景材料画面和字幕说明。电视谈话的形式多样，既可类似于广播谈话和广播口头评论，也可以组织对话、问答、讨论和辩论等。自从电视台开通直拨热线电话以后，电视观众像电台听众一样，可以直接参与由节目主持人组织的议题交谈和讨论。电视台还可以直接组织有关专家、行家、行政领导和社会名流，在电视台进行现场的或录播的电视讲话、讲座等。以下是凤凰卫视知名谈话节目《新闻今日谈》2016 年 1 月 11 日的实录。

阮次山： 开年到现在，大家可能会感觉到《新闻今日谈》在这个 11 天里面，已经做了四五期的有关中国经济、中国金融、中国股票的节目。其实大家也都不希望在开年的时候谈到中国的金融，尤其是股市的这种开门不红的情况，可是我们其实有点担心，在 2016 年，中国的经济股市，还有资本市场的变化，会让我们到底损失多少。

……

今天我们非常高兴能够请到我们的老朋友，中国人民大学金融证券研究所的所长——吴晓求教授。

我们平心静气地来谈一下，我们不要戴任何的框框、任何的帽子，我们谈一谈，今后的这一段日子，我们这个股市、我们的人民币及市场、金融，到底要怎么过？吴教授您看，一般的观众，他们会问，我们今年开年怎么了，到底怎么回事呢？您可不可以以深入浅出的方式来谈一谈这个问题。

吴晓求： 的确，2016 年一开头，实际上全球的市场，当然也包括中国的市场，开门都不好，都出现了比较大幅度的下跌，这个和以往历年相比较，

---

　　①　选入本书时有删减。

应该说还是有很大的不同。尤其是中国的市场，投资者受到的伤害非常的大，市场出现了大幅度的下跌，我看就这几个交易日加起来，也就 6 个交易日，6 个交易日你能发现有 4 天是下跌的。

阮次山：对，跌幅很大。

吴晓求：而且跌幅很大。我们在 1 月 8 号如果不取消有关机制的话，今天也触发了熔断。所以我们在 1 月 8 号就把熔断机制停了。当然市场这样一个大幅度下跌，现在全世界都非常关心。因为中国的资本市场发展到今天，金融未来的改革，对中国经济的发展，对中国未来的转型都是非常重要的。所以上至中国的各个部门，包括领导，下至老百姓，都非常关心市场的发展。当然市场下跌的因素非常多，如果真要概括的话，我觉得是 3 个方面的因素。第一个是经济基础的因素，这个包括国内国外。国际上这次对全球经济增长 2016 年的预期，都是在下调的。而且中国又是全球最大的贸易国。因此从这个角度来看，显然会对中国的经济有一些负面的影响。从国内的经济来看呢，我们转型还应该是处在困难时期。网上也在发段子说我们每年都很困难。实际上呢，2016 年迄今为止，应该说是比较困难的，客观地讲。以往当然也困难，但是还是有解决的办法，或者说解决的办法相对容易找。但是 2016 年呢，当然我们最后也能解决，但是解决的困难大一些。因此实体经济当然面临转型，而且经济增长的速度，包括人民币的国际化，包括我们未来经济增长的动力来源在哪里。这是实体经济方面的。第二方面就是金融层面的，最重要的是两个因素，一个就是人民币贬值的预期比想象的要严重。原来一般看来在 6.6 左右是能够稳定下来的，但是现在来看 6.6 还是很难稳定的。这个贬值的预期对资本市场的影响是直接的，包括一些热钱的流出，包括我们每个月、每个季度外汇储备流出的速度规模还是比较大的。我们现在只有三万三千亿美元的储备。另外就是大宗商品的下跌，包括美联储加息的预期，这些都会给中国的资本市场带来影响。

阮次山：……那现在我们就是机制的问题，还是我们哪一方面，这个不够健全？

吴晓求：的确，在我们国家，这个资本市场上，我个人认为，应该说沟通是不够的，而且论证的过程也是不充分的。当然这可能源于我们国家的一些特点……

阮次山：请吴教授替我们把把脉，2016 年剩下 11 个多月的时间，我们别的不讲，在金融市场，在资本市场，我们这一关怎么过呢？

吴晓求：应该说呢，我们资本市场遇到了一些困难，因为我们中国的资本市场现在处在一个制度的转型期，而且 2016 年对中国资本市场最重要的是一个资本变革。所以如果说我们国家经济方面有供给侧的改革，实际上中国的资本市场也有供给侧的改革，所谓供给侧的改革就是制度的改革和结构调整。这个市场最重要的比如说注册制的改革，这就是供给侧改革，因为它主要是要改成它的供给，那么包括交易制度的改革，也包括并购重组效率的提升，包括退市机制的一个完善。像这些实际上都是我们资本上供给侧的改革，那么这个改革实际上最重要的目的，是要优化它的供给效率，所以从长期来看，当然中国资本市场肯定是有发展前途的，这一点我觉得毋庸置疑，因为中国是个大国，中国不可能没有一个发达、健康、充分开放的资本市场。所以从这个意义上说，它的前途是很光明的，但问题是我们从现在开始如何找到那个具有光明前途的目标……这个实际上是考验我们的智慧。因为现在我们也没什么经验可以借鉴，因为中国市场是一个相对特殊的市场，我们只有积极进取，认真探索，同时还要广泛征求大家的意见，我认为这样我们才能达到目标。

阮次山： 在过去，我们媒体人常常有一个理想，就是在这种过程当中，我们媒体人能够做什么？

吴晓求： 你说这个问题非常的好，因为 2015 年出现了股市危机，虽然有些人不同意这样一个提法，我还是坚持这样一个学术标准，因为一个国家如果 10 个交易日，它的跌幅超过了 20％，应该说就出现危机了，况且我们国家出现了两次，加上这次已经快接近于三次了，这肯定是危机。所以说我们在总结 2015 年出现股市危机的时候，其中有一个原因，就是媒体有时候放大了社会的舆论，而且把国家牛、改革牛那个情绪给放大了。所以媒体人我认为最重要的是，要客观地去报道这个市场的情况……

阮次山： 好，今天非常谢谢吴教授，或多或少给我们一点信心，给我们一点启发，谢谢。感谢您收看今天的"新闻今日谈"，明天同一时间，再见。①

3. 电视述评

这种评论形式以活动图像为主，与背景材料、文字解说词、画外音等相结合，进行现场的或录像的播出。它是以评论员或主持人（记者或编辑）为主串联的，是一种综合性的电视评论形式。电视述评要把观众"带入"现场，用夹叙夹议的方法，以画面提供的事实为依据，时而用画外音叙述，时而在荧屏上评论。它是新闻述评在电视评论中的运用和发展，以画面叙述为基础，

①　选入本书时有删减。

以评论为主线。它的选题立论有的放矢，新闻性和针对性都很强。电视评论把众多新闻事实呈现在观众面前，在叙述事实的基础上，夹叙夹议，自然地引出观点、看法，就实务虚，叙事说理，既具体形象，又生动逼真，有很强的感染力，使观众容易接受。这种节目往往制作成单独的专题的评论片形式。例如，1996年年底浙江省广播电视优秀新闻作品评选获奖作品《要把群众的冷暖时刻记心上》（宁波电视台1996年9月26日播出），在电视述评的内容、结构和表现手法方面，基本体现了上述特点。

要把群众的冷暖时刻记心上

（主持）一个共产党员，特别是基层党组织的领导同志，要把关心群众疾苦，帮助群众排忧解难作为自己应尽的职责去对待，然而，最近发生在我市鄞县望春区的一个新闻事件，却不能不使我们感觉到这一天职被他们亵渎了。7月4日，记者接待了梁家漕居民的来访后，赶往鄞县横街采访。我们去时，正值是个天晴无雨的日子，但梁家漕却依然是汪洋一片。

现场　采访居民

梁家漕本来地势就比较低，三年前，横街镇政府在梁家漕东面修起了一条马路，西面造起了一排房子，地基都垫得比梁家漕要高，再加上没有规划下水道，水泊梁家漕成了必然。

采访居民

据了解，横街镇漕家巷住宅是1977年建造的一幢三层结构住宅，属望春房管所公有住房，现有居民22户，其中一楼居民13户。建房之初，四周几乎没有其他建筑。近年来，由于横街镇建设发展较快，周围的居民住宅和其他建筑均高于漕家巷，该地段地势明显降低。去年，横街镇从北至南建造的水泥路高出漕家巷居民住宅约40厘米，致使漕家巷出水不通，平日里巷内积水不断，下雨时一楼住宅均遭水淹。从1993年至1995年，部分居民已多次向镇政府反映，镇政府和房管所采取了一些临时措施，但未能彻底解决问题。1996年春节这部分居民的呼声更加强烈，为此，镇政府研究决定重新铺设大口径管道，并于6月16日与施工队签订了合同，但是由于督办不力，迟迟未能动工，致使部分居民向我台新闻中心来信来访反映。

从梁家漕出来，我们走进了漂亮的横街镇办公大楼，一位负责城建的副镇长漫不经心地解释说。

采访横街镇副镇长（出图像、录音）

一句一个不清楚，一口一个不知道，就把这样大的一件事给打发了。那么这个镇的党委书记清楚不清楚呢？

　　采访横街镇党委书记(出图像、录音)

　　结束了对横街镇的采访之后，我们向市委书记递交了《关于鄞县横街镇部分居民住宅积水情况的调查报告》，许书记当即在报告上写了三点意见。

　　一、立即采取措施，解决群众水淹之苦；

　　二、查清为什么造成如此不负责任之后果；

　　三、时间已三年，为什么对群众疾苦熟视无睹？

　　市委办公厅根据指示精神召集市纪委、鄞县县府进行了专题研究。7月8日，鄞县县府召开办公会议，要求横街镇必须在8月底处理好此事，鄞县县委副书记先后三次到横街现场办公。经过近一个半月的努力，横街镇投资近4万元铺设了排水管道，使22户"水上人家"告别了"水乡"生活。

　　9月24日，本台记者再一次来到横街(采访居民)。

　　现场音

　　1. 现在没有进水了，比较干了，过去穿雨鞋现在穿皮鞋，领导好啊！

　　2. 只有共产党做到实际对人民有利。知道人民疾苦，我年纪80岁了，很感动。

　　(主持人)在跟踪采访这个新闻事件的两个月时间里，我们的记者一直在思考这样的一个问题，一个并不算大，而且解决起来并不复杂的问题，为什么要在市委书记亲自过问下才能得以解决，不能不令人深思。如果我们的基层干部能早些倾听群众呼声，早些深入群众，早些制订出解决办法，而不是怕施工难度大，怕手续难办，怕施工队难找，这里的居民就不会一直过着"水上人家"的苦难日子。

　　这是宁波台报道的。

　　这篇电视述评依据的新闻事实是独家采访且是跟踪报道的，具有真实性和典型性，从中引发的议论自然合理，又具有一定的普遍性和指导性。解决22户居民住宅三年遭水淹这样的群众疾苦问题，关系到人民日常生活中的切身利益。本来不难解决却为何拖了三年之久？又为什么本来基层干部可以解决的问题非要等到市委书记指示才能解决呢？这些问题确实令人深思。该述评以新闻事实为基础，以评论为主线，以画面提供的事实作为观点的论据，有叙有议，叙议结合，既有主持人，又有记者采访，还有当事人的实录图像等，结构比较合理。虽然有些地方显得粗糙，但仍不失为优秀之作。

　　从1994年4月1日起，中央电视台新闻评论部每晚在"新闻联播"之后的黄金时间，推出13分钟的新闻评论节目——"焦点访谈"。该节目很能体现电视评论的特色。"焦点访谈"具有强烈的新闻性，节目的主题采访、画面编辑、后期合成都充分遵循电视新闻规律。在采访方式上突出纪实性和现场感，实际上是保证它的真实性和新闻性。这档节目从内容和反映方式看，大体分为四种类型：调查分析式、追踪采访式、快速反应式、访谈述评式。节目的具体内容包括热点话题、热点人物、社会事件、社会问题、重大政策的出台及背景解释、改革开放的新经验和新问题，也包括一些国际事件、国际问题等。

自中央电视台开播"焦点访谈"节目以后，各地方电视台纷纷仿效，开设了各种类型的电视评论节目和栏目，大多属于新闻述评性的。也许是电视媒介的优势和特长，更适合于用新闻述评的形式表现新闻媒介的观点和意见，各地方电视台在电视评论实践中，已经迈过仿效的阶段，有了许多的创造和突破。例如，浙江电视台从1996年元旦开始首播的理论电视片"旗帜"，以理论电视片的形式，系统形象地宣传邓小平同志建设有中国特色社会主义理论，在理论宣传方面是一次新的较为成功的尝试。该片努力克服用电视手段开展理论宣传所具有的困难，采用灵活多样的表现手法和声画结合的语言特长，使理论的广博内涵与电视的丰富表现形式结合起来，基本达到了理论电视片声、画、情、理并茂的宣传效果。该片播出后，受到党政宣传部门、理论界和社会公众的欢迎。虽然理论宣传不能等同于新闻评论，但新闻评论如何加强它的时效性和理论性，应该引起新闻评论界的重视。

电视评论的节目类型和电视评论的栏目随着电视业务的发展也在不断地丰富和变化。在一些重视评论的电视台，一个评论员往往要出场多个不同的评论节目。例如，吕宁思不仅主播"总编辑时间"，还在"凤凰焦点关注"、"时事直通车"等以新闻资讯为主的栏目中定时评论。面对不同定位、不同要求的评论节目，评论员如何把握才好呢？吕先生的回答是："议题是不同的，内容是不同的，那么节目当然也是不同的，可是你就像任何一个工作，特别是我们新闻工作，评论工作尤甚，意思就是说他肯定不管你做什么都会突出你自己的风格，就像在娱乐界，人们跟的是演员，有的时候跟的不一定是戏，那么在新闻记者或者是做评论，或者是做作家这行里边也有特点，就是人们跟的是人走，不一定跟你做什么去走，所以说你的个性有的时候比你做的节目还要重要一些。"可见，评论员对自身评论个性的追求和彰显，对提升评论效果和增强媒体影响力也至关重要。

思考和练习

1. 广播电视评论与报纸评论最大的不同是什么？

2. 试着去听一些在业界或在受众中影响较大的广播台、电视台的知名评论节目，比较它们之间的优劣和异同。

3. 最近有没有发现一些新的评论节目类型？新在哪里？

4. 如果将来做评论员，你更适合做广播、电视、报纸、网络中哪一类的评论员？

第十三章　网络言论

在传统的大众传播媒体中，新闻报道主要是发布事实性信息，而新闻评论重在发布意见性信息。在新闻宣传和舆论营造的过程中，新闻评论往往发挥着更直接、更有效的作用。报刊评论有报刊的灵魂和旗帜之称，广播电视评论是衡量电台、电视台实力和社会公信力的尺子。而随着被称为第四传媒的互联网的兴起和昌盛，原有的相对垄断、管控严明的媒体生态和格局被打破。互联网以前所未有的开放性和交互性为公众提供了一个完全不同的信息空间和言论空间，在营造开放的信息资讯环境的同时，也给新闻评论的内容和形式带来了巨大的变化。在传统媒体新闻评论蓬勃发展的同时，网络新闻评论后发有力，呈居上之势，成为日益普及和重要的媒介评论形态。

第一节　网络言论的勃兴及其原因

一、传统媒体纷纷抢滩互联网

从 1969 年美国加州大学、犹他大学、斯坦福大学第一次联结成一个简单的互联网，到 1993 年克林顿政府提出"信息高速公路"的计划，互联网便以令人难以置信的速度扩张到了世界的每一个角落，给人类生活带来了巨大的变化。虽然从不同角度看，互联网具有不同的特质，但一个不争的事实是：互联网是一种媒体。因此，1998 年 5 月联合国新闻委员会年会宣称：网络是第四媒体。[①] 作为一种媒体，新闻传播是它的重要功能。它与生俱来的便捷性、互动性和海量性，理所当然地使它成为新闻传播的首选媒体。作为一种传播介质，互联网是一种工具的革命性的变化，可以囊括传统新闻媒体一切表现形态和特征，同时还具有传统媒体所没有的特性。所以，互联网诞生后，传统媒体不被看好，有人甚至认为报纸会像马车一样消亡。传统媒体在积极应变、扬长避短的同时，于 1995 年始，纷纷抢滩互联网，在虚拟空间上安营扎寨，建立自己的根据地，以全新的形态进行新闻传播和新闻扩张，野蛮生长。

[①]　仲志远：《网络新闻学》，1 页，北京，北京大学出版社，2002。

从世界范围来看，传统媒体蜂拥舣网的时间分水岭是 20 世纪 90 年代。此前，已有几个拓荒的先行者。1987 年，美国的《圣何赛信使报》率先将它的文字内容放到了网上，成为世界上第一家电子报纸。1993 年 12 月 6 日，中国南方的一家地方性报纸《杭州日报·下午版》，拉开了中国报纸电子化的序幕。到 90 年代中期，万维网和浏览器的推出，音频、视频"流"媒体技术的开发，不仅掀起了纸媒体的上网热潮，也激发了广播、电视媒体的上网热情。在美国，像《纽约时报》、《华盛顿邮报》、《华尔街日报》、《芝加哥论坛报》等著名媒体都纷纷挺进互联网，且在网上产生了巨大的影响。美国广播公司（ABC）、哥伦比亚广播公司（CBS）、福克斯广播公司（FOX）、美国有线电视新闻（CNN）等电视媒体，也将烽火蔓延到了互联网上。在中国，1997—1999 年是媒体上网的一个高峰期，《人民日报》、《光明日报》、《经济日报》三大报都有了自己的网络版，中央电视台、中央人民广播电台、中国国际广播电台三大广电媒体在互联网上也开始有了一席之地。

在传统媒体纷纷触网的同时，商业网站也涉足新闻发布。从 1998 年下半年开始，为了向门户网站转化，中国的一些商业网站开始将新闻作为其内容的一个增长点，新浪、搜狐等网站开设了新闻中心、新闻频道、新闻论坛。至此，网络新闻传播时代的大幕徐徐拉开。如今，我国的网民数量世界第一，据中国互联网信息中心（CNNIC）发布《第 37 次中国互联网络发展状况统计报告》显示，截至 2015 年 12 月，中国网民规模达 6.88 亿，其中，手机网民为 6.2 亿，占网民总数的 90.1％。另加上百度、腾讯、阿里巴巴等大型网络企业纷纷在海外上市，在人们的印象中，中国已然成为名副其实的网络大国。与此相应，网络言论的数量越来越大，影响也越来越大。

美国普利策新闻奖于 2005 年将网络文章纳入评选范围，中国新闻界在网络时代也不甘落后，2005 年度的中国新闻奖和一些地方新闻奖的评选中便把网络媒体列为评奖范围和颁奖对象（其中包括网络评论），这是新中国成立以来的第一次。当时有关人士称，"今年的中国新闻奖因为有了网络作品而成为最大亮点，也因为有了网络新闻作品而更为全面"，"对于网络媒体而言，这不仅是一种奖励，更是对新闻网站的认可或网站'身份'的确认"，"可以载入中国网络媒体发展的史册"。其后，对网络新闻评奖越来越重视，以人民网为例，截至 2014 年，该网共计 10 次荣获中国新闻奖一等奖。网络新闻、网络评论的天地里一样可以大有作为，在 2014 年第二十四届中国新闻奖评选中，共有 18 件网络新闻作品获奖，中国经济网的网络评论《限制"公款消费"本质是制约权力寻租》获得了本届中国新闻奖特别奖，这也是首次有网络新闻作品获此荣誉。

二、网络言论的勃兴

与传统的大众传播一样，网络传播信息也分为事实性信息和意见性信息。由于网站的多半信息来自于转载，原创显得尤为重要，而评论是体现原创的最好阵地。在网络传播环境下，人们倾向于更加关注有独特视角的新闻和对新闻内容的独特解读。网络言论即属于网络传播中的意见性、解读性的信息，具体说来，网络言论是指网民通过新闻网页所设的言论专栏发表的评论文章和以网络媒体论坛议论或其他的方式发表的评价性的意见。从承担评论的主体来看，可以把网络新闻评论分为网站评论、专家评论和网民的交互性评论。

众所周知，"去中心化"是互联网的基本属性之一，网络空间给广大网民提供了平等表达自己意见的"新公共领域"，良好、通畅的对话空间，有助于成为社会冲突的"安全阀"，有利于缓解社会矛盾，促进社会和谐。近年来，我国政府积极倡导、引导网络参政议政，广大网民通过互联网这一最便利的发声平台评论时事、反映民生、建言献策，网络已经成为推进社会主义民主政治建设的重要力量。中国互联网信息中心于 2015 年 2 月公布的第 35 次调查报告显示，网络空间已经成为人们发表言论的重要场所。有 43.8％的网民表示喜欢在互联网上发表评论，其中非常喜欢的占 6.7％，比较喜欢的占 37.1％（图 13-1）。

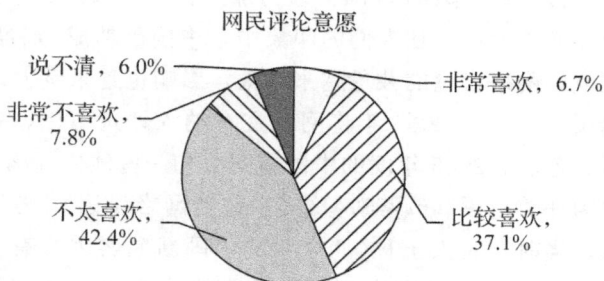

网民评论意愿

说不清，6.0%
非常不喜欢，7.8%
不太喜欢，42.4%
非常喜欢，6.7%
比较喜欢，37.1%

来源：CNNIC 中国互联网络发展状况统计调查　　　　　　2014.12

图 13-1　网民评论意愿

而在各种群体中，青少年群体的网络舆论表达意愿更强烈，尤其是 10～19 岁网民网上发言积极性最高，有 50.2％的比例。其次是 20～29 岁的网民群体，有 46.6％的比例（图 13-2）。青少年处于思想意识形成期，言论表达的积极性较高，网络空间给了青少年群体更大的自由表达空间，有利于培养独立的个性。同时，网络空间的虚拟与现实混淆，言论的群体极化效应等也会对青少年的社会认知产生一定的影响。

不同年龄网民愿意网上评论的比例

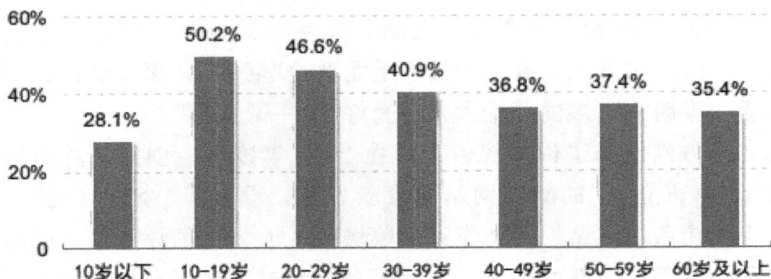

来源：CNNIC 中国互联网络发展状况统计调查　　　　　2014.12

图 13-2　不同年龄网民意愿网上评论的比例

对于传统媒体来说，评论乃新闻媒体的灵魂和旗帜。同样的道理，新兴媒体也需要凸显自己的声音，甚至更需要也更便于发声。网络评论伴随互联网的发展，凭借其一般传统纸媒评论所不及的及时性、互动性、敏感性、多样性、大众性以及作者行文的洒脱、活泼、尖锐、泼辣，必然成为新闻评论中一支虎气生生的新军，受到广大网民的喜爱。基于互联网互动性之上的网络评论，是各大新闻网站的关注点和生长点。

《北京日报》、《北京晚报》、北京人民广播电台、北京电视台、北京有线电视台、《北京青年报》、《北京晨报》、《北京经济报》、《北京广播电视报》九家媒体合力打造的千龙新闻网，从 2000 年 5 月 8 日试开通的第一天起，就推出了自己的评论专栏"千龙时评"，关注时享热点，评说是非得失，每天独家特约评论不少于一篇。对中国网络媒体来说，这可以说是首开先河。事实证明，多年来，"千龙时评"（后更名为评论范围更广的"千龙网评"）不仅发挥了独特的作用，更难得的是，它也赢得了网民的称赞和肯定。2013 年 8 月，着眼互联网舆论场发展新趋势，千龙网全新打造网络评论，对原评论频道进行改造升级，推出"首度评论"频道，宗旨是"网评热点、先声夺人、发正能量"。频道重视原创评论，推出"今日首评"、"首度网评"、"首度追问"、"首度话题策划"等围绕首度特性的系列栏目，力求第一时间以精心独特的视角，理性观察，建设性点评，发出主流声音。"今日首评"着力针对当日或近日备受舆论关注的重大热点新闻事件发声；"首度网评"为综合类原创评论栏目，着力全面聚焦各领域焦点、热点；"首度追问"为追问式评论栏目，着力发挥评论的建设性监督功能；"首度话题策划"着力对重大议题和热点开展多角度的系列评论。频道还创新推出"一字申论"、"一句点睛"、"一事广评"等栏目，着力通过点、线、面的方式点评事件，解构热点话题。同时推出"图片评论"、"漫评天下"栏目，将图片、漫画与文字形式融于一体。频道进一步发展"开门办评论"的方式，致力于发展千龙评论"名家"，深度解读话题事件背后的本质，期盼有更多的评论大家、爱好者"一试身手"。

上海的东方网也作了许多探索，早在 2000 年该网一创办，总编辑徐世平就提出了"以言立网"的新闻网站建设新思路，设立了"今日眉批"评论专栏，约请上海市版协主席、杂文作家江曾培等 9 人为特约评论员，同时又广征网友来稿，注重社会新闻，点评众生万象。针对当日所发生的新闻，发表个人署名评论，每篇字数在五六百字左右，一般不超过 1000 字，以快速反应见长，半年就发表了 1400 多篇，日均 7 篇以上。在每天刊出的 1000 多篇新闻中，政论的点击率居前 20 位。2003 年 10 月，东方网正式推出"东方评论"频道，以"今日眉批"栏目亮相，滚动日发原创评论五六篇，成为全国最早推出独家评论频道的新闻网站之一。经过多年打造，"今日眉批"现已成为东方网的知名品牌栏目，所发评论大多围绕舆论关注的焦点、百姓关心的热点以及党和政府工作的重点进行评说，针砭时弊，击恶扬善，观点鲜明，几乎每天都有被国内外网站、纸媒转发的好文，影响日益深远。

作为全国体制内网络舆论媒体领军者的人民网，2001 年 3 月起就推出了新闻评论栏目"人民时评"，每天刊出一篇评论。人民时评的特点是，围绕舆论关注的焦点、百姓关心的热点发表评论，评述权威、有力，语言明快、犀利，具有极强的冲击力和感染力，因而点击率最高，转载率最高，网友反馈率最高，堪称我国目前最具影响力的网络时事评论，被誉为"网上第一评"，也被专家称赞为"开创了网络新闻评论的先河"。每年从中荟选汇编出版的年度"人民时评"，在业界和读者中具有很大的影响。

网络新闻评论一般是在主页设置"观点"、"论点"、"今日眉批"等言论专栏，列出评论标题，用户点击后阅读新闻评论的全文。

互联网上政论的勃兴，对传统媒体特别是印刷媒体的政论和杂文提出了严峻的挑战，使读者的阅读习惯也发生了巨大的变化。许多网友得悉重大政治事件发生后，首先想看一看网上说些什么了。

给受众营造一个全新言论空间的，不仅仅是上述网络媒体言论专栏，还有各商业网站与媒体网站开设的形形色色的网络论坛。这是一个和网络技术有关的网上交流场所，一般就是大家口中常提的 BBS。BBS 的英文全称是 Bulletin Board System，翻译为中文就是"电子公告板"。BBS 最早是用来公布股市价格等类信息的，最初 BBS 连文件传输的功能都没有，而且只能在苹果计算机上运行。现在的网络知识流行太快，每个行业都有自己在网络中进行交流的一块区域。网络媒体利用 BBS 功能，创立的这种全新的言论形式，实现了其他任何媒介在现实中和技术上都不可能实现的多元言论空间。当今中国大量极具民间色彩和争鸣色彩的网络论坛，几乎成了言论自由的试验平台，被认为是观察中国政治和民意的一个窗口，是一条符合国情的反映国风社情和民意的全新之路。

中国媒体网络论坛的设立要追溯到 1999 年。1999 年 5 月 8 日，中国驻南斯拉夫大使馆被炸，激怒了所有的中国人，情绪激动的国人寻找着各种表达抗议和愤怒之声的途径。

人民日报网络版作为国内最具影响力的新闻媒体网站，对此突发事件做出了迅速反应，从上午开始进行翔实报道，当晚报社领导亲自组织并拍板决定，在曾开设过一段时间后因故暂停的体育论坛的基础上，开设"抗议北约暴行论坛"。经过多方努力，5 月 9 日下午 4 时，论坛正式推出。广大网友开始不敢相信人民日报会有这一举措，进而积极投入，短短一个月内，论坛的帖子就达到了 9 万余个。当时论坛是 24 小时开放，网络版急调了几位编辑，在论坛轮流值班。随着时间的推移和事件的发展，网友的话题渐渐转入"强国"，因此人民日报网络版适时地将"抗议论坛"改名为"强国论坛"，于 6 月 19 日晚 9 时正式推出。这一名称是民心所向的体现，它在广大网友中产生了强烈的共鸣，得到了普遍的认同。8 月初，论坛设立了专门负责人，并于 9 月正式成立了论坛组，每天上午 8：00 至次日凌晨 0：00 不间断运行，随后除时政性的"强国论坛"外，人民网还陆续开设了读书、体育、中日关系等 15 个论坛，形成了以强国论坛为龙头的论坛群。

随后，几家主流网络媒体也相继开设论坛，如新华网开设了"新华论坛"，中青网开设了"中青论坛"，大洋网开设了"大洋论坛"，北青网推出了"青年论坛"，这些论坛的议题涉及的范围很广，但最吸引网民眼球的是时政论坛，对现实的不满和忧思，对一些社会现象的抨击，对一些重大政治问题、社会问题、外交问题以及影响较大的突发性事件的建言献策，都释放到论坛上来了。网络论坛不但是网民讨论新闻事件、议论时政的重要阵地，实际上也是媒体重要的新闻信息的来源。

目前，中国大陆最著名的网络论坛有搜狐论坛、新浪论坛、百度贴吧、天涯论坛、华声论坛等。2009 年 9 月，全球中文论坛 100 强评选委员会开展了评选，揭晓的其中前 50 强论坛是：天涯社区、猫扑社区、搜狐论坛、凤凰论坛、网易论坛、新浪论坛、凯迪社区、强国论坛、百度贴吧、大旗网、中华网论坛、泡泡俱乐部、西祠胡同、QQ 论坛、ChinaRen 社区、铁血社区、新华网论坛、环球网论坛、京华论坛、华声论坛、奥一论坛、红网论坛、搜狗说吧、19 楼论坛、西陆社区、大洋论坛、青青岛社区、四川麻辣社区、天府论坛、Tom 论坛、雅虎口碑论坛、CCTV 论坛、21CN 社区、南方论坛、奇虎网、国际在线论坛、IT168 论坛、中新网论坛、中广网论坛、榕树下社区、山东大众社区、河南大河社区、水木社区、古城热线论坛、广西红豆社区、上海热线论坛、Donews-IT 写作、a5 站长论坛、落伍者论坛、魅族论坛。

网络论坛的弊端也不容忽视，论坛的诚信危机、单纯依靠文字交流、虚拟世界是否安全等因素日渐引起关注。随着 Web2.0 时代的到来和博客、微博、微信等更新形式的媒体的普及，论坛逐渐失去了固有的重要地位，虽然用户规模和网民使用率可能还在一定阶段有所增长，但在整体人气和影响力都慢慢地在走下坡路。

接下来的新兴的网络言论表达方式是博客和微博。自 2002 年起步，博客在中国已有近 14 年的历史。博客是一个内容发布平台，它的兴起源自人们自我表达的需求。从社会传播的角度来看，它是一个社会化的草根媒体，让网民从信息的接受者变成信息的发布者和评选者。早期的博客兼具自媒体属性和交互属性，是公众交流信息、展示自我的重要平台。随着社交媒体和社交网络的兴起，博客的交互属性逐渐被替代，如今博客的创作者主要是精英人群，呈现的内容也趋于专业化，博客的阅读者则主要把博客当成获取信息的渠道来源。随着博客社交性退化和媒体功能凸显，其使用率呈现回升态势。据权威统计，截至 2014 年 12 月，我国博客用户规模为 1.09 亿，较 2013 年年底增加 2126 万，增长率为 24.2% 。网民中的使用率为 16.8%，比 2013 年年底增长了 2.6 个百分点。

因微博在盛行时间上、用户数量上和社会影响上已超越博客，这里重点介绍一下微博。网络上流传有关微博的这样一段表述，非常生动形象：脱了袜子自己闻，那叫日记；脱了袜子请朋友到家里来闻，那叫博客；脱了袜子挂在家门口让路过的人闻，那叫论坛；脱了袜子挂在广场上请所有人闻，再去闻别人的袜子，恭喜你，你已经玩微博了……从形态上看，微博集成了Web2.0时代网络交流工具的许多特征，包括博客的记事、聊天室的即时滚动、论坛的跟帖排列、SNS的好友添加、即时通信的快速交流和传递等。2011年无疑是中国的微博年，从平民到精英，从白领到官员，人人争戴"围脖"，微博已经不再仅仅作为一种技术意义上的工具和平台，而是极大地改变了中国的舆论传播生态和言论生态。似乎从论坛到博客，从Web1.0到Web2.0，没有哪一次网络技术革新像微博这样对社会产生了如此大的影响，从曝光腐败到打拐慈善，微博在中国政治的发展、制度的推进、官民沟通和影响公共事件进程中扮演着越来越重要的角色，以狂飙突进的速度和无坚不摧的力度占领并主宰了中国的舆论场。中国互联网信息中心（CNNIC）发布的第35次中国互联网发展统计报告显示，截至2014年12月，我国微博客用户规模为2.49亿，网民使用率为38.4%，与上年年底相比下降了7.1%，减少3194万，其中，手机微博客用户数为1.71亿，相比2013年年底下降2562万，使用率为30.7%。2014年上半年的"马航事件"和2014年下半年的"冰桶挑战"凸显了新浪微博作为社交媒体快速的传播速度、深远的传播范围和积极的社会影响力。

微博作为网民个人的自媒体，得到了蓬勃发展，作为传统媒体所创办的官方微博，又如何呢？媒体官方微博注册数量已非常庞大，在微博平台上活跃的媒体不在少数，有些媒体已真正将媒体官方微博当做一个独立媒体来运营。例如，《新周刊》的官微"@新周刊"很受欢迎，很大程度上是它具有关联品牌、独立运营的特点，除了早晚帖，多数内容独立成篇，给受众一个完整的信息，每天信息类、评论类、娱乐类、图片视频类的都有涉猎。媒体官微已成为微博大家庭中的重要一员，官微上的评论也是网络评论的一个部分。

网络评论的诞生促进了新闻评论的文体变革，对传统媒体的新闻评论形成第一轮冲击。微博的流行对传统新闻评论形成第二轮冲击波："小言论"的篇幅更短，《北京晨报》最早出现了"微评论"的评论体裁。传统评论的"群言型"特色在微博时代得到长足发展，"人人都是评论员"成为现实。主流媒体评论的选题和话语方式越来越贴近群众，观点也更加犀利。不仅如此，微博的话语方式对传统媒体的新闻文风也产生了潜移默化的影响。改进新闻报道的文风，让新闻短起来、活起来，一直是近年来新闻业务改革的方向。2012年中央出台的"八项规定"，其中就明确要求改进新闻报道的文风，"进一步压缩报道的数量、字数、时长"。微博与生俱来的"草根媒体"的天性，电报式语言和互动分享等特点，话语方式体现出的平民色彩，恰好可以给新闻报道文风改革提供有益借鉴。由于大多数媒体都开有微博账号，因此微博这种话语方式不仅充分体现于主流媒体的官方微博中，而且进一步影响到主流媒体的新闻报道。微博的前景随着互联网技术手段的不断推陈出新虽然并不确定，但可以肯定，微博所具有的移动报道功能和舆论影响方式，必将被继承下去。

最新颖、最年轻的亦能承载网络言论的媒体是微信。从 2011 年 1 月诞生起至 2016 年 1 月，微信已走过五年多历程。微信官方并没有公布具体数字，但是根据第三方的观察，总用户数是 6 亿，国内用户 5 亿，海外 1 亿。据首份微信平台数据化报告显示，微信的用户群体近半年龄低于 26 岁，近九成年龄低于 36 岁，18～35 岁的中青年为微信的主要用户群，他们的比例高达 86.2%。微信用户的职业分布也比较集中，企业职员、自由职业者、学生、事业单位员工是占比最大，这四类微信用户的比例总和高达九成。微信逐渐成为人们生活的一部分，平均每天打开微信 10 次以上的用户达到 55.2%，重度用户的比例接近四分之一，他们每天打开微信的平均次数逾 30 次。微信成为近三成用户手机上网使用流量最多的应用，用户用在微信上的流量为所有应用中的最高，远远高于邮件、视频、音乐等流行服务。在微信公众平台的影响力方面，公众账号成为微信的主要服务之一，近八成用户关注了公众账号，企业和媒体的公众账号是用户主要关注的对象，其占比达 73.4%。获取资讯为上微信公众账号的最主要用途，比例达到 41.1%。40% 的接受调查者通过微信公众号、微信群、朋友圈等获取资讯。在开通账号的企业或机构中，已有 53% 的账号对运营微信公众平台或开发高级功能投入了资金。微信影响力的辐射效应表现在，核心层是微信社交、微信用户，扩展层是第三方开发者、公众平台账号等，相关层是媒体、金融、公益，社会层是经济、技术、法律。

微信已经正式测试公众号文章的评论功能，微信公众号不久要开评论区，微信评论必将蔚为大观。更重要的是，微信评论的出现，作为信息输出者的公众号能够与粉丝进行深入互动，从而产生思想上的融合和碰撞，体现自己所存在的价值。而那些无营养、无意义，乃至散播谣言、煽动情绪的公众号的好日子也快要到头了，微信或许因此有可能变为一块净土，用户再也不用喝那些掺了过期调料的"心灵鸡汤"了。同时也可以预测到，作为传统媒体的官方微信，评论的功能也将得到强化。

如今，许多媒体都开设了自己的官方微信。以浙江杭州的都市快报为例，在 2014 年倾力打造了都市快报、爱车俱乐部、浙江去哪玩、乐活杭州、快理财、快房网、杭州购物狂、租房通、武林先生汇等 88 个微信矩阵后，微信粉丝数从 2014 年 1 月初的 5 万，跃升至 2015 年 2 月初的 180 万。其中的很多微信公众号都有非常不俗的表现，尤以最具影响力的都市快报官方微信最为突出，在国内最权威的新媒体排行榜——全国新媒体时政类公众号排行榜月榜中（依据指标：发布数、阅读数、点赞数），都市快报官方微信一直名列前三，仅次于人民日报、央视新闻这样的全国性媒体，全年共推送 1070 次，共推送文章 5396 篇，每条内容平均阅读数 4 万，单条最高阅读量 400 万，真正壮大了都市快报在网络上的主流影响力。目前，都市快报的报纸用户是 100 万，微博用户是 360 万。人民网研究院发布的《2014 中国媒体移动传播指数报告》显示，在报告统计的 200 家报纸、137 家杂志样本中，微信入驻率分别为 93.5% 和 87.6%，其中都市报的入驻率高达 100%，党报、专业行业类报纸入驻率虽不高，但入驻数量可观，后续发展潜力值得挖掘。报纸类微信公众号文章阅读数超过 10 万的有 168 个，占比 84%。电视节目方面，在 154 个样本中，微博、微信、视频客户端的应用情况呈递减趋势，微博 129（83.77%），微信 122（79.22%），视频客户端 103（66.88%）。

人民日报一直走在媒体移动化转型的前沿，其微博粉丝量近 6000 万，微信公众号日均阅读量超过 100 万，客户端下载量突破 2000 万，其在微博平台上的形象塑造较为成功，做到了话题选择贴近民生、平易近人，微信端的政策解读等内容可读性很强，客户端聚合高品质资讯，力求贴近移动互联时代用户阅读习惯，实现了"从两微平台到移动终端的整体品牌延伸"。有专家分析，2015 年依旧是微博、微信"双微"引领移动化转型态势，总体来看，微信略胜微博，纸媒自有 APP 开发程度高，入驻第三方平台热情不高，电视节目积极向视频客户端迁移，自有 APP 开发仍有继续挖掘的空间。

在微信、微博如此广泛普及的今天，人人都是媒体的一部分，每个人都在创造和分享自己所看到的、听到的以及想到的，同时又和大家处在一个媒体空间中，同是其中一分子，共同不停地创造和分享对事件、对社会、对人生的看法。

近两年，一些传统媒体适应媒体变革形势，加快推进传统媒体与新兴媒体融合发展，在移动互联网上开设"新窗口"和"新天地"，推出又一新媒体形式——客户端。例如，全新的人民日报客户端于 2014 年 6 月 12 日正式上线，人民日报社形成法人微博、微信公众账号、客户端三位一体的移动传播布局。客户端划分为"闻"、"评"、"问"、"听"、"帮"、"视"、"图"等板块，突出原创、突出独家、突出评论，打造中国移动互联网上深具公信力和影响力的主流新闻门户、权威观点引擎、聚合信息平台。评论是其中非常重要的部分，热点焦点当时就评，为用户观察纷繁复杂的世界提供不一样的视角。当下，新闻客户端版图群雄争霸，狼烟四起，已有"东澎湃、西上游、南并读、北无界、中九派"一说，个个都想凭客户端重回琅琊榜首。

现今国内影响最大的新闻 APP 客户端是由东方早报采编团队运营的澎湃，已发布 iPhone 版和 Android 版并提供下载。"澎湃新闻"除手机版外还有网页版和 wap 网页版。这一媒体开放平台立志成为中国第一时政思想网站，生产并聚合中文互联网世界最优质的时政思想类内容。在澎湃，最活跃的时政新闻和最冷静的思想分析并重，数百位专业记者在追逐新闻，近百名评论家在奋笔疾书，为用户提供真正有价值的信息与见解。当前，思想争鸣弥足珍贵，这里既有代表媒体立场的社论，也有"思想市场"，各个领域的评论家在澎湃开设言论栏目，进行理性的探讨和辩论，通过思想的交汇和碰撞，为这个时代提供真正有价值的思想。

三、网络言论兴起的原因

网络言论特别是网络言论中对时事、时政的评论在当下中国的勃兴，不能不说是我国特有的媒体景观，其背后有深刻的意识形态和政治文化背景。

首先是由特定媒介生态促成的。传媒，作为信息和意见传播的平台，在社会生活中理所当然地承担着重要的责任。根据西方报刊自由主义理论的观点，传媒是民主社会的重要组成部分，是行政、立法和司法之外的"第四权力"。它一方面鼓励和保障大众参与公众生活和民主进程，另一方面对国家机器和民主进程行使批判和监督功能。理想的传媒作为公众言论自由权利的代表，应该尽力地满足和服务于公众的知情权与表达权。为满足公众的知情权和表达权，要求传媒在提供真实、准确、公正、客观的信息的同时，还要"提供一个交换评论与批评的场所"，使社会公众能够运用媒体充分自由地表达自己的意见和思想。虽然我们可以不同意"第四权力"之说，但尽力满足公众和服务于公众的知情权与表达权，是政治民主化进程和建设现代化国家必不可少的保证。

在 20 世纪 80 年代以前，中国内地的新闻传媒进行信息传播的特点是单向的、自上而下的，表现为"千报一面（声）"、"舆论一律"。自改革开放以来，国内新闻媒体上的"意见环境"日渐宽松，在市场和观念的双重鼓励下，各种传媒结合自身特点对反映民意和社会多元声音作出了许多尝试。报纸的大众热线、小言论、读者来信、专题讨论，广播的热线传呼，电视的谈话节目、真人秀，各具特色、多姿多彩。然而，对于一个成熟、健康的社会正常发展所需要的讨论、交流空间的构建，传统媒体常常表现得力不从心。

网络时代的到来彻底改变了这一切。网络真正是人类历史上第一个全球性的媒介，这个巨大的信息传递工具急剧地改变着人们交往的方式和习惯。"在因特网上没人知道你是一条狗"这句名言生动地道出了网络前所未有的自由和民主。在传统媒体言论的背景下，互联网的诞生无疑拓展了新闻言论的新疆土。

西方传统媒体在营造大众论坛方面做得比较好，"社会责任理论主张，任何人如果有重要的事情要说，他都应该得到一个可以表达的场合。如果媒介不承担提供这个场合的义务，就应有人来监督媒介，使其尽到责任。"①

美国20世纪40年代以芝加哥大学校长罗伯特·哈钦斯主持的由大学教授组成的新闻自由委员会（哈钦斯委员会）的总报告《自由而负责的新闻事业》提出："大众传播机构应担负沟通公共消息与意见的责任"，要"成为意见与批评的论坛"。有了这样一种理论基础，美国报纸的言论呈现为多种言论主体、体裁庞杂，具有冲突色彩的格局。

主要的新闻机构都认为，为公众对话创造一个自由交流观点的市场有着极端的重要性。《华盛顿邮报》的《新闻规范与道德准则》宣称，该报的"特殊责任"之一就是"倾听那些无发言权者的声音"。"全国社论撰稿人大会"宣称："要让不同的声音都得有说话的机会，要忠实地进行编辑，以反映表达出的观点。"

但是就是理论上强调建立意见市场的西方，传统的大众传播媒体也总是表达媒介大亨、利益集团、广告客户等各种权势的主流话语，普通公众表达的机会总是少之又少。当商业化的潮流席卷了媒介之后，留给公众的话语空间就更加微不足道了，故建立意见市场的理想只能在不受时空限制的互联网上实现了。

其次，是由网络传播自身特点决定的。在大众传播的条件下，媒介承担着把关人的角色，它往往会从自己的意志出发，去筛选和过滤信息，这样，有限的一些人就决定了大多数人应该接受什么、不应该接受什么，受众无法获得更多的信息，也就无法做出正确的判断，从而被传统的媒体而左右。而在网络传播中，信息传播的主体已呈多元化，受众既是信息的接受者，又是信息的传播者；受众获取信息的途径也是多种多样，通过互联网可以实现资

---

① ［美］沃纳·赛佛林：《传播理论——起源、方法与应用》，342页，北京，华夏出版社，2000。

料检索和数据查询的全球共享，检索方便、及时，不受时间、地点和文本的影响，在运用新闻背景资料等方面更及时、高效。互联网传播的这种海量性，使得受众获得的信息更全面，对事件做出独立判断的能力就越增强。为了给受众一个表达这种判断的通道和平台，几乎每一则较重要的网络新闻，文后都设置了网民发表感言与评论的链接，据此可以得到及时反馈。几乎每一个网站上，都设有自己的电子论坛，吸引天南海北的网友广泛参与，就某个突发的新闻事件发表真实的想法，以迅速形成舆论。

如果说网络的开放性还给了普通人话语权的话，那么，网络的匿名性则使他们敢于将真实的意见充分地表达出来。网上流传着一幅以美国的谚语"Nobody knows you are a dog online."为蓝本的漫画：一只狗敲击着电脑键盘，扭头对旁边另一只艳羡地看着它的狗说："在互联网上，没有人知道你是一只狗。"网络言论的意义，不仅在于有比较自由的意见表达，而且在于这些意见是真实性很强的，这一点，包括论坛管理者也认同。

网络言论的真实性，在于网络的环境不一样。现实中由于种种社会关系的约束，人们往往不得不考虑复杂的因素，往往不是真实表达自己的意见，甚至不得不说一些假话、空话和套话。中国社会中这种现象比较普遍。网络则不同，它最大限度地降低了其他因素的影响。所以，网络言论，特别是论坛言论的观点，比其他媒体上的要真实得多，论坛实际上充当主流媒体的补充，也就是担当批评角色。

极强的时效性使得网络言论颇受公众青睐。与传统媒介的生产发行相比，网络信息的制作与传播的速度要快得多，网络传播减少了传播中信息的发送和接收时间，大大加快了信息的更新速度，在读了滚动播出的最新新闻后，自然很想读到专业媒体对这一新闻事件的评论，而通过网络传播又比传统的大众传播的方式迅速得多。可以预见，网络评论将随着互联网的进一步普及和强化而拥有越来越高的点击率。相比之下，传统媒体的评论则会长期处于弱化状态，有时有一点声音，也是不痛不痒者居多，题材和褒贬的内涵受束缚较多，传统媒体的言论如果不主动加以改进，很可能受到受众的冷落。

第二节　网络言论的形式与特点

网络言论目前有两种基本形态：一是网络媒体评论；二是网络公众言论。

一、网络媒体评论

网络媒体评论，指的是网络媒体记者编辑就最近重要新闻，在新闻网页上所设的观点、论点、评论等言论专栏里发表或发布的署名评论，包括网站评论、专家评论、转发其他媒体的评论以及利用消息将评论内容及主要观点作为新闻信息放在报道中。其中的网站评论，代表网站的立场，通常由网站或网站所依附的传统媒体的采编人员或者网站的特约评论员撰写。专家评论指的是网站特邀的专家对某个新闻事件发表的评论，形式包括专家自己撰写、网站对专家采访以及专家与网民的论坛式交流等。这些网评文章每篇字数一般为五六百字，最多不超过一千字，在较大程度上保持了传统媒体新闻评论的特点，是党报评论功能在网上的延伸。我们从一些评论栏目的定位，不难看出网络媒体在舆论引导方面的考虑，如人民网提出"围绕评论关注的焦点、民众关心的热点、党和政府工作的重点"，东方网提出"天下大事，均可评论"。作为中国新闻界最高奖的中国新闻奖，对评论、网络评论的评奖标准是，评论要求观点鲜明，论点正确、有新意，论据准确，分析深刻，论述精辟，论证有力。网络评论要求必须有鲜明的网络特色。可见，网络评论一定要与传统媒体的新闻评论有所不同。网络媒体评论经过二十多年的发展，已显露出了自己的鲜明特色。

第一，网络媒体评论和传统新闻评论一样，首要功能还是宣传鼓动，只是尽量有自己的重点，力争与传统评论，特别是党报评论互补。网络新闻评论大多是时评和政论，这一点与传统媒体评论，特别是党报评论一脉相承，它承担和发展了党报的一部分功能，但又有自己的功能侧重点。传统的党报评论其主要功能是宣传、鼓动、组织，党报评论注重信誉度和权威性的营造，注重在解释党的方针政策和评论重大时政问题等方面做文章。而网络评论数量大、速度快、互动性好，主要侧重评论社会热点问题，快速传播新闻点和受众互动参与较多。从刊登评论的绝对数量来看，差别更大，网络评论文章数远远超过党报评论文章数。

新媒体时代党报评论侧重评论的指导功能，代表党的意志，传达党的意见，深入阐述党的政策方针，解受众之惑，满足受众深入思考的需要。另一方面，受众追求的主动、平等的信息市场的地位在网络上更容易得到满足。因此，网络评论应承担满足广大受众需要的角色，主要就社会新闻发表评论，以其高容量、快速度以及所营造的平等的、从某种意义上无空间限制的舆论平台，促进受众对新闻事件的关注，使其有通畅的发表言论的渠道，充分展开讨论，使事件的讨论日益深入。与传统媒体的言论相比，网络评论选题大多关注社会焦点和热点问题，言人之所未言，发他人之所未发，许多言论锋芒毕露，有独特的视点、独到的见解，有相当大的自由度。这和传统媒体评论多用程式化的样式和语言有很大差别，给人以耳目一新的感觉，这一点我们从下面的网络评论可见一斑。

2003 年接连出现的几起富人被杀案引起社会震惊。人们对不断出现的凶杀案表现出了极大的关注，国内外媒体议论纷纷。面对不断增多的"富人"被杀事件，国内某相关媒体也发表文章，呼吁"正确认识和评价先富阶层"。

针对网上讨论的所谓的"仇富心理"，北青网评论员张天蔚于 2003 年 3 月 24 日发表了《就是要旗帜鲜明地"仇富"》。

2003 年 3 月千龙新闻网特约撰稿人陈鲁民也发表了评论《为什么没有人仇视世界首富比尔·盖茨》。

为什么没有人仇视世界首富比尔·盖茨

据说，时下我们社会上有一种"仇富"思潮，许多人都隐隐含有"仇富"心理，见了富人就恨不得一把掐死。所以，不少经济学家、评论家都在写文章教育众人不要"仇富"，这自然没错，"仇富"确实是一种不健康的心理，不能任其滋生蔓延。

可是，奇怪得很，世界首富比尔·盖茨，本应是"仇富"的第一目标，千夫所指，然而，根据一份颇有权威的调查报告来看，却没有一个人仇视盖茨。《北京青年报》近日发布了一份调查报告，调查表明，"钦佩"和"崇拜"是国人对盖茨的主要感情。52.7% 的人表示"钦佩"盖茨；51.2% 的人"崇拜"他；48.8% 的人认为比尔·盖茨是"自我激励"的榜样；42.9% 的人坦诚"羡慕"他的成功与财富；只有 11.3% 的人对他怀有嫉妒的心情，但没有一个人仇视他。

为什么没有人仇视盖茨？相反都是钦佩、崇拜、羡慕，并将其当成效仿的榜样和人生目标，原因也很简单，公众从他身上看到一个成功富豪的崇高形象——既富裕又不乏同情心、靠勤奋加努力而不是投机取巧或钻法律的空子，富甲天下却从不奢侈挥霍，更不干斗富比阔、摔茅台酒瓶、烧人民币那样的蠢事。

他的致富，不靠家庭背景，不靠贪污受贿，不靠国有资产流失，不靠走私贩私，不靠巧取豪夺，喝穷人的血，仅仅依靠自己聪明的头脑和苦苦钻研的几项技术，白手起家，完全是自己奋斗出来的，而且，富了之后，舍得回报社会，对穷人也很大方，已经为慈善事业捐款超过百亿美元，并在遗嘱上写明，要把 99％ 的财富捐赠给慈善事业，叫人敬还敬不过来呢？谈何仇视？真有仇视他的，大概也只是他的竞争对手。

其实，穷人"仇富"，绝不会眉毛胡子一把抓，而是有选择性的。他们仇视的只是那些狠命盘剥穷人、为富不仁、发不义之财的富人；恨那些暴珍天物、花天酒地、穷奢极欲的富人；恨那些没有同情心，拔一毛利天下而不为的杨朱之徒。这种富人哪儿都不少，咱们这里自然也有，他们先是财富来路不明，与勤劳不搭界，与科研没关系，甚至带有"血与肮脏的东西"（马克思语）；有钱之后就不知道自己姓什么了，吃喝嫖赌，花天酒地，纵情声色犬马，太嚣张，太招摇，动不动"老子有的是钱"，似乎有钱之后就可以摆平一切；而该为社会作贡献，为穷人救急解困时，又成了一毛不拔的铁公鸡。这样的富人，如耶稣所言，死后想进天堂跟牵骆驼过针眼一样难，你想敬能敬起来吗？当然，这种富人只是少数，可是往往一颗老鼠屎能坏一锅汤，如果"仇富"就是仇这种富人，我看没有什么不妥。

当然，我们社会中，像盖茨那样的富人也正日渐增多，他们虽然没有盖茨那样的财富和名望，但却有同样的奋斗精神，同样的急公好义，同样的富有爱心，这样的富人，也同样值得敬重、钦佩，惟嫌其少，不嫌其多。今年就有不少富人被选为人大代表、政协委员，这不正说明人们对其的拥戴和尊重吗？

这里谈到的两篇文章，谈的是同样的问题，且立场基本相同。前者欲擒故纵，爱憎分明，硬气十足。作者对那些以伤天害理、违法乱纪、权钱交易的方式致富者的仇恨，正源于对处在社会底层的农民和下岗工人的爱。正是这份社会良知，使得他义无反顾，秉笔直书，说出一般人不敢公然说出的凛然之辞。后者巧选角度，论证有力，少了一分愤激，多了几分中庸和老道。两者各有千秋，可以说在传统媒体上是很难欣赏到的好文章。

第二，与传统媒体评论相比，网络评论迅速、及时。如果说新闻真实是媒体的生命，从某种角度和一定意义上说，时效就是网络媒体的第一生命。网络媒体对时间的要求近乎苛刻，即使对评论也不列外。事实证明，时评的快慢与点击率的高低是紧密相连的。

2002 年 7 月 13 日 22 时 15 分，北京以 56 票获得 2008 年奥运会主办权，东方网在 22 时 20 分发出了快讯，22 时 40 分，就发表了《那一刻，我们赢了！》一文；14 日零时 1 分，发出了《让我们相约 2003！》一文；14 日 13 时 1 分，发表了《为祖国喝彩》；14 日 13 时 2 分，发表了《杨澜的泪水》；14 日 17

时 27 分，发表了《在巴黎度过历史时刻》；14 日 22 时 14 分，发表了《卫星背后》。在 24 小时中，东方网对北京申奥成功一事连续发表了 6 篇新闻评论，这对传统媒体而言，是不可想象的。

2000 年 7 月 31 日，北京市第一中级人民法院一审宣判判处成克杰死刑，8 月 1 日刊登此消息的《人民日报》还没有到达读者手中，"千龙时评"已登出了与此有关而且新意别出的《死刑面前人人平等》。中国纺织总会原会长吴文英被处分的新闻和相关的评论出现在同一个上午的千龙时政频道上；11 月 9 日，厦门走私案首批审判的结果一公布，《打击走私：没有最后的胜利》又让网友不得不移动手中的鼠标去点击。国家审计署时任审计长李金华刚刚接受了《中国日报》记者的采访，透露国家审计署正在制订一项计划，对包括部长级干部在内的所有党政官员离职时进行审计检查，"千龙时评"及时出炉的一篇《欣闻中国证监会前主席接受审计》，令网民欲罢不能！

第三，网络新闻评论在写作上更富个性化。许多媒体网站都拥有一批很有实力、有自己独特风格的评论员。千龙新闻网约请了中央和省级新闻单位 3 名有 15 年以上评论、杂文写作历史的作者作为特约撰稿人，《人民日报》新闻战线杂志万仕同（笔名"似通"）、《中国新闻出版报》副总编孙月沐（笔名"朽木"）、《河北日报》评论部主任储瑞耕依次登场，为了使评论从周一到周五每天都有新东西，他们三位每人每月平均为《千龙时评》撰稿 7 篇左右，由此也赢得了《千龙时评》"三剑客"的美誉。《千龙时评》"三剑客"也旋即以他们独有的特色、独具韵味的"声音"吸引了网民的注意力。

"千龙时评"的作者、编者对网络评论的艺术和技巧也可谓绞尽脑汁，进行了积极而又富有成效的探索。如果说在报纸上，枯燥的评论没有人看，说教味浓的议论没有市场，那么，网民对网络评论的要求不知又要严格多少倍。只有打破传统媒体评论的写法，把评论写得寓意深刻而又有趣可读，才能吸引网民的眼球。时评中《晚矣，身后无路想回头》就如同往葡萄酒里兑雪碧一样，在评论里加进故事，甚至加上情节，勾画出形象的同时，又传递出了更多的信息量。

为了让评论磁石般地吸引网民的视线，网络编辑在制作文章标题方面，着力尤深，用心尤专。如果说看报看题、看书看皮还有点夸张的话，那么说网络上的标题基本决定了文章的点击率却是千真万确的。像《打捞"季风"》、《从"伟哥"到"牛哥"》、《枪口对准谁？》、《月饼的故事》、《情人是小节？》、《且慢"押赴刑场"》、《"功成思退"实堪忧》、《金钱美色　让谁走了神？》、《品贪官"五子登科"另一"版本"》、《赖昌星腐蚀干部灵魂的"七子歌"》这些网络评论的标题，既富有冲击力，使人过目难忘，又令人回味无穷。

如果说一批中老年评论高手还在戴着镣铐跳舞，主要在写作的形式、角度以及贴近性上做一些努力的话，那么一些青年评论员则少了一些传统的羁绊，充分利用网络的开放性，频频对一些重要问题发表感言。虽然有理性思考不足、偏激浮躁之嫌，但文笔激情火辣，节奏汪洋恣肆，让人觉得写作时的情绪有点"刹不住车"，所以经常不吝词汇，重磅炸弹似的轰击向世人表露作者的独立见解，这种感情显然和大多数读者合拍，所以吸引着相当多的热心读者。北青网"今日社评"的三个年轻的庄主——张天蔚、潘洪其、蔡方华，他们的评论个性化十足，冲击力极强。这三名评论员在"今日社评"专栏中发表的文章比较理性和中庸，而在网上发表的评论则旗帜鲜明、锋芒毕露，洋溢着青年人的激情和才智。

第四，与传统的大众媒介言论比较，在网上，评论与报道之间的结合更广泛、更密切。众所周知，传统的新闻评论也将新闻性作为首要的特性，强调言论与事实的紧密结合。但由于时空的限制，传统媒体只能有选择地为一些新闻配发评论。而在网上，几乎每篇新闻后面都给读者留下评论的空间，你可以在读完新闻的第一时间，进入该网站的论坛发表自己的看法。前者配发的言论，由于篇幅有限，很难对事实进行详细的叙述。而网络的超文本方式却使受众可以方便地调阅到评论所涉及的事实的详细内容。以《人民日报》网络版"人民时评"中的一则评论《9·11论安全》为例，读者在阅读评论的同时，点击相关的链接，就可以看到50组记录9·11全过程的纪实图片、50篇劫难回忆、50篇精辟分析、50篇网友感言、美国和世界各地的纪念活动、这一恐怖活动的策划者本·拉登的最新动态和他个人的详细资料以及世界恐怖组织的背景资料。这使得意见性的信息所依附的事实性信息更丰富、更全面，在无形中扩大了意见信息的内涵和外延。

二、网络公众言论

在网上占主导地位的、读来大快人心的往往不是网络媒体评论，而是活跃在形形色色的论坛、公告牌、聊天室以及博客、微博、微信上的公众言论，也有人称之为网民新闻评论，包括网络电子论坛和网民新闻点评等。

1. 电子论坛言论

这些言论形式非常自由灵活，大体上可归为三类。

第一，集中型。这类论坛一般都有明确的主题或范围，譬如政治论坛、军事论坛、外交论坛等。强国论坛就是这样设置的，有比较固定的阵地，相对较长的时间。

第二，分散型。与集中型相同的是，分散型言论也有比较固定的阵地，但主题比较分散。比较典型的如新浪网"新闻中心"采取的方式是在一些重点新闻后面单独缀上一个留言簿，网民在阅读新闻后有什么看法可以留言。这种方式的好处是新闻与言论结合得更加紧密，缺点是观点太分散，相关的意见无法集中，形不成规模，不利于讨论的展开，进而形不成舆论。

第三，机动型。这类论坛常常是网站根据需要临时设定的，随时可以取消，每当有重大的突发性事件发生时，或有热门话题产生时，就设立特定的言论栏目。

我们在这里重点讨论电子论坛言论——在网络媒体论坛上以讨论方式发表的评价性意见。

网络论坛是网络媒体利用互联网的 BBS 功能为网络用户提供的就新闻事件或社会现象发表意见的场所。BBS 是用计算机及软件建立的一种电子数据库，可以让人们登录，并在上面留下各种各样的信息。里面的信息通常可以分为若干个话题组(Topic Groups)。任何用户在这个公共区域里都可以阅读或提交信息。BBS 上话题广泛，人们可以在上面分享各种信息及资料，也有一些 BBS 用来讨论很专门的话题。BBS 的历史比互联网要早，但发展到今天，绝大多数 BBS 都是建立在互联网上。BBS 上有自己的文化，自己的"行话"。BBS 一般有自己的管理者。

据中国互联网络信息中心 2015 年 2 月的统计数据，国内网民经常恒用 BBS 的人数大约有 1.29 亿人，占网民总数的 19.9%。

与聊天室、E-mail 等个人化的网络传播方式相比，BBS 更具有公共区域的特征，更容易形成舆论。

网络论坛在中国是以体育论坛起步的。1997 年的十强赛，当时的四通利方体育沙龙聚集了一批体育迷，体育沙龙兴起的标志是《大连金州没有眼泪》一文的走红。据说鼎盛时期的体育沙龙，全国各地的体育记者、编辑都在这里寻找第一手的信息。

同样是在 1997 年，以 NESO 和 RED 两人成立的 NEED 工作室，创建了嘉星论坛，他们召集了一批优秀的人才组成写作班子使该论坛迅疾在 1998 年成为国内仅次于新浪论坛的著名论坛。

随着网络的迅猛发展，三家带有商业背景的社区网站论坛崭露头角。陕西的"西陆"网站、海南的"天涯社区"、古都南京的"西祠胡同"纷纷以有特色的社区服务抢夺网民。

此外，目前活跃的网络媒体论坛还有"强国论坛"、"中青论坛"、"球迷一家"等。"强国论坛"是人民网开设的论坛,是为那些爱国志士们设立的。"中青论坛"是中青在线的论坛,其中的青年话题是人气最旺的论坛,由中国青年报编辑李方主持,以替文学女青年排忧解难和抒发内心情感为宗旨。"球迷一家"和前面提到的"天涯社区"都属于海南在线,主要收容当年从新浪体育沙龙逃亡的"散兵游勇"。

论坛的话题非常广泛,以从网上搜索到的一份中文论坛大全"中国星—风云论坛"为例,在这份并不完全的指南所列的近 370 个论坛中,就涉及政治军事(强国之路论坛、发展论坛),社会文化(移民签证论坛、文艺沙龙论坛),科技,经济,金融,宗教,情感交流,校园文化,体育等诸多方面。除了这些专门的论坛外,还有综合性论坛,网民在这里可以选择各种话题进行交流,大到国际风云、国计民生,小到个人感觉、家长里短。对网民最具吸引力的莫过于各种各样的政治时事论坛。国内的一些政治性的论坛,如新华网的"发展论坛"、清华网的"水木清华",虽然限制多一些,但也都成为讨论公共事务和参政议政的热土。我们以在海内外颇有影响的"强国论坛"为例,中国现实中的重大问题,都在"强国论坛"得到反映。许多网民在论坛上就重大问题,特别是重大政治问题,建言献策,提出新观点、新思路、新建议。有人把"强国论坛"经常性的主题进行了排名,排在前 4 位的是:中美关系问题、台湾问题、民主问题和腐败问题。

电子论坛最大的意义是营造了一个开放的言论空间,提供了一个观点和民声集散地,在那里能听到各地域、各行业、各阶层发出的各种各样的呐喊和心声。

以中美撞机为例,2001 年 4 月 1 日上午 9 时,美军侦察机闯入中国南海领空,撞毁了中方军机,飞行员王伟失踪,美方侦察机迫降,机上美军滞留中国。中国政府要求美国政府一定要为此事向中国人民道歉,但美国政府却只表示遗憾,为此两国政府僵持不下。事发后,传统媒体编发了诸多的报道和言论,步调也基本和政府保持一致,这其中有很多政治策略方面的考虑。而人民网、中青网、新浪网的论坛上则讨论得热火朝天,在这儿你可以了解到各方的报道及对此事的不同意见。在论坛上有网民转贴美国主流媒体《纽约时报》、《华盛顿邮报》以及世界几大通讯社关于撞机的英文报道和翻译,有基辛格对中国政府要求道歉这一问题的较为客观的看法。这些言论在对美国强权政治表示愤慨的基础上又表现出了丰富多彩的一面。综合起来不外乎有这样的几个话题。

第一,撞机的本身责任到底在谁。有的网民为政府出谋划策,建议应发挥中国是联合国常任理事国的优势，让联合国派调查小组来处理此事。而大多数网民则觉得这是美国强权政治的体现。

第二，对中国政府对此事的处理的看法。中美南海撞机事件所引发的危机结束了，中美两国谁占上风，观点不一。有的网民认为中国政府处理这一事件的做法显示了我国领导人较成熟的外交策略。有的网民认为中国在处理方法上应加强司法主权和外交交涉的重大区别。

第三，网民们由中美撞机谈到中美关系再到爱国主义、民族主义，最后又回到强国才是根本出路这一话题上。其中有激烈的、有平和的、有激进的、有中庸的、有理性的，也有冒进的，但无不流露出赤子情怀。这些网民谈锋甚健，思想敏锐，博通古今，很多内容令人眼前一亮。

2000年6月份，美国国务卿奥尔布赖特在中国访问时，浏览了"强国论坛"上的内容，特别是其中关于台湾问题的各种立场。境外各种媒体如美国《纽约时报》、《华盛顿邮报》，日本《产经新闻》，新加坡《联合早报》等，都有对强国论坛的报道。

有的网民甚至说：全世界有100多家新闻媒体24小时关注"强国论坛"。"强国论坛"在中国扮演着窗口的功能。其一，论坛是了解中国民意的窗口。参与论坛的网民来自各个地方和各个阶层，具有各不相同的立场观点。这一点对于世界了解中国是有意义的。其二，论坛是了解中国政策变化的窗口。论坛是政府作为"言论特区"推出的。由于论坛所处的位置，其管理政策的变化和走向，总是折射着中国政治发展的动向。总之，"强国论坛"是中国在网络时代具有参考意义的晴雨表。

论坛具有前所未有的平等性和交互性。论坛上的言论包括两种形式：一种是主帖，即提出议题的原始帖子；另一种是跟帖，是针对主帖发出的意见。作者与受众的平等双向交流通过发帖和跟帖的形式得以实现。传统的写作中，作者与受众事实上并不是平等的，虽然很多传统媒体都开辟了"编读往来"、"大众热线"，但这简直是杯水车薪，受众无法与作者取得交流。而对于作者来说，他们缺乏一个迅速而广泛地获得受众反馈的机会，同时他们也无法与受众通过辩护和比较来检验自己观点。但是在BBS上，这些似乎都可以轻而易举地获得解决。这就是说，大多数的BBS实质上都呈现着一种沙龙似的氛围。在这个沙龙里，各种观点、各种人得以被BBS这一全新的媒介所整合。网络巨大的包容性使得多数人的意见、想法、观念得以碰撞，影响着人们的观点的形成。

通过BBS，相当一部分人可以获得以往没有获得的话语权。这些话语权的归还会产生我们难以估计到的深远影响，在这些交流中，他们检验自己的观点，并糅合了许多民众的有益想法，他们的观点变得更容易为人们所接受，更贴近人们的要求，且民众在频繁的交流之中变得更容易形成一致的公众舆论。此外很多时候，在这些讨论及触发自己思考的过程中，民众逐步形成了清晰及强烈的自主意识。

论坛言论写作有行文自由的特点。由于论坛对写作技巧和文化涵养没有要求，因而网民来去自由，有话则长，无话则短，有的洋洋洒洒，有着很强的说理性、思辨性和逻辑性。有的三言两语，且非常口语化。再者网络言论是在一种相对开放的环境下，网民经常就一个话题展开讨论，这就使网络言论增添了论战的色彩。

论坛言论戏谑风盛行。我们知道，目前网民构成中受教育程度较高的多，其中年轻的又占了多数，这些人经历着多种文化观念的冲击，并且在一定程度上对现实中的一些事情有自己的看法。戏谑也是发泄的渠道，一种发发牢骚的形式。当然，这种戏谑可能通过嘲弄现实来实现他们潜意识中更为宽广的认同体系：嘲弄的目的是完善和改进，并不是摧毁。必须承认，这种戏谑也有不大好的一面：有时往往流于低俗和粗鄙，哗众取宠甚至演化成人身攻击。而这种戏谑的一个常见的表现形式就是灌水。

"灌水"是盛行于聊天室和部分高校 BBS 的一种网上行为（有人称为"网络次文化"），即一篇帖子只写一两行且言之无物者。

论坛言论虽是网上一道最动人的风景，但它缺乏严谨性、深刻性、权威性。网络言论太散漫，即便是一些有力度、有深度的文章也易被淹没。

当然，论坛言论也有许多言极简而意无穷的帖子。譬如，中国中医研究院首席研究员屠呦呦获 2015 年度诺贝尔生理学或医学奖后，10 月 6 日一位叫南海卫士的网民在强国论坛"一语惊坛"栏目打出了如下掷地有声的文字：屠呦呦，落选院士获诺奖，证明自信自强必胜，人才制度非改不可。

2. 微博言论

微博经过多年的发展，已经成为人们日常沟通交流的重要工具之一，前些年，我们的时代甚至被冠名为"全民微博"时代。与此相应，以微博为载体的，微博用户对当下发生的各类新闻、各类事件所进行的评论——微博言论，也应运而生，网络环境下评论演变的这一新模式，人们思想观点交锋的这一重要"集散地"，成为当今中国舆论监督的重要方式和网络问政的重要平台。

传统媒体为了生存、竞争和扩大影响，纷纷触网开设自己的官方微博，在这个新的平台上，除了及时的新闻资讯，评论也是一个重要内容。微博式的新闻性言论的结构有两种：一种是微博＋点评，如《广州日报》的官方微博，每天都会摘录三至五则微博上的热点新闻事件，然后作精辟的点评。另一种是短新闻＋点评，如《齐鲁晚报》的"微评论"，每天都对动态新闻进行点评。

　　微博言论在形式上大致有两类：一类是自己直接评，个人或者组织、媒体官方微博评论平台等直接对新近发生的重大新闻，以微博的形式发表评论。这种评论，内容精炼，观点集中，时效性强，表现形式也多种多样，有时还配图，力求图文并茂，甚至有音频或视频链接，从而达到"立体式"的评论效果。另一类是博主相互评。微博用户通过微博的评论功能对微博上发表的新闻或者信息进行评论，从而达到观点的交锋碰撞。这类评论字数不受限制，但一般比较简短，可配以一定的表情图片等。

　　微博新闻性言论具有如下显著特点①：第一，篇幅短小。字数通常不超过 140 字，类似于写新闻导语，把最精彩、最重要的新闻要素，用最简短的语言写在最前面。针对"毒胶囊"热点新闻事件，"南都评论"官方微博于 2012 年 4 月 17—20 日先后在"短评"、"批评/回应"、"社论"、"来论"上对此事件发表 4 条评论，字数分别是 124 字、119 字、123 字、126 字。从以下同一主题微博新闻评论与网络评论的比较中，显而易见它们之间的区别。2012 年 4 月 19 日，"南都评论"发表如下"社论"："不能仅依靠企业的自律来杜绝'毒胶囊'的诞生。实际情况却是负责药品监管的国家食品药品监管局存在严重不作为现象。公众必须实现对于监管者本身的监督，并且通过对监管者最终实现对药品质量的控制。也基于此，药监局的公开道歉乃至对它的问责，应当更为迫切和重要。"而同日发表在南都网的社论《毒胶囊事件：药监局更须向公众道歉》："近期不断发酵的'毒胶囊事件'，在把制药企业、医药公司和相关的监管部门推至舆论风口浪尖的同时……显然，在缺乏科学支撑的情况下，民间的应对方式常常只是悲剧的代名词，民众的种种自救行为，更多的是在展示一种无奈和悲凉……"。比较而言，微博新闻评论简洁、精练　态度鲜明、有力。网络新闻评论篇幅较长，论述的层次、角度更开阔。两者本不存在高低优劣之分，只是平台载体的不同而已。第二，发布快捷。博主通过微博浏览到感兴趣的新闻，停留短暂数秒便可把新闻看完，然后点云"评论"按键，输入自己的看法，即可发布，整个环节 1～2 分钟完成。同时，移动性是微博吸引移动用户使用的基础，这种移动性让用户可以更好地即时反

---

① 以下转引或参阅廖宇飞：《微博新闻评论的特点及其写作要求》等文章。

映发生在各地的新闻和意见，最后在用户之间的链式互动中形成舆论强势，从而影响网络舆论的生成，这是微博与传统的博客、SNS、BBS 的不同之处。用户发布言论不受时空限制，通过手机、掌上电脑等移动终端即可完成新闻评论的传播。而与在新闻网站上"发声"相比，新闻网站的新闻篇幅比较长，信息量较大，网友阅读所耗费的时间较多，同时还需要网友注册登录后才能够发表评论，导致网友发表评论积极性普遍不高。第三，互动有力。微博可以随心所欲对自己感兴趣的微博主（个人或代表组织官方的）进行关注，其微博上发布的新闻信息便能够同步即时更新到本人的微博主页，第一时间获取信息，发表评论，同时微博主可以及时对评论作出回应。而相较于报纸、电视、广播等传统媒体的新闻评论，媒体与读者之间的互动性较弱，甚至没有互动，仅仅是一种灌输式的单向传播。第四，裂变传播。微博言论类似于核能的裂变，实现了最大化的裂变式扩散，做到真正意义上的大众传播。通过微博新闻评论实现多向传播，最终汇集强大的舆论洪流从而推动事情的解决的例子比比皆是。正是微博的这一独有的模式，吸引了更多的媒体人士和名人开微博，并及时发布一些"内幕"新闻使受众知悉，同时发表自己对事件的看法，凭借自己的优势使得众多网友的观点传播效果更强，传播范围更广。微博使得普通民众的网络评论参与度更高，信息传输速度更快，是网络新闻评论对传统新闻评论的一个重要发展，因为传统的新闻评论只是一个单向传播的模式，信息传递的能量极其有限。

微博新闻评论由于受字数、篇幅和时间的限制，在写作上有其自身特殊的规律。具体来说，与传统评论相比，微博新闻评论的写作有如下基本特征：第一，更要抓住要害。要在有限的篇幅中，把观点、思想表达出来。"南都评论"2012 年 4 月 20 日，发表的"来论"开头是："胶老板"不能逃，地方政府更不能跑。这句话可以说是这则微博新闻评论的"标题"，是"眼睛"，言简意赅，句式是递进结构，指出了"胶老板"应该以怎样的态度来处理事件，更指出了当地政府应该有的担当责任和为人民负责的态度。该则微博新闻评论剩下的部分是：任何带"毒"食品、药品，都浸透着经营者的"毒良心"。从来不奢望无良老板的自律，一旦东窗事发后，他们能受到毫不手软的严厉查处，已然是个不错的交代。我们想探究的是，他们何以能在地方政府眼皮底下，天长日久如入"无监管之境"？整条评论字数不过 126，而暗含的深意无穷，分析精当，说理明快。第二，更加注重时效。时效性对于微博新闻评论来说同样具有很高的要求。只有把握好时间点，才能更好地引领舆论导向和占领舆论宣传的制高点。"毒胶囊"新闻曝光以后，"南都评论"连续

4 天发表的评论都很注重时效性，在事件发生的第一时间，"南都评论"的第一则短评："一粒胶囊，几多忧惧。媒体调查只能作为引子，药监部门亟须做的，是对药用胶囊生产行业彻查。彻查与问责若仅局限于让消费者解气层面，充其量只可能舒缓些许人此前业已下咽的那些恶心、危险与不堪。在其身后，如果依然是未被根除的行业乱象，则国人的忧虑便始终无从消解。"这则评论针对新闻事件，及时发表自己的观点、立场，为国人的健康忧虑，旗帜鲜明。第三，更具有针对性。微博新闻评论不允许泛泛而谈，而应该做到尽可能在有限的篇幅中，集中"火力"命中靶子。"南都评论"对"毒胶囊"新闻的几则评论，可谓高度概括、有的放矢。再如，2013 年 12 月初的一周，中国大地广受雾霾侵扰。人民日报官微在其最受欢迎的"你好，明天"栏目对此连续发声，其中，12 月 8 日 23 点 44 分发出了以下评论："最近一周，浓重雾霾席卷半个中国。自北向南，八方雾锁，十面霾伏，生灵为之窒息，日月为之无光。这是生态危机的征兆，也是对发展模式的警示：牺牲环境换来的 GDP，不过是泥足巨人，除了招摇政绩，有什么实际意义？告别唯 GDP 的误区，拿出壮士断腕的勇气，才能穿越雾霾，迎来霁月风光！"寥寥数语，一针见血。第四，话语更加亲民。在北京发生"女子街头讹诈老外"事件真相大白后，新华网中国网事官方微博在其深受网民追捧的"晚安，中国"栏目及时进行了评论——从"女子碰瓷敲诈"到"老外无证驾驶撞人"的"反转"令人深思。乐于看"面相"而不去探寻真相，只会被标签化蒙蔽双眼。网友热心围观不等于盲从跟帖，媒体不能不加核实，以讹传讹。真相与谣言，或许差之毫厘，却谬之千里。理性思考，用心甄别，自媒体时代你我都是"把关人"。这样的微评论语言朴实敦厚，言之有物。

微博评论写作的弊端也很明显，这种写法容易导致表达的碎片化。因为短小、便利，微博很多时候成了大家存储琐碎思考、琐碎评论的地方。北京青年报评论员张天蔚深有感慨地说，写多了微博后，现在写社论，写到差不多 140 字的时候就写不下去了。这种碎片化的表达，很多看上去似乎很有哲理，短小精悍，充满思想的火花，却因为缺乏系统性的思考，很多根本经不起推敲，有点像大学生辩论赛。不过，见仁见智，也有人认为这种写法不坏，资深媒体人包月阳就说过，微博的碎片化有一大好处，就是微博使许多零碎的信息有可能整合为反映系统的信息。知名媒体人曹林分析认为，这种整合是一件比较难的事情，信息的海洋中，很少有人会去做这种整合的工作，而是在碎片化中"娱乐至死"。

第三节　网络言论的引导和管理

网络是表达自由实现程度最高的媒体，正如法国学者麦格雷所说的那样："互联网让人既能觅寻所爱，又能公开个人创作；它一方面打破了严格的学者分析型思想的独裁，另一方面也超越了大众媒体文化和被动型的暴政，不愧为自由媒介和媒介之王。"①

但是，谁也不得不承认，网络自身就像打开的潘多拉的盒子，在促进言论开放的同时，网络言论的自由化也带来了一系列负面影响。"无从证实的传闻、流言、诽谤、误解、错误的信息、假情报、天花乱坠的诺言……因特网的用户有能力在几分钟内传播上千条错误信息，并在同一过程中不断增加一些虚构的情节"（胡泳，1997）。尤其是网络情色化倾向与色情问题、谩骂与攻击、侵犯隐私权和名誉权、挑战公序良俗、泄露国家机密并有被敌对势力利用的危险、危害国家政权和公共安全、国外文化入侵等问题相继出现。随着我国加入 WTO 和互联网络的大众化，如何在保护合理言论的情况下对网络言论进行必要的控制再次被提到了议程上。

那么，一个迫切而又现实的、中国而又世界的、永远也无标准答案的问题是，究竟如何在保护合理言论的前提下对网络的言论进行管理呢？

吴廷俊在《互联网络成为大众传媒的社会环境》一文中指出：首先，政府对互联网络新闻传播业的管理应由控制本位转换为自由本位。

世界各国对于新闻传播业的管理不外乎是两种模式：一种是以控制为本位进行管理，一种是以自由为本位进行管理。这两种管理模式的主要区别在于：第一，是为了把新闻传播媒介控制在管理者手中，使之成为得心应手的舆论工具而进行管理，还是为了让新闻传播媒介在法律容许的范围内独立发展，使之成为社会的舆论监督、信息传播机构而进行管理，这是管理目的方面的区别。第二，无论是运用法律、政策还是采用行政手段进行管理，是只有约束机制，而没有激励机制，或者约束机制大大多于激励机制，还是相反，这是管理过程的区别。第三，管理对新闻传播业的发展是构成一种矛盾性制约，还是构成一种一致性制约，这是管理结果的区别。

目前，互联网络新闻传播业在中国的蓬勃发展，与新闻管理体制形成了

---

① ［法］埃里克·麦格雷：《传播理论史：一种社会学的视角》，北京，中国传媒大学出版社，2009。

新的矛盾：互联网络的传播特点一方面对原有的管理提出严重的挑战；另一方面，又使管理部门对它持更为慎重的态度。外来信息可以通过互联网络直接、迅速地在国内传播，为了保证"四项基本原则"的贯彻执行，保证政治上的长期稳定，防止西方社会的和平演变，中国政府一开始就对互联网络的跨文化、跨国界的信息交流加强了管理。1997 年 3 月，国家正式将利用互联网络对外宣传归口到国务院新闻办公室管理，并对有关问题作了规定。从规定的具体内容看，主要是些规范性的约束条款。中国新闻宣传单位利用互联网络对外进行新闻宣传必须经过国务院新闻办审批、在中央对外宣传信息平台统一入网，不得自行通过其他途径入网，更不得自行在国外入网，已经通过其他途径入网的，一律要补办报批手续，获准继续入网的应转到中央对外宣传平台上。

对新闻传播业的管理是绝对必要的，尤其是互联网络新闻传播业出现后，政府的宏观管理更为必要。现在要讨论的是，是继续用控制本位模式进行管理，还是转换到用自由本位模式进行管理。

中国社科院新闻与传播研究所研究员阂大洪先生写的"97 全国电子报刊经营与发展趋势研讨会"纪实中在谈到"领导机构表明加强管理的态度"时有一段很深刻的话："与会者在肯定领导机构加强归口管理的同时，亦提出领导机构应加强服务意识，出台刺激国内电子报刊发展的政策，采取顺应市场经济规律和因特网特点的方法、措施，显然，只有领导管理机构、各报刊社和网络服务商形成合力推动，中国内地的电子报刊才能更快地得到发展。"这里已经十分明确地提出了管理本位的转换问题。如果说在只有报刊、广播和电视三种大众传媒的时候，控制本位的管理模式还可以维持实行的话，那么，在互联网络在信息高速公路出现后，仍然采用这种管理模式无异于是限制这种最先进的大众传媒的发展。既然管理体制限制了新闻传播业的发展，那么出路只有一个，就是改革管理体制。

网络媒体同样不能放弃把关人的角色。在美国从事传播学研究的学者马成龙指出，网络中还存在着把关人。一方面，新闻网站所提供的情报的内容大大增加，这就意味着需要对此有更多的筛选，即把关；另一方面，人们可以选择的内容的自由度大大加强，这又意味着把关的减少。他的表达，实际上提出了两个层面上的把关的概念：一种是微观的，即个别的媒体网站对于自己站点内容的把关；另一种是宏观的，即在整个网络传播环境中的把关。正如马成龙先生所说，微观的把关不但没有削弱，反而是强化了。虽然从数量上，一个专业媒体可以提供比以往多得多的信息，但这并不意味着这些信息是不加选择的。因此，媒介可以利用自己搜集和处理信息的专业能力，为公众提供权威的信息服务，通过对信息的选择和加工，媒介可以将自己的观点和立场不动声色地传达给受众。由于网络中信息的空前丰富，信息的选择与再加工将成为一个重要的环节。普通受众不可能有条件完成这项工作，很大程度上还是要依靠高度专业化的媒体。媒体正好可以利用这一点，通过对网络传播的把关为网络用户提供一种价值和是非判断的参考标准，具体可以从以下几方面着手。

第一，网络媒体加强自己的言论版建设，让自己的言论版发挥权威作用。新闻采集和传播手段的现代化使得各媒体在新闻报道方面比拼的余地越来越小，许多网络媒体注重"舆"梳理，而疏于"论"的撰写，因而，有见地的言论无疑成为出奇制胜的法宝。因此，当重大突发性的事件发生，人们还处在迷茫状态时，专业媒体的意见往往能打动人，而通过网络传播总比通过传统媒体传播迅速。如果一家媒体树立了这方面的权威，就能使人养成习惯，遇事先来看这家媒体的意见。像《人民日报》、《联合早报》、《北京青年报》、《中国青年报》的网络版都很重视言论，设有社论和评论专栏，每天发表不少言论。人民网还成立专门的言论库供查阅。言论在网络版中突出出来，有助于更好地发挥引导作用。与此相反，许多媒体网站对言论重视不够，多数不过是拷贝传统媒体的评论，虽然也有直接利用链接方式将网友的评论送上网页的，但由于网民成分复杂，文化水平参差不齐，导致新闻评论的质量也是有高有低，总体而言，表面的、感性的文章居多，理性的、逻辑性强的文章少。这对网络评论的前途的确是个考验，在一定程度上不利于网络评论权威性的树立。

第二，充分利用自己的论坛来进行舆论引导。论坛是网络传播中最活跃也最有力量的因素。媒体可以开设论坛，利用自己的号召力将社会言论有效地吸引到自己的身边，然后利用显性或隐性的方式来引导这些言论。结合一定的新闻背景和社会热点，论坛可以邀请相关领域的专家来与网友交流、释疑，从而客观上形成"议题设置"。"强国论坛"这点就做得很好，"强国论坛"先后就国企改革、中国入世、美国大选、澳门回归一周年、新世纪守岁、党的十八大召开、反腐倡廉、英国脱欧等几乎所有国内外重大新闻事件和话题邀请政府官员、专家学者、各界名流"上坛"与网友对话。例如，沈国放到"强国论坛"与网友交流，沈国放交流结束后，网友继续就中国国际地位、联合国改革以及交流本身积极地发表文章，出现了像"十问沈国放"这样的好帖子，使对某一个主题的讨论形成了集中的态势。

　　再一个颇为有效的方法便是让媒体从业人员走上前台，利用网络进行人际传播。走上前台的编辑、记者不再完全是媒体的代言人，强烈的个人色彩再加上专业水准和公众声望，使得他们的意见更容易被网民接受，可以充分发挥"意见领袖"的作用。例如，《北京青年报》网站的论坛，由该报被青年人称为三剑客的评论员张天蔚、潘洪其、蔡方华三人每周轮流做版主，参与网友的讨论，发挥指点迷津、拨云见日的作用。譬如2003年2月3日，美国航天飞机哥伦比亚号空中解体，机上7名宇航员遇难。事件发生后，有的网民对国人表示出的伤感不理解，且为航天飞机的解体叫好，认为是小布什向太空扩张战略的失败。网上为此又展开了论战。此时张天蔚的跟帖出来了，提醒一些网民讲话要动点脑筋，认为人就是这样的，面对不同的问题，确实有不同的认同范围和方式，所以到了面对人类之外的宇宙时，"人类"这个概念就成立了。从"哥伦比亚"来看，它似乎没有明确的军事或经济目的，也就是说虽然它是美国所有，但并没有明确的美国国家利益，在一定程度上，它可以看作人类探索宇宙的努力。小布什在为宇航员们致悼词时，也是更多地强调了他们对人类的贡献。虽然他有借题张扬美国的意思，但也确实有得可张扬才行。我看大致只有两种人，一种是有脑子，有理性，有人类情怀的人；一种是以为狭隘就是感情，就是爱国的无脑人。网民们说他是高屋建瓴，马上同意他的看法。这样意见领袖的作用就发挥出来了。

　　2003年4月19日，确诊三例非典型肺炎患者以后，杭州立即设立"非典"隔离区，对与"非典"患者有过接触的人和场所（包括疫区和留验点）实行隔离，其中一处是"在水一方"社区的某幢楼。下例是杭州某报的一篇报道，该文对杭州网设立的"关爱在水一方"论坛的情况报道，可以看出让媒体人员走到前台，利用网络论坛进行人际交流的作用，也可以看出网络论坛在舆论引导方面的作用和功能。

关爱在水一方

　　"来到这里，终于明白以前老师说的团结！以前真的很不在意所谓的团结就是力量，觉得它在现代社会中根本不存在，但是这些天我看见了，听到了，终于明白这社会还有一种爱，这种爱平时被我们忽视了太久太久了"，这种人与人之间的真诚，让人久久难以忘怀，大家在这些日子里关怀身边这些素不相识的人，去体会他们的悲与喜，仿佛我们就是最亲的一家人。终于懂得也许爱就像一颗颗珍珠，只有有了一双双手的连接，才会穿成一串最炫目的项链……

"所有不管是在水一方的，或者是其他被隔离的地方的朋友们，你们不要害怕，不要失去信心，要知道你们和大家是在一起的，我相信大家一定可以熬过去的，生活中的每一天都是新的，明天阳光依旧灿烂！"

这是 4 月 26 日，也就是杭州的非典隔离进入第 6 天。一位叫"飞飞"的网友发表在"关爱在水一方"BBS 上的一篇文章。类似这样的主题，现在在这个 BBS 上已经有 60 页了。

"在水一方"最初的出名是在 4 月 20 日凌晨，这座高层公寓的 1 幢成为杭州首批隔离点之一——杭州确定的首批 3 例输入性非典病人中的一位就住在其中。

它是杭州最大的非典隔离区，楼内共有 76 户，201 名群众，突然而至的病毒，让他们直面死神的威胁。

抱怨、不解和恐惧也曾在"在水一方"短暂出现。但两天后，"在水一方"住户们表现出的勇敢和豁达一扫市民心中普遍存在的阴霾。

4 月 22 日傍晚，杭州日报集团下属的杭州网为所有非典隔离区专设了一个 BBS 论坛，名字就叫"关爱在水一方"。这个迄今为止华东地区唯一为非典隔离区开设的网络论坛，成为隔离区内外互相交流的重要平台。

4 月 24 日晚 7 时，浙江省委常委、杭州市委书记王国平在这个 BBS 上向全市隔离区市民发出慰问致意的帖子，这则帖子到昨天已经被点击了近万次。

逐渐地，"在水一方"在市民心中成为非典隔离区的代名词——由于在线人数持续飙升，远远超过了设计极限，网速至今快不起来。

每天，隔离区内的住户不断将里面的喜怒哀乐公布于众：今天的饭菜有哪些、又送来多少慰问品、晚上组织打羽毛球了、楼上的大姐为单身汉炖了鸡汤……

更重要的是，作为首批被隔离者，他们主动及时地将自己在隔离区内的实践告知外界，这为所有在病毒威胁笼罩下的市民心里留下了一例成功的范本——如果一旦不幸身处险境，我将会进入何种生存状态，我会得到哪些支援，我可以利用何种方式让自己更加乐观地去面对。

关爱是互动的，与此同时，外界的朋友不断向隔离区内的人群打气鼓励。

"今天我除了感谢在抗战一线的护士们，同时也感谢像在水一方一样被隔离的居民们，因为你们也为防止非典进一步扩散作出了牺牲，谢谢！同时更得感谢在你们楼下做管理工作的所有工作人员，辛苦了！谢谢！"

"隔离不等于距离，在远离人群时感受关爱，想说很多，但真的无从说起，我每天从快报上、在论坛上关注着你们，虽然我远在百里之外。很多次路过论坛，阅读真情，感受关爱，也许正是灾难让我们彼此更多地体会到了真心、真情！"

"杭州永远是我最爱的地方，不光有着美丽的景色，更是充满着无尽的人情味。让我们坚强地面对这一切，携手走过这困难的日子。"

这场史无前例的灾难让杭州人空前地团结，这种团结不仅仅激励了杭州本地人。

一位叫"荷花的刺"的深圳网友最终留下了一则"因为非典我更加喜欢上了杭州！"的帖子。他说，这些日子一直在为"留在杭州还是深圳工作而犹豫不决"，看了几天"在水一方"BBS后终下决心举家来杭。

"荷花的刺"说他相信自己的选择没错，因为通过"在水一方"，让他感到了人世间的温暖。

单纯的堵是不明智的，必要的规范还是应当有的。目前各国都在抓紧制订有关网络言论控制方面的法规。"它山之石，可以攻玉"，在规范网络空间方面，美国和欧洲的一些国家都有了相当多的经验，我们可以借鉴，经过认真消化后，再结合我国的具体情况加以改造利用。1996年美国总统克林顿签署了国会已经多数票通过的《通讯净化法》，其中规定通过互联网向未成年人传播不道德或有伤风化的文字及图像，一经查出，将处以25万美元的罚款和最高可达2年的有期徒刑。1996年欧盟委员会通过了《互联网有害和违法信息通信》及《在新的电子信息服务环境中保护未成年人和人的尊严》绿皮书，规定网络主机服务商和检索服务商应该对其主机和服务器上的违法和有害言息承担法律责任。欧盟委员会还建议对互联网信息建立评级制度，鼓励开发和采用过滤软件及评级系统，同时还通过建立报告机制，鼓励网民报告违法的有害网址。

我国先后出台了一些规定办法，比较重要的有2000年国务院颁布的《互联网信息服务管理办法》，2012年全国人大常委会颁布的《关于加强网络信息保护的规定》，此外还有2000年信息产业部颁布的《互联网电子公告服务管理规定》，2004年广播电视总局颁布的《互联网等信息网络传播视听节目管理办法》，2005年信息产业部和国务院新闻办公室颁布的《互联网新闻信息服务管理规定》等。但这些规章制度都是低于法律层级的行政法规和部门规章，至今还没有一部较高法律级别的规范出台。

2001年11月，我国信息产业部发布了《互联网络管理暂行规定》。这个规定首先对"电子公告服务"的范围进行了明确界定，即在互联网上以电子布告牌、电子白板、电子论坛、网络聊天室、留言板等交互形式为上网用户提供信息发布条件的行为。规定中最核心的一项措施就是对从事电子公告服务者加强管理：开展电子公告服务要向电信管理部门提出专项申请或专项备案，并对开展电子公告服务的条件进行了具体规定。规定不容许的几个方面，明确了不得在电子公告系统中发布的信息内容。这是国内第一个明确针对网络言论管理的政府性的规定，在网络言论控制的系统化和规范化方面迈出了可喜的一步。但是只靠这一项措施、一个部门且还是个技术部门，仍然显得杯水车薪。因为网络言论的管理涉及技术的、内容的多方面问题。需要一个权威部门牵头，组织各相关部门制定出一个更加系统的规则，最终进行立法。

第三，加强对传播者身份的管理。传播者的匿名性是引发网络言论混乱的一个重要原因，也是网络言论控制中较难解决的问题。

1996 年 6 月 1 日美国佐治亚州出台规定，将在互联网上使用假身份视为违法，该法有效地减少了匿名上网现象。2013 年 9 月，美国一家综合性的新闻、博客网站《赫芬顿邮报》发表社论说，网上恶意言论可以引出更严肃的问题，它其实是一种"网络施暴"，在现实生活中，这种暴行是不能被容忍的，遏制恶意言论才有助于维护网上言论自由。其创办人阿里安娜·赫芬顿 8 月在波士顿的一次公众演讲中宣布，为了遏制网上恶意评论和攻击，将取消网站新闻的匿名评论。从 9 月开始，该网站的新闻评论已改用实名制。赫芬顿说，这一改变是因为匿名的网上恶意评论、恶意攻击者令人难以容忍。她说："那些在网络上专门展开人身攻击的人已经变得越来越激进和猖狂。""网络暴民已经变得越来越具有攻击性、越来越丑陋，"赫芬顿说，"我觉得言论自由应该被赋予那些敢于为自己的言论负责的人，而不是躲在匿名制后面的人。"对这一变化，《赫芬顿邮报》的社论说："网站在引导网上评论对话方面具有无限潜力，它可以成为发表自由言论的一个变革性媒介。然而，有时维护信息的自由流动意味着抵抗那些出于个人目的妨碍这一过程的人。赫芬顿选择的并不是唯一方法，但是在促进讨论和维护网络友好环境之间寻求平衡是一个值得尝试的目标。"我国的《互联网电子公告服务管理规定》则要求："电子公告服务提供者应当对上网用户的个人信息保密，未经上网用户同意不得向他人泄露，但法律另有规定的除外。"例如，电子公告服务提供者发现其电子公告服务系统中出现明显违规的信息内容时，应当"立即删除，保存有关记录，并向国家有关机关报告"；电子公告服务提供者应当记录在电子公告服务系统中发布的信息内容及其发布时间、互联网域名，记录备份应当保存 60 天，并在国家有关机关依法查询时，予以提供。但是也有人认为，在对待有关人权和弱势群体的问题上，法律有必要保护用户的匿名行为。因为正是这种匿名所带来的安全性，才使人们敢于在网络中发出在现实世界中不敢发出的声音。因此，英特尔和微软具备追踪用户个人信息功能的新技术一面世就遭到网络用户的激烈反对。英特尔公司不得不推出一个修补程序用来关闭这一功能。微软公司也不得不保证：不会利用这一技术来收集用户材料。

不管如何争论，我们知道世界上是没有绝对自由的。网络世界也是如此。所以管理是必要的，问题是如何找到一个合理的平衡点。基于对以上原则的考虑，有人提出以下的一些管理方案①。

第一，提供个人主页服务和 BBS 的 ISP 必须有相应的专门人员来监管网络中的言论，这些人员必须经过学习或者国家专门的培训。而且 ISP 每年还必须接受国家相应的审查，以决定他们是否有资格、有能力来经营这些业务。

第二，对于在 ISP 提供的 BBS 版上发表的言论，ISP 有审查的权利和义务，并且有权删除那些明显带有侮辱他人、诽谤他人的言论，但是删除必须基于对于这些言论的性质能够有确定不疑的判断，也就是必须有足够的证据和迹象表明这些言论是侵权的。

第三，美国在《数字化千年之际版权法案》中采取了一个通知的方式，我想我们也可以在这里加以借鉴并吸收，所以笔者认为权利人只要向 ISP 发出了通知，告知在这个 ISP 所提供的个人主页或者 BBS 上有侵权信息，ISP 得到通知后，如果 ISP 没有证据表明这个言论没有侵权，那么他必须删除，否则权利人可能控告 ISP。但是，如果被指控一方也发出反通知给 ISP，担保他的言论并没有侵权，而 ISP 不能对这些言论是否侵权作出判断，那么 ISP 不必删除这些言论，而其法律后果由发表言论本人承担。

第四，ISP 对 BBS 的管理，采取限时循环监管制，因为 BBS 的特点不可能做到实时处理，但我们可以限定在一定的时间内，ISP 必须对 BBS 中的言论进行一次审查并且作出处理，实时删除侵权言论，并且把其余的言论，依照不同的可信等级，加以区分。而对个人主页的管理，只要做到第三点就可

① 参见新浪网传媒论坛 2003 年 2 月 13 日《网络中言论自由和名誉保护的冲突与平衡》等文章。

以了，ISP 没有日常检查的义务，法律后果由制作个人主页的人来承担。

第五，将技术管理法定化，以获得法律的有力保障。把技术管理的内容纳入法律的体系中，为 ISP 和公民的行为提供确定的法律指向，为 ISP 的管理提供法律的依据和保障，减少纠纷。

以上办法，仅仅是正在讨论中的尚未定型的思考，而且也仅仅是少数人的意见，供我们讨论这个问题时参考。这也是一个永恒的话题，网络上这样的讨论每时每刻都在进行。网络言论是一种新现象，网络言论的管理也是一个新问题。相信随着时间的推移和网络传播管理的日趋成熟，问题会得到妥善的、科学的解决，正如习近平同志 2014 年 2 月 27 日主持召开中央网络安全和信息化领导小组第一次会议讲话时所指出的：做好网上舆论工作是一项长期任务，要创新改进网上宣传，运用网络传播规律，弘扬主旋律，激发正能量，大力培育和践行社会主义核心价值观，把握好网上舆论引导的时、度、效，使网络空间清朗起来。

思考和练习

1. 国内网络言论为何如此铺天盖地，请谈谈自己的认识。

2. 国内媒体"两微一端"做得比较成功的有哪些？其中言论这一块又如何，试评价之。

3. 你认为网络言论应如何进行引导和管理，结合案例，说说自己的理解。

第十四章　新闻评论工作者的基本素养

　　新闻评论工作做得好不好，评论的质量高不高，关键取决于评论工作者的基本素养如何。新闻评论工作者、评论员不但要具备记者、编辑等新闻工作者所应有的基本修养，还应具备新闻评论工作者特有的素质。新闻媒体评论工作者作为新闻媒介的发言者、代言人，不仅是新闻评论工作能出观点、拿主意的组织者和策划人，还应成为既能写评论又能写报道的多面手。因此，评论工作者的素质和水平，往往在一定程度上代表和反映了所在媒体机构队伍的素质和水平，也影响着该报刊、广播、电视、网络等媒体的质量。若是党媒评论工作者，首先应当是党的思想工作者，既是党的宣传家，又是熟练的群众工作者，具有远见卓识，思想深邃，目光敏锐，而且关心实际生活，与群众息息相通，对生活充满激情；同时也应该知识广博、视野开阔且具有洞察力、判断力和较强文字的表达能力。新闻评论工作者的基本素养应当是多方面的。

　　对于评论工作者应具备什么样的基本素养，我国新闻学者有各种各样的说法。程仲文认为："评论记者应有哲学的涵养、政治的才能、写作的技巧。"林大椿认为："评论记者决定立场是否正确持久，有赖于哲学的修养；决定见解是否深刻恰当，则全靠学识方面的修养，也可以说评论记者必须接受分工专精的训练。"王民主张"一个评论家应有的形象是什么？我的回答是：他是一位具有专门学识的专家，也是一位头脑冷静，智慧卓越的通人；他是专家与通人的复合体，是一位理性主义者、经验主义者和实用主义者。"范荣康认为："对于评论工作者来说，除了具备新闻工作者的基本修养外，在某些方面还应该有更高的要求。他们必须不断地提高自己的思想觉悟和理论政策水平，知识渊博，目光敏锐，特别是要有运用马克思主义的原理分析和解决实际问题的能力。"米傅华的认识是，"素质包括多方面的内容，择其荦荦大端，可以概括为如下几点：一、强烈的政治意识；二、准确的角色定位；三、扎实的理论根基；四、敏锐的新闻嗅觉；五、旺盛的求知愿望；六、良好的职业道德。"丁法章强调："作为党报的评论工作者，首先应当是党的思想政治工作者，是具有真知灼见的政治家、目光敏锐的观察家、思想深邃的理论家和关心实际生活、充满激情的社会活动家。换言之，一个具有敏悟力、剖析力、表达力和知识面广的优秀评论工作者，应当具有政治家的热情和眼光，理论家的头脑和判断，社会活动家的活力和本领，杂家的智慧和博学，作家的技巧和感情。这样的评论员可以称为政论家。我们当然并不需要每个评论工作者都成为政论家，但是，应该以此作为目标，高标准地要求自己，刻苦磨炼砥砺自己，不断加强自身的素养。"刘建明主编的《宣传舆论学大辞典》则这样论述，"应有以下几个方面的要求：（一）加强政治修养。一个评论工作者应提高自己的政治觉悟，站到时代的前列；加强道德修养，表现时代精神。（二）评论工作者应学习和掌握马克思主义的科学理论，掌握基本理论，学会分析问题；加强政策观念，做好党的'耳目喉舌'。（三）评论工作者必须注意文化知识的修养和基本功的训练，做到学识渊博，精通业务。一篇好的评论作品的写作是各方面知识的综合运用和写作功底的集中表现。这就要求评论工作者勤于涉猎，重视知识积累，具备丰富的想象力。在丰富知识的同时，还要努力提高自己的文字表达能力，提高写作水平。"

第一节　党的宣传工作者

　　现代的各种报刊、广播、电视等新闻媒介，大多数从属于某个政党、阶级或集团，即使有许多的新闻媒介标榜自己是独立自由的，但在实质上很难不表现出一定的阶级属性和一定的政治倾向性。作为新闻媒介发言人的评论员，发表的意见也总会表现出一定的政治倾向性。无产阶级的报刊、广播、电视则公开承认自己的阶级属性和党性，并且一定要求评论表明其鲜明的态度。

　　马克思、恩格斯一贯重视无产阶级党报工作者的素质，要求"党的机关报必须由站在党的中心和斗争的中心的人来编辑"。他们早年创办的《新莱茵报》，就是由杰出的共产主义战士、优秀的作家、政论家和著名的诗人组成精悍的编辑部，加以马克思的坚强领导，把报纸办成了革命时代德国最出色的报纸。

　　新闻评论工作者，应当是自觉地"站在党的中心和斗争的中心的人"，应当是党的路线、方针、政策的阐发者和宣传者。作为中国共产党的各级党委机关报，党领导下的各种新闻媒介的评论工作者，更应当意识到自己是马列主义、毛泽东思想、邓小平理论的宣传者。在现阶段，应当是"三个代表"重要思想、科学发展观、"中国梦"的传播者。

　　评论工作者既然是一个党的宣传工作者，就应当具备一个宣传家所应具备的素质要求。宣传要具备政治信仰的坚定性，即对自己通过评论文章所阐述的主义、观点、主张、意见应是坚信不疑的，坚信自己所宣传的主义和政治信仰是正确的、正义的，是符合人民群众利益的，是符合社会发展规律的。在通过评论宣传党的路线、方针、政策的过程中，宣传的方式和方法等都可以根据具体情况灵活运用，但是宣传的根本目标和任务是不可动摇的。策略的灵活性和原则的坚定性是一个成熟的宣传家所必须具备的基本素质。

同时，评论工作者要满怀热忱。对于真理的追求要热忱，对于真理的宣传同样要满腔热情。这种热忱，一方面表现在对自己所宣传的主义、主张、观点的热爱，热情地追求和热烈地维护，在评论的说理过程中，不仅能以理服人，更能以情动人。另一方面表现在评论作者对于广大受众的满腔热情，对于社会实际生活的深刻了解，对于人民群众实际情况的更多了解，对于人民群众在社会前进的事业中出现的成绩和进步由衷地高兴，对于他们的痛苦和困难，有深切的同情，并能尽力帮助他们解决实际问题，这样才是一个称职的群众工作者。

政党报纸的编辑和评论员，必须是"站在党的中心和斗争中心的人"，是指作为党报的工作人员，首先必须认识到办好报刊以及一切新闻媒介是党的事业的有机组成部分，报纸作为机关报，它要很好地发挥工具和喉舌的作用，因此，评论工作者，在政治上必须与党中央保持一致。上述所说政治信念的坚定性和高度的政治热忱，是保证在政治上与党保持一致的必备修养。同时，党的事业在发展中会遇到各种艰难曲折，党内也会遇到各种"左"的或右的干扰。在这种情况下，作为报纸发言人的评论员，更应该是一个站在"党的中心和斗争中心的人"，坚定地维护党的正确路线、方针、政策，与各种错误思潮以及形形色色破坏、干扰党的路线，败坏党的声誉的党性不纯分子作斗争，清除腐败现象，以维护党的纯洁性。

评论工作者的政治修养，还应该包括思想道德素质。除了有坚定的政治信念和政治热忱之外，还要有高尚的道德情操，包括新闻工作者高度的敬业精神和职业道德修养在内。毛泽东同志在 1944 年写的纪念邹韬奋的题词中说：热爱人民，真诚地为人民服务，鞠躬尽瘁，死而后已，这就是邹韬奋先生的精神，这就是他之所以感动人的地方。邹韬奋毕生从事报刊的编辑和出版工作，撰写了大量的新闻评论，始终贯串着这样的精神，受到人民大众的欢迎。我们要学习邹韬奋这种勤奋工作、一丝不苟、乐此不疲的精神。邹韬奋在他 1937 年完成的《经历》一书中曾明确表示："我在二十年前想要做个新闻记者，在今日要做的还是个新闻记者——不过意识要比二十年前明确一些，要在'新闻记者'这个名词上面。加上'永远立于大众立场'的一个形容词。我所仅有的一点微薄的能力，只是提着这支秃笔和黑暗势力作艰苦的抗斗，为民族和大众的光明前途做一部分的推动工作。"他把办刊物、写作言论作为"能使我干得兴会淋漓，能使我的全部身心陶醉在里面的事业"。邹韬奋在办报刊的过程中，精心地写作评论，哪怕只是几百字的小言论，都是十分重视的。他在谈到《生活周刊》时曾说："每期的'小言论'虽仅仅数百字，却是我每周最费心血的一篇，每次必尽我心力，就一般读者所认为最该说几句话的事情，发表我的意见。"邹韬奋的政论爱憎分明，又每每与群众促膝谈心，正是他尽心地为人民大众说话，竭诚地为人民大众服务精神的体现。这说明，一个评论工作者的政治修养是同他的高尚的道德修养分不开的。

　　1996年10月，新华社举办"穆青新闻作品研讨会"，穆青在会上发表《我的心里话》。他在回忆自己从1939年在冀中前线参加共产党，尔后开始做新闻记者以来的经历后，特别讲到记者与人民群众的关系。他说："我觉得我的一生离不开人民的哺育。年轻的同志没有见过旧社会我们的人民有多苦。我是亲眼看到的，特别是在我们河南，更是个贫穷落后、苦难深重的地方。为此，我从小就有一个朴素的救国救民的愿望，以后参加了共产党，这个愿望就变成了终身的愿望。""有人说我对农民有特殊的感情……总觉得不把我们自己的工作做好，为人民多作出一点奉献，就对不起党，对不起老百姓，对不起这么好的人民。"吴冷西在"穆青新闻作品研讨会"上说："穆青同志之所以有这样的成就，做出了这么多的贡献，写出了一系列启发人、鼓舞人的作品，和他的为人很有关系。""他为人正直朴实，刚直不阿，严于律己，宽厚待人，真诚坦率，平易近人，这种为人的品格和风度，作为记者、新闻工作的干部，尤其是领导干部，给人印象深刻。"穆青同志作为新华社的负责人，却长期坚持采访在第一线，从《雁翎队》到《县委书记的榜样——焦裕禄》，从《为了周总理的嘱托》到《历史的审判》，写出了一大批杰出的、影响很大的新闻作品，成为当代我们党的新闻工作者的代表人物之一。除了有高度的政治觉悟，还与他的高尚的思想道德修养分不开，所以李庄同志在评论穆青的时候，用的标题就是"人品和文品"。高尚的文品来源于高尚的人品。这应该是古今同理，新闻评论工作者岂能例外。

第二节　思想、政治上的敏感性

　　新闻评论主要是对新近发生的新闻事件和当前的重大问题进行分析，发议论，讲道理，从而反映舆论和影响舆论。靠什么发议论，讲道理？靠什么分析问题和回答问题？靠的是政治的判断力和理论的雄辩力。我们讲的政治，是马克思主义的政治，是建设有中国特色社会主义的政治。政治包括政治方向、政治立场、政治观点、政治纪律，也包括政治鉴别力和政治敏锐性。当然讲政治，不是简单重复一些政治口号，不是搞空头政治，而是要使政治同经济、政治同各项业务紧密结合在一起，保证经济工作和其他各项工作沿着正确的方向更好更有秩序地进行。我们是把马列主义、毛泽东思想、邓小平理论作为观察事物的"望远镜"和"显微镜"，作为评论写作时分析问题和解决问题的锐利武器。评论工作者掌握了马克思主义的立场、观点和方法，就可以从理论和实践的结合上弄清客观事物的本质，写出高瞻远瞩、思想深刻、富有理论色彩的评论。

　　每一位新闻评论工作者都希望能写出一篇好的评论文章，希望好的材料不要擦肩而过，希望在平庸的材料之中发现闪光的宝贝。道人之所未道，见人之所未见，也即人无我有，人有我优，也就是说要有所发现，有独到的见解。这就要靠政治鉴别力和政治敏感性。只有具备高度的政治鉴别力和政治敏感性，才能在新闻天地里，发现具有不同寻常的意义。

　　1995 年 11 月 21 日，一位苏州的普通女工给江苏省副省长杨晓堂写了一封举报信。在这封信中，她讲述了她本来很聪明的儿子，由于经常在电脑上看黄色 VCD 而变得神情恍惚，成绩直线下降，直至常常逃课。而这些黄色 VCD 片，竟是一家正式的中外合资企业生产的。这封信被转到了新闻出版单位，可能很多记者都见过，但大多数人把它看作整体的一个颗粒而没有放大，有的压根没有觉出它有什么特殊的价值。新华社记者曲志红却掂出了这封信的分量，将这封信摘要引用成为新闻主体，文首用 200 多字的编者按语，画龙点睛地突出了举报信的社会意义，成就了新闻精品。文首按语说：

　　一位苏州的普通女工，在今年 11 月 21 日给江苏省副省长、苏州市委书记杨晓堂写了一封举报信。在这封信中，她讲述了突然发生在她幸福家庭中的一段痛心不已的故事，令读到此信的人无不动容。她也向社会提出了一个严肃的问题，在我们社会主义国家里，难道竟能坐视那些黄色出版物侵蚀毒害我们的青年一代吗？我们将此信摘录如下，希望来自这位普通母亲泣血的呼吁，能进一步唤起全社会对黄色出版物所带来的灾难性后果以足够的重视，也希望那些为牟取暴利而"制黄"、"贩黄"的人们，能意识到自己的罪恶而悬崖勒马！（举报信略——编者）

　　新华社的这条新闻，《人民日报》发在头版头条加评论，《光明日报》发在头版二条加评论员文章，《工人日报》以及首都众多报纸都在显著位置刊发，广播、电视台也在黄金时间播发。标题大多是《一位母亲强烈呼吁扫黄打非不可手软》，或《一位母亲的呼吁——摘自一封震撼人心、发人深省的举报信》。发现，可以在新闻线索上发现，也可以在细节上发现，但它的前提是需要敏锐的洞察力。同样的事件，同样的场景，同样的细节，能否发现有新颖独到的见解，寻找到独特的构思，有敏锐的捕捉，有意想不到的联系，也就决定了新闻评论作品的高低之分，这取决于作者有没有敏锐的洞察力，亦即作者的政治敏感性。这已成为评论工作者的首要素质。

新闻评论文章，见解是第一位的。观点新颖、见解深刻，即使修辞略显简陋，笔法略显稚嫩，仍是可观的作品。有的评论文章写得很长，但通观全篇，但仿佛没说什么甚至什么也没有说。有的评论文章写得很短，仅三言两语，但读之却满眼生辉。这主要是由于观点新颖，有见解。新颖的观点，独到的见解，切中肯綮的分析，充分而确切的论据，扎实而合乎逻辑的论证，闪耀着智慧的光芒，读起来是动人心魄的。因此，评论文章的高下优劣，归根到底是评论写作者的思想理论能力问题。

社论时评关系到国计民生、世道人心、社会进步，上系国家经济命脉之需，下涉生民稼穑之苦，它所承担的责任和任务，表明它的社会价值大于艺术价值。毛泽东同志的评论文章深入浅出，通俗而深刻；邓小平同志的讲话和文章很朴素，很少在遣词造句方面下工夫，但其精辟和深刻足以廓清迷糊，足以改变一个时代，改变历史的进程。由此可以说明，思想理论的能力是一个评论作者最重要的能力。有见解未必都善于表达，未必能写成精彩的文章，但缺乏见解或见解浅薄一定写不出精彩和深刻的文章。思想理论素养高、能力强的评论作者，能够在纷纭复杂的现象中把握事物的本质，能够在旧思维范式中发现崭新的思想线索，能够在平凡的琐细的事物中发现不平凡的东西，挖掘出其中体现时代精神的东西，能够在历史进程中作出富有远见的预见，能够在喧闹繁杂的声浪中表现出非凡的冷静，遇事不慌，临乱不惊，能够作出正确的选择和准确的判断。深刻的观点和独到的见解，可以帮助人们的认识达到一个新的境界，开拓新的视野，由顿悟而在思想认识上产生质的飞跃。

理论修养和思想能力，观察问题的洞察力，政治的敏感性，这些素质都不是一朝一夕可以达成的，靠的是长期的积累。它不是靠几年的大学教育就可毕其功的，也不是靠读几本理论书，背诵几句经典语句就可以成功的，更不是靠小聪明就能修成正果的。思想理论修养和能力的提高，是多方面努力的结果。它至少需在三个方面引起注意：第一，长期的不间断的理论建设。

要有扎实的理论根底，就要广泛地涉猎政治的、经济的、哲学的、文学的、历史的书籍，尤其要打好马列主义、毛泽东思想、邓小平理论的根底。一方面夯实理论根底，一方面要学会运用科学的方法论来分析事物，解决问题。新闻评论工作者应该是饱学之士，但不能成为一个死读书的书呆子。一个没有被科学的世界观、方法论武装起来的人，很难把世界万物联系起来，更难以对变化的事物和发展的趋势作出判断，不能从纷繁复杂的事物中把握本质的东西。这样做出来的文章甚至连讨论定义的精确性都做不到，遑论提出新颖的观点和独到的见解。这样做出来的评论文章，只能是就事论事或者是泛泛空谈，甚至是无聊的诡辩。第二，与现实生活尽可能缩短距离。评论工作者是群众工作者，又是新闻媒介的代言人，应该以极大的热情和耐心观察和了解时代的发展变化，体察和了解民心民情。评论工作者既是时代的观察者、社会生活进程的积极参与者，又是群众真正的贴心人。形势不同，社会热点不同，人们关注和迫切要求解决的问题就不同，社会各阶层中的人心态也不同。只有了解这种不同的发展变化，研究这些在不同条件下事物的变化和人们心态的变化，评论作者才能和时代的脉搏一起跳动，与群众的脉搏一起跳动，下笔时也才能抓到痒处，切中肯綮。第三，养成好学深思的习惯和品格，多方面汲取知识营养。评论工作者要打好知识的根底，除了上述从理论观点和方法论角度加强修养外，还应该具备广泛的甚至是渊博的知识。作为中国新闻评论工作者，如果不具备中国历史和中国古典文学的深厚基础是不可想象的。《论语》、《庄子》、《史记》、《汉书》、《昭明文选》、《资治通鉴》、《红楼梦》、《三国演义》等文史著作，评论写作者应该娴熟于心。当代科学技术知识和各种最新信息，也应该及时汲取。学了要想，要联系起来思考。厚积而薄发，文章才有深度。对新闻评论工作者来说，更为重要的是要通过写作来锻炼思路，磨砺思想。写作包含着学习和积累，写作过程本身就是一个深思熟虑的过程。写作欲望常常是激活思想和产生思想火花最有效的东西。新颖的观点和独到的见解正是长时间理论修养、思想能力培养和好学深思的结果。

马克思曾说："报纸最大的好处，就是它每日都能干预运动，能够成为运动的喉舌，能够反映出当前的整个局势，能够使人民和人民的日刊发生不断的、生动活泼的联系。"评论工作者只有具备扎实的理论功底和知识根底，好学深思，具有思想理论方面的敏锐性，写作的评论文章具有新颖独到的观点和见解，才能反映出当前的整个局势，才能够使人民与人民的报刊、广播、电视等新闻媒体发生不断的、生动活泼的联系，才能够使报纸等新闻媒体成为党和政府以及人民的喉舌。

第三节　作家的写作才能

　　评论文章有了新颖的观点和独到的见解，如果不能恰当地表现，不善于表达这种观点和见解，也就达不到应有的传播效果。因此，评论工作者的写作才能、写作技巧的素养就显得十分重要了。新闻评论作品的发表，其时效性的要求很高。尤其是一些配发的评论文章，它往往也与新闻报道一样，快写快发。言论撰述者此时就应该是一个"下笔千言、倚马可待"的文章高手，是一个妙笔生花的写家。虽然，评论作者不等同于文艺作家，但同样要求具备作家那样的写作才能和写作技巧方面的素养。许多的评论作者本身就是知名作家。

一、要说真话

　　新闻评论，既是政论文体，又是新闻文体。理应与新闻报道文体一样，真实性是它的生命所在。所反映的事实是现实生活中客观存在的，所反映的意见是符合客观发展规律的，评论作者就要坚持说真话，敢于说真话。

　　《决不要撒谎！我们的力量在于说真话！》这是列宁1905年9月给报纸编辑部写的一封信的标题。在这以后，列宁多次论述关于报纸要说真话的意见。列宁说过："我们开诚布公地说真话会得到更大的好处，因为我们深信，即使这是一种沉痛的真话，只要讲清楚，任何一个觉悟的工人阶级代表，任何一个劳动农民都会从中得到唯一正确的结论。"列宁这番话，最鲜明地表达了无产阶级报刊对写作的基本要求。

　　无产阶级报刊、广播电台、电视台的新闻报道、新闻评论，都应该依据事实，如实地描述事实，准确地评论事实。这是马克思主义政党理所当然的要求，"政治上采取诚实态度，是有力量的表现，政治上采取欺骗态度，是软弱的表现"，"报纸是我们党的镜子，它始终应当纯洁、正确，对任何事情都不应当歪曲……报纸在任何时候都不应当被人指责讲假话。我们应当永远说老实话，说公道话"。评论作者与新闻报道记者一样，在任何情况下都应说真话、不说假话，都应当具备宣传家所应具备的那种面对事实、面对真理、敢于说真话的大无畏精神和宏大的气魄。

二、说清楚和说得妙

　　有人说，评论文章的高下之分约略有两个层次：一是说清楚；二是说得妙。说清楚，是文章的起码要求；说得妙，是无止境的。说清楚，是指选题有针对性，立论正确，论据充足，分析和论证过程均无毛病，把要说的道理说清楚了，是一个合格品。说得妙，是指文章符合上述要求之外，还能做到表达独特、构思巧妙、文笔可观、读来赏心悦目。

其实，评论文章要"说清楚"是并不容易的。我们在翻读报刊评论文章时常会看到一些说不清楚的文字，或分析不清，或概括不当，或表达不明，甚至逻辑混乱乃至结论错误。说不清的原因，是事先没有想清楚，思路不清。思路没有理清楚，自然就说不清楚和写不清楚。

要把道理说清楚，文章写清楚，说难也不难。只要下笔之前把思路理顺了，又具有一定的文字表达能力，能够做到文从字顺的话，那么一般就可以做到"怎么想的就怎么说"或者"想怎么说就怎么说"。如果论题恰当、观点明确了，那么评论文章的首要任务是集中、突出地讲清观点。一篇文章、一个讲话，或一个影视节目，其中心观点只有一个，在运用材料和组织论证时，就集中、突出地讲清这一个问题，宣传一个主题。其次，要提升论据材料的哲理性，尽可能挖掘隐含在论据材料中的哲学涵义。虽然评论文章一般不在于创造新理论，也不强求具有学术性。它的理论性主要在于恰当地运用现成的理论和引用一些权威的材料。但是应该认识到，任何一种论据材料包括现实的和历史的材料，在某种程度上，必定含有哲理的意蕴。其三，还要注意赋予论据材料以美学的内涵，而美学内涵的特点主要是在感情方面。我们对论据材料的处理和运用，既要考虑到能挖掘隐含其中的哲学意蕴，考虑到能开发接受对象的智力，在理念上有所启迪，又要考虑到赋予论据材料以美学的内涵，能打动接受对象的心灵，使其在感情上产生共鸣。也就是说，既重视它的理性作用，又重视它的情感作用，并使两者结合起来。这样在下笔之前把思路理清楚了，一般是可以把道理说清楚的。

说得妙，是指不满足于一般的表达而尽量使文章生动、读来有味。好的记者不是靠录音记录或靠电话记录整理成文而发表，而是要把采访得来的材料细细咀嚼消化，去粗取精，去伪存真，"再现"当时的场景，进而写成一篇作品。好的报道是在客观事实的基础上的再创造，把重要的事实凸现出来，以体现记者的倾向性。同样的，评论作品更需要反复琢磨，苦心经营。先摆什么观点，用什么材料，后摆什么意见，再用什么材料。先说什么话，接着说什么话。结论放在前头，还是放在后头。明快一些，还是含蓄一些。偏重说理，还是偏重抒情。就实务虚、依事说理，还是就虚务实、理从事出。直入正题，还是娓娓道来等，都应该事先了然于胸。这就要精思妙构，包括结构的安排和语言的运用，处处用心，精心写作，而又不留斧凿之痕，浑然天成。这样的文章读起来文字清通流畅，结构精致巧妙，说理透彻，极富韵味。

三、善于用比喻

评论文章可以运用形象化比喻的方法，使比较抽象的道理容易为广大读者所理解。因为这种比喻不是抽象的，而是具体的。列宁常常把群众的革命热情比作新鲜空气、光芒、疾风、来势凶猛的暴风雨。例如，列宁在《朋友见面了》一文中，批评孟什维克根本没有找到燃起反对专制制度的星星之火的手段时说：他们不是打破窗户，让工人起义的自由空气畅流进来，使火焰燃得更旺，而是满头大汗地制造一些玩具似的风箱，向解放派提出一些可笑的要求和条件，以此煽起解放派的革命热情。

毛泽东同志的报刊政论文章，也常常运用比喻，使逻辑性与形象性巧妙地结合在一起。例如，在《将革命进行到底》一文中，他用希腊寓言"农夫和蛇"的故事，生动地说明了"不可沽名学霸王"的道理，尖锐指出：外国和中国的毒蛇们希望中国人民还像这个农夫一样地死去，希望中国共产党，中国的一切革命民主派，都像这个农夫一样地怀有对于毒蛇的好心肠。……况且盘踞在大部分中国土地上的大蛇和小蛇，黑蛇和白蛇，露出毒牙的蛇和化成美女的蛇，虽然它们已经感觉到冬天的威胁，但是还没有冻僵呢！

毛泽东同志的报刊政论文章，必要时甚至通篇说理都采用夹叙夹议、寓理于事、寓理于喻的方法，使文章深入浅出，生动引人。1942年9月，毛泽东为延安《解放日报》撰写的社论《一个极其重要的政策》，主要是论述"精兵简政"在当时的重要性，但并没有板起面孔说话，而是通过形象的比喻来说理。在论述到"精兵简政"的重要性和必要性时，一连用了六个比喻，其中一段说：

气候变化了，衣服必须随着变化。每年的春夏之交，夏秋之交，秋冬之交和冬春之交，各要变换一次衣服。但是人们往往在那"之交"不会变换衣服，要闹出些毛病来，这就是由于习惯的力量。目前根据地的情况已经要求我们褪去冬衣，穿起夏服，以便轻轻快快地同敌人作斗争，我们却还是一身臃肿，头重脚轻，很不适于作战。若说：何以对付敌人的庞大机构呢？那就有孙行者对付铁扇公主为例。铁扇公主虽然是一个厉害的妖精，孙行者却化为一个小虫钻进铁扇公主的心脏里去把她战败了。柳宗元曾经描写过的"黔驴之技"，也是一个很好的教训。一个庞然大物的驴子跑进贵州去了，贵州的小老虎见了很有些害怕。但到后来，大驴子还是被小老虎吃掉了。我们八路军新四军是孙行者和小老虎，是很有办法对付这个日本妖精或日本驴子的。目前我们须得变一变，把我们的身体变得小些，但是变得更加扎实些，我们就会变成无敌的了。①

由于巧喻善比，不少抽象的道理具体化了，不少概念的东西形象化了，不少深奥的哲理浅显易懂了。这是毛泽东同志的政论所以能深入浅出的一个重要原因，也是一种形象说理的有效方法。这很值得今天的评论工作者学习和继承，现今很多优秀的报刊评论作品也是这样做的。

四、善于用典

报刊评论文章不属于文学作品，也没有必要当做文学作品一样刻意经营。但无论是阐述政策、评议时事，还是针砭时弊，鼓吹新生事物、新思潮，都应该讲究可读性，善于用典故也是极为有用的方法。

写社论时评当然可以不用典或少用典，有时候用典生硬、不贴切或用多了，还可能使读者产生阻隔的感觉，影响政论文章的传播效果。但是典故是历史文化的组成部分，无论写什么文章，作者都应该尽可能多地熟悉文化和历史并能熟练地运用它。

评论文章可以用典，应是不争的问题。旁征博引，历来是好文章的必要因素，评论文章当然也不能例外。中国近现代以来著名评论家梁启超、于右任、陈独秀、李大钊、毛泽东等人的时评作品，都具有深厚的文史含量，像《愚公移山》全篇就是寓言式的政论，堪称古为今用的杰作。毛泽东同志在1962年的一次会议上为了说明一个人一生中有时受了委屈，受到降职等处分，不是坏事，可能还有好处时，就引用了司马迁《报任安书》中的一段话，司马迁在这段话中一连举了七八个典故。

对于一些事物或一些问题，旁征博引，恰当地引用典故，加以发挥，有时与逼真的描写、形象的比喻等结合起来，不仅可以加强评论文章的深度，同时还可以生成一种文学情调，造成一种幽默感，增强语言的表现力。例如，毛泽东《中国社会各阶级的分析》一文中，说明小资产阶级中的一部分人极想发财致富的心理时，有这样一段：

这种人发财观念极重，对赵公元帅礼拜最勤，虽不妄想发大财，却总想爬上中产阶级地位。他们看见那些受人尊敬的小财东，往往垂着一尺长的涎水。②

---

① 《毛泽东选集》，第三卷，882—883页，北京，人民出版社，1991。

② 《毛泽东选集》，第一卷，5页，北京，人民出版社，1991。

五、下笔千言，倚马可待

评论工作者须具备作家的写作才能，语言要通俗易懂，文章要具有中国作风、中国气派等，评论写作特别要求评论作者具备"下笔千言、倚马可待"的素养。广播电视的直播性无底稿的脱口评论则要求出口成章、随口就来。

新闻评论文章的新闻性、针对性，要求评论文章针对新闻事件和当时重大社会问题选题立论，及时写作和发表，但又要求准确鲜明，不能草率从事和含含糊糊。所以评论作者要很快地确定选题，明确中心观点，很快地完成收集材料、调查研究和形成思路的过程，很快地进入运思写作阶段，要比别的文章更快地写作和发表，中间又少不了反复修改的过程。报刊评论家应逐步造就自己成为一个文章高手，才有可能担当"看完大样写社论"的重任。

邓拓自 1938 年 4 月主持《抗敌报》（后改名《晋察冀日报》）到 1958 年秋天调离人民日报社，整整 20 年，一直是党报的领导者、组织者，又是一名出色的记者、编辑。"笔走龙蛇二十年"，邓拓重点抓的是新闻评论工作，写作、修改最多的也是评论文章。邓拓自己就写了大量的社论，是现代著名的政论家。

邓拓多才多艺，学识渊博，是有才华的作家、诗人、历史学家、书法家，又是新闻学家。由于他既勤奋好学，手不释卷，博览群书，又才思敏捷，写作神速，多写速改，所以邓拓同志"下笔千言，倚马可待"是出了名的。人们津津乐道的是，邓拓往往边写作边发排，写到最后一张稿纸时，文章开头的小样已经摆在他面前。他看完前半篇的小样，整篇文章的样稿已送齐了。他就这样笔不停挥地争取了时间。翻阅邓拓写作社论的原稿，经常可以看到这类文字说明："先排一半，后半另发。邓"。"即排，未完稿即送去。邓"。"即排，续稿即发去。邓"。"即排，继续送稿。邓"……写作时间之紧迫和写作之神速由此可见一斑。

最能证明邓拓才思敏捷的是"日写三论"。党的七大后，党中央要求加强新闻工作。1945 年 5 月 22 日，延安《解放日报》发表社论《提高一步》，号召党的新闻工作者树立新目标，跟上人民事业前进的步伐。7 月上旬的一天，邓拓拿了三篇社论稿征求一位同志的意见。谈完意见后，这位同志问邓拓："你这三论写了多长的时间？"邓拓答："一天。"这"三论"就是 1945 年 7 月 13 日、14 日、15 日《晋察冀日报》接连发表的《论如何提高一步》、《再论如何提高一步》和《三论如何提高一步》。这三篇评论近 6000 字，邓拓一天写成，一气呵成，真可谓"下笔千言，倚马可待"了。

当代知名时评家、杭州日报首席评论员、杭州日报报业集团评论专业带

头人徐迅雷，在都市快报工作期间曾一人支撑"快报快评"这一后来获评 2008
年度浙江新闻名专栏的时评品牌栏目，每个工作日一天一篇快评，而且都是
每天晚上在电脑上限时限刻敲出来的，每天"以十个小时的学习、思考、积
累，来支撑两个小时的写作"。每年发稿两百多篇，完成一般媒体 3 个专职评
论员的工作量。他在杭州从事媒体工作十几年，从来没有去泡过一次酒吧，
西湖一年也见不到几回。而每年为买书要花费两万多元，家里满目皆是书，
后来还租了个地下室，建了个"地下书库"。业界誉其"既是奇人又是能人"。

　　当然，所谓"倚马可待"，并非文不加点，一挥而就，而是仍须反复修
改，尤其是代表报纸编辑部发言的社论、短评，更应反复征求意见、集体讨
论、反复修改、反复推敲才行。但是作者的好学深思，博学多才，才思敏
捷，写作神速，是可以培养也是应该培养的。

　　而对于许多初学写作评论的人来讲，首先要过的一关则是下定决心排除
万难去战胜惧怕写作的心理，这是许多人都必须面对的状况。以下是知名评
论员马少华先生在其评论教学博客中所发的感悟，或许会给你启发。

如何克服写评论的心理障碍

　　"希望能够在这个课上克服写评论的心理障碍"——这是昨天的研究生评
论课上一位同学表达的愿望。我觉得，这个愿望很正常，因为这种心理障碍
普遍存在。无论是在大学本科生阶段还是在研究生阶段。我们号称帮助学生
培养写作新闻评论的能力，但先于这个能力存在的，就是写的心理障碍。所
以，克服写评论的心理障碍，对于同学来说也是一种收获，对于老师来说，
也是一个目标。

　　写评论的心理障碍和写作能力是一种什么样的关系？一般来看，它们是
此消彼长的关系：没有能力时（其实是一些同学从来没"开"过笔），会有心理
障碍；到了有了能力时，也就有了信心，写的心理障碍自然消失。但是，其
实有了写作能力，也同样会有动笔的心理障碍，我自己当了 8 年的评论员和
评论编辑，写了十多年，数百篇，按说有能力吧？但到现在还有写的心理障
碍——当然与初学者的心理障碍有所不同。我要说的是：评论写作，作为一
种艰苦的精神活动，不仅需要能力，还需要意志力和冲动，需要能够在这种
精神活动中获得快乐和自我肯定。没有后者，仅凭能力是难以推动一个人投
入写作之中的。何况写作能力随时消长——我过去有，但现在不见得就有。
人只要在写作状态中，才会有写作能力。

　　所以，我昨天对那位同学说：克服写评论的心理障碍的方法就是写评论

本身。我的意思是：我们不可能先克服了写评论的心理障碍，再来投入写评论的行为。而只能靠写评论的行为来克服写评论的心理障碍，就像胡适所言："学习民主的方法就是民主。"

我想，可以暂且放下那么多关于评论的规范和知识，放下选题、结构、论证等东西，静下心来捕捉自己内心的意念：我有什么话想说？我有什么想法值得表达？我有什么想法值得写下来与他人分享？然后你写下这个想法，并且用你的知识和材料支持这个想法。对于新闻评论来说，这个"想法"，应该是针对新闻事件的，是对新闻事件的一个判断。

这样写出来的东西不见得够发表的水平。但你已经写出来了，你已经开了笔，迈出了一步。这就是收获。你只有写下来，才能够考虑：怎样写更好？你只有写下来，才能获得（老师或他人的）肯定，建立写作的信心。一开始就设定较高的标准，徒然增加心理障碍而已。

所以，克服写作的心理障碍，首先靠自己。写出来之后，要靠老师或编辑的指点。

当然，互联网（包括个人博客和网络论坛），也是一个练习写作的空间，它几乎没有"发表"的门槛。所以，这是一个练习表达的良好环境。同时，它比较容易得到回应和肯定。

我为什么在这里把"写作"，换成了"表达"？因为先于"写作意志"的，就是"表达的意志"。对于许多人来说，不愿意表达，不愿意公开表达，是根本性的障碍。互联网是这样一个易于表达的空间，但尽管如此，仍然有大多数的潜水者。这说明，表达障碍是根本性的心理障碍。所以，要克服写评论心理障碍的人应该先弄清楚：自己是不是有"表达的心理障碍"？克服这个障碍，是克服写评论心理障碍的第一步。

我把此文献给那位提问的同学——祝愿你在我的课堂上克服写评论的心理障碍。

初学者克服了写评论的这种表达上的心理障碍，并非就什么都解决了，还有许多方面需要特别注意。知名评论员曹林结合自己多年写作时评的心得体会，给出了以下几个忠告供大家借鉴。

第一，少上评论写手论坛，那上面很浮躁，容易被那种浮躁所感染。应该多上思想论坛，多到微博上进行讨论，演练自己的思想，在讨论中完善自己的逻辑。

第二，不要过于追求发表，不过发表对写作有促进作用。

第三，将自己的投稿与经编辑编过发出来的稿件进行对比。

第四，每天将自己的稿件与其他作者，尤其是优秀作者的同题评论进行对比，认识到不足，学习优秀作者的写法和思想。

第五，少与人争鸣，因为争鸣多是浪费时间，大多数争鸣是各说各话，缺乏高质量的思想交锋。

第六，建立自己的资料库和信息库，养成看到有意思的数字就将其记下来的习惯，那些数字说不定就成为某篇文章的有力论据。

第七，读书要记笔记，不要以为在书上画了，那画了的东西就会成为自己的，只有记下来，并一边记录一边与时事结合着思考，它才会成为你的活思想。否则，看过的书基本上等于没看。

第八，多参加各种论坛，不要害怕公开表达自己的观点，要勇于大胆地站起来进行表达。

思考和练习

1. 你认为评论工作者应具备哪些基本素养？其最重要的素养的是什么？
2. 谈谈对"党媒评论员必须具备很强的政治敏感性"的理解。
3. 如何练就"下笔千言，倚马可待"的评论写作功夫？
4. 你读的哪些书对你今后写评论有比较大的帮助？

附　录

附录 1

新闻评论研究专著(单行本)汇总

包围强等．财经新闻评论．北京：清华大学出版社，2011

曹林．时评写作十讲．上海：复旦大学出版社，2011

陈栋．解码新时评——中国新闻时评的新发展(1996—2006)．北京：中国社会科学出版社，2010

陈力丹．舆论学．北京：中国广播电视出版社，1999

程世寿．新闻评论写作教程．武汉：华中理工大学出版社，1987

程雪峰．现代体育新闻评论学．长春：吉林大学出版社，2012

程之行．评论写作．台北：三民书局，1994

程仲文．新闻评论学．上海：上海力生文化出版公司，1947

崔梅，周芸．新闻语言教程．北京：北京师范大学出版社，2011

丁法章．当代新闻评论教程．上海：复旦大学出版社，2012

杜涛．新闻评论思维与表达．北京：知识产权出版社，2013

段业辉，等．新闻语言比较研究．北京：商务印书馆，2007

范敬宜．总编辑手记．北京：人民日报出版社，1997

范荣康．新闻评论学．北京：人民日报出版社，1988

方汉奇，等．《大公报》百年史．北京：中国人民大学出版社，2004

复旦大学新闻系新闻史教研室．中国新闻史文集．上海：上海人民出版社，1987

傅国涌．追寻失去的传统．长沙：湖南文艺出版社，2004

傅国涌．笔底波澜．桂林：广西师范大学出版社，2006

傅国涌．文人的底气——百年中国言论史剪影．昆明：云南人民出版社，2007

甘惜分．新闻学大辞典．郑州：河南人民出版社，1993

高东．新闻评论思维与写作．北京：化学工业出版社，2010

顾涧清，李龙．中国时评——社会良知的呐喊．广州：中山大学出版

社，2008

高明勇. 新闻的逻辑. 杭州：浙江人民出版社，2014

戈公振. 中国报学史. 北京：中国新闻出版社，1985

关世杰. 思维方式差异与中美新闻实务. 北京：中国社会科学出版社，2011

郭步陶. 评论作法. 上海：复旦新闻学会，1936

胡文龙，秦珪，涂光晋. 新闻评论教程. 北京：中国人民大学出版社，1998

胡文龙. 现代新闻评论学. 成都：四川人民出版社，1997

胡文龙. 小言论写作方法系列谈. 北京：新华出版社，1997

胡文龙. 中国新闻评论发展研究. 北京：中国人民大学出版社，2002

胡泳. 众声喧哗——网络时代的个人表达与公共讨论. 桂林：广西师范大学出版社，2008

贾奎林，张雪娜. 新闻评论应用教程. 北京：北京大学出版社，2009

贾亦凡. 新闻评论写作. 福州：福建人民出版社，2001

姜淮超. 新闻评论教程. 北京：中国政法大学出版社，2003

李彬. 中国新闻社会史（1815—2005），上海：上海交通大学出版社，2007

李大同. 冰点故事. 桂林：广西师范大学出版社，2005

李德民. 评论写作. 北京：中国广播电视出版社，2007

李德民. 新闻评论探索. 北京：人民日报出版社，1991

李法宝. 新闻评论：发现与表现. 广州：中山大学出版社，2013

李金铨. 文人论政. 桂林：广西师范大学出版社，2008

李良荣. 中国报纸文体发展概要. 福州：福建人民出版社，2002

李舒. 新闻评论. 北京：中国人民大学出版社，2013

李文明. 新闻评论的电视化传播——《焦点访谈》解读. 成都：四川大学出版社，2003

李秀云. 中国现代新闻思想史. 北京：中国社会科学出版社，2007

廖艳君，等. 新闻评论. 北京：清华大学出版社，2010

林大椿. 新闻评论学. 台北：台湾学生书局，1978

林语堂．中国新闻舆论史．上海：上海人民出版社，2008

刘大保．社论写作．北京：中国广播电视出版社，2000

柳姗．当代新闻评论．上海：复旦大学出版社，2007

马立诚．交锋三十年．南京：江苏人民出版社，2008

马少华，刘洪珍．新闻评论案例．长沙：中南大学出版社，2006

马少华，刘洪珍．新闻评论案例教程．北京：中国人民大学出版社，2008

马少华．新闻评论．长沙：中南大学出版社，2005

马少华．新闻评论教程．北京：高等教育出版社，2012

马少华．新闻评论教程．北京：高等教育出版社，2007

马少华．新闻评论写作教学：开放的评论课堂．北京：高等教育出版社，2015

彭兰．中国网络媒体的第一个十年．北京：清华大学出版社，2005

蒲红果．说什么　怎么说——网络舆论引导与舆情应对．北京：新华出版社，2013

钱震，等．新闻新论．台北：五南图书出版公司，2003

秦珪，胡文龙，涂光晋．新闻评论写作经验选编．北京：中国人民大学出版社，1989

秦珪．新闻评论写作．武汉：武汉大学出版社，2000

邵华泽．同研究生谈新闻评论．北京：人民日报出版社，2010

邵华泽．新闻评论概要．北京：人民日报出版社，1996

邵华泽．新闻评论写作漫谈．北京：长城出版社，1986

邵鹏．媒介融合语境下的新闻生产．杭州：浙江工商大学出版社，2013

师永刚．解密凤凰．北京：作家出版社，2004

涂光晋．广播电视评论学．北京：新华出版社，1998

涂光晋．时代之"声"——新时期中国新闻评论研究．北京：中国人民大学出版社，2011

汪言海．新闻评论不神秘．合肥：安徽大学出版社，2015

王贵平．电视新闻评论．呼和浩特：内蒙古大学出版社，2000

王民．新闻评论写作．台北：台北联经出版事业公司，1981

王兴华．新闻评论学．杭州：浙江大学出版社，2003

王云红，姜军，彭德水．思想原声：一百年来的思想激荡．北京：光明日报出版社，2003

王振业，胡平．新闻评论写作教程．北京：中国广播电视出版社，2001

王振业，李舒．广播电视新闻评论．北京：中国传媒大学出版社，2009

王振业，李舒．新闻评论写作教程．北京：中国广播电视出版社，2009

王振业，李舒．新闻评论与电子媒介．北京：中国广播电视出版社，2004

吴庚振．新闻评论学通论．保定：河北大学出版社，2001

吴伟光．网络新媒体的法律规治．北京：知识产权出版社，2013

肖鸿波．新闻评论学．上海：复旦大学出版社，2013

谢明辉．新闻评论研究．北京：人民日报出版社，2014

徐宝璜．新闻学纲要．上海：上海书店出版社，2011

徐贲．明亮的对话．北京：中信出版社，2014

徐兆荣．实用新闻评论写作教程．北京：北京大学出版社，2014

徐铸成．新闻丛谈．杭州：浙江人民出版社，1983

薛中军．新闻评论．上海：上海大学出版社，2003

叶春华，连金禾．新闻采写编评．上海：复旦大学出版社，1996

杨明品．新闻舆论监督．北京：中国广播电视出版社，2001

杨新敏．当代新闻评论学．上海：上海三联书店，2006

杨新敏．新闻评论学．苏州：苏州大学出版社，2014

殷俊，等．媒介新闻评论学．成都：四川大学出版社，2005

于宁，李德民．怎样写新闻评论．北京：中国新闻出版社，1988

于宁．评论员札记．北京：蓝天出版社，1995

余家宏，等．新闻文存．北京：中国新闻出版社，1987

袁正明，梁建增．用事实说话——中国电视焦点节目透视．上海：上海人民出版社，2000

曾建雄．中国新闻评论发展史（近代部分）．南宁：广西师范大学出版社，1996

张玉川．新闻评论学．成都：四川大学出版社，2011

张育仁．自由的历险——中国自由主义新闻思想史．昆明：云南人民出

版社，2002

张之华．中国新闻事业史文选（公元 724 年—1995 年）．北京：中国人民大学出版社，1999

赵振祥．新闻评论学．北京：九州出版社，2012

赵振宇．我们说了些什么．武汉：武汉大学出版社，2009

赵振宇．现代新闻评论．武汉：武汉大学出版社，2009

赵振宇．新闻评论通论．北京：清华大学出版社，2014

赵振宇．新闻评论研究引论．北京：中国人民大学出版社，2011

仲富兰．广播评论．上海：复旦大学出版社，1997

周建明．新闻评论写作．北京：中共中央党校出版社，2000

[美]安东尼·刘易斯著．何帆译．批评官员的尺度．北京：北京大学出版社，2011

[美]安东尼·刘易斯著．徐爽译．言论的边界．北京：法律出版社，2010

[美]康拉德·芬克著．柳珊，顾振凯，郝瑞译．冲击力——新闻评论写作教程．北京：新华出版社，2002

[美]李普曼．舆论学．北京：华夏出版社，1989

[美]理查德·保罗，琳达·埃尔德著．丁薇译．思考的力量．上海：上海人民出版社，2006

[美]罗纳德·斯蒂尔著．于滨等译．李普曼传．北京：中信出版社，2008

[美]迈克尔·舒德森著．贺文发译．为什么民主需要不可爱的新闻界．北京：华夏出版社，2010

[美]文森特·鲁吉罗著．顾肃，董玉荣译．超越感觉．上海：复旦大学出版社，2010

[日]中西辉政著．陈勤，雷蕊菡译．看懂世界本质的思考术．北京：北京科学技术出版社，2012

新闻评论作品集汇总

包霄林，钱建强．激扬文字．北京：光明日报出版社，2010

曹林. 拒绝伪正义. 北京：中国发展出版社，2010

陈布雷. 陈布雷集. 北京：东方出版社，2011

陈独秀. 常识之无. 西安：陕西人民出版社，2013

陈小川. 求实篇精粹. 北京：中国人民大学出版社，1998

程世寿. 典范新闻评论选析. 武汉：华中理工大学出版社，1988

邓拓. 邓拓文集（第一卷）. 北京：北京出版社，1986

范敬宜. 范敬宜文集（新闻作品选）. 北京：清华大学出版社，2009

范敬宜. 敬宜笔记续编. 上海：文汇出版社. 2007

冯雪梅，等. 冰点时评. 北京：中国青年出版社，2012

顾勇华，陈杰. 中国新闻评论名篇赏析. 南京：河海大学出版社，1990

广州日报理论评论部. 声音. 广州：广东人民出版社，2009

郭光东. 中国时评年选（2010）. 广州：花城出版社，2011

何雪峰，宁二. 思想的脉动. 广州：南方日报出版社，2011

何雪峰. 思想的张力. 广州：南方日报出版社，2009

胡适. 走上不浪费不病民的大路. 西安：陕西人民出版社，2013

黄远生. 游民政治. 西安：陕西人民出版社，2013

李敖. 李敖有话说. 北京：中国友谊出版公司，2008

李海华. 南都评论. 广州：南方日报出版社，2011

李文凯，李海华. 南方的立场. 广州：南方日报出版社，2010

李文凯，周筱赟. 南方的立场. 广州：南方日报出版社，2009

梁启超. 梁启超文选. 北京：中国广播电视出版社，1992

刘保全. 获奖评论赏析. 北京：人民日报出版社，2010

刘根生. 新闻评论范文评析. 北京：新华出版社，2001

刘文宁. 平民话筒. 北京：世界知识出版社，2011

南方周末. 我们在谈什么（评论卷）. 上海：上海书店出版社，2011

宁二. 捍卫常识. 广州：南方日报出版社，2013

牛日成. 世事辩证. 广州：暨南大学出版社，2011

钱提辛，于宁. 今日谈选萃. 北京：人民日报出版社，1994

人民日报评论部. 人民日报 60 年优秀言论选. 北京：人民日报出版社，2009

邵飘萍. 总统并非皇帝. 西安：陕西人民出版社，2013

王润泽. 中国百年新闻经典·评论卷. 北京：人民出版社，2013

王振业，李舒. 新闻评论作品选. 北京：中国广播电视出版社，2007

新京报. 新评论(新京报名家评论精选). 广州：南方日报出版社，2006

新京报. 新评论(新京报时事评论精选). 广州：南方日报出版社，2006

新京报社. 新评论(新京报时事评论精选). 北京：中国民主法制出版社，2008

熊培云. 中国时评年选(2009). 广州：花城出版社，2010

薛涌. 草根才是主流. 西安：陕西师范大学出版社，2007

袁伟时. 告别中世纪——五四文献选粹与解读. 广州：广东人民出版社，2004

张季鸾. 张季鸾集. 北京：东方出版社，2011

张新颖. 储安平文集. 上海：东方出版中心，1998

中共中央文献研究室，新华通讯社. 毛泽东新闻工作文选. 北京：新华出版社，1983

中国广播电视学会. 优秀电视新闻稿选. 北京：中国广播电视出版社，1992

[美]沃尔特·李普曼，等著. 展江主评. 新闻与正义. 海口：海南出版社. 1998

附录 2

1990—2015 年中国新闻奖获一、二等奖新闻评论作品一览表

年份	等级	体裁	题目	作者	编辑	刊播单位
1990	一	言论	稳定压倒一切	李德民		人民日报
			舍孔雀而取凤尾	李承郁		新华日报
		广播评论	黄河大桥贪污案引出的问号	杨诚勇		河南广播电视台新闻中心
		电视评论	粪桶畅销的启示	许东良 王永显 李慧萍		浙江电视台
	二	言论	北京亚运精神光耀神州	于宁		人民日报
			台湾当局以"三心二意"对待两岸经济有逆潮流	郭伟峰		中国新闻社
			市长:可否改造垃圾车	梁若洁		中国新闻社
		广播评论	别再为难孩子和家长们	阙耀明		锦州人民广播电台
			实实在在的潜力	高贤林 黄明 仇琼 洪永和		浙江人民广播电台
		电视评论	学雷锋的队伍走了以后	费淘 汪克辉		南京电视台
1991	一	言论	改革开放要有新思路	皇甫平		解放日报
		广播评论	补上市场意识这一课	戴锡新 门方玉		辽宁人民广播电台
		电视评论	刑场上枪声留下的警示	李少连 朱建义 陆晓丹 许易生 李楚玲 张思建 李亦平 脱学业 李敬文 贺宁		广东电视台
	二	言论	实干兴邦	李德民		人民日报
			埃及加利有实望	小康	李俊昌	河南日报
			少数企业"死"不了,多数企业"活"不好	詹国枢		经济日报
			明天,一个里程碑	谢宏		新闻出版社
		广播评论	和农民朋友谈免费	王海林	王海林	(山西)晋城市郊区广播电台
			《肃贪警世录》之一,思想上的蜕变是堕落毁灭的根源	殷广基 伊可迹 余碧君等	余碧君	广东人民广播电台新闻台
		电视评论	粮食生产要有经营观念	杨省萍 郭浔生 杨玲玲 胡劲草	杨玲玲	江西电视台

续表

年份	等级	体裁	题目	作者	编辑	刊播单位
1992	一	言 论	千万不可忽视农业	何加正	吴长生	人民日报
		广播评论	扫除形式主义	胡占风　周绍成	曹仁义	中央人民广播电台
	二	言 论	发扬优良传统　保持老红军本色	本报评论处		解放军报
			论企业改革与工人阶级	李德民		人民日报
			市场经济就是法制经济	鲁从明	王乾荣	法制日报
			开发务实谈之一	陈修诚		长江日报
			一切从实际出发	本报评论员		天津日报
		广播评论	北京的名牌产品为什么纷纷落马	赵介岐		北京人民广播电台
		电视评论	早稻种了不收引出的思考	杨富坤　施泉明　何才灿　胡劲涛		浙江电视台
1993	一	言 论	加强和改善宏观调控积极促进改革与发展	于　宁　曹焕荣	周瑞金	人民日报
			为什么要整顿金融秩序	孙　勇		经济日报
		广播评论	拜金主义要不得	胡占凡	曹仁义	中央人民广播电台
		电视评论	农民要减轻自身负担	段荣鑫　朱海虎　苗民培　吉红枝　张　芹	段荣鑫　朱海虎	山西电视台
	二	言 论	对外商要讲"两句话"!	常少扬	王福如	法制日报
			"翻牌公司"与改革目标背道而驰　当前公司集团热中的忧思	余辉音	包月阳	经济参考报
			不能搞有偿新闻	丁锡满		解放日报
			房地产一级市场亟待整治	孙德宏	王立生	中国建设报
			利率调整牵人心	吴向中	刘寿昌　席伟航	北京日报
			色情服务法理不容	雷收麦		中国妇女报
		广播评论	力不从心的世界警察	王国庆		中国国际广播电台
			烈士陵园被冷落引发的思考	杜士德　杨　笑　刘　畅		辽宁人民广播电台
		电视评论	红小豆热访谈	周振江　杨松涛　王　洋　朱红梅	周振江	吉林省前郭尔罗斯电视台

续表

年份	等级	体裁	题目	作者	编辑	刊播单位
1994	一	言　论	上下一心打好今年改革攻坚战	周瑞金　施芝鸿	周瑞金	人民日报
			扬州经验的特殊导向意义	刘向东　陶　达		新华日报
		广播评论	反暴利，在南昌为什么难以开展	黄晔明　梁　勇	黄晔明　梁　勇	江西人民广播电台
		电视评论	和平，使沙漠变绿洲	盖晨光　胡　阳　孙　宏　奚　洋　水均益		中央电视台
	二	言　论	是"维护人权"，还是推选强权？	姚达添	翟树耀　于元江　缪宝根	新华社
			加强精神文明建设，促进农村社会全面进步	陈小均　张云青	陈德毅　王子儒	农民日报
			西藏，知识分子的广阔舞台	李佳骏	孟晓林	西藏日报
			义不容辞地维护科学尊严	李　士　黄安文		中国科学报
			誓与改革风雨同舟	李德军　邢贵生　李玉琴　曹太明　刘庆田　刘红英　郝志宏　陈晋华	王义堂　席殿晋　胡　羽　乔宏阁　李志勇　张忠亮	山西日报
			文明姓"文"	吴　军　张绍祥	张绍祥	天津日报
		广播评论	少应酬，多办事	史　敏	曹仁义	中央人民广播电台
			扣扣"政绩"里的"水儿"	周振江　罗天柱　朱红梅	汤晓光	吉林前郭广播电台
		电视评论	"三国四方"何时拆除篱笆墙	迟　航　陈　嵩　刘　峰		黑龙江电视台
1995	一	言　论	论孔繁森的时代意义	于宁	周瑞金	人民日报
			忠实履行我军神圣使命	解放军报评论部		解放军报
	二	言　论	且看李登辉怎么表演	朱承修	端　木　来　娣	新华社
			经济增长速度：快乎？慢乎？	肖　瑞		中国新闻社

续表

年份	等级	体裁	题目	作者	编辑	刊播单位
1995	二	言　论	就同"大款"交朋友事向领导干部进一言	储瑞耕	成少安　邢绍和	河北日报
			帮助农民少生孩子	张　霞		中国日报
		广播评论	让农民真正成为首位	王宴青		中央人民广播电台
			农民负担，一个不轻松的话题	李昌文　董　涛		山东人民广播电台
		电视评论	难圆绿色梦	赛　纳　周　墨		中央电视台
			合资：引进来，更要利用好！	贾玉祥　姜少英　张　帆	张　帆	北京电视台
1996	一	言　论	为经济建设和社会发展提供强有力的政治保证	谢宏（任仲平）	邵华泽　范静宜	人民日报
			旗帜鲜明地同民族分裂主义和非法宗教活动作斗争	黄元才		新疆日报
		广播评论	市场不相信"出身"	苏维茗　吴　双	刘素琴　包仲川	天津人民广播电台
		电视评论	巨额粮款化为水	杨明泽　谢子猛　方宏进	杨明泽	中央电视台
	二	言　论	怎让沉渣又浮起	杨文锰	曹国玺	四川日报
			股市：多一份清醒少一份醉	王迎晖	朱　羽　陈宝玖	经济参考报
			编织家庭幸福的纽带	申万启		中国妇女报
			领导干部要敢于破解难题	吴复民	曹绍平　姬　斌　吴锦材　姜　军	新华社
		广播评论	工人俱乐部这个阵地不能丢	刘心惠　赵　刚	赵建华	新疆人民广播电台
			警惕另一形式的腐败	牛日成　叶励丹　方　文　张蔚妍	方　文	广东人民广播电台
		电视评论	历史事实　不容抹杀	戴听祥　关　田　高顺青	刘小峥　安殿成	江苏电视台
			沙尘暴的警告	杨德灵　刘舜发　许嘉陵　杨海莉　孟建国	杨德灵	甘肃电视台

续表

年份	等级	体裁	题目	作者		编辑	刊播单位
1997	一	言论	中华民族的百年盛事	李德民	米博华	邵华泽 范敬宜 谢宏	人民日报
			一个鲜明主题	王晨	李景瑞	饶新冬	光明日报
			察潮流 顺民心 天下定	黄种生		吴双	福建日报
		广播评论	49%大于51%的启示	苏维茗 陈鹰	印永清 马津力		天津人民广播电台
		电视评论	"罚"要依法	再军 方宏进	白河山		中央电视台
	二	言论	劳动者，该有怎样的就业观	盛明富	石述思	张宏遵	工人日报
			回归赋	张曙红		艾丰	经济日报
			互称"同志"好	陈贤德	刘格文	费洪智	解放军报
		广播评论	是"狼来了"，还是机遇来了	王中宣 董毅 王红宇 黄海 戴锡新 张华			辽宁人民广播电台
			戒"浮躁"	丁文奎			中央人民广播电台
		电视评论	祁连山面临危机	杨德灵 万昆 赵楠		潘卫宁	甘肃电视台
1998	特别	言论	当前头等大事	李德民 米博华 王义堂 王金海		邵华泽 许中田 谢宏	人民日报
	一	言论	迎着老百姓的方向走	郝斌生		成少安 王长宗	河北日报
	二	言论	评改革开放二十年	谢宏		邵华泽 许中田	人民日报
			积极做好离退休高智力资源的二次开发	徐九武	武云生		科技日报
			树立新的择业观	冯并	张曙红		经济日报
			危险的开端	义高潮		宋健 唐永兴 熊昌义	新华社
			另一种崩溃	冯越		左正红 仇大川	大连日报

续表

年份	等级	体裁	题目	作者		编辑	刊播单位
1998	二	广播评论	艾滋病离我们还有多远	周显东	周保工	陈乾年 罗佳陵 袁 晖	上海人民广播电台
		电视评论	粮食"满仓"的真相	喻圣宏	凌泉龙	林玮	中央电视台
			如此"扶贫路"	黄吉龙	李立元	李 宪 余乐蓓	云南电视台
			"银河"商标的纷争与启示	唐 勇 安殿成	侯一华 朱 渊		张家港电视台 江苏电视台
1999	特别	言 论	祖国万岁	米博华		邵华泽 许中田 谢 宏	人民日报
	一	言 论	"实力"救不了李登辉	孙晓青	谭 健	孙忠同 庄汉隆	解放军报
			一场严肃的政治斗争	冯 并 郑庆东 高 路	张曙红 张 杰	徐心华 武春河	经济日报
		广播评论	粗暴侵犯中国主权的野蛮行径	张 敏 王冬梅	钱慰曾		中国国际广播电台
		电视评论	"吉烟"现象	王文雁	张林刚		中央电视台
	二	言 论	崇尚科学 破除迷信	李德民 王义堂	米博华 王金海	邵华泽 许中田	人民日报
			石原新知事不知事理	刘宗明	王晓东		北京日报
			变也西藏	谭宏凯			中国日报
		广播评论	"大桥经济热"中的"冷思考"	董 平	刘福瀛	江寅生 解志荣	江苏人民广播电台 张家港电视台
2000	一	言 论	全面加强党的建设的伟大纲领	王义堂		许中田 张研农	人民日报
			"台独"即意味战争	刘格文 刘新如	谭 健	孙忠同 庄汉隆	解放军报
			警惕加重农民负担新动向	邓抒扬		王 甄	安徽日报
		广播评论	两起假货案带给河南的警示	勾志霞 陈德年	姚居清 张 铭	冯 鸣	河南人民广播电台
		电视评论	铲苗种烟 违法伤农	黄 洁 方宏进	凌泉龙		中央电视台

续表

年份	等级	体裁	题目	作者	编辑	刊播单位
2000	一	电视评论	莫把"脱困"当"脱险"	黄　有　陆　钢　王　晶		辽宁电视台
	二	言　论	解放人才	王柏森		新华日报
			人命关天的大事	盛明富	盛明富	工人日报
			坚决铲除形式主义	张　牛	周　勇　文宗武	重庆日报
			水乳交融一家亲	谭宏凯	黄　庆	中国日报
		广播评论	数典忘祖吕秀莲	翁崇闽　郭福佑　罗　华　蓝松祥　张立新	陈育艺　陈福成	福建人民广播电台
		电视评论	青啤燕京股市大较量	胡紫微　李峙冰　魏少波　李　雷	史丹丹	北京电视台
			高唐要建电话县	于伦方　李佳和　巩胜义　边　静	张爱臣	山东电视台
2001	一	言　论	光荣属于中国共产党和中国人民	米博华	许中田　张研农	人民日报
			中国主权不容侵犯	刘格文　陈贤德　谭　健	孙忠同　张宗银	解放军报
			"真抓"与"假抓"	海　纳	安人和　周丹平	河北日报
	二	言　论	制止国有资产无偿量化给个人	贺劲松	南振中　何　平　吴锦才	新华社
			平均数代表不了大多数	陈邦勋	王　太　范学忠	农民日报
			理解　拥护　支持　参与——就农村税费改革与乡村干部拉家常	杜时国　李迎春	郭玲玲	河南日报
2002	一	言　论	沿着党的十六大指引的方向奋勇前进	米博华	王　晨　张研农	人民日报
		广播评论	政治宣言，举国称颂	王明华	杨　波	中央人民广播电台
		电视评论	冲破贸易壁垒，浙江别无选择	王水明　陈鹏飞　朱　珠　吴　晖　陈　丰	汤伟军	浙江广电集团电视新闻综合频道温州电视台

续表

年份	等级	体裁	题目	作者	编辑	刊播单位
2002	二	言　论	台湾历史不容歪曲	谭宏凯	黄　庆	中国日报
			让人民群众成为舆论宣传的主角	盛明富	刘家伟	工人日报
			长期坚持十条基本经验	萱郁玉	袁志发 李景瑞 李春林	光明日报
			金杯银杯，不如百姓口碑	毕　政	姜本红	吉林日报
			再反一次党八股	张登贵	李磊明	宁波日报
		广播评论	"蓝领"、"白领"同样亮丽——天津应用类高职毕业生抢手的启示	刘明泉　刘乃清 胡　月　周　滨	黄德懿	天津人民广播电台
		电视评论	绿色突围	由华伟　王　利 曲　磊　叶　帅	吕　芃 徐龙河	山东电视台
			洗不掉的恶行	姚宇军　王守城 吴绍钧		中央电视台
2003	一	文字言论	筑起我们新的长城——论抗击非典的伟大精神	任仲平	王　晨 张研农	人民日报
			微笑，并保持微笑	尚德琪	玄承东	甘肃日报
		国际言论	急于动武，缺理少据	古　平 （朱梦魁）	黄　晴	人民日报
		电视评论	用生命撞响的警钟	朱海虎　肖亚光 许凌云　陶亿笑 耿辉旺　刘凤林		山西电视台
	二	文字言论	中国人过中国节	李万寅	邬恩波	长沙晚报
			由高官落选院士想到的	张帆（向杰）	刘亚东	科技日报
			怎么看新浪	吴　勇	沈三丰	北京晚报
			一手抓防治非典 一手抓经济建设	皮树义　施明慎 潘　岗	江绍高	人民日报
			善待百姓	王柏森		新华日报
		国际言论	"中国制造"抢走了"山姆大叔"的饭碗？	余东晖	魏　玲	中国新闻社
			无信　无省　无理——评小泉第三次参拜靖国神社	董国政	卢天义	解放军报

续表

年份	等级	体裁	题目	作者	编辑	刊播单位
2003	二	广播评论	两副重担一肩挑	王明华	杨波	中央人民广播电台
		广播评论	淮河抗洪显国力	张援春 胡军 许鹏 潘树楠	李治宇 江明安	安徽人民广播电台
		电视评论	银行该收"点钞费"吗	海伦 冯旭 寇建国	海伦	北京电视台
		电视评论	追踪矿难瞒报真相	曲长缨 刘大煜		中央电视台
2004	一	评论	国有企业改制一定要规范	阎卡林 齐东向	李洪波	经济日报
		评论	坚决制止低俗炒作行为	赵金	徐体义 李维	云南记协
		广播评论	治理好污水也是政绩	李方存 钱葳 沈杭珍	巫金龙	浙江人民广播电台
		电视评论	欠债咋就不还钱	孙锐 孙笑非 王学亮		黑龙江电视台
	二	评论	算一算GDP的代价	张登贵	叶贤权 易其洋	宁波日报
		评论	透过表象看实质——析"公共知识分子"论	凌河	尹明华	解放日报
		评论	指责熊德明是社会的耻辱	何兰生		农民日报
		评论	"办证"与"教授"之间	张文天		科技日报
		评论	用心灵去感知那别样的世界	刘文宁	刘家伟	工人日报
		评论	"清欠"何须年关	朱波	徐军 王笑丹	阜阳日报
		广播评论	谁来主导灾后救援行动？	张敏	李支援	中国国际广播电台
		广播评论	6108亿军购给台湾带来了什么？	王小珍	王小珍	中央人民广播电台
		电视评论	修公路还是修数字	陈树胜 潘雄海	覃水生 万亿	广西电视台
2005	特别	评论	在全面建设小康社会中充分发挥先锋模范作用——论保持共产党员先进性	马利 崔士鑫 裴智勇	张研农 陈俊宏	人民日报
			提高自主创新能力 推进经济结构调整	李洪波 阎卡林 齐东向		经济日报

续表

年份	等级	体裁	题目	作者	编辑	刊播单位
2005	一	评论	让和谐创业的主旋律更雄浑更响亮	张 志	严 力 彭春兰	江西日报
			警惕"专家观点"成为"利益俘虏"	李 扬		新华日报
		广播评论	旗舰遇坚冰——"大显"陷入困境的启示	金 众　刘险峰 王红宇　陈 夕	王中宣	辽宁人民广播电台
		电视评论	70亿维修基金的困惑	陈大立　袁子勇 史月光　王 宇 苑秋宝		北京电视台
	二	评论	期待"审计风暴"之后海晏河清	赵建华	魏 玲 王永志	中国新闻社
			带着感情推进助学贷款	董郁玉	包霄林 李春林	光明日报
			中海油竞购受阻,美国损人不利己	朱启文	张 霞	中国日报
			农科院所制假坑农的多重恶劣性	瞿 剑	于莘明 武云生	科技日报
			不要卖掉穷人的饭碗	姜 美　赵 锐	杨 光	宁夏日报
		广播评论	三问中部	王晓晖	王明华 张华杰	中央人民广播电台
		电视评论	"引资百亿"背后的真相	徐宁刚　万 亿 彭 峰	庞 通 覃水生	广西电视台
2006	特别	评论	长征,迎着民族复兴的曙光	王义堂　卢新宁 林治波　杨 健 胡 果	张研农 米博华	人民日报
			论新世纪新阶段我军的历史使命——写在《解放军报》创刊50周年之际	集 体	王梦云 孙晓青 刘格文	解放军报
	一	评论	构建社会主义和谐社会:从点题到破题	钟怡祖	李景瑞	光明日报
			说要做的事就要做	吴志丽	李启瑞 吕朝晖	广西日报

续表

年份	等级	体裁	题目	作者	编辑	刊播单位
2006	一	广播评论	决不许亵渎英雄，歪曲历史	张 勤　王新玲 陈建海　范少俊	张 勤	浙江广电集团
		电视评论	谁在造假	李 力　潘雄海	覃水生 万 亿	广西电视台
		网络评论	网上"恶搞"有悖和谐理念	张碧涌	何东平 屠 志	光明网
	二	评论	媒体自身也要讲荣辱观	王 多	陈大维 周智强	解放日报
			以公民的姿态站立	刘文宁	张 刃	工人日报
			我最看不起"看不起农民"的人	夏 树　汪 洋	王 太 刘伟建	农民日报
			不能让中国新生代姓"西"	周建琳	夏春平	中国新闻社
			小泉的歪理战胜不了公理	江 冶　包尔文	冯 坚 姬新龙	新华社
		广播评论	信息公开透明　确保安全北京	前 行　陈京英	景 兵 王 欣	北京人民广播电台
		电视评论	深山里的一条"船"	陈 洁　赵 刚 梅 伟		中央电视台
		网络评论	爆炸、矿难，山西为何黑色新闻不断？	张 冉	李 鹏	中国经济网
2007	一	报纸评论	走好全国一盘棋	李泓冰　曹焕荣 吴 焰　徐 冲 汪晓东　王义堂 卢新宁　何 刚	张研农	人民日报
			上海要有更宽广的胸襟	凌河（申言）	裘 新	解放日报
	二	报纸评论	始终想到"最低"处	尚德琪	侯 煜	甘肃日报
			未到尽头先调整	钱丽萍		新华日报
			中央领导着简装的表率意义	徐 可	苟天林	光明日报
			合全球之力，化能源之忧	朱启文	谭宏凯	中国日报

续表

年份	等级	体裁	题目	作者	编辑	刊播单位
2008	特别	报纸评论	新华社社评：永恒的经典　历史的丰碑——写在北京第 29 届奥林匹克运动会闭幕前夕	新华社	李从军	新华社
	一	报纸评论	灾难中挺立伟大的中国	任仲平	张研农	人民日报
		报纸评论	万众一心　众志成城　战胜特大地震灾害	本报评论员	刘成安	四川日报
	二	评论	"佛教比丘"难掩政客真面目	本报评论员	马志德	西藏日报
			推荐鲁冠球的一封信	江　坪	朱国良	浙江日报
			以诽谤罪追究记者必须慎之又慎	李国民	李曙明	检察日报
			今天，让我们体悟生命的尊严	李忠志	吴忠华	河北日报
2009	一	报纸评论	改变历史的"北京时间"	任仲平	张研农	人民日报
			不是所有弯道都是超越好时机	孙秀岭	周学泽	大众日报
		广播评论	国企频繁制造"地王"为转型升级埋下"地雷"	集体	李修利	苏州广播电视总台
		电视评论	温州：望"楼"兴叹	陈振仕　杨育彦　金道武	陈振仕	温州广播电视台
		网络评论	Piercing through Rebiya's veil（揭开热比娅的面纱）	董志新	刘百家	中国日报网
	二	报纸评论	"网友曝"是一种很恶劣的新闻文风	曹　林	曹　林	中国青年报
			哪个民族需要说谎的"精神母亲"？	张之绿（肖静芳）	钱丽花	中国民族报
			养活自己是就业第一义	尚德琪	杨　恒	甘肃日报
			青年中国说	牟丰京	郭　莉	重庆日报
		广播评论	补上风险意识这一课	集体	隋　阳	辽宁广播电视台
		电视评论	顺德缘何要当全国机构改革先锋？	集体	郑天放	佛山电视台
			家电下了乡　服务要跟上	李　朦　刘　研　王云鹏	侯津森	天津电视台

续表

年份	等级	体裁	题目	作者	编辑	刊播单位
2009	二	网络评论	石首事件的学费要交得值	吴双建	罗　莎	荆楚网
		网络评论	"倒钩"事件凸显多元监督重要性	新民网评论员（李志军、刘景）	黄　珏	新民网
2010	特别	报纸评论	决定现代化命运的重大抉择——论加快经济发展方式转变	任仲平	张研农	人民日报
	一	报纸评论	谱写自主创新的辉煌篇章	本报评论员	李洪波	经济日报
		报纸评论	达赖又自打耳光了	本报评论员	孟晓林	西藏日报
		广播评论	善待民工才能够缓解民工荒	袁奇翔　王　掌　甘　洋	李方存	浙江广电集团
		电视评论	版权保护——南通家纺市场成功密码	顾道远　宋　梅　查　金	虞　嘉	江苏广播电视总台
		网络评论	依法理性表达爱国热情	付　龙　史江民	张玉珂	人民网
	二	报纸评论	食品安全就该"人命关官"	张渊腾	张春燕	梧州日报
		报纸评论	专家哪里去了	张显峰	林莉君	科技日报
		报纸评论	法官被枪击　请慎提司法不公	李曙明	吴晓杰	检察日报
		广播评论	呜呜祖拉吹响"中国制造"警音	集　体	陈　峰	福建广播影视集团
		广播评论	政府"拍脑袋"决策，好事也难办好	黎　辉	刘远飞	广东电台
		广播评论	走了样的节能减排	万　强　张　霰　马昊原	王广文	河北电台
		电视评论	假酒真相	潘　明　张　敏　赵丽颖	李景梅	中央电视台
		电视评论	会说谎的作文	郝　颖　贺应桃	席应民	重庆广播电视集团（总台）
		网络评论	Obama is sending a wrong message（奥巴马发出错误信息）	朱　渊	孙晓慧	中国日报网
		网络评论	坚持走政治体制改革的"中国道路"	周继坚	任俊明	新华网

年份	等级	体裁	题目	作者	编辑	刊播单位
	特别	报纸评论	选择，凝聚在信仰的旗帜下——写在中国共产党成立90周年（上）	任仲平	张研农	人民日报
	一	报纸评论	倾听那些"沉没的声音"	人民日报评论部	卢新宁	人民日报
			在转变中赢得大发展——九论用领导方式转变加快发展方式转变	何 平	朱夏炎	河南日报
		广播评论	严禁酒驾带给社会的启示	丁 芳 倪晓明 孙向彤		上海广播电视台
		电视评论	聚焦医患"第三方"	集 体		上海广播电视台
		网络评论	"老何说和"说了些什么？	李广华 田 勇		中国宁波网
2011	二	报纸评论	采访作风，新闻生命之所系	王斯敏	李玉滑	光明日报
			"传言伤农"，后果更加严重	王玉琪	白锋哲	农民日报
			城市管理亟待走出"整治思维"	翟慎良	戴心平	新华日报
		广播评论	莫让"许诺"冷了百姓的心	王俊伟 黄 英 田 霞 方东晓		太原电台
			津工超市，领跑中国社区商业的启示	王 栋 齐 丽 郝金玲 冯利津		天津电台
			九二共识是两岸和平发展的基础	黄志清 王 琨		中央电台
		电视评论	温州：让民间资本回归实体经济	王米娜 孙 宇 黄利伟 朱贤勇		浙江电视台
			名不副实的"公考"培训班	陈栩胜 钟 坚 黄华强		广西电视台
		网络评论	人民网评：打通"两个舆论场"	廖 江 潘 健 祝华新 单学刚		人民网
			"斑马线打太极"打出"车德之羞"	陈海荣 林雯晶		东南新闻网

续表

年份	等级	体裁	题目	作者	编辑	刊播单位
2012	特别	文字评论	转变，中国道路的历史性跨越——从十六大到十八大（上）	任仲平	张研农	人民日报
	一	文字评论	崛起的中国势不可当	钟经文（阎卡林 齐东向 马志刚）	李洪波	经济日报
			唯有走在变化之前——从乐凯胶卷停产、泊头火柴破产说开去	李忠志　张　博	吴宏爱	河北日报
		广播评论	一张道歉条，触动了我们什么？	集　体		扬州广播电视台
		电视评论	"寒山闻钟"新"官"念 自揽监督网民意	金　磊　徐　蕾 余志锟　蒯　军		苏州广播电视台
		网络评论	雷锋，距离我们并不遥远	许新霞	陈　钟	中国广播网
	二	报纸评论	农民"被上楼"症结在于"被"	夏　树	李　沣	农民日报
			"富豪相亲"浊化社会空气	刘庆传	周跃敏	新华日报
			美国会为"爱国"买单吗？	李　洋	朱启文	中国日报
			爱国和害国，只有一步之遥	冯雪梅	丁先明	中国青年报
		广播评论	未来，我们需要怎样的行业协会	丁　芳　童丽敏 倪晓明　孙向彤		上海广播电视台
			群体狂欢背后的社会之痛	杨　晶　李皎牟 维　宁　任广镇		黑龙江人民广播电台
			民进党怎样跟大陆打交道	黄志清　陈珂平		中央人民广播电台
		电视评论	公交让座　"让"与"坐"	付　了　王　磊 刘　曦　程德安		重庆广播电视集团（总台）
			"如此"会议	集　体		成都广播电视台
		网络评论	拒绝空谈：需从学会"不念稿子"做起	金伟忻（金一客）	王　玄	中国江苏网
			"道德银行"：存入的是诚信，取出的是贷款	车永波	李广华	中国宁波网

年份	等级	体裁	题目	作者	编辑	刊播单位
2013	特别	文字评论	守护人民政党的生命线	任仲平	张研农 米博华	人民日报
		网络评论	限制"公款消费"本质是制约权力寻租	子房先生（年巍）	周姗姗	中国经济网
	一	文字评论	把校舍真正建设成第一避难所	刘　涛	张树伟	中国教育报
		广播评论	转基因博弈背后的国家利益较量	汤　晶　李　皎 高　祥　牟维宁		黑龙江人民广播电台
		电视评论	证难办　脸难看	刘　宁　张玉虎 郭　峰　杨　枫 崔辛雨		中央电视台
		网络评论	中国改革"再出发"的总宣言	石　铭（吴焰）	文松辉	人民网
	二	文字评论	防范和克制我们的"灾难情绪"	曹　林	张彦武	中国青年报
			心如容器	本报评论员（傅绍万）	张鸣雁 娄和军	大众日报
			有"问题意识"，也要有"过程意识"——辩证看待社会发展与问题之一	集　体	卢新宁 杨　健	人民日报
			一块月饼的分量	钟　山（刘中山）	杨殿军 段文斌	黑龙江日报
			突破法律的改革需授权	法制日报评论员（秦平）	贾宝元	法制日报
		广播评论	扫清雾霾，亟须创建绿色考评体系	程　艳　戚　天		北京人民广播电台
			办实事还是办政绩	宋　震　刘　扬		天津广播电视台
			西方一些政要正在充当香港民主道路的绊脚石	诸雄潮　邵丽丽 孙洪涛　黄艳玲		中央人民广播电台
		电视评论	民生工程为何不得民心	集　体		南京广播电视台
			"暴恐"事件，不是宗教问题！	秦　拓　马　宁 杨亚红　张丽蓉		新疆电视台
		网络评论	十八届三中全会今开幕 全球关注中国改革再出发	马学玲	齐　彬	中国新闻网

年份	等级	体裁	题目	作者	编辑	刊播单位
2014	特别	文字评论	标注共产党人的精神坐标	集　体	杨振武　李宝善	人民日报
	一	文字评论	公共辩论　求真比求胜更重要	范正伟	卢新宁　杨　健	人民日报
			刹不为之风　换不为之将	本报评论员（向军　邓也）	胡衍民	四川日报
		广播评论	"藏粮于土"　箭在弦上	杨　晶　李　皎　高　祥　牟维宁		黑龙江人民广播电台
		电视评论	"电商"与"店商"　谁能争锋？	刘艳琼　林　晨　朱贤勇		浙江广播电视集团
	二	文字评论	扎根本国土壤的制度才有生命力	京　平（毛颖颖）	毛晓刚　艾方容	北京日报
			让法治托举起青年梦想	冯雪梅		中国青年报
			择天下英才而用之	本报评论员（刘祖华）	刘序明	中国组织人事报
			"暂不出新政策"也是好政策	刘庆传		新华日报
		广播评论	对办事群众不妨多说一句话	李　敏　马向荣　孙树东　王玉珏		甘肃广播电影电视总台
			左手法律，右手情义	沈晓红　曹　琦　邓雁京		无锡广播电视台
			邮轮产业繁荣背后的乱与治	林　勇　韩　寅　李学军		上海宝山广播电视台
		电视评论	让法治成为一种信仰	集　体		
			解读社会主义核心价值观：公正	龚政文　廖　麒　陈玉婷　戴　睿　肖　拓		湖南广播电视台
		网络评论	3万多群众合力围捕暴恐分子是一面镜子	林　伟	贺　臻	天山网
			平民情怀最动人	国　平（米博华）		新华网
			法律如不能保民，同样不能保官	光明网评论员（刘文嘉）	宋雅娟	光明网